EL LEGADO OCULTO DE MARÍA MAGDALENA

LAURENCE GARDNER

El autor de *La herencia del Santo Grial*

EL LEGADO OCULTO
DE MARÍA
MAGDALENA

La Conspiración del Linaje de Jesús y María
MÁS ALLÁ DEL CÓDIGO DA VINCI

EDICIONES OBELISCO

Si este libro le ha interesado y desea que le mantengamos informado
de nuestras publicaciones, escríbanos indicándonos qué temas son de su interés
(Astrología, Autoayuda, Ciencias Ocultas, Artes Marciales, Naturismo,
Espiritualidad, Tradición...) y gustosamente le complaceremos.
Puede consultar nuestro catálogo en www.edicionesobelisco.com

Colección Estudios y Documentos
EL LEGADO OCULTO DE MARÍA MAGDALENA
Laurence Gardner

1ª edición: noviembre de 2005
3ª edición: junio de 2006

Título original: *The Magdalene Legacy*

Traducción: *Antonio Cutanda*
Maquetación: *Marta Rovira*
Diseño de portada: *Mónica Gil Rosón*

© 2005, Laurence Gardner
(Reservados todos los derechos)
© 2005, Ediciones Obelisco, S.L
(Reservados los derechos para la presente edición)

Publicado en el Reino Unido en el año 2005
por HarperCollins, Londres, W6 8JB.

Edita: Ediciones Obelisco S.L.
Pere IV, 78 (Edif. Pedro IV) 3ª planta 5ª puerta
08005 Barcelona - España
Tel. 93 309 85 25 - Fax 93 309 85 23
Paracas, 59 - 1265 Buenos Aires (Argentina)
E-mail: obelisco@edicionesobelisco.com

ISBN: 84-9777-245-8
Depósito Legal: B-22.911-2006

Printed in Spain

Impreso en España en los talleres gráficos de Romanyà/Valls S.A.
Verdaguer, 1 – 08076 Capellades (Barcelona)

A Rose,
querida madre, a la que echo de menos.

Pues nada hay oculto que no quede manifiesto, y nada secreto
que no venga a ser conocido y descubierto.

Lucas 8:17

Agradecimientos

Por su valiosa ayuda en la preparación de este libro, me encuentro en deuda con los archiveros y los bibliotecarios de la British Library, el British Museum, la Bibliothèque Nationale de France, la Bibliothèque de Bordeaux, la Devon County Library, la Birmingham Central Library, el Ashmolean Museum, la Bodleian Library, la Congregation des Soeurs de Saint Thomas de Villeneuve, el Palazzo Ducale de Mantua, el Museo Catedralicio de Gerona, el Samuel Courtauld Trust, el convento ortodoxo ruso de Santa María Magdalena de Jerusalén, la National Library of Wales, la National Library of Scotland y la Royal Irish Academy.

Por la información relativa a obras de arte, debo un profundo agradecimiento a los conservadores y administradores de la National Gallery de Londres, la Graphische Sammlung Albertina de Viena, The Fitzwilliam Museum de Cambridge, la Galleria Doria-Pamphili de Roma, la Galleria degli Ufizzi de Florencia, el Musée des Beaux-Arts de Caén, la Iglesia de San Francisco de Asís, la National Gallery of Art de Washington, el Museo del Louvre de París, el Museo di San Marco dell'Angelico de Florencia, la Pinacoteca di Brera de Milán, el Brooklyn Museum of Art de Nueva York, el Philadelphia Museum of Art, el Musée del Beaux-Arts de Nantes, la Santa Maria della Grazie de Milán y el Musée Conde de Chantilly.

Estoy sumamente agradecido a mi esposa Angela, cuyo incansable apoyo me ayudó a llevar a término esta obra, y a mi hijo James, por su insistente estímulo. Debo igualmente mi expresa gratitud a mi agente literario Andrew Lownie, a mi agente publicitario, Jennifer Solignac, a mi agente de derechos en el extranjero, Scarlett Nunn, mi gestora de website, Karen Lyster, asesor técnico, Tony Skiens, y director de negocios, Colin Gitsham. Gracias muy especiales también a la editora de comisión Katy Carrington, a los directores y al equipo de Thorsons y HarperCollins Publishers, y al editor del libro Matthew Cory. También merecen mi aprecio por su ayuda profesional Charlotte Lorimer y Tamzin Phoenix, de The Bridgeman Art Library.

Estoy agradecido también a la Casa Real de Estuardo, al Sacred Kindred of Saint Columba, al Consejo Europeo de Príncipes, a la Orden de los Templarios de San Antonio y a la Noble Orden de la Guardia de Saint Germain. Debo un reconocimiento particular a S. A. R. el Príncipe Miguel de Albania, por permitirme el privilegio de acceder a sus archivos privados, así como transmitir mis respetos por los difuntos Chevaliers David Roy Stewart y Jack Robertson, cuyas investigaciones fueron de tanto valor para este proyecto.

Como siempre, doy las gracias a Sir Peter Robson por crear los inspirados cuadros alegóricos que acompañan a mis escritos, así como al compositor Jaz Coleman y al artista Andrew Jones por su colaboración en el Oratorio de Magdalena. Debo también mi agradecimiento a Candance Gosch, de Living Element Pictures, por adaptar mi obra para la producción cinematográfica. Por su incansable apoyo en la difusión internacional de mi trabajo, doy las gracias a Eleanor y Steve Robson, de Peter Robson Studio; a Duncan Roads, Ruth Parnell, Marcus y Robyn Allen, de Nexus; Adriano Forgioni, de Hera; JZ Knight y toda la gente de la Escuela de Iluminación Ramtha; Christina Zohs, de Yes News, Nancy y Mike Simms, de Entropic Fine Art, y a todos los profesionales de los medios y editores de periódicos que tanto han apoyado esta serie.

Dado que este libro es en gran medida una síntesis de materiales de temas interrelacionados, me siento en deuda con todos esos autores especialistas cuya erudición personal en sus respectivos campos ha permitido cubrir muchos aspectos específicos. Su experiencia personal y sus preeminentes obras publicadas han sido de gran valor.

Por último, quiero transmitir mi gratitud a todos aquellos lectores que han seguido y han animado mi trabajo a lo largo de los años, en especial a aquellos que me han escrito con tantos comentarios y contribuciones útiles.

LAURENCE GARDNER
The Graal Studio
www.graal.co.uk

Introducción

En 1996, en *La Herencia del Santo Grial*, el primer libro de esta serie, se presentaba la tabla más completa que se haya podido publicar en tiempos modernos sobre los descendientes de la familia de Jesús. En este contexto, se detalló el estatus matrimonial de Jesús y, en contra de lo que sostienen las enseñanzas ortodoxas, se trajo a primer término a su esposa, María Magdalena, como una mujer de una importancia considerable. Estas revelaciones llevaron a distintos titulares impactantes en los periódicos en Norteamérica, a un serial del libro en el *Daily Mail* de Gran Bretaña y a una rápida entrada en las listas de best sellers. Como consecuencia de ello, *La Herencia del Santo Grial* se convirtió en algo parecido a una institución mundial, con gran número de traducciones a otros idiomas y diversas ediciones posteriores en inglés.

Siendo en sus comienzos un libro que sacudía los cimientos del sistema, poco a poco se fue acomodando en una clasificación más convencional. En 1997, me proporcionó la nominación de Autor del Año de Hatchard's de Londres y de la cadena de librerías Dillons, y empezó a aparecer en las bibliotecas universitarias, donde se utilizaron sus cuadros genealógicos para realizar trabajos de curso. Desde el principio, mis apariciones en los medios de comunicación con sacerdotes, obispos y demás líderes religiosos resultaron tranquilizadoramente amistosas, y descubrí por qué en 1998, en un programa de televisión al que fui invitado junto con un fraile dominico. Él resumió la situación explicando al presentador del programa, «Laurence Gardner aborda este tema desde un punto de vista histórico y de registros documentados. La

Iglesia lo aborda como una cuestión de creencia y fe. Que no se confunda una cosa con otra; son muy diferentes».

El reconocimiento convencional del libro aún se hizo más evidente en el año 2000, cuando alguien sugirió que habría que ponerle música a la historia de Jesús y Magdalena. A este respecto, se me encargó escribir el libreto para un oratorio gnóstico basado en *La Herencia del Santo Grial*. La extensa partitura musical para la obra la realizó Jaz Coleman, compositor residente de la Orquesta Sinfónica de Praga, y le pusimos por título a la obra, de dos horas de duración, *Marriage at Caná*[^1]. Se estrenó en la Royal Opera House de Londres, en Covent Garden, en diciembre de 2001.

Recientemente, el tema de María Magdalena y de sus relaciones matrimoniales con Jesús ha vuelto a aparecer con un nuevo formato, el de una novela que se ha convertido en un best seller mundial, *El Código Da Vinci*, del autor norteamericano Dan Brown. A consecuencia de ello, he recibido un extraordinario número de peticiones para que amplíe parte de la información contenida en *La Herencia del Santo Grial*. Gracias a la novela de Dan Brown, hay ahora un enorme interés en las representaciones pictóricas de María Magdalena y, dado que mi profesión antes de convertirme en autor de libros fue la de la conservación del buen arte, he hecho una recopilación en este libro de obras de arte del Renacimiento como centro de atención primaria.

Este libro no pretende dar apoyo ni poner en tela de juicio *El Código Da Vinci*, sino tomar algunos de sus aspectos más controvertidos para comentarlos donde sea apropiado. La atractiva novela de Dan Brown es una obra de ficción, y debe verse como tal. Sin embargo, en ella se incluyen ciertos hechos históricos, y se presentan algunos temas de relevancia para la historia de *La Herencia del Santo Grial*.

Al igual que en todos los libros de esta serie relativa al Grial, *El legado oculto de María Magdalena* se ha diseñado de manera que se pueda leer por separado, de tal forma que no es necesario haber leído previamente ninguno de mis otros libros.

LAURENCE GARDNER
Exeter 2005

---

[^1]: *(N. del T.)*: Boda en Caná.

1
¿Santa o pecadora?

La primera dama

En los Evangelios del Nuevo Testamento, se cita a diversas compañeras de Jesús en siete ocasiones.[1] En seis de estas listas, María Magdalena es la primera en ser citada. En la séptima anotación, se pone a la madre de Jesús la primera en la lista,[2] mientras en otro lugar María Magdalena figura como única protagonista.[3] En su relación con Jesús, se la presenta como una de las mujeres que «le asistían»,[4] y hace su aparición final en los Evangelios como la primera persona en hablar con Jesús después de su Resurrección en la tumba.[5]

En la primitiva literatura cristiana, es evidente que María Magdalena tenía un lugar especial en la vida de Jesús y en los corazones de sus seguidores. Sin embargo, en tiempos posteriores, los obispos de la Iglesia decidieron que María tenía que haber sido una puta.[6] Aparentemente, esto se debió a que una de las referencias bíblicas la cataloga como de «una pecadora».[7] Esto, para las mentes de los obispos, debió significar una mujer de virtud dudosa o escasa. Pero en el siguiente versículo del Evangelio, se dice que María había sido una mu-

---

1. Mateo 27:55-56, Mateo 28:1, Marcos 15:40-41, Marcos 16:1, Lucas 8:2-3, Lucas 24:10, Juan 19:25.
2. Juan 19:25.
3. Juan 20:1.
4. Marcos 15:41, Lucas 8:3.
5. Marcos 16:9, Juan 20:16.
6. *(N. del T.)*: *Whore*, en el original inglés.
7. Lucas 8:2.

jer de entidad, además de una de las patrocinadoras personales de Jesús. Más tarde, en los relatos evangélicos, María Magdalena aparece en estrecha compañía de la madre de Jesús, acompañándola en la crucifixión. Pero antes de esto se afirma que Jesús amaba a María.[8] Así pues, ¿qué razón pudo haber para que la Iglesia de Roma se revolviera contra esta mujer devota, infamando su nombre durante siglos? ¿De verdad creían los obispos que una mujer pecadora tenía que ser necesariamente una puta, o sería simplemente una excusa relacionada con alguna otra cosa que preferían ocultar?

En las páginas que siguen, tomaremos en consideración el legado global de María Magdalena: sus descripciones bíblicas, sus apariciones en los Evangelios no canónicos, su vida tal como la registraron los cronistas, su estatus clerical y académico, sus representaciones en el mundo de las artes y su relevancia en el mundo de hoy. La posición de María es singular en muchos aspectos por cuanto, a pesar del papel aparentemente secundario en la historia cristiana (una seguidora de Jesús), emerge como una de sus principales figuras. Como dice en algunos de los Evangelios que se excluyeron del Nuevo Testamento, María Magdalena era «la mujer que lo sabía todo» de Jesús. Ella era a la que «Cristo amaba más que a todos los discípulos», y ella era la apóstol «dotada de unos conocimientos, una visión y una perspicacia que superaban a los de Pedro».

La restauración

Mi primer encuentro personal estrecho con María Magdalena tuvo lugar en la década de 1980. Yo llevaba entonces un estudio de restauración de cuadros, y era asesor conservacionista del Fine Art Trade Guild de Londres. Me llegó un cuadro titulado *Magdalena Penitente* para que lo limpiara y lo restaurara (una obra italiana del siglo XVIII de la escuela de Bolonia, de Franceschini Marcantonio). En un intento por restaurar el cuadro en el pasado, se había fijado burdamente (arrugado) sobre un lienzo secundario del cual había que separarlo (*véanse* láminas 3 y 4).

---

8. Juan 11:1-5.

Como parte del curso de preservación de cuadros que yo estaba dirigiendo por aquellas fechas, hice una redacción de los detalles de esta restauración en particular en el *Boletín* del Fine Art Trade Guild. Pero, en aquel momento, mis intereses estaban en los aspectos físicos del procedimiento de restauración, más que en el tema de la pintura. Fue más tarde cuando, inspeccionando fotografías del trabajo terminado, me sorprendieron ciertos detalles de la imagen en sí. La Magdalena estaba retratada con joyas y con un espejo, y sin embargo se había titulado *Magdalena Penitente,* lo cual resultaba bastante incongruente. Con el cabello en una mano y con un pendiente con una perla en la otra, se la veía bastante satisfecha, y no había nada que transmitiera la idea de que estuviera arrepentida en modo alguno. Entonces, ¿por qué aquel título?

Lo que descubrí, al comprobar la procedencia del cuadro, fue que el título documentado, *Magdalena Penitente,* era más una clasificación genérica que el título que le pudiera haber dado el artista. Para él, no había sido más que un retrato estilizado de María Magdalena.

Las clasificaciones genéricas son habituales en el mundo del arte pictórico dado que, aunque los artistas suelen firmar o personalizar sus pinturas, normalmente no escriben el título sobre el lienzo. Los títulos románticos se los ponían normalmente más tarde los propietarios, las galerías y los comerciantes de arte (títulos que quizás los artistas nunca llegaran a conocer en vida). La *Mona Lisa,* de Leonardo Da Vinci, es un buen ejemplo. Se la conoce por este nombre en el mundo anglohablante, pero en Francia (donde se encuentra, pues está colgada en el Louvre) se la conoce como *La Joconde,* y en Italia como *La Gioconda.* (Volveremos más tarde sobre esta fascinante obra maestra del Renacimiento.) Otro ejemplo más reciente es el de la pintura de James AM Whistler que él mismo titulara *Disposición en Gris y Negro,* pero que, desde su muerte, se la apoda habitualmente como *La Madre de Whistler.*

Las pinturas de Jesús entran en una serie de clasificaciones familiares, y pocas veces se salen de ellas. Comienzan con «La Natividad», que se subdivide en temas tales como «La Adoración de los Pastores» y «La Adoración de los Magos». Continúan con retratos de «La Virgen y el Niño» y con escenas de «El descanso en la huida a Egipto». Luego, hay representaciones de «La Presentación en el Templo» de Jesús, seguidas por otras escenas culminantes de su ministerio hasta la Crucifixión, Resurrección y posterior Ascensión.

También hay diversos retratos románticos, como el de Jesús con una lámpara, en *La Luz del Mundo* (1853), de William Holman Hunt, y *La prensa de Vino* (1864), de John Spencer Stanhope. Pero estas pinturas siguen basándose firmemente en la tradición evangélica: «Yo soy la luz del mundo» (Juan 8:12) y «Yo soy la vid verdadera» (Juan 15:1). La inmensa mayoría de las representaciones cristianas se relacionan con acontecimientos evangélicos reconocibles, pero con María Magdalena la situación es diferente. Muchas de las áreas temáticas populares la representan con nada que tenga que ver con los acontecimientos relatados en el Nuevo Testamento, y entre éstas se halla la enigmática clasificación de «Penitente».

La mayoría de los artistas religiosos pintaron o dibujaron a María Magdalena en algún momento, y la podemos ver frecuentemente en esculturas, en vidrieras y en otros medios. Ella es, de hecho, una de las figuras clásicas más representadas. Hay numerosos retratos de ella al pie de la cruz y en la tumba, con la privilegiada escena de Magdalena y Jesús del *Noli me tangere* («No me agarres»), de Juan 20:17.[9] Además, las imágenes de la Magdalena Penitente o Arrepentida abundan, aunque guardan poca relación con las apariciones de María en la Biblia. En estas escenas, se la ve normalmente sola frente a un tocador, o en la soledad de una gruta en el desierto. Entre los accesorios habituales de estas escenas hay un espejo, una vela, joyas, una calavera y un libro.

Las joyas y los espejos se hicieron populares durante la época barroca del siglo XVII y en la escuela italiana de Luca Giordano. Se introdujeron para simbolizar la renuncia de María a las vanidades terrenales. En contraposición a la vanidad, la vela y el libro representan la importancia de la luz y el conocimiento, y la calavera (*véase* lámina 2) es sinónimo de la inevitabilidad de la muerte.

El elemento más habitual y frecuente en las obras de arte de María Magdalena (el objeto que se convierte en su distintivo personal, en especial cuando se la ve en compañía de otras mujeres) es el frasco del ungüento. Marcos, en 16:1, explica que, cuando María Magdalena llegó con las demás a la tumba de Jesús, «llevaban dulces aromas, con los cuales ungirle», pero no se dice nada del frasco en esta escena en concreto. Sin embargo, es plenamente relevante en el más conmovedor de todos los acontecimientos, cuando María unge la cabeza y los pies de Jesús en casa de Simón, en Betania, poco antes de la crucifixión.

---

9. En las ediciones bíblicas corrientes, *Noli me tangere* se traduce habitualmente como «No me toques». Sin embargo, en la traducción del original griego de Juan se ve que la traducción correcta es «No me agarres» o «No me abraces». El verbo «tocar» no se puede aplicar aquí. Véase Profesor Hugh J. Schonfield, *The Original New Testament*, Waterstone, Londres, 1985, p. 529 - John 20:17 y nota de la página 7.

Pese a todos los convencionalismos históricos, y a pesar de la tradición popular de los primeros tiempos del cristianismo, la Iglesia de Roma mantuvo durante mucho tiempo que María Magdalena, la pecadora, no era la misma persona que la María que hizo la unción. Insistían en que Jesús nunca fue ungido por una pecadora. Sin embargo, hubo dos unciones diferentes. Haremos referencia a ellas a su debido tiempo pero, para contestar de momento a esa opinión clerical en particular, se dice claramente (en Lucas 7:37-38) que la primera unción la realizó la «pecadora» en la casa de Simón el Fariseo.

En lo relativo a la segunda unción de Jesús, en casa de Simón el leproso, Juan 11:2 estipula enfáticamente que la llevó a cabo la misma mujer que en el caso anterior. Simón el Fariseo y Simón el leproso eran una y la misma persona; pero, lo que es más importante, también lo eran María la pecadora y María de Betania. El Papa Gregorio I (590-604) sostenía esta idea; los artistas y los cronistas siempre estuvieron convencidos de ello y, por fin, *La Enciclopedia Católica*[10] reconoció el hecho en 1910.

Por tanto, en las obras de arte, el frasco de alabastro de ungüento ha sido el símbolo de reconocimiento de María, y lo han utilizado los artistas bajo cualquier circunstancia en sus retratos. Aparece con ella en la cruz y en la tumba, a veces en su soledad penitente, normalmente en las pinturas de María con Marta de Betania, y siempre en las representaciones de las unciones mesiánicas.

Así pues, las clasificaciones artísticas genéricas clave de María Magdalena son: «A los pies de la Cruz» (en la que se incluye la escena del «Descendimiento»), «En la Tumba» (en la que se incluyen las secuencias de «Los Lamentos» y «La Resurrección», junto con el *Noli me tangere*), y las unciones rituales previas, que se agrupan normalmente como «En casa de Simón». También hay muchos retratos sencillos, que entran dentro de la categoría conocida como «El frasco de alabastro», mientras que otra categoría favorita es la de «Jesús en casa de Marta». Además, e igualmente prolíficas, hay representaciones no bíblicas como Penitente y Arrepentida. Pero hay otras que, de igual modo, nada tienen que ver con los Evangelios canónicos. Entre estos grupos están «María Magdalena en la Provenza» y «La Magdalena llevada por los Ángeles», junto con diversas escenas imaginarias de «María Magdalena y Jesús». Hay otras clasificaciones alternativas (con frecuencia alegóricas) pero, en esencia,

---

10. *The Catholic Encyclopedia*, Robert Appleton, Nueva York, NY, 1910, vol. IX - Mary Magdalene.

se trata de alrededor de una docena de temas para miles de representaciones individuales.

María Magdalena apareció por fin en el santoral de la Iglesia recientemente, en 1969, celebrándose su festividad el 22 de julio. Esta festividad se reconocía en occidente desde el siglo VIII y, sólo en Inglaterra, hay 187 iglesias antiguas dedicadas a ella.[11] Sin embargo, no fue hasta finales del siglo XX que se formalizó su estatus canónico, aunque el Misal Romano (que determina la liturgia del Rito Latino) sigue rechazando el hecho de que María Magdalena y María de Betania son sinónimas.

La rectificación de 1969 del estatus canónico de María se basó en la suposición de su arrepentimiento, una penitencia que se estimaba había sido suficientemente larga. Al parecer, ella se arrepintió de haber sido prostituta, pero en ningún texto de las escrituras, en ninguna parte, dice que María fuera una prostituta. De manera que volvemos a la pregunta que hemos planteado antes: ¿Por qué la Iglesia decidió degradar a María Magdalena por encima de todo? Algo acerca de su presencia en la vida de Jesús molestaba obviamente, y mucho, a los obispos. Como veremos, éste fue ciertamente el caso, pero molestaba simplemente porque la Iglesia se había diseñado sobre la base del celibato y como una institución de prerrogativa masculina. Y esto, a su vez, fue así en concreto debido a la influencia de Magdalena, una influencia que de algún modo amenazaba con socavar un cristianismo híbrido.

Los siete demonios

Para justificar la difamación de María, y para ponerla en un estado aparente de arrepentimiento sin motivo, el clero la asoció con otro personaje evangélico con el cual no tuvo ninguna relación. Se sintió la necesidad de dar algún tipo de transición explicable desde la María pecadora hasta la María acompañante de la madre de Jesús. Y la única forma aceptable de hacerlo fue haciendo que Jesús hubiera perdonado a María Magdalena de su vergonzoso pecado. A este respecto, recurrieron a una mujer de la que, convenientemente, no se daba su nombre y a la que Jesús había perdonado su conducta disoluta, y así iden-

---

11. *Oxford Dictionary of Saints* (ed. David Farmer), Oxford University Press, Oxford, 1997.

tificaron a María con ella. Se trataba de la mujer que, en Juan 8:1-11, había sido «sorprendida en adulterio» y a la cual Jesús no condena, pero sí invita con un «ve, y no peques más». No había ni la más mínima conexión entre María Magdalena y esta mujer, pero la estrategia se consideró suficientemente buena y se dijo de María, la supuesta adúltera, que se había arrepentido.

Se hizo una vinculación posterior entre esta mujer y María Magdalena gracias a la secuencia que aparece en Lucas 7:37-49, en la que una mujer pecadora unge los pies de Jesús en casa de Simón el Fariseo. El Evangelio cuenta que Jesús le dijo, «Tus pecados quedan perdonados». Pero, como ya hemos visto, el Evangelio de Juan afirma que María de Betania y la mujer que llevó a cabo esta primera unción eran la misma persona. De ahí que, para inventarse el estado «penitente» de María Magdalena, la Iglesia reconociera que María Magdalena era María de Betania. Pero lo que no tiene ningún sentido es que, en todos los demás aspectos, los obispos negaran tal vinculación, a pesar de la aclaración de Juan.

Pero ahora, desde abril de 1969, las cosas han dado un giro aún más extraño pues, con la formalización de la santidad de María Magdalena, el Misal determina que hubo tres Marías diferentes: María la pecadora, María de Betania y María Magdalena. ¡De manera que la mujer que se canonizó no era, en la práctica y después de todo, María la «penitente»! Y esto, evidentemente, plantea una pregunta: ¿Por qué, entonces, se pone a María Magdalena como patrona de los pecadores arrepentidos?

La decisión tomada en 1969 alinea a la Iglesia Romana occidental con la Iglesia Ortodoxa oriental (la Iglesia Bizantina), que desde hace mucho sostenía que había tres Marías. Pero, si fuera ése el caso, no deja de ser curioso que en casi todos los iconos de la Magdalena que se han hecho en la Iglesia Oriental se represente a María con el frasco de alabastro de ungüento. Esto, de hecho, está en contra de la doctrina oriental, dado que implica claramente que María Magdalena y María de Betania eran la misma persona.

¿Y qué piensan a este respecto los protestantes? Pues todo depende de a cuál de las muchas ramas protestantes se pregunte. De hecho, todo este asunto ha terminado convirtiéndose en un espantoso embrollo en el cual tanto los católicos como los protestantes han terminado más confusos que nunca. Y todo esto porque María Magdalena plantea un problema de tal magnitud que, sea cual sea la estrategia doctrinal que se haya impuesto para manipular su posición, todas ellas caen por su propio peso debido al hecho de que no caben en un cajón al cual no pertenecen. Y no se puede ignorar a María, porque los Evangelios dejan perfectamente clara su implicación con Jesús y con su familia.

A despecho de todos los intentos por endosarle a la Magdalena un putanismo que no tiene fundamento, sólo hay un comentario en los Evangelios relacionado con su supuesto pecado. Se da en su presentación en el Evangelio de Lucas (8:2), y se repite en la escena de la Resurrección de Marcos 16:9. Todo lo que se dice es: a) María era «una mujer de la que habían salido siete demonios», y b) que era una mujer «de la que [Jesús] había echado siete demonios». Eso es todo. No hay nada que tenga que ver con el adulterio o la prostitución. Entonces, ¿qué se quería decir con esto? ¿Quiénes o qué eran los siete demonios?

En el año 591, el Papa Gregorio I dio un histórico sermón en el que hubo referencias a María Magdalena. Fue en este discurso donde confirmó que María la pecadora y María de Betania eran una y la misma persona, tal como se afirma en Juan 11:2. Pero, durante el sermón, también abordó el tema de los «siete demonios», llegando a la conclusión de que éstos representaban a los siete Pecados Capitales (los «pecados mortales», que es como se les suele llamar). María era culpable, dio a entender el Papa, de orgullo, envidia, gula, lujuria, ira, avaricia y pereza, ¡los siete juntos! ¡Resulta sorprendente que pudiera incluso rehabilitarse, así como también sorprende que el Papa no la acusara también de los Pecados Mortales!

Si observamos con un poco de lucidez el tema de los siete demonios, lo primero que convendrá considerar es la relevancia común del nombre griego «María» (del egipcio, Mery, que significa «amada», y al parecer equivalente al hebreo, Miriam). Entre otros nombres egipcios similares están Meryamon (Amada de Amón) y Merytaten (Amada de Aten). Otras variantes europeas de María son Marie y Mary.

En la época evangélica, al igual que en la cultura greco-egipcia, «María» no era tanto un nombre como una distinción. Ésa es la razón por la cual había tantas Marías relacionadas con Jesús. Aunque nominalmente evidente en el Nuevo Testamento, el *Evangelio de Felipe*, un evangelio no canónico, menciona esto en particular: «Había tres que siempre iban con el Señor... su hermana, su madre y su consorte, que eran las tres María».[12] El nombre era un estilo conventual en la época, y todavía lo utilizan muchas monjas en los

---

12. R. McL. Wilson, *The Gospel of Philip: Translated from the Coptic Text*, AR Mowbray, Londres, 1962, pp. 35, 97. Véase también, Capítulo 8 - La Consorte del Salvador, y referencias de notas relacionadas.

Sacerdote Demonio

conventos de hoy en día, colocado por delante de su nombre bautismal, como Hermana María Luisa, Hermana María Teresa, etc. En Marcos 6:3, por ejemplo, se suele presentar a Jesús como «el hijo de María»; pero, si se traduce correctamente, se lee «el hijo de la María».

Las Marías se educaban en un entorno monástico casto dentro de órdenes sagradas concretas, y estaban sujetas a una normativa estricta que debían respetar hasta que se las elegía como prometidas. Antes de esto, las Marías estaban bajo la autoridad del Escriba Jefe, a quien se le calificaba como el Sacerdote Demonio Número 7. Graduados por categoría desde el Número 1 hasta el 7, los siete sacerdotes demonios se establecieron como un grupo opositor simbólico de aquellos otros sacerdotes que se consideraba representaban las siete llamas de la Menorah (el candelabro de los siete brazos de la tradición judía). La obligación de los siete sacerdotes demonios era supervisar y vigilar el celibato de las mujeres (algo parecido al Abogado del Diablo, que investiga los trasfondos de los candidatos potenciales para la canonización en la actual Iglesia Católica Romana). Sin embargo, al casarse, las mujeres se liberaban de la carga de los siete demonios (o diablos), lo cual significaba en efecto que las normas del celibato ya no se les aplicaban.[13] Lo que nos queda aquí es que, cuando los siete demonios «salieron» de María Magdalena, fue cuando quedó liberada de sus lazos conventuales para poder casarse.

El patrimonio de Magdalena

Respecto al tema de los nombres, debemos echar un vistazo también al nombre de Magdalena. A veces, se deletrea como Magdalen, y tiene las variantes europeas de Maddalena y Madeleine. Normalmente, se sugiere que Magdalena se deriva del lugar llamado Magdala y ciertamente, tiene la misma raíz que *migdal*, que significa «torre». Pero éste no es motivo suficiente para determinar que María viniera de Magdala. Se nos dice únicamente que se unió al ministerio de Jesús en Galilea (o, dicho de otro modo, en la región que hay al norte de la moderna Haifa).

---

13. Barbara Thiering, *Jesus the Man*, Transworld, Londres, 1992, c. 17, pp. 88-9; apéndice III, p. 355.

Magdala era una población de pescadores a orillas del Mar de Galilea, al norte de Tiberias. Conocida también por sus tejidos de lino y sus tintes, Magdala era un centro comercial rico y bullicioso en tiempos evangélicos. Se habla de ella en Mateo 15:39, aunque aparece en algunas ediciones de la Biblia como Magadán. Pero en el Evangelio de Marcos (8:10), que es más antiguo, se utiliza el nombre de Dalmanutá en este contexto.[14] En la actualidad, no hay ruinas de importancia allí, tan sólo alguna sección de camino pavimentado, los restos de unos baños romanos y los cimientos de un edificio. Este empobrecido lugar recibe ahora el nombre de el-Medjel.

Magdala fue un centro de procesamiento de pescado, así como de pesca, y el *Talmud* judío la denomina con un nombre más largo y más correcto: Magdal Nunaiya, que significa «Torre del Pescado». El historiador Flavio Josefo fue comandante de Galilea durante la infructuosa Revuelta Judía contra los romanos del año 66 d.C., y citó en sus escritos a Magdala utilizando el nombre griego alternativo de Taricheae. En su *La Guerra de los Judíos*, del siglo I, Josefo anotó que, en aquella época, vivían en la zona alrededor de 40.000 personas.[15] Posteriormente, dice, murieron alrededor de 6.500 de ellas en las grandes batallas terrestres y marinas que tuvieron lugar contra las tropas romanas del general Flavio Tito.[16]

Al igual que ocurre con Magdal Nunaiya, otros muchos lugares aparecen con nombres diferentes en los Evangelios. Esto puede llevar a confusión en ocasiones, pero se debe a la tradición lingüística multicultural en la que los lugares disponían de nombres en hebreo, griego, sirio, latín o, incluso, designaciones localistas descriptivas. En Mateo, Marcos y Juan, por ejemplo, el sitio de la crucifixión recibe el nombre de Gólgota, mientras que en Lucas se le da el nombre de Calvario. Ambos nombres (hebreo, *Gulgoleth;* arameo, *Gulgolta;* latín, *Calvaria*) se derivan de palabras que significan «calavera», y el significado del nombre del lugar, tal como se dice en todos los Evangelios, es claro: «el lugar de la calavera».

Al Mar de Galilea se le llamó originalmente Kinerot (hebreo, «con forma de lira»), como en Josué 11:2. También se le llamó Lago de Genesaret (Lucas 5:1), y Mar de Tiberíades (Juan 6:1), de donde proviene su actual nombre, Bahr Tubarîya.[17]

---

14. James Hastings, *Dictionary of the Bible*, T & T Clark, Edimburgo, 1909.
15. Flavius Josephus, *The Wars of the Jews in The Works of Flavius Josephus*, (trad. William Whiston), Milner & Sowerby, Londres, 1870, t. II, c. XXI:4.
16. Ibid. t. III, c. X:1-10.
17. J. Hastings, *Dictionary of the Bible* - Galilee.

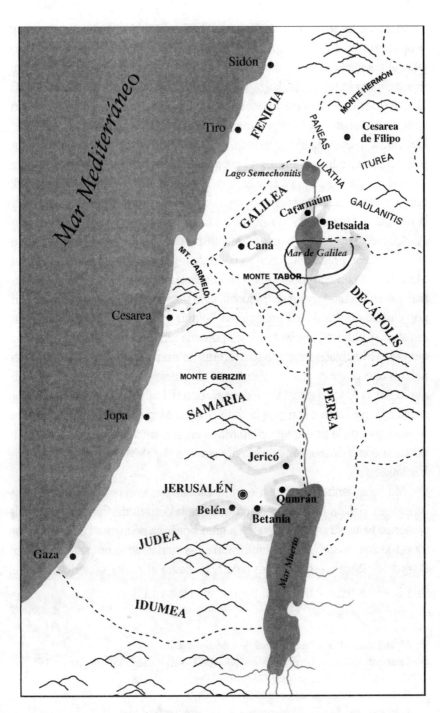

Las tierras de los Evangelios

Aunque las regiones palestinas de Galilea, Samaria y Judea estaban bajo ocupación romana en tiempos evangélicos, anteriormente habían estado sujetas al control de Egipto, donde los faraones griegos de las dinastías ptolemaicas, hasta la reina Cleopatra VII, habían reinado desde 305 hasta 30 a.C. De ahí que el griego fuera un idioma muy utilizado en tiempos de Jesús, junto con una variante del antiguo arameo mesopotámico y, cómo no, el hebreo. Flavio Josefo era un judío asmoneo, educado para el sacerdocio fariseo, pero solía utilizar términos griegos, y el griego es el idioma en el que están escritos los textos originales de los Evangelios. Sin embargo, existen pocas dudas de que el nombre de Magdalena tuvo su origen (al igual que el de Magdala) en la palabra hebrea *migdal* (que significa torre o castillo).

Cuando Jacapo di Voragine,[18] arzobispo de Génova en el siglo XIII, escribió su *Vida de María Magdalena* a partir de registros de la Iglesia,[19] afirmó que María «poseía en patrimonio el castillo de Betania» (o la torre, *migdal*, de Betania, que sería como mejor se traduciría este fragmento). Pero nunca hubo ningún castillo o torre de importancia en Betania y, en cualquier caso, a las que llevaban el título de Marías no se les permitía tener propiedades.[20] El patrimonio del cual hablaba Jacapo hacía referencia en realidad a un estatus personal, un alto rango social (castillo/torre) de tutela comunitaria, como en Miqueas 4:8, la *Magdal-eder* (Torre de vigilancia del rebaño), y es a esta posición social a la que hace referencia la distinción de Magdalena.[21] Así, resulta significativo que, en la presentación de María en el Evangelio de Lucas (8:2), se la describa como «María, llamada Magdalena», es decir, «María, llamada Torre de Vigilancia».

Más que venir de Magdala, es muy probable que el hogar de María Magdalena en Galilea fuera la cercana población costera de Cafarnaum, donde comenzó Jesús su labor pastoral.[22] La gran sinagoga de mármol de Cafarnaum (que todavía existe en unas impresionantes ruinas) era competencia de los sacerdotes Jairos, descendientes dinásticos de Ira el Yairita, sacerdote jefe del

---

18. Voragine es ahora Varese, cerca de Génova, Italia.
19. Jacapo di Voragine, *Legenda Aurea* (Golden Legend), (trad. William Caxton, 1483; ed. George V O'Neill), Cambridge University Press, Cambridge, 1972.
20. B. Thiering, *Jesus the Man*; apéndice III, p. 369.
21. Margaret Starbird, *The Woman with the Alabaster Jar*, Bear, Santa Fe, 1993, c. 3, pp. 50-1.
22. Marcos 1:21-28.

rey David.[23] Este linaje sacerdotal tuvo su origen en los hijos de Yaír del Antiguo Testamento,[24] en la época de Moisés.

Según Jacapo (1229-1298), el padre de María Magdalena se llamaba Syro (o Syrus) que, como Syro el Jairo, fue Sacerdote Jefe (subordinado al Sumo Sacerdote de Jerusalén), y María hace su primera aparición bíblica como hija del Jairo, a la que Jesús resucita de entre los muertos en Mateo 9:18-25.[25] Esta forma de resurrección iniciática de una figurada «muerte» (oscuridad) hasta el grado de la «vida» (luz) de la comunidad formaba parte de un proceso de formación denominado El Camino, y se llevaba a cabo a la edad de doce años. En la escena de la hija de Jairo, Marcos 5:42 lo confirma, diciendo: «La muchacha se levantó al instante y se puso a andar, pues tenía doce años».

Jacapo dice después que Syro era un noble sirio, cuya esposa Eucharia (la madre de María) era de linaje real. Más tarde, afirma que la Magdalena «nació de linaje noble de derecho, y de padres que descendían de linaje de reyes». En un manuscrito mucho más antiguo del arzobispo Rábano Mauro, se detalla mejor la ascendencia de Eucharia en la Casa Real de Israel.[26] No era ésta la Casa Davídica de Judá, sino la sacerdotal Casa Asmonea de los Macabeos,[27] que reinaron en Jerusalén desde 166 a.C. hasta la ocupación romana de 63 a.C., bajo las tropas del general Pompeyo.

La Academia

La obra de Jacopo di Voragine, titulada *La Légende de Sainte Marie Madeleine*, se encuentra dentro de una recopilación mayor, la famosa *Legenda Aurea* (Leyenda Dorada). Dos siglos después de la muerte del autor, en 1483, imprimió el libro (uno de los primeros en ser impreso) William Caxton, en West-

---

23. 2 Samuel 20:25-26.
24. Números 32:41.
25. También en Marcos 5:22-43 y Lucas 8:41-56. Véase para más información a este respecto, de las interpretaciones de los Manuscritos del Mar Muerto, en B. Thiering, *Jesus the Man*, c. 17, p. 89; apéndice I, p. 215, y apéndice III, pp. 338-9.
26. John W. Taylor, *The Coming of the Saints*, Covenant Books, Londres, 1969, c. 5, p. 83.
27. Las fuentes principales sobre los Asmoneos son los libros apócrifos de los Macabeos, por ejemplo en *The Septuagint with Apocrypha* (trad. Sir Lancelot CL Brenton), Samuel Bagster, Londres, 1851. También aparecen en Flavio Josefo, *Antigüedades Judaicas*.

minster, Londres. El libro había sido publicado previamente en francés y en latín, y fue William, Conde de Arundel, el que persuadió a Caxton para que hiciera la versión inglesa, traducida a partir de manuscritos europeos. Se trata de una colección de crónicas de archivo en las que se relataban las vidas de los santos que era muy venerada en la sociedad religiosa. Y, a pesar del empeño de los obispos por socavar el estatus social de María Magdalena, se hicieron lecturas públicas regulares de esta obra en los monasterios medievales y en algunas iglesias.

El erudito benedictino Rábano Mauro (776-856) fue arzobispo de Maguncia (Mayence) y abbé de Fulda, el mayor centro de enseñanza del Imperio Franco en los días de Carlomagno. A Rábano se le tenía por el mayor sabio de su época, y se dice que, en materia de conocimientos escriturísticos, ley canónica y liturgia, no tenía igual.[28] Su gran obra, *La Vida de Santa María Magdalena*, se componía de cincuenta capítulos, distribuidos en seis volúmenes de manuscritos ricamente ilustrados. En ella, se incluyó gran parte de lo que había registrado sobre María hasta el siglo IV, cuando el emperador Constantino fundó la Iglesia de Roma para sustituir la fórmula antigua del cristianismo nazareno. El libro comienza así:

> La vida contemplativa de la bendita María Magdalena, llamada con la mayor de las reverencias la más dulce de las escogidas por Cristo, y de Cristo grandemente amada.

A principios del siglo XV, se descubrió una copia monástica del manuscrito de Rábano en Inglaterra, en la Universidad de Oxford. Pocos años después, en 1448, William of Waynflete, obispo de Winchester y canciller del rey Enrique VI de Inglaterra, fundó en la universidad el Magdalen Hall, ahora Magdalen College.

Este colegio universitario, dedicado a María, estuvo entre los primeros en enseñar ciencias, y el manuscrito *Magdalena* se encuentra allí todavía.

Antes, Mateo París *(Matthaei Parisiensis)*[29] hizo referencia a la obra de Rábano en su *Chronica Majora*. Mateo París era un monje de la abadía de St. Albans que puso en orden los escritos de su abad, Juan de Celia, de alrededor

---

28. *The Catholic Encyclopedia*, vol. XII - Rabanus Maurus.
29. Matthaei Parisiensis, *Chronica Majora*, Longman, Londres, 1874.

de 1190. El manuscrito de Rábano también se halla relacionado en el *Scripto-rium Ecclesiasticorum Historia literaria Basilae*[30] de Oxford.

En la década de 1470, poco después de la fundación del Magdalen en Oxford, se reconstruyó un albergue educativo para monjes benedictinos en Cambridge bajo el patronazgo de Henry Stafford, Duque de Buckingham, convirtiéndose en el Buckingham College. Posteriormente, junto a los monjes, se admitió también a estudiantes laicos. Más tarde, en tiempos Tudor, el College pasó a ser propiedad de Thomas, Lord Audley, como consecuencia de la disolución de los monasterios decretada por Enrique VIII. Lord Audley dedicó el College a María en 1542, con el nombre de College of Saint Mary Magdalene. Pero, entonces, Lord Audley se las ingenió para diferenciar de forma audible este College del de Oxford, introduciendo su propio nombre en la ecuación, para que el Magdalene College de Cambridge se pronunciara «Maudleyn», costumbre ha llegado hasta nuestros días.[31]

Fonéticamente, hubo un precedente de esta corrupción nominal, en el que María aparecía previamente como María Mawdelyn, en *El Libro de Margery Kempe* (1438): «Ten en cuenta, hija, lo que María Mawdelyn fue, María Egipciaca, San Powyl, y otros muchos santos que están ahora en el cielo». Este diario espiritual de una visionaria de Norfolk, bien conocido por Lord Audley, pasa por ser la primera autobiografía de esta mujer publicada en inglés. A pesar de ser analfabeta, debido a lo cual el libro atrajo muchas críticas, su historia es un relato fascinante de la vida durante el turbulento siglo XV en Inglaterra.[32]

Y así, además de las numerosas iglesias dedicadas a María Magdalena, Inglaterra alardea también de colegios universitarios dedicados a ella tanto en

---

30. *Scriptorium Ecclesiasticorum Historia literaria Basilae*, vol. II, p. 38 (folio), Oxford, 1740-43.

31. Una buena fuente sobre la historia del Colegio Magdalena se encuentra en Peter Cunich, David Hoyle, Eamon Duffy y Ronald Hyam, *A History of Magdalene College Cambridge 1428-1988*, Magdalene College Publications, Cambridge, 1994. Poco después de la fundación de Cambridge, y como consecuencia directa de ello, apareció una nueva palabra en la lengua inglesa. La palabra, que tiene un aspecto sentimental y lacrimoso y se deriva de la imagen de María Magdalena llorando, fue «maudlin»* («Dícenle ellos: «Mujer, ¿por qué lloras?» Ella les respondió: «Porque se han llevado a mi Señor, y no sé dónde le han puesto.» Juan 20:13.) El famoso *Nathan Bailey's Universal Etymological Dictionary*, T. Cox at The Lamb, Royal Exchange, Londres, 1721, define (tal como acostumbraba Samuel Johnson) la palabra como: «Medio borracho, piripi; contracción de Magdalena».

32. Este libro se ha publicado recientemente en colaboración con el Emmanuel College, Cambridge - Barry Windeatt (ed.), *The Book of Margery Kempe*, Longman, Londres, 1999.

---

la Universidad de Oxford como en la de Cambridge. No hay duda de que, mientras la Iglesia de Roma hacía todo lo posible por marginar a María Magdalena, si no por ennegrecer su nombre por completo, en Inglaterra se la reverenciaba enormemente en círculos monásticos, tanto entre los benedictinos de Oxford como entre sus hermanos de St. Albans.

En gran medida ocurrió lo mismo en Francia, donde Rábano Mauro era abad benedictino; mientras que, en Italia, Jacopo di Voragine era dominico. Antes incluso, el abad cisterciense francés Bernardo de Claraval instituyó el Juramento de Fidelidad a María Magdalena cuando formalizó la Orden de los Caballeros Templarios, en el Concilio de Troyes, en 1129. El rey francés Luis XI (1461-1483) insistía en la posición dinástica de María Magdalena en el linaje real de Francia, y un fraile dominico llamado Père Lacordaire elaboró una obra particularmente interesante titulada *Sainte Marie Madeleine*, poco después de la Revolución Francesa.[33]

Sobre este trasfondo, tenemos que preguntarnos por qué los eruditos monásticos estaban reñidos con los clérigos eclesiásticos en su entusiasmo por María Magdalena. Y la respuesta es clara: los monjes eran académicos, estudiosos, y aunque trataban de un tema claramente religioso, se preocuparon de buscar registros documentados. A los obispos, por otra parte, sólo les preocupaba la doctrina religiosa y, dado que eran ellos los que determinaban la doctrina, los registros históricos carecían de importancia para ellos. De hecho, intentaron forzar su doctrina entre el pueblo a través de un dogma obligatorio cuando el Papa Gregorio XV presentó, en 1662, la *Congregatio Propaganda Fide*, la Congregación para la Propagación de la Fe. El Papa fundó el Colegio de Cardenales para la Propaganda, cuyo objetivo era forzar el acatamiento a las enseñanzas de la Iglesia. A este respecto, la Iglesia no sólo utilizó la propaganda, sino que también se inventó la palabra a partir de una raíz del latín eclesiástico (*propagare*: multiplicar) como en la propagación de las plantas: «cultivar especímenes idénticos o parecidos a partir de una cepa progenitora».

---

33. Père Lacordaire, *St. Mary Magdalene*, Thomas Richardson, Derby, 1880.

Miedo y agitación

¿Dónde queda entonces María Magdalena a nivel personal en todo esto? ¿Fue de verdad importante en la vida y la misión de Jesús, o fue simplemente un personaje secundario?

De los Evangelios, extraemos que María acompañaba constantemente a Jesús, además de ser una de sus mecenas. Lo ungió con perfume puro de nardo en dos ocasiones distintas, y tuvo una estrecha relación con su madre y con sus hermanas. Las acompañó en la crucifixión y fue con ellas a la tumba de Jesús, donde fue la primera en hablar con él tras la resurrección.

Ni remotamente hay nada fuera de lugar o controvertido en todo esto. De hecho, la lealtad de María con Jesús y con su familia fue bastante más allá de la del impredecible Pedro y de otros apóstoles aparentemente erráticos. Evidentemente, era una mujer, pero eso no es motivo de por sí suficiente para merecer los ataques que, posteriormente, llevaría a cabo la Iglesia contra ella. La madre de Jesús también fue una mujer, y sin embargo llegaría a ser venerada. Aparentemente, en María Magdalena tuvo que haber bastantes más cosas que las inmediatamente obvias, algo de su legado que causaba miedo y agitación entre los obispos.

Los lectores de la novela de Dan Brown, *El Código Da Vinci,* sabrán que en su trama se revela que María Magdalena no sólo fue una compañera de Jesús muy querida, sino su esposa. También se dice que tuvo un hijo y descendientes, un secreto que una sociedad oculta de fieles iniciados habría guardado durante siglos hasta el día de hoy.

Hace unos años, presenté y hablé del tema del matrimonio de Jesús y de su descendencia en *La Herencia del Santo Grial,*[34] pero no dije que estos secretos fueran desconocidos para la Iglesia. Lógicamente, ese aspecto de *El Código Da Vinci* no se sostiene si se considera como una realidad, en lugar de como una ficción novelesca. Si los obispos no hubieran sabido nada de la relación matrimonial de María Magdalena con Jesús y de su resultante maternidad, no habrían tenido razón alguna para infamar su memoria. Al igual que tantos otros personajes de los Evangelios, habría sido un personaje importante, pero secundario, de la historia cristiana.

---

34. Laurence Gardner, *La Herencia del Santo Grial.* Mondadori, Barcelona, 2001.

Sí, ciertamente hubo en la historia grupos de seguidores que defendieron el legado de la Magdalena, pero poco de esto fue secreto. María Magdalena planteaba una considerable amenaza para la Iglesia. Los obispos lo sabían, y otras muchas personas también lo sabían. Lo cierto es que uno no necesita acceder a registros conspiratorios o a archivos de sociedades secretas para descubrir la verdad de María Magdalena. Hace tiempo que su historia es de dominio público, y podemos saber bastante más acerca de ella si echamos un vistazo un poco más profundo a los Evangelios.

2

La persecución

Hacia el olvido

En 1964, el Papa Pablo VI liberó de sus votos de pobreza y obediencia en la Orden Jesuita a un eminente profesor del Vaticano. Antes de esto, el sacerdote había sido pieza fundamental del Instituto Pontificio Bíblico, así como del Consejo Pontificio para la Promoción de la Unidad Cristiana, bajo la presidencia del cardenal Agustín Bea. También había estudiado en la Universidad de Oxford y en la Universidad Hebrea de Jerusalén, habiendo hecho el doctorado en Lenguas Semitas, Arqueología e Historia Oriental. Desde 1958, venía sirviendo en la Santa Sede, en el Vaticano, junto al Papa Juan XXIII. Era un hombre arraigado y respetado, y llevaba alrededor de treinta años de servicio leal a la Iglesia tras él. Pero, en 1964, dimitió de un alto cargo en Roma y se fue a vivir a Nueva York, donde murió en 1999. Le llamaban padre Malachi Martin, y su dimisión vino propiciada por un cisma al cual le había llevado más de 1.600 años emerger a la superficie.

Desde aquel día (en 312 d.C.) en que el emperador Constantino vio la señal de la cruz en el cielo y decidió remodelar el cristianismo en una religión híbrida romana, su Iglesia había vivido bajo un dilema constante: ¿hasta qué punto debía servir a las necesidades espirituales de la gente y hasta qué punto debía involucrarse en el poder y en la política de la vida secular? ¿Estaba preocupada la institución con el servicio a las almas, o estaba intentando gobernar el mundo occidental? Desde el principio, hubo multitud de personas dentro de la Iglesia que hubieran formado filas en uno u otro lado, con lo que desde el mismo momento de su inauguración hubo un conflicto interno.

En 1958, cuando el padre Martin asumió su cargo en el Vaticano, Angelo Roncalli, cardenal y patriarca de Venecia, se convirtió en Obispo de Roma con el nombre de Juan XXIII. Tras la muerte de Pío XII, se esperaba que Juan fuera un Papa de transición, pero dejó con prontitud su marca personal como reformador social. Amplió e internacionalizó el Colegio de Cardenales, convocó el primer Sínodo diocesano de Roma de la historia, revisó el código de la Ley Canónica y convocó el Concilio Vaticano Segundo para revitalizar la Iglesia. El Papa Juan fue un liberal y un liberador, y los radicales cambios que llevó a cabo fueron tan profundos como el acto de creación de la Iglesia que llevara a cabo Constantino siglos atrás. Al tomar tales medidas, sin embargo, Juan puso sobre su cabeza el viejo cisma, justo encima de su cabeza. Como Papa, él *era* la Iglesia, y su mensaje sonó alto y claro. Él estaba interesado en el servicio espiritual, no en el poder secular.

Para muchos, éstas fueron refrescantes y bienvenidas nuevas pero, al intentar conceder mayores libertades a las personas, las medidas del Papa Juan tuvieron un efecto demoledor en la suprema autoridad de la Iglesia y en muchas de sus doctrinas más antiguas. Muchos católicos, entre ellos numerosos sacerdotes, abandonaron sus creencias en conceptos tales como el Pecado Original y el Demonio. Los sacerdotes querían casarse; las mujeres querían ser sacerdotes; los obispos querían convertirse en papas regionales; la gente demandaba unos derechos aceptables de control de la natalidad y de divorcio. Mientras tanto, como Obispo de Roma, Juan no dejaba de atender a su diócesis, visitando hospitales, prisiones y escuelas; en definitiva, actuando como ningún otro Papa lo había hecho antes. Ciertamente, era popular entre la gente, pero era igualmente impopular entre aquellos elementos de la jerarquía eclesiástica que estaban perdiendo con rapidez su base de poder bajo su pontificado.

El Papa Juan XXIII murió en 1963. Mucha gente cayó en la desesperación por causa de la tristeza, mientras que otros respiraron aliviados, aunque para ellos era demasiado tarde. El daño (que es lo que les parecía a ellos) ya estaba hecho y la Iglesia de Roma nunca volvería a ser la misma de nuevo. Su autoridad dogmática estaba ahora en grave declive. Cuando Giovanni Montini, arzobispo de Milán, se convirtió, en 1964, en el Papa Pablo VI, dijo: «El Demonio ha entrado en la Iglesia; hay humo alrededor del altar». Intentó detener la acometida de la presión pública y clerical para que continuaran las reformas, pero no pudo.

Fue entonces cuando el padre Martin, que había presenciado tan importante giro de los acontecimientos dentro del Vaticano, decidió cortar sus lazos. El período de su servicio en el Vaticano, desde 1958 hasta 1964, vio uno de los mayores puntos cruciales de toda la historia de la religión. Martin había estado en una posición única durante todo este proceso, habiendo tomado parte en los debates de la transición. Él sabía que alguien tenía que escribir lo sucedido en aquella monumental época para transmitirlo a la posteridad, y él era el hombre más indicado para ello; pero no podría hacerlo desde una perspectiva objetiva mientras siguiera empleado dentro del Vaticano. Y así, en 1964, se retiró para hacerse escritor. Las obras resultantes son una exposición brillante de la Iglesia y de sus líderes desde los tiempos más primitivos, y anunció que, sopesando todas las probabilidades y consecuencias, la Iglesia, tal como la conocemos, había comenzado ya su descenso hacia una eventual oscuridad.

Los herederos del Señor

Al relatar la historia de la Iglesia de dentro afuera, Martin dejó muy claro que la jerarquía hacía mucho tiempo ya que mantenía una posición privilegiada en lo relativo a adquisición de conocimientos a través de una red de inteligencia. Debido a esto, nada relevante para la Iglesia ha sido nunca un secreto para la Iglesia. Por otra parte, muchos de sus propios secretos no se habrían difundido a menos que hubiera habido un requisito doctrinal. A este respecto, el padre Martin dejó caer una palabra griega que ya se había escrito en ciertos registros imperiales antes incluso de que la Iglesia de Roma llegara a existir. La palabra era *Desposyni.*

Como se ha descubierto desde entonces, la palabra fue siempre de dominio público, pero no de un modo que pudiera comprender la mayoría de la gente, aún en el caso de que pudieran estudiar los documentos apropiados. *Desposyni* era la más santa de las distinciones en el cristianismo primitivo, y también durante algún tiempo después. Significaba «Herederos del Señor» y, como explica el padre Martin, «se reservaba únicamente para los familiares consanguíneos de Jesús». Posteriormente, lo matizaría diciendo: «sólo aquellas personas de linaje consanguíneo de Jesús a través de su madre se calificaban como *Desposyni*».[1]

---

1. Malachi Martin, *The Decline and Fall of the Roman Church*, Secker & Warburg, Londres, 1982, pp. 42-3.

En los Evangelios se nos dice que Jesús era de la Casa de Judá, y del linaje real del rey David, que reinó en Jerusalén alrededor del 1000 a.C. Tanto Mateo como Lucas hacen una relación de la ascendencia generacional de Jesús por línea paterna hasta su padre José.[2] Mateo comienza con: «El libro de las generaciones de Jesucristo, hijo de David, hijo de Abraham», y sigue con cada uno de los antepasados hasta concluir con «Y Jacob engendró a José, el esposo de María, de la que nació Jesús, llamado Cristo». El capítulo genealógico correspondiente en Lucas describe la ascendencia al revés, remontándose más allá de Abraham para terminar con «...Enós, que era el hijo de Set, que era el hijo de Adán, que era el hijo de Dios».

Es esencialmente en la relación de Lucas donde se define a Jesús como el «hijo de Dios». Mateo afirma que Jesús era el «hijo de David», lo cual no es cierto en un sentido literal. Era una definición simbólica para determinar su Casa de linaje. Sin embargo, remontándose más atrás, Lucas sostiene que el antepasado definitivo de Jesús y de David era Adán, que era el «hijo de Dios». Por tanto, con la debida licencia genealógica, y basándose en el concepto simbólico de Mateo, se podría decir que, del mismo modo, a Jesús se le podría llamar el «hijo de Dios».

En el libro, *Lost Secrets of the Sacred Ark*, escribí acerca de las distintas referencias bíblicas relativas a las citas del «Hijo de Dios» con respecto a Jesús. En el Apéndice I de esta obra, he vuelto a introducir este elemento para los lectores nuevos. Sin embargo, más relevante en este punto en concreto resulta nuestra pesquisa de los herederos *desposyni*.

La definición de *desposyni*, como hemos visto, se limita específicamente a los descendientes del linaje de Jesús por vía materna, de María. Intentando localizar la utilización más antigua de esta palabra, nos encontramos con que no se utilizó hasta después de la crucifixión, la resurrección y la ascensión de Jesús. Y esto tiene pleno sentido, dado que la palabra se relaciona con los «herederos de» o aquéllos «que pertenecen a» el Señor.

Si, según las relaciones de Mateo y Lucas, Jesús era el heredero real de la Casa de David, entonces la sucesión dinástica superior de esa Casa hubiera terminado con Jesús, a menos claro está que Jesús hubiera tenido un hijo. Pero parece ser que, en el año 70 d.C., cuando los romanos aplastaron definitivamente el levantamiento israelita que había durado cuatro años, el empe-

---

2. Mateo 1:17, Lucas 3:23-28.

rador Vespasiano aún tuvo algunos problemas con la Casa de David. Esto ocurrió casi cuarenta años después de la crucifixión de Jesús. En los escritos del cronista palestino del siglo II Hegesippus, leemos que Vespasiano ordenó «que se buscara a la familia de David, que no quedara ninguno entre los judíos que fuera de estirpe real».[3] Por tanto, de un modo u otro, se sabe que la familia de David existía en aquella época, en el 70 d.C. Sin embargo, el edicto no hace referencia a todos los descendientes vivos de David (aun cuando fuera posible saber quiénes eran todos). Define específicamente a «la familia» y «la estirpe real», lo cual estrecha el campo considerablemente.

El primer uso definible de la palabra *desposyni* parece provenir de un contemporáneo de Hegesippus, el historiador Julio Africano, de Edesa. A Julio Africano se le tiene por el padre de la cronografía cristiana, y se ganó tal reputación al traducir al latín una serie de obras del siglo I pertenecientes al discípulo Abdías, el obispo nazareno de Babilonia, investido por Judas, el hermano de Jesús. Los *Libros de Abdías* ascendían a diez volúmenes de historia apostólica de primera mano, titulada *Historia Certaminis Apostolici*. Sin embargo, al igual que otros muchos importantes informes de testigos oculares de aquella época, estos libros se rechazaron de plano a la hora de incluirlos en el Nuevo Testamento del emperador Constantino, en el siglo IV. Pero Abdías era uno de los setenta y dos discípulos de Jesús de los que se habla en Lucas 9:57-10:1.[4]

Africano dice que, incluso antes de Vespasiano, ya en vida de Jesús, Herodes Antipas (hijo de Herodes el Grande) había ordenado la destrucción de todas las genealogías aristocráticas. Pero, Africano continúa, «Unas pocas personas prudentes disponían de documentos privados propios... y tenían a orgullo preservar la memoria de su origen aristocrático. Entre éstas, estaban las personas... conocidas como *Desposyni*, debido a su relación con la familia del Salvador».[5]

El sucesor de Vespasiano fue su hijo Tito, a quien le siguió su hermano Domiciano en 81 d.C. Domiciano detestaba a los cristianos aún más de lo que los había detestado su padre, y su régimen de persecuciones fue tan cruel como lo había sido en tiempos del emperador Nerón, que ejecutó a Pedro y a Pablo. Según los anales romanos, la tortura favorita de Nerón era atar a los

---

3. En el dominio público, *véase* Eusebius de Caesarea, *An Ecclesiastical History* (trad. Rev. C. F. Crusè), Samuel Bagster, Londres, 1838, t. 3, p. 84.

4. *The Catholic Encyclopedia*, vol. I - Abdias.

5. Eusebius of Caesarea, *The History of the Church from Christ to Constantine*, Penguin, Londres, 1989, c. 1, p. 22.

Apolipsis

cristianos a estacas en los jardines de su palacio, para luego prenderles fuego por la noche para que hicieran de antorchas humanas.[6] Fue durante el reinado de Domiciano cuando San Juan el Divino, autor del Apocalipsis, fue sentenciado a confinamiento en la isla griega de Patmos.[7]

Juan

Hegesippus cuenta en su *Hypomnenata* (Memorias) que Domiciano ordenó la ejecución de todos los *desposyni* herederos de Jesús. Pero, aunque muchos de ellos fueron apresados, algunos fueron liberados y «cuando fueron puestos en libertad se convirtieron en líderes de las iglesias, tanto por haber mantenido el testimonio como porque eran de la familia del Señor».[8] En Patmos, Juan escribió acerca de esto en su *Apocalipsis*. Al relatar la persecución de los *desposyni*, cuenta que una mujer que llevaba la corona de Sofía tuvo que huir al desierto para escapar del dragón imperial que «se fue a hacer la guerra al resto de sus hijos, los que guardan los mandamientos de Dios y mantienen el testimonio de Jesús».[9]

En la tradición cristiana de aquella época, Sofía (la diosa griega de la sabiduría), que llevaba la corona de doce estrellas de la que se habla en el Apocalipsis, estaba representada por María Magdalena, que huyó al exilio en 44 d.C. (*véase* página 197). Este exilio vino a continuación del apresamiento de Pedro y la ejecución del apóstol Santiago Boanerges a manos del rey Herodes Agripa I de Jerusalén (Hechos 12:1-2). Los consejeros del rey habían decretado que el movimiento cristiano era subversivo, y que llevaría al derrumbamiento de la autoridad secular y la del Templo (pero, poco después, Herodes Agripa murió envenenado).[10]

Por miedo al castigo (por haber sido implicados en el asesinato), otros apóstoles huyeron de Judea en aquel momento. Pedro y Simón el Zelote escaparon, pero Tadeo no fue tan afortunado. Fue capturado por Herodes, rey de Chalcis (en Siria), en el río Jordán, y fue ejecutado sumariamente. María

---

6. Tacitus, *The Annals of Imperial Rome* (trad. Michael Grant), Penguin, Londres, 1996, c. 14, p. 365.

7. Irenaeus of Lyon, Adversus Haereses, V, 30, 3 - como en Eusebius, *The History of the Church from Christ to Constantine*, t. 3, p. 81.

8. Ibíd, t. 3, p. 82.

9. Apocalipsis 12:17.

10. En Hechos 12:23, se afirma que Herodes Agripa fue herido por un ángel y «comido por los gusanos». Véase también, Stewart Perowne, *The Later Herods*, Hodder & Stoughton, Londres, 1958, c. 10, p. 83.

Magdalena apeló en busca de protección al joven Herodes Agripa II (que entonces tenía 17 años y fue en otro tiempo alumno de San Pablo). Y, como era de esperar, dispuso su travesía hasta unas propiedades herodianas en Galia (Francia), donde Herodes Arquelao (hermano de Herodes Antipas) se había exiliado en 39 d.C. Los dominios herodianos estaban en Vienne, cerca de Lyon, al norte de Marsella. Flavio Josefo, poco después de este evento, escribía que los romanos habían apartado en este lugar a Herodes Arquelao después de la subida al trono de su sobrino Herodes Agripa I.[11]

Como veremos, estos acontecimientos históricos encajan exactamente con el relato de Rábano Mauro sobre la vida de María Magdalena. Sin embargo, por ahora, convendría considerar en mayor profundidad lo que escribió Juan en su Apocalipsis mientras estaba en Patmos. La palabra *apocalypse* es griega, y significa «revelación». De ahí que este libro del Nuevo Testamento se conozca en inglés como La Revelación.

La revelación

Dado que fueron muchos los libros que se excluyeron del Nuevo Testamento cuando se hizo la selección en el Concilio de Cartago en 397 d.C., es de destacar que, de todos los libros, el Apocalipsis de San Juan escapara a un examen riguroso en aquel momento. Desde entonces, la Iglesia ha hecho todo lo posible por disuadir a la gente de leer este libro, mostrándolo como una obra siniestra de presagios y fatalidades. Desde 1662, y a través de la propaganda de la Congregación para la Propagación de la Fe, la misma palabra *apocalipsis* se ha convertido en sinónimo de desastre. Sin embargo, lo cierto es que este escrito de Juan (esotérico como es en algunos aspectos) es precisamente lo que su título transmite: una «revelación».

Al tomar en consideración el relato de Juan sobre la huida al exilio de la Magdalena, conviene darse cuenta de que, antes de hablar de la persecución del imperio a «sus hijos, los que guardan los mandamientos de Dios y mantienen el tes-

11. F. Josephus, *The Wars of the Jews*, t. II, c. VII:3. Hay un diagrama genealógico que muestra la ascendencia familiar de la «Casa de Herodes» en Laurence Gardner, *Lost Secrets of the Sacred Ark*, Thorsons-Element/HaperCollins, Londres, 2004, pp. 344-5.

timonio de Jesús», dice que María estaba embarazada cuando emprendió la huida: «Está encinta, y grita con los dolores del parto y con el tormento de dar a luz».[12]

De cuando en cuando, los teólogos sugieren que el relato de esta Revelación quizás se refiera a María la madre de Jesús (más que a la Magdalena). Sin embargo, la respuesta oficial de la Iglesia es que no es posible que se trate de la madre de Jesús porque ella nunca «tuvo dolores de parto». En Génesis 3:16, se dice que los dolores del embarazo y el parto eran un castigo de Dios por el hecho de que Eva hubiera pecado. En consecuencia, los obispos sostienen que la mujer de la Revelación ¡«debe haber sido una pecadora»! La huida al desierto de la expectante Magdalena ha sido retratada alegóricamente por artistas como Giovanni Lanfranco, pintor italiano del siglo XVII (véase lámina 11).

En las tradiciones medievales de Francia y de Flandes, se conocía a María Magdalena como *Notre Dame de Lumière* (Nuestra Señora de la Luz). A este respecto, se la relacionaba con la sabiduría definitiva de Sofía y, a veces, en tiempos primitivos y medievales, se la retrataba con el halo de doce estrellas de Sofía, tal como refiere Juan en el libro de La Revelación. Un buen ejemplo de ello es la famosa estatua de la Madonna Negra que hay en Verviers, cerca de Lieja.

A María, la madre de Jesús, se la suele asociar con la Madonna Blanca, pero hubo una categoría particular de representaciones de Magdalena denominadas «negras». En algunos casos, se trata de esculturas completamente negras, pero muchas sólo tienen negra la cara, las manos y los pies. No es una cuestión de descoloramiento, como algunos clérigos han sugerido. Ni tampoco los rasgos de la madre y el niño son negroides; simplemente, son de color negro. Unas llevan un atuendo modesto, pero otras exhiben prestigio y soberanía en distintos grados. A este respecto, sorprende una estatua que hay en Neuilly-sur-Seine (véase lámina 6). Lleva una corona de oro y un cetro, con ropajes rojos y negros, con un armiño y una *fleur-de-lis* para indicar su conexión con el linaje real de Francia.

La veneración a las Madonnas Negras[13] surgió en 44 d.C. en Ferrières, en el Languedoc, región de la Provenza. En el siglo XVI, había casi 200 de estas representaciones ornamentales en Francia, y más de 450 se han descubierto ahora en todo el mundo.

---

12. Apocalipsis 12:2.
13. *(N. del T.):* En España, se conocen estas imágenes con el nombre de Vírgenes Negras, pero hemos respetado en esta traducción el término «Madonna» porque el significado implícito de «Virgen» no se correspondería con las tesis propuestas por el autor.

Las imágenes de la Madonna Negra con su hijo han representado un dilema constante para la Iglesia, en especial las de aquéllas que se encuentran en iglesias y santuarios de renombre en Europa. Algunas de ellas se repintaron en tonos de color carne pálido, mientras que otras se apartaron simplemente de la vista del público. Sin embargo, estas Madonnas son negras porque la Sabiduría (*Sophia*) es negra, dado que la Sabiduría existía en la oscuridad del Caos antes de la Creación. Esto se explica en el tratado cristiano del siglo III titulado *Sobre el Origen del Mundo*.[14] Aquí, se consideraba que Sofía representaba el Espíritu Santo que, según el Génesis 1:2, «se cernía sobre la faz de las aguas» y trajo la luz al mundo cuando «la oscuridad estaba sobre la faz del abismo».

Un antiguo Padre de la Iglesia llamado Orígenes de Alejandría (c. 185-254 d.C.) equiparaba figurativamente a María Magdalena con la prometida real de *El Canto de Salomón* del Antiguo Testamento, conocido también como *El Cantar de los Cantares*.[15] Orígenes decía: «Soy negra, pero hermosa, oh vosotras, hijas de Jerusalén» (*Cantar* 1:5). Esta asociación de personajes se mantuvo ampliamente hasta la Edad Media, y Bernardo de Claraval, en el siglo XII, hizo referencia a ella en sus *Sermones sobre los Cantares*. En su Sermón 57, aludía a María Magdalena como la «Prometida de Cristo».[16]

El Cantar de los Cantares es una serie de poemas de amor sobre una prometida consternada y su marido, el rey. Durante el curso de su diálogo, se dice de la reina que es una sulamita, lo cual ofrece otra similitud con Magdalena. Los sulamitas provenían de la ciudad de Sölam, en la frontera con Siria,[17] y ya hemos visto que el padre de María, Syro, era de Siria.

El Cantar de los Cantares narra la contienda amorosa entre el rey Salomón y su hermano Adonías por la noble sulamita Abisag, de la que se habla en 1 Reyes 2:13-25 (una contienda que le cuesta la vida a Adonías). Los detalles de este relato del Antiguo Testamento son sumamente importantes para comprender la ceremonia nupcial de Jesús y María Magdalena (*véase* página 177).

---

14. The Nag Hammadi Library - *On the Origin of the World* (trad. James M. Robinson and the Coptic Gnostic Project), Institute for Antiquity and Christianity, E. J. Brill, Leiden, 1977, Codex II, 5 & XIII, 2, p. 161.

15. Margaret Starbird, *The Woman with the Alabaster Jar*, c. 1, p. 28.

16. Bernard de Clairvaux, *Patrologia Latina* (ed. J. P. Migne), París, 1854, vol 183, cols, 1050-55.

17. J. Hastings, *Dictionary of the Bible* - Shulamite.

Los obispos identificaron a María Magdalena con una prostituta por su conexión con Sofía, no por nada que se hubiera escrito sobre ella en la Biblia. Para los romanos, todo lo que tuviera que ver con los griegos era lascivo. El Imperio Romano se había apoderado del Imperio de Alejandro, y los romanos difamaban en particular la sabia cultura griega. En este contexto, habían puesto apodos a diosas como Sofía y Afrodita. El nombre era *Porne*, que significaba puta, zorra o prostituta. Si María Magdalena era una manifestación de Sofía, ¡entonces María Magdalena era Porne![18]

Al referirse a la Roma imperial, el alegórico Apocalipsis de Juan utiliza el dispositivo literario de «un gran dragón rojo con siete cabezas... y siete coronas».[19] Pero no sólo los romanos exhibían un dragón escarlata en sus estandartes, sino que la misma Roma se conocía como la Ciudad de los Siete Reyes, que era el número de cabezas coronadas antes de que se formara la República, en 509 a.C. Desde 753 a.C., se decía que estos reyes habían sido Rómulo, Numa Pompilio, Tulio Hostilio, Anco Marcio, Lucio Tarquinio Prisco, Servio Tulio y Tarquinio el Soberbio.[20]

Como deja claro el padre Malachi Martin a partir de los archivos vaticanos, sólo aquéllos del linaje de Jesús por vía materna se calificaban como *desposyni*, y habla de una ocasión en concreto, en el año 318 d.C. (registrada también por el historiador contemporáneo Eusebio de Cesarea), en la que una delegación de *desposyni* viajó a Roma. El obispo Silvestre les concedió audiencia a aquellos hombres en el Palacio de Letrán, que Constantino había cedido recientemente. Los delegados argumentaron, a través de su portavoz jefe, José, que la Iglesia debía tener su centro en Jerusalén, no en Roma. Reivindicaron que el obispo de Jerusalén debía ser un verdadero *desposynos* hereditario, mientras que los obispos de otros centros importantes, como Alejandría, Antioquía y Éfeso, deberían estar emparentados. Después de todo, declararon, el obispo Clemente de Alejandría había escrito que Santiago,

---

18. Ean C. M. Begg, *The Cult fo the Black Virgin*, Arkana, Londres, 1985, c. 4, proporciona buenas referencias sobre «La sabiduría de la prostituta en la época cristiana».

19. Apocalipsis 12:3.

20. Las historias de estos reyes se encuentran en *Titus Livius («Livy» c59 BC-AD 17), Ab Urbe Condita (De la Fundación de la Ciudad)* - vol. I, Loeb Classical Library, Harvard University Press, Cambridge, MA, 1919; vol. II, Bristol Classical Press, Bristol, 1998; vols. III, IV, Loeb Classical Library, 1989.

el hermano de Jesús (que había sido nombrado obispo nazareno de Jerusalén) era «el Señor de la Santa Iglesia y obispo de obispos». A este respecto, su movimiento israelita-cristiano tenía mucha mayor autoridad que aquel vástago romano maquinado en torno a San Pedro, que había sido un simple apóstol del Señor y no un miembro de la familia.

Estandarte romano del siglo I

Como era de esperar, sus demandas fueron vanas, pues Silvestre (que pasa por ser el primer Papa) no estaba en posición de revocar los decretos del emperador. Las enseñanzas de Jesús han sido sustituidas, dijo, por una doctrina más razonable para los requisitos imperiales, y les dijo a los *desposyni* que el poder de la salvación ya no descansaba en Jesús, sino en el emperador Constantino.

Durante siglos, desde el primer emperador romano, Augusto, en 44 a.C., se les había brindado a los emperadores una reverencia particular como deidades en la Tierra. Se les trataba como a dioses, y se veían a sí mismos como tales. Además, el emperador Constantino había reivindicado un privilegio mesiánico personal.

---

21. M. Martin, *The Decline and Fall of the Roman Church*, pp. 42-4.

Tras la reunión entre el obispo Silvestre y la delegación de los *desposyni,* Constantino pensó que necesitaba una estrategia que fuera significativa para los cristianos y que le pusiera por encima de los parientes consanguíneos de Jesús. De hecho, aún más, pensó que necesitaba tener una mayor relevancia que el mismo Jesús.

Mezclando distintos atributos de la cristiandad primitiva con aspectos del culto solar del *Sol Invictus,* Constantino creó una religión híbrida que terminaría por convertirse en la Iglesia de Roma. Pero la figura de Jesús planteaba un verdadero problema, dado que el seguimiento del nazareno original seguía siendo considerable dentro del imperio en el siglo IV. El emperador sabía que tenía que hacer algo al respecto, y lo abordó muy oportunamente en el Concilio de Nicea de 325 d.C. Los cristianos estaban esperando la Segunda Venida de su Mesías más pronto o más tarde, y Constantino encontró así una vía para cumplir, incluso para sobrepasar, esta expectativa.

La misión de Jesús contra la dominación romana de Judea había fracasado debido a la desunión entre los sectarios judíos. Aunque la comunidad nazarena y la comunidad esenia la habían apoyado, la facción hebrea no lo había hecho, en especial los sacerdotes del Templo de Jerusalén y el consejo de ancianos del Sanedrín. Éstos estaban satisfechos con mantener su alto estatus en un entorno romano. También tenían fuertes objeciones ante el hecho de que Jesús quisiera dar acceso a los gentiles al Dios de los judíos. Como consecuencia de todo esto, a partir del siglo I en adelante, los cristianos recibieron muy poco apoyo por parte de la comunidad ortodoxa judía, y fueron muy mal tratados por las autoridades romanas. Constantino se aprovechó de todo esto haciendo la observación de que Jesús había dejado a los cristianos en una posición débil y vulnerable, al haberse conducido tan mal con ellos. Y luego les planteó la simiente de una nueva idea: quizás no había sido el verdadero Mesías después de todo.

Pero, además de todo esto, dado que había sido él, el emperador (y no Jesús), el que había dado la seguridad y la libertad a los cristianos dentro del imperio, ¡su verdadero Salvador no había sido Jesús, sino Constantino! Él sabía, claro está, que Pablo había venerado a Jesús como al Hijo de Dios, pero no había razón alguna para que continuara manteniéndose concepto tal. Jesús y Dios tenían que fundirse en una única entidad, de modo que el Hijo se identificara con el Padre. Y así, en el Concilio de Nicea (ahora Iznik, en Turquía), sucedió que se definió a Dios formalmente como Tres Personas en Una: una deidad consistente en tres partes iguales y eternas: el Padre, el Hijo y el Espíritu Santo.

Hubo obispos en Nicea que se opusieron a este concepto; se trataba de teólogos de la vieja escuela que aseveraban que, ciertamente, Jesús era el Hijo, y además que el Hijo había sido creado por Dios en la carne, pero que él no era Dios en sí mismo. Con independencia de esto, se desautorizaron sus objeciones y se estableció el *Credo de Nicea* de la Santa Trinidad como base de las nuevas y reformadas creencias cristianas. Y así fue que, designando a Dios como Padre e Hijo, se pasó por encima de Jesús como figura de importancia práctica. A partir de aquel momento, se vio al emperador como divinidad mesiánica. No sólo era la Segunda Venida del Mesías, sino la Primera Venida, una herencia que se estimó prudente que le fuera reservada desde el principio de los tiempos.

Hermanos y hermanas

Aunque de los hermanos de Jesús rara vez se habla en las modernas enseñanzas escriturísticas, sí que se les cita en el Nuevo Testamento, en especial a Santiago, el mayor de los hermanos de Jesús. El problema con el que ha tenido que enfrentarse la Iglesia desde hace mucho tiempo con respecto a los hermanos de Jesús ha sido el de la cuestión de los *desposyni* y de su definición en los archivos vaticanos: «Se califica como *desposyni* sólo a aquellas personas del linaje de sangre de Jesús a través de su madre».

Esta definición siempre ha planteado un importante problema para la Iglesia, porque sólo puede significar una de dos cosas:

1. Si Jesús fue el único hijo de María, los *desposyni* sólo podían ser los descendientes directos de Jesús.
2. Si había *desposyni* descendientes de María, pero no de Jesús, entonces es que María debió tener otros descendientes aparte de Jesús.

Se elija la que se elija de estas dos alternativas, las autoridades eclesiásticas se encontrarían con un grave dilema. Admitir que todos los *desposyni* eran descendientes de Jesús convertiría en un sinsentido el estatus del celibato dentro de la fe católica. Sin embargo, la doctrina de la virginidad de María se compuso mediante una resolución del Concilio de Trullo, con el Papa Justiniano II, en 692 d.C. Según este decreto, María fue siempre virgen. Exactamente, los cánones y los comentarios del concilio decían:

La Iglesia Católica siempre ha enseñado el nacimiento virginal, así como la concepción virginal de nuestro Bendito Señor, y ha afirmado que María siempre fue virgen, incluso después de dar a luz al Hijo encarnado.

Si se vieran obligados a tomar una decisión, los obispos tendrían que desechar necesariamente la decisión de Trullo, porque los Evangelios dejan perfectamente claro que la familia de María fue bastante más grande que la compuesta por Jesús únicamente.

Algunos apologistas de la escuela virginal han sugerido que quizás los hermanos y las hermanas de Jesús que se mencionan en los Evangelios fueran en realidad sus primos, o quizás que fueran hijos de José nacidos de una mujer diferente a María. Pero el Nuevo Testamento deja perfectamente claro que no se dio ninguno de estos casos. Tanto Mateo 1:25 como Lucas 2:27 estipulan que Jesús fue el «primogénito» de María. En ninguna parte se dice que fuera su único hijo.

Mateo 13:55 aclara que Jesús tenía hermanos, y los nombra: Santiago, José, Simón y Judas. Estos nombres se repiten de nuevo en Marcos 6:3. En las Epístolas del Nuevo Testamento, San Pablo hace referencia en concreto a su reunión en Jerusalén con «Santiago, el hermano del Señor» (Gálatas 1:19). En otros versículos, se hace referencia a Santiago, cuando presidió el famoso debate sobre la circuncisión en Jerusalén, como líder de la Iglesia Nazarena (Gálatas 2:1-10 y Hechos 15:4-34). También, las crónicas del historiador del siglo I Flavio Josefo hablan de «Santiago, el hermano de Jesús, al que llamaban Cristo».[22]

Esta última cita nos ofrece también un buen ejemplo de una mención contemporánea de Jesús diferente a las de la Biblia. En otro lugar en *Antigüedades Judaicas*, Josefo se refiere a Jesús de nuevo como «el Cristo»,[23] mientras

---

22. F. Josephus, *The Antiquities of the Jews en The Works of Flavius Josephus*, t. XX, c. IX:1.
23. Ibid. t. XVIII, c. III/3. Algunos comentaristas sostienen que esta cita en particular fue una interpolación posterior, suposición que se basa en el hecho de que la cita expresa cierta simpatía por los cristianos, mientras que Josefo era un hebreo. Orígenes, en 245 d.C., no menciona esta cita, aunque Eusebio, en su Demostración Evangélica (escrito c. 320 d.C.), sí que la menciona. Por tanto, cualquier interpolación tuvo que hacerse entre la época de Orígenes y la de Eusebio. Sin embargo, en términos reales, esta cita no es en modo alguno cristiana en cuanto a sentimiento. No se refiere a Jesús en contexto divino alguno; simplemente, dice que era un hombre sabio, obrador de maravillas y maestro, viéndolo en gran medida como lo habría visto cualquier persona de la época. Véase también A. N. Wilson, *Jesus*, Sinclair Stevenson, Londres, 1992, c. 4, p. 89.

2 hermanas

que su sentencia de muerte, a cargo de Poncio Pilato (el gobernador de Judea), aparece en los *Anales de la Roma Imperial*. La cita romana describe la misión de Jesús como de una «vergonzosa costumbre».[24]

Además de los hermanos de Jesús, Mateo 13:56 y Marcos 6:3 afirman que también tuvo hermanas. Se dan sus nombres en el *Panarion* y en el *Ancoratus* de Epifanio,[25] como María, Salomé y Juana. También se menciona a las hermanas de Jesús en el *Protoevangelio de Santiago*,[26] en el *Evangelio de Felipe*[27] y en las *Constituciones Apostólicas* de la propia Iglesia. En los Evangelios del Nuevo Testamento, estas hermanas aparecen en la cruz y en la tumba de Jesús, junto con María Magdalena. María y Salomé aparecen, por ejemplo, en Marcos 15:47, mientras que Juana y María aparecen en Lucas 24:10, y María, una vez más, en Mateo 28:1. (A Salomé se la conocía también como Sara o Sara-Salomé, siendo *Sarah* una distinción que significa «princesa».)

Los teólogos que sugieren que los hermanos y las hermanas de Jesús quizás fueran hijos de José con otra mujer, lo único que demuestran es que no han leído lo que dicen en realidad los Evangelios (o quizás suponen que la mayoría de las personas no los han leído). Lo cierto es que los Evangelios son suficientemente explícitos al aclarar que María fue también la madre de Santiago, José y Salomé. Estos tres hermanos se utilizan estratégicamente en el texto bíblico para definir el estado físico de Jesús durante las escenas de la Pasión. Antes de la crucifixión, se dice de María que es «la madre de Jesús» (por ejemplo, en Juan 2:1). Pero, a partir del momento en que se considera que Jesús va a morir, se la define de un modo diferente. En la cruz, se habla de ella como de «la madre de Santiago y de José» (Mateo 27:56 y Marcos 15:40), mientras que en la tumba se dice de ella que es «la madre de Santiago y de Salomé» (Marcos 16:1). Posteriormente, sin embargo, en cuanto Jesús vuelve a escena de nuevo tras la resurrección, se vuelve al estilo anterior como de «madre de Jesús» (Hechos 1:14).

Durante la segunda mitad del siglo II, comenzó a emerger un nuevo estilo de cristianismo teológico, con eruditos como Ireneo de Lyon, Clemente de Ale-

---

24. Tácito, *The Annals of Imperial Rome*, c. 14, p. 365.
25. Epifanio, Panarion (trad. F. Wilkins), E. J. Brill, Leiden, 1989-93, 78:8:1 & 78:9:6; Ancoratus (trad. Karl Hol), Walter de Gruyter, Berlín, 2002-4, 60:1.
26. *Protevangelion of James* 19:3-20; 4; Véase también en Richard Bauckham, *Jude and the Relatives of Jesus in the Early Church*, T & T Clark, Edimburgo, 1988, c. 1, p. 37.
27. Felipe 59:6-11, en *The Nag Hammadi Library*.

jandría y otros, a los que se denomina ahora como Padres de la Iglesia. Durante esta época, se desarrolló el concepto de la virginidad de María hasta quedar firmemente arraigado hacia 383 d.C., cuando San Jerónimo escribió *La Perpetua Virginidad de la Bienaventurada María* para la recién diseñada Iglesia de Roma. Antes de esto, a María no se la había calificado de virgen en ningún Evangelio original. Los textos griegos y arameos más antiguos (de los cuales se tradujo el Nuevo Testamento actual) se refieren a María simplemente como una «mujer joven», utilizando el término semita *almah*, cuando la palabra semita correspondiente para indicar una virgen física era *bethulah*, término que nunca se le aplicó a María.[28] En la traducción latina, *almah* se convirtió en *virgo, que* significa «doncella». Para dar a entender la moderna connotación de «virgen», la palabra latina debería haberse calificado con el adjetivo *intacta, virgo intacta;* es decir, «doncella intacta».[29] El estatus virginal de María fue una falsedad inventada por la Iglesia primitiva, pero que no se encuentra en los principales textos evangélicos del *Codex Vaticanus* de los Archivos Vaticanos.

La tumba prohibida

En los últimos dos años, se ha discutido y se ha escrito mucho acerca de un osario (un sarcófago de huesos) con inscripciones atribuido a Santiago, el hermano de Jesús. Salió a la luz en la *Biblical Archaeological Review* de noviembre-diciembre 2002. Las inscripciones del osario están escritas en arameo, con el nombre *«Ya'kov bar Yohosef akhui di Yeshua»* (es decir, «Jacob, hijo de José, hermano de Jesús»; o, en castellano, «Santiago, hijo de José, hermano de Jesús»).

Que sea verdaderamente el osario de Santiago, el hermano de Jesús, es materia de debate y, probablemente, nunca se sabrá. Sin embargo, se ha perpetuado un error en todas las discusiones, error que estriba en la idea de que éste es el primer y único objeto del siglo I en el que se menciona el nombre de Jesús.

En 1980, durante unas excavaciones en Talpiot Este, Jerusalén, se desenterró una tumba familiar del siglo I. Los arqueólogos trasladaron entonces los osarios de la tumba al almacén del museo de Romemma, y el director de Ar-

27. A. N. Wilson, *Jesus,* c. 4, p. 79.
28. Nancy Qualls-Corbett, *The Sacred Prostitute,* Inner City Books, Toronto, 1988, c. 2, p. 58.

queología y Antropología de la Autoridad de Antigüedades de Israel comentó más tarde que este hallazgo era «realmente impresionante». Los osarios llevaban inscripciones individuales.

JESÚS HIJO DE JOSÉ

MARÍA

JOSÉ

JUDAS

[el nombre de uno de los hermanos de Jesús]

MARÍA

[el nombre de una de las hermanas de Jesús]

Esta intrigante tumba familiar fue aclamada como el mayor descubrimiento cristiano de todos los tiempos. La noticia impactó en la prensa británica el 31 de marzo de 1996, con titulares de primera página y un extenso artículo de fondo en el *Sunday Times,* titulado «La Tumba que no se atreve a decir su Nombre».

El Domingo de Resurrección, 7 de abril de 1996, la excitación se elevó de tono cuando Joan Bakewell, miembro de la Orden del Imperio Británico, presentó un documental especial de televisión para la BBC (un documental muy publicitado) titulado *El Cuerpo en Cuestión.* Con una filmación realizada en la cripta donde se habían conservado los osarios, Joan Bakewell anunció: «Nuestro hallazgo renovará el debate sobre la resurrección»; pero, al final, no fue así. La Iglesia vapuleó a la BBC por llamar la atención sobre el tema de los hermanos de Jesús. Los obispos también objetaron el hecho de que la inscripción de «Jesús» se refería al «hijo de José» (no al «hijo de María» o al «hijo de Dios»). Y, a la vista del dogma de la ascensión, se mostraron preocupados también por el hecho de que se pudiera haber pensado que Jesús hubiera tenido un osario.

La cuestión no estriba en si se trataba o no de la tumba del Jesús bíblico y de su familia. Lo más probable es que no lo fuera y, en cualquier caso, estas cosas nunca se podrán demostrar o refutar. Lo relevante de lo sucedido en 1996 es que la Inquisición sigue operativa ante cualquier discusión sobre los hermanos y las hermanas de Jesús. Mientras tanto, la guía de televisión de *Radio Times* de aquella Semana Santa está ahora entre las ediciones de coleccionista más buscadas desde la publicación de la primera revista en 1923.

3
El Apocalipsis

El fruto de la vid

Las obras de arte alegóricas concernientes a María Magdalena fascinan al público enormemente en este momento, al traer el tema a la palestra Dan Brown con su libro *El Código Da Vinci*. Pasemos ahora a considerar algunas de las pinturas mencionadas en la novela pero, en este punto, conviene echar un vistazo al arte alegórico en términos generales, y con respecto a María Magdalena en particular.

Según los diccionarios etimológicos, la palabra «alegoría» proviene de dos palabras griegas, *allos* (otro) y *agoria* (hablar alto). Es una descripción figurativa que se relaciona con la emisión de una trascendencia o un significado subyacente, algo que se añade al sentido literal que se transmite superficialmente, y que no siempre es evidente de inmediato. La alegoría se puede expresar tanto en lenguaje escrito como en el arte. Las fábulas y las parábolas son alegorías (historias sencillas en apariencia, pero que tienen implicaciones moralistas o sociales en su interior).

En el Salmo 80, la soberanía de Israel se expresa mediante una vid exuberante. Es una alegoría pura que apela de inmediato a la imaginación visual. Por este motivo, en las obras de arte se han utilizado las vides para manifestar la vida, el crecimiento y la progresión generacional. En Ezequiel 19:10, se afirma, por ejemplo, «Tu madre era como una vid en tu sangre, plantada junto a las aguas; era fecunda y exuberante de sarmientos».

A partir del libro del Génesis en adelante, en todo el Antiguo Testamento, hay referencias constantes a las viñas y a la ascendencia lineal, con una afirmación que se repite una y otra vez, «Sed fecundos y multipli-caos». En Éxodo 1:7, se dice: «Los israelitas fueron fecundos y se multiplicaron; llegaron a ser muy numerosos y fuertes y llenaron el país». Al hablar de Jesé, el padre del rey David, Isaías 11:1 afirma: «Saldrá un vástago del tronco de Jesé, y un retoño de sus raíces brotará». Previo a esto, en Isaías 5:7, se describe a Israel y a la Casa Davídica de Judá como «plantío exquisito». Y finalizando, en Juan 15:1, Jesús dice: «Yo soy la vid verdadera».

También se utilizó la terminología de la vid en la tradición aventurera del Santo Grial. En el romance de *Parzival*, del caballero bávaro del siglo XIII Wolfram von Eschenbach, se dice de la Reina del Grial que «llevaba la perfección del paraíso terrestre, tanto en raíces como en ramas. Era algo que los hombres llaman el Grial».

El fruto de la vid es la uva, y de la uva procede el vino. El vino tinto de la Eucaristía es el símbolo cristiano eterno de la sangre mesiánica, y es en este contexto en el que coinciden las representaciones griálicas del cáliz y la vid. La antigua ceremonia del Grial es, precisamente, lo que aún hoy se representa en el ritual de la comunión de las iglesias actuales. El Santo Sacramento es un sinónimo pleno de la antigua Misa del Santo Grial. Es por este motivo que, en lo relativo a las bellas artes alegóricas, se suele representar a Jesús junto con una prensa de vino.[1] Sin embargo, para nosotros es particularmente relevante que, en determinados emblemas y filigranas medievales del Grial procedentes de la Provenza, se represente un cáliz o un jarro con racimos de uva (el fruto y la simiente de la vid), y que algunos lleven las iniciales de Magdalena *«MM»*.[2] De acuerdo con esta imaginería, María Magdalena se convertiría en la madre protectora de los viñadores.[3]

Según los relatos históricos de la industria de la elaboración del papel, la Provenza fue durante muchos siglos la capital mundial de la manufactura del papel.[4] A partir del concepto básico del papiro egipcio, los israelitas desarro-

---

1. Un buen ejemplo es *La Prensa de Vino*, de John Spencer Stanhope, 1864. Una reproducción a color de esta imagen se puede encontrar en la sección de láminas de la edición del 2002 de HarperCollins de Laurence Gardner, *Bloodline of the Holy Grail*.
2. Harold Bayley, *The Lost Language of Symbolism*, Williams & Norgate, Londres, 1912, contiene amplios detalles de las filigranas medievales provenzales.
3. Marjorie Malvern, *Venus in Sackcloth*, Southern Illinois University Press, Carbondale, IL, 1975, c. 1, p. 3.
4. La historia del comercio del papel provenzal se cuenta en Harold Bayley, *A New Light on the Renaissance*, John Dent, Londres, 1909.

llaron el papel hecho de algodón, y luego extendieron su comercio en la Provenza a partir de su exilio en el siglo I, tras la caída de su patria, Judea. Las primeras filigranas del mundo aparecieron en la Provenza en 1282. Harold Bayley, destacada autoridad sobre el comercio del papel, escribía en 1912 que estas filigranas provenzales eran como «fósiles de ideas en las cuales yacen resguardadas aspiraciones y tradiciones... Son documentos históricos de enorme importancia, que no sólo arrojan luz sobre la evolución del pensamiento europeo, sino también sobre muchos problemas oscuros del pasado... Se pueden explicar mediante un código de interpretación».[5]

*Filigrana griálica
del siglo XIII, Provenza*

En este contexto, las filigranas relativas al Grial y a MM provienen de las fuentes más antiguas, y son reliquias de una fraternidad eclesiástica subterránea. Estas filigranas se descubrieron hace cien años en las páginas de muchas biblias medievales francesas, y constituyen su propia alegoría. A primera vista, estas biblias son como todas las demás, hechas para su uso en las iglesias de aquella época. Pero, ocultas bajo la superficie, incrustadas secretamente en las hojas de papel y desapercibidas para los obispos y los frailes de la Inquisición, estaban las filigranas heréticas del legado de María Magdalena y el Santo Grial.

---

5.   H. Bayley, *The Lost Language of Symbolism*, c. 1, p. 2.

Alegoría fértil

A pesar del comentario de Jesús acerca del vino en la Última Cena: «Ésta es mi sangre de la nueva alianza...» (Marcos 14:24), la opinión de los primitivos padres de la Iglesia tuvo un mayor y más preciso énfasis. Maestros como Valentino y Marco (c. 150 d.C.) consideraban que el vino era un símbolo de la herencia materna de Jesús, no de la propia sangre del hombre en particular. Insistían en que el vino tiene unas cualidades femeninas únicas debido a su relación con la sabiduría (*sophia*), la gracia (*charis*) y la inteligencia (*epinoia*), que, en griego, son palabras de género femenino.[6] A este respecto, el cáliz (el Santo Grial) que contiene el vino (la sangre mesiánica) simboliza la matriz, el *vas spirituale* (el recipiente espiritual), algo que ya se traslucía en la mariana *Letanía de Loreto*, de 1587.[7] De ahí que la ceremonia original del cáliz y el vino, anterior a la intervención eucarística católica, fuera una comunión emblemática de maternidad y generación.

El eterno emblema del cáliz de la mujer se diseñó como un glifo en V (un receptáculo), y en santuarios que se remontan al 3500 a.C. se asocia este símbolo con la matriz de la Diosa Madre.[8] El Santo Grial se asemejó a una jarra porque se decía que portaba la sagrada «sangre real», la *Sangréal*. Del mismo modo que las cráteras y los calderos de la mitología antigua contenían sus distintos tesoros, se pensó que la herencia mesiánica se contuviera figurativamente dentro de una copa. Sin embargo, era el cáliz de María Magdalena el que llevaba la sangre *desposynica in utero*. Fue ella la que inspiró la *Dompna* (la Gran Dama) de los trovadores, que fueran tan cruelmente tratados por la Inquisición (y que la llamaban el Grial del Mundo).[9]

El símbolo masculino inverso (la V boca abajo) se simbolizaba por una espada o un cuerno. Se representaba normalmente como una espada, aunque su

6. Elaine Pagels, *The Gnostic Gospels*, Weidenfeld and Nicholson, Londres, 1980, c. 3, pp. 50-1.
7. El texto genuino más antiguo de una letanía mariana se encuentra en un códice del siglo XII de la Biblioteca Mainz titulado, *Letania de domina nostra Dei genitrice virgine Maria: oratio valde bona: cottidie pro quacumque tribulatione recitanda est.*
8. Riane Eisler, *The Chalice and the Blade*, Harper & Row, Nueva York, 1987, p. 72.
9. De lectura recomendada en relación a los trovadores y el Grial, y para un estudio posterior en lo referente a filigranas y crucetas antiguas, es Margaret Starbird, *The Woman with the Alabaster Jar.*

más potente representación fuera un fabuloso ser mitológico: el unicornio. En el Salmo 92:10, leemos: «Mi cuerno exaltarás como el cuerno de un unicornio».

Cuando se ponían juntos, uniendo las puntas, con el símbolo femenino encima del masculino, se formaba una X. Este glifo de géneros opuestos conectados se utilizó desde tiempos primitivos para identificar la unidad sagrada de la cámara nupcial. Fue la señal de la cruz original, y se utilizó como señal de bautismo mucho antes de los tiempos de Jesús. Como confirman los Manuscritos del Mar Muerto, se ponía en la frente de aquellos que lloraban por Jerusalén (Ezequiel 9:4), y se concedía en el grado más alto de iniciación en el santuario de la comunidad.

Pero una nueva cruz se diseñó merced a la posterior influencia romana, la cruz latina vertical de la Iglesia de San Pedro, con su alto travesaño. En aquella época, la señal original se convirtió en un signo de herejía a ojos de Roma. Como consecuencia de ello, esta connotación herética se ha perpetuado hasta nuestros días al vincularse con la carne y con el demonio (como ocurre con las películas catalogadas como X). De hecho, su significado antisistema se ha implantado en las escuelas a través del simple proceso de marcar con una X lo que se califica como de «erróneo».

Aun cuando la cruz de la crucifixión de San Pedro, en el año 64 d.C., se latinizara para que se pareciera al diseño normativo de la cruz de Jesús, la tradición del hermano de Pedro, Andrés, se mantuvo con la X original, que pasaría a conocerse como cruz de San Andrés. Andrés fue ejecutado en Patras, cerca del Mar Negro, donde había estado trabajando entre los escitas, antes de que éstos comenzaran su emigración hacia el oeste, hasta Irlanda y el norte de Gran Bretaña. En consecuencia, Andrés se convirtió en el patrón de Escocia, y su cruz se convirtió en el *Saltire* nacional. Dado que Escocia (a diferencia de Inglaterra) no era un Estado Papal, los obispos no se sintieron muy felices con la reaparición de este antiguo símbolo esotérico, y se inventaron la explicación de que Andrés debió perecer sobre una cruz en forma de X.

En esta conexión, valdría la pena estudiar las obras de arte religioso de la época de la Inquisición, especialmente desde 1252, cuando el Papa autorizó la tortura, los juicios secretos y la muerte en la hoguera. Aun cuando la X se tuviera por un símbolo herético, se utilizó de forma muy hábil en muchas pinturas. En la *Madonna de la Granada*, de Sandro Botticelli, se ve un ángel que lleva una X roja en el pecho; en su *Madonna del Libro*, la Madonna lleva una X roja en el corpiño; y en la escena de la resurrección del *Noli me tangere* de Fra Angelico, hay tres X rojas intrincadas sobre la hierba, delante de María Magdalena (*véase* lámina 5).

También apareció una variante del simbolismo de la V en las artes heráldicas del «danchado» o «dentado» y del «angrelado».[10] Estas representaciones griálicas se alineaban con formas de V o de copa en una serie continua para crear diseños festonados en los bordes. El angrelado era indicio de generación dinástica, y los artistas lo utilizaron para señalar la ascendencia hereditaria. Una de las pinturas más reveladoras en lo relativo a la maternidad de María Magdalena y su relación griálica es el sorprendente retrato de *María Magdalena* de Caravaggio, de la colección italiana del Príncipe Pamphili. En este retrato sedente de 1595, una Magdalena contemplativa, con su habitual cabello largo y rojizo, deja ver con claridad su embarazo en una pose simulada de estar amamantando. La escena se completa con un cáliz en forma de concha que aparece en la parte delantera de su falda (*ver* lámina 9). El festonado angrelado de este dibujo es la más rotunda alegoría generacional griálica.

Escudo angrelado en negro y plata
de Saint-Clair

El festonado angrelado se vinculó a veces con el culto a las diosas del amor y la fertilidad asociadas con el mar, desde María Magdalena hasta Afrodita. El cuadro de Botticelli, *El Nacimiento de Venus,* es un icono soberbio de esta tradición.[11] En la Edad Media, los caballeros de las órdenes griálicas llevaban angrelados en sus armas. Un ejemplo de esto lo tenemos en el escudo escocés de Saint-Clairs (Sinclairs) de Rosslyn, con su cruz negra angrelada (festo-

---

10. *(N. del T.):* Indenting y *Engrailing* respectivamente en el original inglés.
11. Para más información sobre este tema, véase Robert Graves, *The White Goddess*, Faber & Faber, Londres, 1961, c. 22, pp. 395-6.

neada) sobre plata. En la actualidad, se pueden ver ejemplos de esto en la mampostería tallada de la Capilla de Rosslyn, cerca de Edimburgo. El nombre de Saint-Clair se deriva del latín *Sanctus Clarus*, que significa Luz Santa.

Hoy en día, la población de Saint-Clairs, en el condado de Midlothian, se denomina «Roslin», aunque la capilla conserva el deletreo tradicional de «Rosslyn». Originalmente, en época celta, el lugar se denominaba «Ross Lynn», que identificaba al promontorio rocoso (*ross*) de una cascada (*lynn*), pero no tiene nada que ver con la Línea Rosa que atraviesa Glastonbury de norte a sur en *El Código Da Vinci*.[12] Rosslyn y Glastonbury no se encuentran en el mismo meridiano y no tienen una conexión longitudinal.

Los emblemas de la Magdalena

En *El Código Da Vinci*, se sugiere que Leonardo Da Vinci pintó a María Magdalena en su mural de *La Última Cena*, poniéndola en el lugar de uno de los apóstoles. Aunque esta idea encaja bien con la trama de la conspiración, veremos más tarde que ése no fue el caso. En el arte, la alegoría nunca es tosca ni excesivamente subrepticia (y, en especial, no en maestros como Leonardo). Como en el ejemplo del cáliz angrelado de Caravaggio, suele ser descarado, aunque frecuentemente esotérico. Para entenderlo, uno tiene que reconocer los símbolos y comprender su significado. Los símbolos y los emblemas se suelen utilizar en el arte para transmitir cosas que se podrían expresar por escrito en un libro como explicaciones descriptivas. La calavera, el libro, el espejo, las joyas y la vela de las imágenes de «Magdalena Penitente» son todo alegorías, una especie de taquigrafía artística que utiliza representaciones identificables consecuentes.

Otro ejemplo de alegoría de Magdalena se encuentra en las representaciones del «huevo rojo» de numerosos iconos y otras obras artísticas. En la iglesia ortodoxa rusa de Santa María Magdalena de Jerusalén, hay una pintura de María en la que sostiene un huevo rojo en presencia del emperador Tiberio (*ver* lámina 14). En esta obra, María lleva un hábito monacal blanco, un atributo familiar en Magdalena en las obras de arte, especialmente en las pinturas que provienen de

---

12. *(N. del T.):* Se le denomina «Línea Rosa» al meridiano que pasa por Glastonbury.

fuentes dominicas y franciscanas. Regalar un huevo es la escena original de Semana Santa del movimiento cristiano. De nuevo, al igual que con las uvas (y, a veces, las granadas), el huevo es símbolo de nacimiento y nueva vida.

En el año 664, en Inglaterra, en el Sínodo de Whitby, los obispos romanos consiguieron su primera victoria doctrinal sobre la tradicional Iglesia Celta. El principal punto a debate tuvo que ver con la festividad de Eostre, la antigua diosa de la primavera, y se decidió subsumir la fiesta de Eostre (Semana Santa)[13] dentro de un marco predominante cristiano. Lo que se pretendía con esto era separar la crucifixión y la resurrección de Jesús de su vinculación histórica con la Pascua Judía. Y sucedió que el día de la fiesta de Eostre coincidía también, de modo que era una candidata perfecta para la sustitución.

Según el Levítico 23:4-6, uno de los libros del Antiguo Testamento, la Pascua (en la cual se celebra el éxodo de Egipto por parte de los israelitas) se celebra el día 14 del mes de Nisán (marzo-abril), en la primera luna llena después del equinoccio, y viene seguida por el 15 de Nisán, con sus siete días de pan ázimo.[14]

Tal como se determinó en Whitby en el siglo VII, la fecha anual de la Semana Santa cristiana es algo más complicada, teniendo un número variable de días, entre el 22 de marzo y el 25 de abril. En esencia, es el primer domingo después de la primera luna llena tras el equinoccio vernal. La exigencia del Pontífice Jefe en aquel año de 664 consistía en que la Semana Santa debería caer siempre en domingo. Esto significaba que no se podía establecer una fecha en concreto que fuera aplicable todos los años. Desde tiempos remotos, la costumbre judía era considerar como día santo el Sabbath, lo que con el tiempo hemos llegado a conocer como Sábado. Pero el cristianismo romano se fundó sobre muchos principios del culto solar del *Sol Invictus* y, para distanciarse por otra parte de su base judaica nazarena, los obispos eligieron como día sagrado el día del Sol.

A pesar de la ubicación primaveral de la fecha de Eostre en el hemisferio norte, la festividad celta no era una celebración de la Pascua al estilo judío, ni tenía nada que ver con Jesús. En la práctica, era una celebración de *fertilidad*. Sin embargo, contra toda costumbre imperante, la Iglesia Católica satisfizo su ambición. La Pascua Judía se disoció de la resurrección y, al mismo tiempo, se demolió una antigua tradición celta.

---

13. *(N. del T.):* «Semana Santa», en inglés, es *Easter.* Aquí, el autor parece llamar la atención sobre la similitud entre *Eostre* y *Easter.*
14. Nisán es el primer mes del calendario judío.

Pero, al hacer esto, determinados símbolos familiares de la diosa Eostre se integraron dentro de la nueva estructura, convirtiéndose efectivamente en un híbrido cristiano-pagano. En la festividad de Eostre, existía la costumbre ancestral de regalar huevos pintados de colores brillantes, los huevos de Eostre, a los amigos y a la familia. Desde el punto de vista de las actividades primaverales, esto era plenamente representativo de la fertilidad femenina, y es de ahí de donde se deriva el nombre moderno de «estrógeno» (u «oestrógeno») con el que se identifica a la hormona femenina.[15]

La vinculación de María Magdalena con el huevo rojo se desarrolló directamente a partir de aquella antigua tradición de Eostre y, al igual que el frasco de alabastro, se utilizó mucho en iconos y demás obras de arte pictóricas. En el Nuevo Testamento, en el Apocalipsis, se habla de la persecución de Roma contra «el resto de sus hijos, de su simiente» y, en relación con esto, el huevo rojo que le regala María al emperador Tiberio es un recordatorio alegórico de que, al igual que en la resurrección de Jesús, la vida prevalecerá y la simiente es eterna.

En esencia, María Magdalena se convirtió en el equivalente cristiano de Eostre debido a que fue la primera en descubrir la resurrección de Jesús en la tumba (Juan 20:1-17). Pero, dado que Eostre era una diosa rural (pagana) occidental, la Iglesia oriental tuvo que confeccionar una nueva historia para vincular los huevos de Pascua con la tradición evangélica. Se dijo que María fue de Judea a Roma buscando una audiencia con el emperador Tiberio. Una vez en su presencia, le regaló el huevo al emperador y le dijo que Jesús había vuelto a la vida, a lo cual Tiberio respondió que eso era tan imposible como que aquel huevo se volviera rojo. Y, al decir esto, el huevo en las manos de María se volvió rojo; y éste es el motivo por el cual los huevos de Pascua se convirtieron en una tradición popular. Es un relato fascinante y romántico, pero no explica el por qué María tuvo que hacer un viaje de 2.500 kilómetros a través del Mediterráneo para darle un huevo al emperador.

---

15. El símbolo de Eostre, la diosa de la primavera, era un conejo. A la diosa se la representaba normalmente rodeada de flores primaverales. El día de su festividad, se cocían bollos con especias, decorados con cruces solares, y se tejían cestas que para representar los nidos de los pájaros. Todas estas antiguas costumbres inglesas se integraron dentro del cristianismo (los huevos de Pascua, los conejos de Pascua y los bollos calientes decorados con cruces) relacionándolas aparentemente con la resurrección de Jesús, cuando en realidad no tenían nada que ver con esto.

En los retratos de María Magdalena, es habitual verla con cabello pelirrojo o con un toque rojizo. Los artistas victorianos de la escuela prerrafaelista, como Dante Gabriel Rossetti y Frederick Sandys, hicieron una característica de esto en sus Magdalenas de cabellos llameantes. La tradición comenzó en el Renacimiento, cuando las obras de Rábano Mauro y Jacopo di Voragine cambiaron la escena central. El cabello rojo era una representación alegórica del derecho de nacimiento de María, un indicador visual de su estatus real, a pesar de que es más probable que una mujer sirio-galilea del siglo I tuviera el cabello oscuro.

El cabello rojo era un atributo de determinados e importantes linajes nobles, y se sabía que la realeza dinástica europea había comenzado con los Syths Reales de las regiones caucásicas, que se extienden desde Carpatia hasta el Mar Caspio. Como han confirmado los recientes desenterramientos de sus antiguas momias, tenían el cabello rojo o castaño rojizo.[16] Cuando los artistas del Renacimiento hacían retratos de reyes, reinas y realeza en general, resultaba bastante fácil transmitir su estatus noble a través de sus vestimentas, sus insignias y sus galas cortesanas. Pero con María Magdalena esto era más problemático, de ahí que el cabello rojo fuera una forma de introducir un elemento aristocrático reconocible en su imagen.

Además del cabello rojo, a María Magdalena se la solía representar con el cabello largo. Con frecuencia (en pinturas, esculturas y tallas), se la ve con un cabello extremadamente largo que cubre, completa o parcialmente, sus formas desnudas. En febrero de 2001, una profesora de teología trató de este tema en un artículo del *National Catholic Reporter*.[17] Sin embargo, el mejor razonamiento que pudo dar fue que la desnudez y el cabello largo eran la consecuencia de cierta preocupación erótica propia de los artistas renacentistas, «una forma de explotar un tipo artístico». Esto, evidentemente, no significa nada, salvo que la autora no disponía de pista alguna respecto a los motivos por los cuales se suele representar a María Magdalena de esta manera.

---

16. La historia de los Syths Reales se puede encontrar en Laurence Gardner, *Realm of the Ring Lords*, Thorsons-Element/HarperCollins, Londres, 2003. www.Graal.co.uk/ringlords.html

17. Rosemary Radford Ruether (profesora de teología, Garrett-Evangelical Theological Seminary), «No Church conspiracy against Mary Magdalene», en The National Catholic Reporter, Kansas City, 9 feb. 2001.

Sin embargo, con una vena más autorizada, la profesora trataba de los motivos por los cuales se afirma ahora que el legado de Magdalena es un símbolo de cierta tendencia creciente en favor del ministerio de las mujeres. La autora afirmaba correctamente que María fue venerada durante los primeros tiempos del cristianismo, y que Hipólito, padre de la Iglesia del siglo II, se refería a ella como «la apóstol de los apóstoles».

Con respecto al cabello de María Magdalena, apareció en Italia, en el siglo IX, un relato apócrifo titulado «*Vita eremitica beatae Mariae Magdalenae*», donde se decía que, durante treinta años, María vivió como eremita en el desierto de Arabia, después de la ascensión de Jesús,[18] y que fue a causa de esto que se le atribuyera un cabello especialmente largo. Sin embargo, esta historia era bastante común en la Edad Media, y se contaban cosas similares de Marta, de María la Egipcia[19] y de otras mujeres supuestamente penitentes, cuyos vestidos quizás se pudrieran, siendo sustituidos por su propio cabello.

En realidad, el cabello extraordinariamente largo que se le atribuye a la imagen de la Magdalena provenía de la misma cultura que dio origen a la romántica tradición carolingia de los cuentos de hadas que dio lugar al cuento de Rapunzel. Este rasgo se le dio a María expresamente para contrarrestar la propaganda de la Iglesia acerca de su supuesto comportamiento licencioso.

En el cuento de Rapunzel, ésta aparece con su cabello dorado recogido en una larga trenza, gracias a la cual el príncipe escala la torre para llevar a cabo el rescate. Sin embargo, antes de ser liberada, la hechicera le corta el cabello, dando a entender que la libera de la castidad exigida a las doncellas. La importancia de un cabello muy largo estribaba en que propiciaba un velo adecuado de recato, incluso en la desnudez. Aunque, quizás física o metafóricamente, despojada de sus vestiduras (como símbolo de subordinación o, en el caso de María, de opresión por parte de la Iglesia), la doncella con trenzas no era nunca vulnerable. Su dignidad estaba preservada, y ni su cuerpo ni su alma estarían desnudos hasta llegado el momento apropiado. Este tema se desarrolló a partir del martirio de Santa Inés de Roma en el siglo IV. Despojada de su ropa y atormentada por negarse a casarse a la edad de trece años, logró escapar de la vista de sus captores ocultándose dentro del echarpe de sus fluentes cabellos. El pintor barroco José de Ribera representó exquisitamente esta escena en el siglo XVII.

---

18. M. Malvern, *Venus in Sackloth*, c. 6, p. 77.
19. *(N.del T.)*: Suponemos que el autor se refiere a Santa María Egipciaca.

Éste es el motivo por el cual se solía representar a María Magdalena con un cabello tan largo y envolvente (que es como la pintaron Giotto y Botticelli, o como la podemos ver en la interpretación de su llegada a la Provenza en *El Libro de las Horas* de los Sforza).[20] Para la Iglesia, la imagen oficial de la Magdalena era la de una veleidosa ramera, pero los artistas de amplias miras se sintieron frecuentemente impulsados a reflejar la realidad de su recatada condición. Un retrato magnífico de este género se encuentra en la Basílica de la Magdalena de Tiefenbronn, Alemania, realizado por el artista borgoñón Lukas Moser en el siglo XV. Aquí, la vestimenta capilar de la Magdalena se puede contemplar mientras toma la comunión de manos del obispo Lázaro de Marsella (*véase* lámina 10). Esta pintura forma parte de un fabuloso panel denominado *Der Magdalenaltar*, en el que aparece también la unción de María a Jesús en Betania y su posterior viaje por mar a Provenza.

Existen varias de estas representaciones artísticas narrativas de la vida de María en una serie de pinturas de diversas iglesias de Europa. Entre las más conocidas están las de los frescos de 1320 de Giotto di Bondone, en la Capilla de la Magdalena de la Iglesia de San Francisco de Asís. Escenas parecidas se exhiben incluso desde antes (c. 1210) en el fabuloso ventanal de Magdalena de la Catedral de Chartres, en Francia.

Otro elemento relacionado con la Magdalena en el arte es el de la paloma blanca, que aparece también en muchas representaciones del Santo Grial. La pintura de Dante Gabriel Rossetti, *El Santo Grial*, es un buen ejemplo de pintura en la que se establece esta relación con María Magdalena (*véase* lámina 12). En la antigüedad, la paloma se vinculaba con las diosas Ishtar, Astarté y Afrodita. La paloma blanca, en especial, simboliza la pureza femenina y, con una rama de laurel en el pico, es símbolo de la paz. Sin embargo, en particular, es un emblema eucarístico que se utiliza desde antiguo en el arte cristiano para identificar al Espíritu Santo.[21] No es únicamente un símbolo de María Magdalena, y suele encontrarse en representaciones de María, la madre de Jesús, y de otras santas cristianas.

---

20. Una reproducción a color de esta imagen Sforza se encuentra en la sección de láminas de la edición del 2002 de HarperCollins de Laurence Gardner, *Bloodline of the Holy Grail*. Los Sforza fueron Duques de Milán entre 1450 y 1535. Su *Libro de las Horas*, ricamente ilustrado, fue encargado en 1490, y se puede ver en el Museo Británico de Londres.
21. Udo Becker, *The Element Encyclopedia of Symbols*, Element Books, Shaftesbury, 1996 - Dove.

El Armageddón

Como hemos visto, las alegorías en las obras de arte constituían una forma muy eficaz de taquigrafía artística, un modo de expresión abreviado y simbólico. A veces, se utilizaban de modo que lo entendiera todo el mundo. En otras ocasiones, estaban dirigidas a una audiencia particular de amplias miras, y no se pretendía que lo comprendieran todos sin excepción. Como dijo Jesús: «A vosotros se os ha dado el misterio del Reino de Dios, pero a los que están fuera todo se les presenta en parábolas» (Marcos 4:11).

No es por casualidad que el cuadro de Sandro Botticelli *La Madonna de la Granada*, y su *La Madonna del Magnificat*, muestren al niño Jesús agarrando la granada madura y abierta de la fertilidad. Ni tampoco es el resultado de un capricho sin sentido que, en *La Madonna del Libro*, de Botticelli, Jesús sostenga tres flechas doradas en miniatura, cuando las flechas son el símbolo esotérico de los Tres Rayos de la Iluminación, un motivo de los herméticos alquimistas. Todas estas cosas no tienen nada que ver con la Biblia, pero no aparecen en el arte de Botticelli por accidente. Todo lo que pintaban los artistas inteligentes, como Botticelli, tenía un propósito y un sentido, tanto si los razonamientos eran evidentes de inmediato como si no.

Existen muchas pinturas tituladas *La Alegoría...* de esto o de aquello. Sin embargo, la mayoría de estas pinturas son, simplemente, obras de título desconocido que se han tildado de «alegóricas» con posterioridad a la muerte del artista, debido a que su contexto temático no se comprende. La verdadera alegoría es siempre evidente en su contexto, aun cuando el mensaje sea a veces difícil de comprender en virtud de nuestro condicionamiento educativo en alguna dirección alternativa.

En el mundo de las bellas artes, se tiene al artista de Nuremberg Alberto Durero (1471-1528) como el maestro de la alegoría. Uno de sus más ambiciosos proyectos y uno de los más conocidos fue el de una serie de quince tallas en madera y dos pequeñas páginas para impresión, que realizó en 1498 y 1511, sobre *El Apocalipsis de San Juan el Divino*, el libro del Nuevo Testamento. Como ya se mencionó, la palabra griega *Apocalipsis* se traduce como Revelación o, a fuer de ser precisos, Desvelamiento.

La Revelación es bastante diferente de cualquier otro libro de la Biblia, dado que no está contada como una simple crónica. La escena se monta de un modo aparentemente visionario, casi como si Juan hubiera estado en el patio de butacas de un teatro presenciando los acontecimientos que se representaban ante él. En esencia, esto es más o menos lo que fue, pues La Revelación es en realidad una continuación cronológica de los Evangelios y los Hechos de los Apóstoles. Su posición queda oscurecida por medio de una serie de epístolas de San Pablo, San Pedro y algún que otro trabajo auxiliar (veintiún libros en total) que están colocados en medio. En la práctica, La Revelación debería haber seguido a los Hechos, mientras que el resto de libros y cartas deberían haber formado algo parecido a unos apéndices del Nuevo Testamento. El motivo de la predominancia de las exposiciones de Pedro y Pablo es que la Iglesia Romana de Constantino se fundó sobre las enseñanzas de Pedro y de Pablo, con el emperador como mascarón de proa. No se fundó sobre las enseñanzas de Jesús, tal como eran en el cristianismo original. De hecho, más que de cristianismo, habría que hablar de «iglesiísmo».

A primera vista, desconcierta de entrada que se incluyera a La Revelación en el Nuevo Testamento, dado que sigue la vida post-resurrección de Jesús, María Magdalena y sus descendientes a lo largo del siglo I.[22] Sin embargo, al incluir La Revelación, la Iglesia llevó a cabo una hábil estrategia, por cuanto su naturaleza esotérica se prestaba a que el texto fuera tergiversado desde los púlpitos, con la obtención de considerables ventajas; esto, evidentemente, ocurrió en una época en que la gente no tenía biblias en sus casas para leerlas detenidamente.

Los Manuscritos del Mar Muerto, descubiertos en Qumrân en 1947, han aportado mucha información concerniente a las creencias, las costumbres, los rituales, la política, las filosofías y las tradiciones de las épocas preevangélica y evangélica en Judea. Una de las creencias fundamentales era que en el universo había dos espíritus cardinales, el de la Luz y el de la Oscuridad. En sus respectivos contextos, la Luz representaba la verdad y la justicia, mientras que la Oscuridad representaba la perversión y el mal. El equilibrio entre ambos en el cosmos se lograba mediante el movimiento celestial, y a las personas se les adjudicaban individualmente distintos grados de cada espíritu, en función de las circunstancias planetarias de su nacimiento. La batalla cósmica entre la Luz y la Oscuridad se perpetuaba así dentro de la humanidad, y entre una persona y otra.

---

22. Si desea una explicación completa del libro del Apocalipsis, véase Barbara Thiering, *Jesus of the Apocalypse*, Transworld/Doubleday, Londres, 1996.

Armageddon

Dios figuraba como gobernador supremo sobre los dos espíritus cardinales, pero encontrar el camino de la Luz requería que la persona siguiera un largo y arduo sendero de conflictos. Tal sendero culminaba con el pesaje final de una fuerza contra la otra en un Tiempo de Justificación, denominado posteriormente Día del Juicio. Y dado que se pensaba que ese tiempo estaba cerca, las potencias de la Oscuridad reunirían sus fuerzas durante un Período de Tentación, y las personas se verían sujetas naturalmente a un proceso de prueba. Aquellos que siguieran la Vía de la Luz intentarían evitar así el inminente juicio con la súplica, «No nos dejes caer en la tentación, más libéranos del mal».

En el libro de La Revelación 16:16, se pronosticaba que la gran guerra final entre la Luz y la Oscuridad (entre el bien y el mal) tendría lugar en Armageddón (*Har Megiddo*), es decir en los Altos de Megiddo, un histórico campo de batalla palestino donde una fortaleza militar vigilaba las llanuras de Jezrel, al sur de las colinas de Galilea.

En el *Manuscrito de la Guerra*, se describe con detalle la lucha prevista entre los Hijos de la Luz y los Hijos de la Oscuridad en la gran batalla de Har Megiddo. Las tribus de Israel estarían en un bando, mientras los romanos y diversas facciones paganas se hallarían en el otro. Sería un violento combate mortal entre la Luz, que era Israel, y la Oscuridad de la Roma imperial.

En tiempos posteriores, la emergente Iglesia de Roma adoptó y adaptó la idea básica que había tras este antiguo concepto. La anticipada batalla de Har Megiddo se sacó de su ubicación específica y se reaplicó a escala mundial, usurpando Roma (la antigua Oscuridad) el papel de la Luz en favor propio, desde el día en que el emperador Constantino se puso a la cabeza de la cristiandad.

Con el fin de que el gobierno de los obispos católicos se impusiera, se decretó que el Día del Juicio no iba a llegar todavía. A aquellos que, a partir de entonces, obedecieran los principios revisados de la Iglesia Católica Romana se les prometería el derecho de entrada en el Reino de los Cielos, siendo santificados por los obispos. Y así, a la antigua fortaleza de Har Megiddo se la invistió de una dimensión sobrenatural, hasta el punto que la palabra Armageddón adoptó una espantosa aura de terror. Suponía el temible fin de todas las cosas, a partir del cual la única vía segura de salvación pasaba por el acatamiento absoluto al gobierno de Roma. Ésta demostró ser una de las más ingeniosas maniobras políticas de todos los tiempos o, al menos, hasta que se descubrieron los Manuscritos del Mar Muerto y se conoció la verdad histórica de Armageddón.

La agonía y el tormento

Ya hemos visto que el relato de la huida y el exilio de María Magdalena se ofrece en Apocalipsis 12, y diversos artistas retrataron el histórico aconteci-miento de su viaje por mar a Provenza en 44 d.C. Pero, ¿dónde están la ago-nía y el tormento pictóricos? ¿Dónde la pintura que represente de algún mo-do al despiadado dragón de Roma que iba «a hacer la guerra al resto de sus hijos»? ¿Quién pudo pintar la alegoría de la persecución de los *desposyni* he-rederos del Señor?

En 1961, un editor francés, Joseph Foret, publicó el libro más caro del mun-do. Fue una edición única, que se vendió a un consorcio de coleccionistas por un millón de dólares, y que reside desde entonces en las cámaras acorazadas de un banco suizo. Sin embargo, antes de ello, el libro se exhibió en una bur-buja de plástico y se mostró por todo el mundo. Se titulaba *L'Apocalypse de Saint Jean.*

Todo lo referente al libro era especial, desde las hojas de pergamino he-chas a mano hasta su cubierta esculpida en bronce e incrustada de piedras pre-ciosas. Todo él caligrafiado a mano, y con un peso de 210 kilos, tenía en su in-terior obras de arte originales encargadas expresamente a varios de los más destacados artistas del mundo. Joseph Foret era el principal editor de Livres d'Artistes, que presentaba obras de Picasso, Utrillo, Cocteau y otros. Pero posi-blemente se le conozca más por la publicación de *La Divine Comedie*, de Dan-te, con 100 grabados en bloques de madera del surrealista Salvador Dalí.

Foret volvió a seleccionar a Dalí entre los artistas de *L'Apocalypse de Saint Jean*, y éste produjo una serie de obras en acuarela, collage, aguafuerte y multimedia. Para representar la tortura y la persecución en estas represen-taciones, Dalí utilizó la imagen de los clavos, perpetuando así el símbolo de la crucifixión en otras áreas del relato de La Revelación.

En el transcurso de este encargo tan singular, Salvador Dalí pintó un ex-traordinario cuadro del abuso contra la posteridad de María Magdalena. Reali-zó esta obra en 1960, y la tituló *La Vida de María Magdalena* (*véase* lámina 8). Con el verdadero estilo del Apocalipsis, esta obra es inequívocamente desca-rada y directa en sus implicaciones: una sección del torso desnudo de María Magdalena, con feroces clavos romanos clavados cruelmente en su abdomen.

4

La otra María

El patrimonio del Nazareno

Para apreciar las ramificaciones políticas y sociales de la relación matrimonial de María Magdalena con Jesús, es necesario en primer lugar comprender la naturaleza de su entorno social, religioso y político. Tenemos que determinar la reglamentación matrimonial particular que debió de aplicarse con el fin de pasar de las evidencias circunstanciales a las pruebas de su desposorio. En el presente, la situación de nuestras investigaciones es como salir a la calle por la mañana y ver que la hierba está empapada, los senderos encharcados, los árboles gotean y las cañadas llevan agua; es decir, sabemos que ha llovido durante la noche, pero no tenemos evidencias documentales que nos confirmen el hecho.

En el año 70 d.C., es decir, poco después de la época evangélica y justo después de la Revuelta de Judea, Flavio Josefo (nacido en 37 d.C.) decía que había diversas sectas y subsectas entre los judíos de su tierra natal. Los tres principales grupos filosóficos eran los fariseos, los saduceos y los esenios.[1] Sus respectivas culturas comunitarias eran marcadamente diferentes en muchos aspectos, y Josefo comenta que los esenios sentían «mayor afecto entre ellos que los miembros de otras sectas». Los fariseos y los saduceos estaban estrictamente regulados dentro de la tradición hebrea, mientras que los esenios eran algo más liberales y estaban hasta cierto punto helenizados.

---

1. F. Josephus, *The Wars of the Jews*, t. II, c. VIII:2.

Los fariseos observaban las antiguas leyes judías, y Lucas 19:39 nos dice que los fariseos le ordenaron a Jesús que reprendiera a sus discípulos por el alboroto que montaron cuando llegaron a Jerusalén. Los saduceos tenían un enfoque más moderno, pero no eran demasiado espirituales, mientras que los esenios estaban muy inclinados al misticismo. Influenciados por la cultura helenística, eran partidarios del filósofo griego Pitágoras (c. 570 - 500 a.C.). Josefo dice que los esenios eran expertos en el arte de curar, y que habían recibido de los antiguos sus conocimientos terapéuticos de las raíces y de las piedras.[2] De hecho, la palabra *Esenio* hace referencia a esta aptitud, pues la palabra aramea *asayya* significa médico, y se corresponde con la palabra griega *essenoi*.

En Mateo, 16:1-12 (y en algún otro sitio), da la impresión de que Jesús desafíe constantemente los regímenes de los fariseos y de los saduceos. Su comportamiento era, en todos los aspectos, más afín con la forma de vida terapéutica, la filosofía esotérica y la actitud liberal de los esenios. De hecho, tal como afirma Josefo en *Antigüedades Judaicas*, los esenios estaban «excluidos del patio común del Templo»,[3] y fue inmediatamente después de la afrenta de la reprimenda de los fariseos cuando Jesús se desquitó, entrando en el patio del Templo y echando por tierra las mesas de los mercaderes y de los cambistas.

Josefo, aunque fariseo en esencia, elogiaba mucho sin embargo a los esenios, y escribió:

> El transcurso de su vida es mejor que el del resto de los hombres, y se hacen completamente fanáticos de la frugalidad. Merecen también nuestra admiración por cuanto exceden al resto de hombres que se hacen adictos a la virtud... Esto queda demostrado por esa institución suya que no se verá entorpecida por nada para tener todas las cosas en común; de manera que un hombre rico no disfruta más de su propia riqueza de lo que lo hace el que no tiene nada en absoluto.[4]

El centro residencial principal de los esenios estuvo en Qumrân, en el noroeste de la costa del Mar Muerto, al este de Jerusalén. Hubo otros asentamientos cercanos en Murabba'at, Ain Féshkha y Mird. En general, toda aquella región se conocía como el desierto de Judea, y fue en unas cuevas cercanas donde

---

2. Ibid. t. II, c. VIII:6.
3. F. Josephus, *The Antiquities of the Jews*, t. XVIII, c. 1:3.
4. Ibid.

se encontraron los archivos esenios de los Manuscritos del Mar Muerto, en 1947.[5] Estos manuscritos de pergamino constituyen ahora la más valiosa ayuda para comprender la estructura de los esenios durante la época evangélica. Después de estar escondidos en jarras de barro durante casi 2.000 años, los archivos se encontraron de forma casual. Fue un pastorcillo beduino el que, buscando una cabra perdida, dio con ellos. Casi de forma profética, el libro del Antiguo Testamento de Jeremías 32:14 afirmaba: «Así dice Yahveh Sebaot ... Toma estas escrituras ... y las pones en un cántaro de arcilla para que duren mucho tiempo».[6] En conjunto, las jarras contenían alrededor de 500 manuscritos en hebreo y arameo; entre ellos, escritos del Antiguo Testamento y numerosos documentos de los archivos de la comunidad. Algunas de sus tradiciones se remontaban a c. 250 a.C., y fueron ocultados durante el levantamiento judío contra los romanos (66-70 d.C.), para ya no recuperarlos. Desgraciadamente, muchos de los manuscritos se fragmentaron tras su descubrimiento (su importancia no fue evidente de inmediato) y, siendo extremadamente quebradizos, se despedazaron durante su traslado y manejo, perdiéndose buena parte de ellos.

Se referían a la comunidad esenia como los *Nazrie ha Brit* (Custodios de la Alianza),[7] y fue de este nombre de donde se derivó el término *Nazareno*. El Qorân musulmán se refiere a los cristianos como *Nazara*, y una expresión arábica común para referirse a los cristianos es *Nasrani*.[8]

Uno de los errores más engañosos del Nuevo Testamento tuvo lugar durante la traducción de este término palestino. Al principio de la historia de Jesús, Mateo 2:23 deja claro que Jesús era un «Nazareno», pero se sugiere que esto se debía a que sus padres eran de Nazaret.[9] Pero lo cierto es que no existe ningún registro que demuestre la existencia de Nazaret en aquella época. No se menciona en el *Talmud* hebreo, ni en ninguna de las cartas de San Pablo. El nombre también está ausente en los archivos romanos y en todas las

5. J. T. Milik, *Ten Years of Discovery in the Wilderness of Judaea* (trad. J. Strugnell), SCM Press, Londres, 1959.
6. En el Nuevo Testamento, 2 Corintios 4:3-7, se afirma igualmente, «Si nuestro Evangelio está oculto, lo está para los que están perdidos... Pero tenemos este tesoro en recipientes de barro».
7. Ahmed Osman, *The House of the Messiah*, HarperCollins, Londres, 1992, c. 5, p. 31.
8. Hay una alternativa árabe en Nusara - véase Rev. John Fleetwood, *The Life of Our Lord and Saviour Jesus Christ*, William MacKenzie, Glasgow, 1900, c. 1, p. 10.
9. Este error se repite en Lucas 2:39.

Nazarenos = Subsecta de los Esenios

obras históricas de Josefo. De hecho, no se ha encontrado Nazaret en ningún libro, mapa, crónica o archivo militar de aquel período, hasta el momento.

En la práctica, los nazarenos de la época evangélica no tenían nada que ver con la población de Nazaret, que se fundó y se denominó así en tiempos posteriores. Los nazarenos eran una subsecta de los esenios, y su situación como secta está descrita en Hechos 24:5, cuando se acusa de sedición a San Pablo ante el gobernador de Cesarea: «Hemos encontrado esta peste de hombre que provoca altercados entre los judíos de toda la tierra y que es el jefe principal de la secta de los nazarenos». Independientemente del error de traducción del Nuevo Testamento, nunca hubo un Jesús de Nazaret. Era Jesús el Nazareno.

Gabriel

Otra importante pista sobre la posición sectaria de Jesús en la sociedad judía la proporciona el ángel Gabriel. El nombre de este personaje aparece cuatro veces en toda la Biblia, estando su segunda mención relacionada con la primera.

Gabriel hace su entrada en el Antiguo Testamento, en el libro de Daniel 8:16, continuando la secuencia en Daniel 9:21. En este contexto, Gabriel aparece simplemente como un hombre que le explica una visión a Daniel. Luego, en el Nuevo Testamento, Gabriel se le aparece a Zacarías (Lucas 1:9) para darle la noticia de que su esposa, Isabel, va a tener un hijo (eventualmente, Juan el Bautista). Posteriormente, Gabriel visita a María, la esposa de José (Lucas 1:26) con el anuncio de que también ella tendrá un hijo, que se llamará Jesús. En Mateo, no se nombra a Gabriel; simplemente, se le llama «el ángel del Señor» (Mateo 1:20), y visita a José en lugar de a María.

Con un lapso de más de 400 años entre el Antiguo y el Nuevo Testamento, surgen un par de posibilidades: el hombre, Gabriel, según el libro de Daniel, era un personaje diferente del ángel Gabriel del libro de Lucas; la otra posibilidad, que fuera la misma figura, pero con la trascendente cualidad de una longevidad extrema. Según el pensamiento cristiano ortodoxo, la posibilidad más adecuada es la segunda, si bien no existen evidencias que apoyen esta idea. Mucho más probable sería una tercera hipótesis en la que *Gabriel* fuera una distinción titular, más que el nombre de una persona como tal. Por tanto, tendremos que descubrir si hubo o no una tradición dinástica de algún tipo en la estructura angélica.

En la doctrina cristiana, se hace referencia a Gabriel como *Fortitudo Dei* (Fortaleza de Dios). Es un ángel de encarnación y de consuelo, mientras que Miguel es más bien el ángel del juicio.[10] En cambio, en el apócrifo Libro de Henoc, Gabriel (que significa Hombre de Dios) aparece como intercesor y castigador de los malvados.[11] Esta obra de recopilación (que, en la actualidad, sólo existe en etíope, con algunos fragmentos recuperados en griego) se ensambló a partir de sus partes componentes escritas por judíos palestinos de la escuela hasídica ortodoxa entre c. 200 a.C. y la época evangélica.[12]

La Anunciación, de una talla en relieve de Luca della Robbia (1400 - 83)

El Libro de Henoc coincide en gran medida con determinados aspectos de los Manuscritos del Mar Muerto, y parece que fue la fuente básica de varios nombres angélicos que no se mencionan en la Biblia. En el Museo Británcio hay unos cuencos mágicos inscritos con encantamientos en hebreo, arameo y siríaco, en los cuales aparecen las distinciones angélicas de Miguel, Rafael y Gabriel. Estos cuencos, fechados en los alrededores del 550 a.C., se encontraron en el emplazamiento babilónico de Hillah, en Iraq, y constituyen una interesante reliquia del cautiverio israelita bajo Nabucodonosor, tal como se describe en el Antiguo Testamento.

---

10. *The Catholic Encyclopedia*, vol. VI - Gabriel.
11. *The Book of Enoch*, (trad. R. H. Charles; revisado a partir de la edición de Dillmann del texto etíope, 1893), Oxford University Press, Oxford, 1906 y 1912, t. I, c. 10:9.
12. *The Catholic Encyclopedia*, vol. I - Book of Enoc.

Lo importante de esto es que, aunque Gabriel aparece en el Antiguo Testamento, en el libro de Daniel (escrito en Babilonia durante los 70 años del Cautiverio, a partir de c. 586 a.C.), no aparece en ninguna otra parte de los textos religiosos hasta que lo hace en los Evangelios, que se compilaron en el siglo I d.C. Entre tanto, los judíos de la escuela hasídica (los que se hallaban en el origen del material de Henoc) fundaron el asentamiento de Qumrân.

Las excavaciones en Qumrân han puesto al descubierto reliquias que datan de los alrededores del 3500 a.C., época en la que este emplazamiento era un campamento beduino. El período de ocupación formal estable parece haber comenzado en los alrededores del 130 a.C. De tiempos posteriores, las crónicas judías hablan de un violento terremoto en Judea en 31 a.C.,[13] que queda confirmado en Qumrân por un corte entre dos períodos diferentes de habitación.[14] Según el *Manuscrito de Cobre*, al antiguo Qumrân se le denominaba Sejaja.

El segundo período de habitación comenzó durante el reinado de Herodes el Grande (37-4 a.C.). Herodes era un árabe idumeo, impuesto como rey de Judea por las autoridades romanas, que tomaron el control de la región bajo el gobierno de Julio César. Además de las evidencias de los manuscritos, también se ha encontrado en el emplazamiento de Qumrân una colección de monedas pertenecientes a un lapso de tiempo que va desde el gobierno del asmoneo Juan Hircano (135-104 a.C.) hasta la Revuelta Judía de 66-70 d.C.[15]

La sublevación del 168 a.C., cuando adquirió importancia la casta sacerdotal de los Macabeos asmoneos (los antepasados de María Magdalena), fue propiciada en gran medida por las acciones del rey Antioco IV de Siria, que le impuso a la comunidad judía un sistema griego de culto. El ejército macabeo derrotó a los sirios y, después, reconsagró el Templo de Jerusalén pero, a pesar del éxito de la campaña contra Antioco, hubo cierto daño social interno debido a que en ella se hizo necesario luchar durante el Sabbath. Hubo un núcleo de devotos judíos ultraestrictos conocidos como los *Hasidim* (los Piadosos) que se opusieron tenazmente a aquello y, cuando la triunfal Casa de Asmón estableció su propio rey y sumo sacerdote en Jerusalén, los hasidim manifestaron su oposición y se marcharon de la ciudad. Posteriormente, fundaron su propia comunidad «pura» en el cercano desierto de Qumrân. Las obras comenzaron en los alrededores del 130 a.C.

13. F. Josephus, *Antiquities of the Jews*, t. XV, c. V:2.
14. J. T. Milik, *Ten Years of Discovery in the Wilderness of Judaea*, c. 3, pp. 51-3.
15. John Allegro, *The Dead Sea Scrolls*, Penguin, Londres, 1964, c. 5, p. 94.

El terremoto tuvo lugar alrededor de un siglo más tarde. Qumrân se desocupó y se reconstruyó. Esto sucedió en la época de la reina Cleopatra VII de Egipto, cuya dinastía griega de faraones ptolemaicos había estado reinando durante todo el período de habitación de Qumrân. Antes de la intervención romana de 44 a.c., la influencia greco-egipcia había sido fuerte en Judea, y fue durante este tiempo cuando se desarrollaron los esenios, a partir de su base hasídica, para convertirse en una comunidad monástica de sanación al estilo egipcio conocida como los Terapeutas. Como hemos visto, la palabra griega *essenoi* significaba «médicos» (*véase* página 68).

En el transcurso de todo esto, Qumrân se había convertido en el hogar figurativo de los ángeles, que no representaban ningún papel en las tradiciones hebreas de los fariseos y los saduceos en Jerusalén. En su exposición sobre los esenios, Josefo se muestra inflexible en la idea de que fueron ellos los que «preservaron los nombres de los ángeles».[16] La aparición angélica de Gabriel en las anunciaciones a María y José (y también en el relato de la prima de María, Isabel, y su marido Zacarías) deja perfectamente claro que estos relatos evangélicos surgieron de la cultura esenia y que, dentro de ese entorno, estas familias eran de la secta de los nazarenos. Jesús el Nazareno fue, por tanto, un esenio, producto de una comunidad terapéutica liberal.

Normativa matrimonial

Esto nos permite recomponer enteramente las reglas matrimoniales que debieron aplicarse en el caso de José y María, así como en el caso de Jesús y María Magdalena, pues las costumbres nazarenas eran bastante diferentes de las normas judías a este respecto. Para entrar en este terreno es necesario, por el bien de los lectores, que recorramos de nuevo cierto trecho que ya hollamos en una obra anterior. Sin embargo, para los demás puede ser útil ahondar en el tema en esta ocasión.

El padre de Jesús, José, aparece en las listas genealógicas de Mateo y de Lucas como descendiente de la real Casa de David. En el Apéndice I, se dan detalles ampliados a este respecto, pero merece la pena observar que Lucas 1:27 cita específicamente a José como perteneciente «a la casa de David». Muchos apolo-

---

16. F. Josephus, *Antiquities of the Jews*, t. XV, c. V:2.

gistas cristianos, en un esfuerzo por justificar el dogma del Nacimiento Virginal, han sugerido que, dado que en muchas ocasiones se dice que Jesús había «nacido del linaje de David según la carne» (por ejemplo, en Romanos 1:3), debió ser María la que era descendiente del linaje real. Quizás lo fuera, pero los Evangelios no dicen esto en ningún punto. Sólo dicen que José era de la dinastía davídica, y que Jesús obtuvo su patrimonio real como el Cristo (griego: *Christos*; Rey) de su padre.

Si éste es el caso, ¿por qué José, aparentemente un hombre de alta cuna, aparece en los Evangelios como «carpintero»? De hecho, nunca se le dio por tal, al menos en los Evangelios originales. Al igual que con la palabra *almah*, con respecto a María, el error estuvo en la traducción al inglés del siglo XVII, que posteriormente se transcribiría desde el inglés a otros idiomas europeos.

El término que se tradujo en inglés como «carpintero» era la antigua palabra griega *ho tekton*, que era una interpretación de la palabra semita *naggar*[17] Como ya apuntara el experto en semita y traductor de los Manuscritos el Dr. Geza Vermes, esta descriptiva palabra quizás se aplicara a un artesano de oficio, pero es más probable que denotara a un erudito notable o un maestro. Lo que es seguro es que no se trataba de un carpintero. Para ser precisos, definiría a José como a un hombre con habilidades, un experto y un maestro en su oficio. De hecho, la mejor traducción de *ho tekton* sería «maestro artesano».

Tanto Mateo 1:18 como Lucas 2:5, afirman que María la *almah* (mujer joven) se «desposó» con José, y se dice de ella en éstos y en otros contextos que era su «esposa». Esto se afirma en los pasajes en los que el ángel Gabriel se le aparece tanto a José (en Mateo) como a María (en Lucas), diciéndoles que María tendría un hijo que «será llamado Hijo del Altísimo, y el Señor Dios le dará el trono de David, su padre».

La traducción de Lucas 1:28 ha llevado a otra especulación teológica en un esfuerzo por apartar a José de la ecuación paterna. El versículo dice: «Y el ángel llegó a ella y le dijo: Ensalzada tú, llena de gracia, pues el Señor es contigo». La sugerencia a este respecto es que quizás el ángel Gabriel fue en realidad el padre físico de Jesús por poderes divinos. Una vez más, es posible, pero si éste fuera el caso, María tampoco habría sido virgen, y Jesús no sería descendiente de la Casa de David a través de José. Tiene que haber una explicación mejor de los acontecimientos que tuvieron lugar en esta secuencia y, conociendo la conexión esenia, se hace más fácil de comprender.

---

17. A. N. Wilson, *Jesus*, c. 4, p. 83.

La palabra «desposada», que es la que se utiliza en los Evangelios, significa que José y María estaban casados. Estrictamente, según los términos lingüísticos, denota un acuerdo contractual (tener una esposa), frente a la informalidad comparativa de ser prometida. Si éste fuera el caso, no quedaría claro por qué el embarazo de María resultaba vergonzante para José, tal como afirma la narración evangélica. Mateo 1:18-25 cuenta: «Su marido José, como era justo y no quería ponerla en evidencia, resolvió repudiarla en secreto». ¿No sería quizás algún rasgo del desposorio esenio el que provocó la concepción y la gestación de María, un hecho que pudiera ser de algún modo humillante?

Según las normas sociales judías, la maternidad y la vida familiar eran, y siguen siendo, cruciales en la cultura. De hecho, es naciendo de madre judía como se le reconoce a uno su verdadera herencia judía. En términos históricos, los judíos eran los residentes de la región de Judea (dentro de la cual estaban tanto Jerusalén como Qumrân), mientras que los israelitas eran los habitantes de Israel, dentro del cual estaba Judea. Teóricamente, los israelitas eran descendientes de un personaje del Antiguo Testamento, Jacob-Israel,[18] nieto de Abraham. Sin embargo, en la práctica, había judíos, samaritanos y galileos, además de árabes palestinos y otros que los Evangelios denominan vagamente como gentiles.

En este contexto, Jesús era de Judea (que, antes de época romana, se llamaba Judá) y era por tanto judío; pero María Magdalena sólo puede ser calificada como de israelita, dado que era galilea (siendo Galilea la región que hay al norte de Judea y de Samaria).[19] Sin embargo, esto no le impidió ser una nazarena según los términos de la secta, y en algunos cuadros se la dignificó con la toga negra de una sacerdotisa nazarena (por ejemplo, en la obra del renacentista Jan Provost, *La Sagrada Alegoría*).[20] Éste era otro motivo de su posición como Madonna Negra *(véase* página 40).

---

18. Génesis 32:28.
19. El término hebreo proviene de *eber*, que significa, «otro lado». Se hace referencia a ello en textos sirios como *habirû*, y se deriva de *Eber han nahor*, desde el «Otro lado de la crecida» (el río Éufrates), como se explica en Josué 24:3. Esto quiere decir que los hebreos originales (la familia de Abraham) llegaron a Canaán (Palestina) desde más allá del Éufrates, en Mesopotamia. Eber aparece como el sexto descendiente generacional de Abraham en Génesis 11:14-17, mientras que Nahor fue uno de sus hermanos (Génesis 11:27).
20. La Alegoría Sagrada, de Jan Provost, se reproduce a color en la edición de HarperCollins 2002 de L. Gardner, *Bloodline of the Holy Grail*.

Josefo dice que los esenios de Qumrân eran monásticos y conventuales. Los hombres y las mujeres vivían en sitios separados y, durante la mayor parte del tiempo, mantenían una vida de celibato. El matrimonio y la procreación se toleraban en algunos casos, cuando los intereses de descendencia eran importantes, pero se aplicaban estrictamente las regulaciones, que no tenían semejanza con las normas familiares judías.

Según la estructura jerárquica esenia, los nombres de los ángeles se preservaban dentro de dinastías concretas de sacerdocio de alto rango. Siempre hubo un Miguel, un Gabriel, un Rafael, un Uriel y un Sariel dentro del sistema. Estos hombres, en el estricto sentido del término «ángel» (que significa «mensajero»), eran los embajadores de mayor graduación de la comunidad. En esencia, eran los reguladores.

También había una estructura patriarcal que se mantenía dentro de la jerarquía basada en la familia Abrahámica (con nombres titulares tales como Isaac y Jacob), junto con un profético consejo de ancianos denominados Isaías, Zacarías y demás. Además de esto, había una rama real de descendientes de la real Casa de David, la Casa de Judá en la cual nacieron José y Jesús.[21] San Pablo, en concreto, hace mención de esto en su carta a los Hebreos, afirmando que, aunque Jesús disponía de herencia real, no tenía derecho de nacimiento para el sacerdocio.[22] Es así, teniendo en cuenta estas distinciones jerárquicas, como hay que entender la reunión en la montaña de Jesús (como el David) con Moisés y Elías (Marcos 9:2-4). La triarquía (correspondiente al Sacerdote, el Rey y el Profeta) tenían los títulos simbólicos de Poder, Reino y Gloria.

En el patriarcado de la comunidad, el «Padre» (el Abraham) era el jefe supremo, y sus dos subordinados inmediatos se designaban como su Hijo y su Espíritu. En la estructura angélica paralela, el sumo sacerdote Sadoq tenía la distinción de Miguel, mientras que el sacerdote Abiatar (segundo al mando) se le distinguía como Gabriel. Estas distinciones sacerdotales se habían establecido en la época del rey David (2 Samuel 20:25). Al Sadoq/Miguel se le conocía como el «Señor» (como a Dios), y al Abiatar/Gabriel se le designaba como el «ángel del Señor». Este sistema angélico se detallaba en el Libro de 1 Henoc, y el *Manuscrito de la Guerra* 9:15-17 de Qumrân identifica a la orden de ángeles de

---

21. Una excelente valoración de estas estructuras dinásticas, basada en información detallada de los Manuscritos del Mar Muerto, se da en B. Thiering, *Jesus the Man*, apéndice III, «Hierarchy».
22. Hebreos 7:14.

76

rango sacerdotal durante la época evangélica. En la organización davídica (tal como aparece en 2 Samuel 20-26) había un sacerdote Jairo, cuyo eventual sucesor en tiempos posteriores fue el padre de María Magdalena.

De todo esto, se puede ver que, en virtud de los modelos titulares adecuados, los términos de Señor y Padre tenían una importancia reverencial, pero mundana. Allá donde aparecen en la narración y en los diálogos del Nuevo Testamento, se supone normalmente (debido a la doctrina cristiana) que se refieren siempre a Dios. Sin embargo, para los esenios, Dios estaba representado en la Tierra por figuras aristocráticas que llevaban estos apelativos, del mismo modo que el Papa es el Padre (Papá) de la comunidad católica hoy.

Volviendo al relato de las visitas de Gabriel a Zacarías, José y María, podemos ver que la persona angélicamente definida que dio su consentimiento para el nacimiento de sus respectivos hijos fue el sacerdote Abiatar. Pero, ¿por qué hacía falta la aprobación o el permiso sacerdotal para decisiones tan personales como éstas? La respuesta es que los hijos de Zacarías y de José eran descendientes de linaje real, estando Zacarías en la sucesión sadoquita del sumo sacerdocio y José en la sucesión real davídica. Aún cuando los esenios valoraban su celibato, y traían niños abandonados o ilegítimos del exterior para perpetuar su comunidad, la procreación física era vital en lo referente a la sucesión dinástica. Pero tenía que ser aprobada, y había directrices estrictas que estipulaban las necesarias relaciones.

En el caso de Zacarías y de Isabel, vemos en Lucas 1:22 que, como preparativo para el parto de su esposa, se le dejó sin habla en el templo: «Cuando salió, no podía hablarles,... les hablaba por señas, y permaneció mudo». Esto hace referencia a que se le concedió un tiempo de permiso, liberándole de sus deberes sacerdotales, con el fin de procrear; es decir, se le impedía hablar en su habitual calidad de sacerdote. Después, se dice en Lucas 1:24 que, tras la concepción, Isabel se mantuvo oculta durante un tiempo. En el caso de José y María, José también hace referencia a la perspectiva de «apartarla en privado».

De acuerdo con las costumbres esenias, explica Josefo que, dentro de la orden dinástica, no era adecuado que los hombres «acompañaran a sus esposas cuando ellas estuvieran con el niño, para demostrar que no se habían casado por una cuestión de placer, sino por el bien de la posteridad».[23] Esto deja claro que, tanto si hablamos de Zacarías e Isabel, como de José y María, o

---

23. F. Josephus, *The Wars of the Jews*, t. II, c. VIII:13.

de Jesús y María Magdalena, no estamos hablando necesariamente de un emparejamiento de amor romántico. Más bien, nos encontramos en los dominios de los acuerdos de contrato matrimonial y de parejas estratégicamente seleccionadas con el objetivo de desarrollar importantes líneas dinásticas. Por tanto, era imperativo que, tanto María como José, recibieran las instrucciones y el consentimiento a este respecto del Abiatar Gabriel.

Los tres primeros meses de embarazo eran cruciales para determinar si un marido dinástico conservaría a la esposa seleccionada o no, pues había otras en la casta noble que podían ser igualmente adecuadas. Siempre podía ocurrir que la esposa tuviera un aborto, en cuyo caso se la veía como inadecuada y se elegiría a otra en su lugar. Los abortos eran habituales dentro de los tres primeros meses de embarazo, de modo que la esposa era muy vulnerable durante ese período. También estaba la perspectiva de que la esposa resultara no ser fértil y, para acomodarse a esto, se dice en *La Guerra de los Judíos*, del siglo I, que los tres primeros años de matrimonio se tenían como de período de prueba dentro de la orden dinástica.[24]

Por tanto, había dos fases en tales matrimonios. Tras un período de prometidos, la pareja se casaba en fase de prueba, pero el contrato matrimonial no se cerraba desde un principio. Durante este período experimental, aunque la mujer recién casada concibiera, todavía se la consideraba «doncella» (una *almah* o *virgo*) hasta que transcurrieran los tres meses de confinamiento. Sólo en este momento se llevaba a cabo la segunda parte de la ceremonia de matrimonio, a partir de la cual la mujer se ganaba el derecho a ser llamada «esposa». Fue en esta fase cuando debió intervenir el sacerdote Abiatar (el Gabriel) para sancionar la gestación y legalizar plenamente los desposorios.

Con el eventual nacimiento del bebé, la esposa era reconocida como «madre». Antes de esto, en todas las fases de su estatus de *almah* (que se lo confería su convento de origen), había que referirse a ella como «hermana».[25] Bajo esta luz, la historia de María y José está correctamente relatada, donde María concibe siendo *almah* (si bien este término se tradujo erróneamente como «virgen»), para después recibir debidamente el consentimiento del Altísimo (el sa-

---

24. Ibíd. (misma anotación).
25. En el arriba mencionado apéndice III, «Hierarchy» de B. Thiering, *Jesus the Man*, hay secciones que tratan en concreto de las mujeres en la estructura comunitaria de Qumrân, tal como se determina en los Manuscritos del Mar Muerto.

cerdote Sadoq) de manos del su asistente angélico, el Gabriel. Sin embargo, había todavía un elemento de riesgo y una posible causa de vergüenza en caso de que María hubiera abortado. Y así, previendo esto y de acuerdo con la costumbre, Mateo 1:19 explica que «Su marido José, como era justo y no quería ponerla en evidencia, resolvió repudiarla en secreto. (Todavía había otra razón más para los recelos de José a este respecto, y volveremos sobre ello cuando hablemos del matrimonio de María Magdalena (*véase* página 172).

La Inmaculada Concepción

Conviene aclarar la distinción entre el Nacimiento Virginal de Jesús, tal como lo define el dogma de la Iglesia, y la Inmaculada Concepción, que se relaciona concretamente con el nacimiento de la madre de Jesús, María.

A pesar de la inmensa veneración de la Bienaventurada María en la teología cristiana, no hay información concerniente a su origen en los Evangelios del Nuevo Testamento. Los textos canónicos sólo tratan del linaje del padre de Jesús, José. María pasó a una posición principal dentro de la Iglesia Católica[26] mucho más tarde, a través de interpretaciones clericales, y sucedió como resultado de la disputa sobre la Trinidad que comenzara durante el Concilio de Nicea del emperador Constantino.

Aunque los obispos de Constantino habían decretado que Dios era «tres personas en una», una divinidad consistente en tres partes iguales y eternas (el Padre, el Hijo y el Espíritu Santo), todavía había cristianos de la escuela prerromana que insistían en que Dios era Dios y Jesús era un hombre, un Mesías hereditario de la sucesión davídica. Se mostraban inflexibles en esto, y repudiaban cualquier idea de virginidad en la Bienaventurada María. Sus puntos de vista se parecían mucho a los que expresara el sacerdote libio Arrio en Nicea pero, aunque se había envilecido y proscrito a éste, sus sentimientos seguían vivos entre muchos.

Esto le complicaba mucho la vida al emperador posterior, Teodosio, que convocó un Concilio en Constantinopla en 381 d.C. con la intención de terminar con el conflicto. Hacia 390 d.C., y como alternativa al *Credo de Nicea*, se

---

26. El término *católico* significa «universal».

había desarrollado el *Credo de los Apóstoles.* Éste comenzaba con, «Creo en Dios Padre Todopoderoso y en Jesucristo, su único Hijo, nuestro Señor». Esta reintroducción de Jesús en primera línea, que había sido marginado por Constantino, era difícilmente favorable para la condición mesiánica del emperador; pero, pocos años después, Roma fue saqueada por los godos y el Imperio Occidental comenzó su declive.[27]

A partir de aquí, la Iglesia cayó en la suprema autoridad de los Papas, apareciendo un nuevo protagonista en la disputa de la Trinidad; se trataba de Nestorio, Patriarca de Constantinopla. Nestorio sostenía que la discusión sobre si Jesús era Dios o el Hijo de Dios era totalmente irrelevante, pues era evidente para todos que Jesús era un hombre, nacido de un modo bastante natural de un padre y una madre. Desde esta plataforma, se enfrentó a sus colegas católicos, que por entonces se referían a María como *Theotokas* (del griego: «portadora de Dios») o *Dei Genitrix* (del latín: «la que concibe a Dios»). Como consecuencia de ello, en el Concilio de Éfeso de 431 d.C., se condenó el precepto nestoriano de que María era una mujer como todas las demás, y se dio comienzo a su veneración como mediadora (o intercesora) entre Dios y los mortales.

Pasó el tiempo, pero continuaron las discusiones sobre la Trinidad, atrapando a María en medio. Ella no formaba parte de la Santísima Trinidad, pero su posición eclesiástica estaba gobernada por las relaciones apreciadas entre Dios, Jesús y el Espíritu Santo. A este respecto, los católicos romanos de la Iglesia Occidental decidieron ratificar lo que se dio en llamar la *Cláusula Filioque,* introducida en el Concilio de Toledo de 598. En ella, se declaraba que el Espíritu Santo procedía «del Padre *y del Hijo* (en latín, *filioque*)». Sin embargo, sin emperadores que controlasen la situación, se fue desarrollando una Iglesia Oriental alternativa a partir de una base bizantina. En ésta, se afirmaba que el Espíritu procedía «del Padre *a través del Hijo* (en griego: *dia tou huiou*)». Era un punto de conflicto teológico bastante intangible y extraordinario, pero partió por la mitad el cristianismo formal.

Sea como fuera, a María ya no se la consideraba la Madre de Dios. A partir de entonces, era la Madre del Hijo. Era el vehículo a través del cual, de un modo u otro, había pasado el Espíritu Santo. En realidad, el debate del *filioque* no era más que una controversia trivial en una batalla a mayor escala acerca de si

---

27. Una lectura recomendada a este respecto es Norman J. Bull, *The Rise of the Church*, Heinemann, Londres, 1967.

Ana, madre de María
y Joaquín, padre de María,

la Iglesia debía ser dirigida políticamente desde Roma o desde Constantinopla. *madre de Cristo*
Ninguno de los dos bandos venció, y el resultado fue la formación de dos Iglesias bastante diferentes. La separación final del Vaticano de la Iglesia Ortodoxa Oriental tuvo lugar en 867, cuando ésta última anunció sostener la verdadera Sucesión Apostólica.[28] El Concilio Vaticano se mostró en desacuerdo y, así, Focio, Patriarca de Constantinopla, excomulgó al Papa Nicolás I de Roma.

Las principales fuentes biográficas concernientes a María no son los Evangelios canónicos, sino las escrituras apócrifas, el *Evangelio de María* y *El Protoevangelio*. Muchas de las grandes representaciones artísticas de la vida y de la familia de María se basaron en estos textos (pinturas como la de Alberto Durero, *El Encuentro de Ana y Joaquín*, los padres de María). La obra más extensa sobre el tema pasa por ser *La Leggenda di Sant Anna Madre della Gloriosa Vergine Maria, e di San Gioacchino*. Este relato de la vida de María fue traído a Europa Occidental desde Bizancio por los cruzados, y su popularidad se difundió por todo el mundo cristiano. En Francia, se estableció la festividad de Santa Ana en el siglo XIV, y el Papa Urbano VI la extendió a Inglaterra a petición del rey Ricardo II en 1378. Pero no fue hasta 1584 que esta festividad se hizo universal, cuando el Papa Gregorio XIII la prescribió para toda la Iglesia.

En el curso de la leyenda de María, se determinaba que, para que María fuera tan especial como para concebir y dar a luz de forma virginal, tenía que haber sido única de alguna manera. María no podía haber sido una niña ordinaria, y debía de haber emanado libre de cualquier intervención masculina. De ahí que se interpretara que su padre, Joaquín, no era directamente responsable de su concepción, y que María fue el producto de la Inmaculada Concepción de su madre, Ana. Esto dio lugar a una cantidad extraordinaria de obras de arte, entre ellas, *Santa Ana Concibiendo Inmaculadamente*, de Jean Bellagambe (c. 1500), donde se ve a una María adulta y vestida formándose dentro de su madre.[29]

Por sorprendente que pueda parecer, no fue hasta tiempos comparativamente recientes que determinados aspectos del credo católico (hasta entonces sólo implícitos) se plasmaron como elementos explícitos de fe. La doctri-

---

28. A pesar de la ruptura entre Roma y Constantinopla, el estatus de independencia entre la Iglesia Occidental y la Iglesia Oriental no se formalizó hasta finales de 1945.

29. La pintura de Bellagambe de La Inmaculada Concepción se reproduce en Laurence Gardner, *The Illustrated Bloodline of the Holy Grail*, Barnes & Noble, Nueva York, 2000, p. 188.

na de la Inmaculada Concepción no se expresó formalmente hasta 1854, cuando el Papa Pío IX decretó que María, la madre de Jesús, había sido concebida libre del pecado original. La Asunción de María al Cielo no se definió hasta noviembre de 1950, por decreto del Papa Pío XII, mientras que el Papa Pablo VI no la proclamó Madre de la Iglesia hasta 1964. Estos decretos no hubieran sido posibles si no hubiera sido por la afirmación definitiva de autoridad: la de la Infalibilidad del Papa. Este dogma se proclamó en el Concilio Vaticano de 1870, y decía: «El Papa es incapaz de error cuando define materias de enseñanzas de la Iglesia y de moralidad desde su trono» (!!).

Con independencia de las opiniones, las interpretaciones, el dogma y los decretos habidos hasta entonces, la década de 1960 vio el inicio de una nueva época iluminada, cuando se publicaron las traducciones de los Manuscritos del Mar Muerto. La fe en las creencias doctrinales continúa, pero discurre por un camino totalmente separado de la historia documentada de la vida de Judea en la época de los Evangelios. Incluso, en el *Manuscrito de la Regla esenia*, se detallan los deberes del Mesías de Israel y de su Consejo de doce apóstoles delegados, y también describe el ritual de observancia del Banquete Mesiánico anual. Este acontecimiento, en el año 33 d.C., se convirtió en la famosa tradición escriturística de la Última Cena de Jesús.

5

El sepulcro de la Magdalena

El Santo Bálsamo

Junto con los emperadores, que habían profesado un estatus mesiánico desde la época de Constantino, los obispos de Roma (o Papas, como se les conoce mejor)[1] se establecieron en el fabuloso Palacio de Letrán como segundos al mando de la Iglesia. Reivindicaban su privilegio por vía del linaje apostólico de San Pedro, que había sido ejecutado por el emperador Nerón en 64 d.C. La sucesión de un Papa a otro se formalizó mediante transmisión de la autoridad episcopal a través de la imposición de manos. Sin embargo, el problema estribaba en que la premisa sobre la cual se basaba no era válida en modo alguno. El apóstol Pedro (promotor del cristianismo en Roma durante el siglo I, junto a San Pablo) nunca había poseído ningún cargo formal. El primer líder designado del movimiento de la Iglesia en Roma fue el Príncipe Lino, de Gran Bretaña (hijo de Caractacus el Pendragón) y, tal como reflejan las propias *Constituciones Apostólicas* de la Iglesia, fue San Pablo el que invistió a Lino en el cargo durante la propia vida de Pedro, en 58 d.C.[2]

---

1. Los obispos de Roma se denominaron pontífices (constructores de puentes, en relación al puente entre Dios y los seres humanos), pero desde hace mucho se les llama Padre (Papa). Bonifacio V fue el primero en ser denominado Papa de modo formal, en 610, aunque en general se acepta la aplicación de este título a sus predecesores.
2. George F. Jowett, *The Drama of the Lost Disciples*, Covenant Books, Londres, 1961, c. 12, pp. 125-6.

Aun cuando la gente en general no tuviera conocimiento de esto, los líderes y los misioneros de las iglesias de los *desposyni* sí que lo sabían, así como los de los movimientos celtas y gnósticos.[3] En un tratado del siglo IV titulado *El Apocalipsis de Pedro*,[4] se hace referencia a la jerarquía de la Iglesia de Roma como de «canales secos». El documento dice:

> Ellos mismos se nombran obispos y diáconos como si hubieran recibido su autoridad directamente desde Dios. Aunque no comprenden el misterio, alardean no obstante de que el secreto de la Verdad es sólo de ellos.

En los primeros días, desde el Príncipe Lino, hubo la costumbre de que el líder de la Iglesia Cristiana nombrara a su propio sucesor antes de morir, pero esta tradición había cambiado cuando Constantino se proclamó «Apóstol de Dios en la Tierra». A partir de entonces, fue privilegio del emperador el nombrar y ratificar cargos, y los distintos candidatos solían llegar a las manos, dando lugar a gran derramamiento de sangre en las calles. Sin embargo, una vez investidos, su deber era hacer cumplir el nuevo dogma y difundirlo todo lo posible dentro del imperio.

El primer Obispo Imperial (314-335 d.C.) había sido Silvestre, que fue coronado con gran pompa y ceremonia. Aquello no se parecía en nada a los sombríos procedimientos de trastienda de los primeros tiempos. Los cristianos ya no eran encadenados y enviados a trabajar en las canteras y las minas; ahora, se podían mover abiertamente en la sociedad, con sus jerarcas cubiertos de oro, armiño y joyas. Muchas personas se sentían ofendidas por ello, y lo veían como una profanación a sus ideales, pero no tenían elección en aquel asunto. Su religión, en otro tiempo perseguida, se había convertido ahora en la Iglesia oficial de Roma.

Las principales regiones problemáticas para los papas eran las Islas Británicas y Francia. La Iglesia Celta en las Islas Británicas tenía su propia tradición *desposínica*, y no había forma de intimidarla. Eminentes padres de la Iglesia prerromana, como Eusebio de Cesarea (260-340 d.C.), que había estado en el Concilio de Nicea, y San Hilario de Poitiers (300-367 d.C.), hablaban de anti-

---

3. Relativo a «discernimiento especial», de la palabra griega *gnosis*, «conocimiento».
4. The Nag Hammadi Library, Codex VII, 3.

guas visitas apostólicas a las Islas Británicas, visitas que habían tenido lugar poco después de la crucifixión, antes de que Pedro y Pablo estuvieran en Roma, y antes de que los textos evangélicos originales fueran de dominio público. En su *De Demonstratione Evangelii,* Eusebio escribía: «Los apóstoles atravesaron el océano hasta llegar a las islas conocidas como Bretaña».[5] Otros historiadores confirmarían posteriormente este aserto. El cronista galés Gildas II Badónico (516-570) afirmaba en su *De Excidio Britanniae* que los preceptos del cristianismo nazareno llegaron a las Islas Británicas en los últimos días del emperador Tiberio, que murió en 37 d.C. En tiempos posteriores, hasta el mismísimo bibliotecario del Vaticano, el cardenal César Baronio, anotó en sus *Annales Ecclesiastici,* en 1601, que las enseñanzas cristianas llegaron a Occidente en 35 d.C. Hugh Cressy, un monje benedictino que vivió poco después de la Reforma, escribió en su *Historia de la Iglesia de Gran Bretaña.*[6]

> En el año cuarenta y uno de Cristo, Santiago, a su vuelta de España, visitó la Galia, Gran Bretaña y las ciudades de los venecianos, donde predicó el Evangelio, y luego volvió a Jerusalén para consultar con la Bienaventurada Virgen y con San Pedro acerca de materias de gran peso e importancia.

Las materias de peso a las que hacía referencia Cressy tenían que ver con la necesidad de tomar una decisión sobre si se recibía o no a los gentiles incircuncisos en la Iglesia Nazarena. Como jefe de la delegación de *desposyni* en Jerusalén, el hermano de Jesús, Santiago, presidió el concilio donde se realizó este debate. (De esta reunión se habla en el Nuevo Testamento, en Hechos 15:4-34.)

En 303 d.C., el historiador fenicio Doroteo de Tiro escribió en su *Synopsis de Apostole* que «el apóstol Simón Zelotes predicó a Cristo por toda Mauritania... Por fin fue crucificado en Britannia». Nicéforo, Patriarca de Constantinopla (758-829), confirmó esto al decir:

> San Simón, apodado el Zelota... viajó por todo Egipto y África, más tarde por Mauritania y toda Libia, predicando el Evangelio. Y la misma doctrina enseñó entre los pueblos del Mar Occidental y las islas llamadas Britannia.

5. Rev. Lionel Smithett Lewis, *Joseph of Arimathea at Glastonbury,* A. R. Mobray, Londres, 1927, p. 54.
6. El libro de Hugh Cressy, *The History of Britanny or England,* se publicó en Rouen en 1668.

Escritos mucho más antiguos, del eclesiástico romano Hipólito (nacido c. 160 d.C.), designan a Aristóbulo como obispo de los británicos. Cressy sostenía que Aristóbulo fue ordenado por el mismo San Pablo. El *Martirologio de la Iglesia* griego afirma que Aristóbulo fue martirizado en Gran Bretaña «después de construir iglesias y ordenar diáconos y sacerdotes por la isla».

San Doroteo escribió que Aristóbulo estaba en Gran Bretaña cuando San Pablo le envió saludos a su casa en Roma. «Saludad a los de la casa de Aristóbulo» (Romanos 16:10). Además, el *Jesuit Regia Fides* afirma: «Es del todo cierto que, antes de que San Pablo llegara a Roma, Aristóbulo estaba en Gran Bretaña». De hecho, fue ejecutado por los romanos en Verulam (St. Albans)[7] en 59 d.C. San Ado (800-874), arzobispo de Vienne, lo confirmaría posteriormente en su *Adonis Martyrologia*.

Aristóbulo era hermano del rey Herodes Agripa I (también de Herodes de Chalcis y de Herodías, madre de la bailarina Salomé). Ayudado por el joven Herodes Agripa II, Aristóbulo fue de gran ayuda a María Magdalena cuando el sistema herodiano de Vienne le brindó su protección.[8] En Gran Bretaña, se le llamó Arwystli Hen (Aristóbulo el Viejo), por lo que hay que diferenciarlo de un Aristóbulo el joven, que se casó con Salomé.[9] La ciudad galesa de Arwystli, en Powis, recibe su nombre de él.

Al relatar el martirio de Simón Zelotes en Gran Bretaña, los *Annales Ecclesiastici* de César Baronio, del Vaticano, confirman (de acuerdo con Doroteo y Nicéforo) que fue crucificado por los romanos bajo el mando de Cato Deciano en Caistor, Lincolnshire. El texto añade que, a petición del mismo santo, sus restos fueron embarcados con dirección a la Provenza, para ser colocados junto a los de María Magdalena.

---

7. La ciudad de Verulam o Verulamium fue rebautizada como St. Albans en honor al mártir del siglo IV San Albano. Albano era un soldado romano que fue decapitado por sus superiores militares en 303 d.C. por dar cobijo a un sacerdote cristiano. La moderna St. Albans es una activa ciudad mercantil de Hertfordshire, con una abadía espectacular.

8. El exilio del hijo de Herodes el Grande, Herodes Arquelao, en Vienne, Francia, está documentado en F. Josephus, *The Wars of the Jews*, t. II, c. VII:3. En la misma época (c. 39 d.C.), su hermano, Herodes Antipas de Galilea estuvo exiliado en la cercana Saint-Bertrand de Comminges, en Aquitania, cerca de la frontera española - véase S. Perowne, *The Later Herods*, c. 10, p. 69. En F. Josephus, *The Wars of the Jews*, t. II, c. IX:6, se dice que estaba en España.

9. Algunos comentaristas han sugerido que Aristóbulo el joven fue aliado de María Magdalena, pero era regente del rey de Armenia Menor en aquella época.

El patrimonio de María Magdalena y de los herederos *desposyni* del Señor en el sur de Francia planteaba enormes problemas para la Roma imperial. En un intento por suprimir a los creyentes nazarenos el emperador Septimio Severo concentró sus asaltos sobre Lyon y la región del estado de Vienne. En un corto período de tiempo, a partir del 28 de junio de 208 d.C., dio muerte a más de 19.000 cristianos en la región. De igual modo, el asunto no fue menos difícil para Constantino y sus sucesores, a pesar de haberse hecho cargo de la Iglesia. Por toda Francia había santuarios dedicados a María Magdalena, incluido su lugar de entierro, en la Abadía de Saint Maximus la Sainte-Baume,[10] donde los monjes casianitas custodiaban día y noche su sepulcro y su tumba de alabastro. El lugar se denominaba *la Sainte-Baume* por el Santo Bálsamo con el cual María había ungido a Jesús en Betania.

La Orden Casianita fue fundada por Juan Casiano alrededor del 410 d.C., y fue el primer monasterio en mantener la independencia de la Iglesia episcopal. Hablando de la Iglesia de Roma, Casiano denunciaba la toma de órdenes sagradas como «una peligrosa costumbre», y decía que sus monjes debían «evitar a los obispos a toda costa». Habiendo sido en su origen un asceta ermitaño en Belén, Juan Casiano fundó dos escuelas conventuales en Marsella, una para hombres y otra para mujeres.

Marsella se convertiría posteriormente en un importante centro monástico, y fue el lugar de nacimiento del ritual de la Candelaria, que sucedió a la antiquísima procesión de las antorchas de Perséfone en el Bajo Mundo. Esta procesión (con sus largas velas verdes de fertilidad), que termina en el puerto, cerca de la abadía con aspecto de fortaleza de San Víctor, todavía se lleva a cabo anualmente, cada 2 de febrero. Coincide con la festividad primaveral de Imbolc, del calendario pagano, y en reconocimiento al viaje por mar de María Magdalena, el horno de la abadía hace unos bizcochos con forma de barca y sabor a naranja denominados *navettes*. En la abadía de San Víctor se encuentra el sarcófago de Juan Casiano, una Madonna Negra medieval (*Notre Dame de Confession*), y un antiguo altar en la cripta con el nombre de María Magdalena inscrito.

---

10. La abadía de San Máximo está a 48 kilómetros de Marsella.

476 cae roma con Rómulo augusto

Un nuevo énfasis

En el siglo V, la Iglesia de Roma se puso bajo la dirección de una administración ciudadana, cuyos miembros recibieron el nombre de cardenales (un título derivado de la palabra latina *cardo:* quicio); se designaron veintiocho de ellos y se situaron en el Vaticano. Mientras tanto, la Iglesia Bizantina mantenía una fuerte competencia, con sus centros clave en Constantinopla, Alejandría, Antioquia y Jerusalén.

Durante los años de conflicto entre la facción oriental y la occidental de la cristiandad, antes de que las Iglesias se separaran con el tiempo, ambas compitieron por la supremacía. Tras la caída del Imperio Romano, los obispos de Roma dominaron en occidente, mientras el Patriarca de Constantinopla lideraba la Iglesia en Bizancio. El debate no resuelto sobre la Trinidad había llevado a una escisión permanente entre ambas facciones, y cada una de ellas reivindicaba la representación de la verdadera fe.

Mientras se reestructuraba la Iglesia de Roma, el Imperio Occidental se derrumbó, demolido por los visigodos y los vándalos. El último emperador, Rómulo Augústulo, fue depuesto por el jefe germano Odoacro, que se convirtió en rey de Italia en 476 d.C. En Oriente, sin embargo, el Imperio Bizantino estaba destinado a florecer durante otros mil años. Ante la ausencia del emperador romano, el Obispo Supremo de entonces, León, obtuvo el título de *Pontifex Maximus* (Sumo Pontífice, o Constructor de Puentes Supremo), convirtiéndose en el Papa León I.

En el año 452 d.C., junto con un grupo de monjes desarmados, León se enfrentó al temido Atila el Huno y a su ejército junto al río Po, en el norte de Italia. En aquel momento, el imperio de Atila se extendía desde el Rin hasta Asia Central. Sus bien equipadas hordas iban pertrechadas con carros, escalas, catapultas y todo tipo de instrumentos militares para asaltar Roma. La conversación no duró más que unos pocos minutos, pero el resultado fue que Atila ordenó a sus hombres que levantaran el campamento y se retiraran hacia el norte. Lo que pudo suceder realmente en aquella conversación nunca se ha sabido pero, después de aquello, León el Grande pudo ejercer un poder supremo.[11]

Poco tiempo antes, en 434 d.C., el embajador que enviara el emperador bizantino Teodosio II se había encontrado con el temible huno en circunstan-

---

11. Malachi Martin, *The Decline and Fall of the Roman Church*, pp. 63-5.

cias similares junto al río Morava (al sur de la actual Belgrado), dándole a Atila el equivalente de varios millones de dólares de nuestros días como rescate por mantener la paz en Oriente, de modo que es probable que el acuerdo del obispo León fuera muy similar.

A pesar de todo, en Occidente, con el derrumbamiento del poder imperial de Roma, también amainó el cristianismo romano. Se había identificado a los emperadores con el Dios cristiano, pero los emperadores habían fracasado. Su supremacía religiosa había pasado a manos del Sumo Pontífice, pero ahora era una religión minoritaria dentro de un entorno de gnósticos, arrianos, nazarenos y de la creciente Iglesia Celta.[12]

El emperador Constantino obtiene la aprobación mesiánica por La Donación
(de un manuscrito romano del siglo XII)

---

12. Para más información acerca de la Iglesia Celta, véase Nora K. Chadwick, *The Age of Saints in the Celtic Church*, Oxford University Press, 1961; Dom. Louis Gougaud, *Christianity in Celtic Lands* (trad. Maud Joynt), Four Courts Press, Dublín, 1932, y E. G. Bowen, *The Settlements of the Celtic Saints in Wales*, University of Wales Press, Cardiff, 1956.

Tras el Sínodo de Whitby y el desaguisado de la Semana Santa del 664 (*véase* página 58), la Iglesia Católica incrementó su fuerza hasta cierto punto, pero cuando se puso a prueba la nueva supremacía papal con Dianothus, abad de Bangor, en el norte de Gales, éste respondió que ni él ni sus colegas reconocían tal autoridad. Dianothus afirmaba que estaba dispuesto a reconocer a la Iglesia de Dios, «pero en lo referente a la obediencia, no conocemos a nadie a quien aquél al que llamáis el Papa, u Obispo de Obispos, que la pueda demandar». En una carta anterior, escrita al abad de Iona en 634, se refería inequívocamente a San Patricio de Irlanda como «Nuestro Papa».

Intentando elevar el perfil de la Iglesia, los obispos decidieron estrechar aún más los vínculos de Jesús con su institución. Los clérigos medievales elaboraron manuscritos ilustrados de emperadores y papas del pasado en compañía de Cristo (incluso de Constantino en el momento en que se le concedía el privilegio como Salvador de la humanidad personalmente designado). Pero, por encima de todo esto, y para dar a tal imaginería el ímpetu necesario, el Papa Zacarías llevó a cabo un golpe maestro en 751.

El engaño de Zacarías

Sin revelar sus fuentes, Zacarías presentó un documento, al parecer con 400 años de antigüedad, aunque desconocido anteriormente, que llevaba la firma del emperador Constantino. En él se proclamaba que el Papa era el representante en la Tierra de Cristo, personalmente elegido, con un palacio que superaba a todos los palacios del mundo. Su dignidad, divinamente concedida, estaba por encima de cualquier soberanía terrestre y sólo él, el Papa, tenía el poder y la autoridad para designar reyes y reinas como subordinados suyos. La carta dejaba patentemente claro que el Papa tenía un cargo vicario como asistente escogido de Cristo, concediéndole el título de *Vicarius Fili Dei* (Vicario del Hijo de Dios).

El documento se conocería como la *Donación de Constantino*,[13] y el Vaticano pondría en vigor sus provisiones en 751. En virtud de ello, la naturaleza y la estructura de la monarquía cambiarían en su totalidad, pasando de ser un cargo de tutela comunitaria a otro de soberanía absoluta. A partir de enton-

---

13. En latín, era *Constitutum Constantini.*

ces, los monarcas europeos serían coronados por el Papa, convirtiéndose en servidores de la Iglesia, en lugar de ser servidores del pueblo.

La primera iniciativa del Papa Zacarías, bajo los términos de su supuesta carta imperial, consistió en deponer a la antigua Casa Real de Francia, la de los Merovingios de la Galia. Los reyes de esta enigmática dinastía, que alardeaban de ser descendientes directos del rey David de Israel, habían sido Señores de los Francos durante 300 años. De acuerdo con el Antiguo Testamento, llevaban el cabello largo, según la tradición nazarita de Números 6:5, y habían tomado como modelo la corte del rey Salomón. En unas cartas de Luis XI, fechadas en 1482, se hacía referencia a la visita del rey merovingio Clodoveo a la tumba de María Magdalena en 480 d.C., y al hecho de que Clodoveo se hubiera casado con la princesa borgoñona Clotilde en el centro de la Madonna Negra de Ferrières.[14]

Desde los días del rey Clodoveo, los merovingios habían formado una alianza pacífica con la Iglesia de Roma, pero ahora ya no les servía de nada. Según el viejo modelo de tutela principesca, ellos eran los reyes que representaban a los francos, no los reyes territoriales de Francia. El plan de Zacarías consistía en cambiar esta tradición concediendo el dominio territorial a los futuros reyes, que gobernarían (más que reinar) bajo su autoridad suprema. El desaparecido Imperio Romano era una reliquia de la historia, pero Zacarías tenía un nuevo concepto: un Sacro Imperio Romano controlado desde el Vaticano.

En este plan no había sitio para los merovingios[15], dado que eran descendientes de los *desposyni* y, a pesar de su importancia como fundadores de la monarquía francesa, resultaban una seria amenaza para el régimen papal. Esforzándose por mantener unas buenas relaciones, Clodoveo se había hecho bautizar por San Remigio, obispo de Reims, pero sus descendientes siguieron luciendo el trifolio judaico de la *fleur-de-lis* (el lirio, tal como se representaba en las antiguas monedas de Jerusalén) para denotar su linaje de sangre,[16] y lle-

---

14. La ciudad de Ferrières fue destruida por Atila el Huno en 461 d.C., pero fue sustancialmente reconstruida por los merovingios. Véase E. C. M. Begg, *The Cult of the Black Virgin*, Introducción, pp. 20-1.

15. Se llamaron así debido a Meroveo (hijo de Clodión de Tournai), que murió en 446 d.C. y fue el fundador de la dinastía franca. Para un diagrama genealógico de los reyes merovingios, véase la edición revisada de 2002 de HarperCollins de Laurence Gardner, *Bloodline of the Holy Grail*, pp. 335-7.

16. En su origen, la *fleur-de-lis* era un símbolo del compromiso judío de la circuncisión.

vaban el León de Judá en los escudos. En la misma línea del edicto del siglo I del emperador Vespasiano, en el cual se ordenaba, «se busque a la familia de David, y que no quede ni uno entre los judíos que sea de linaje real»,[17] para Zacarías, los merovingios nunca deberían haber existido, y mucho menos que encima se convirtieran en dinastía reinante.

Así pues, los merovingios fueron depuestos por orden papal bajo la autoridad que le concedía la *Donación de Constantino*,[18] siendo su último rey Childerico III. Las tropas papales apresaron a Childerico y lo encarcelaron en las mazmorras de un monasterio, donde murió cuatro años después. En su lugar, se puso a una familia que, hasta aquel momento, tenía feudos regionales. Los descendientes del célebre Carlos Martel, que había rechazado la invasión musulmana cerca de Poitiers en 732, recibirían posteriormente el nombre de Carolingios. A lo largo de los 236 años de monarquía carolingia, el único rey de importancia fue el nieto de Martel, el legendario Carlomagno. No obstante, se había dado nacimiento a una nueva tradición, y el Sacro Imperio había comenzado. A partir de este momento, los reyes europeos fueron coronados por el Papa (y, en Inglaterra, por su delegado, el arzobispo de Canterbury). Escocia se quedó sola en su resistencia a la invasión católica, y sus monarcas fueron siempre reyes de los escoceses, nunca reyes de Escocia.

Hace más de 500 años, durante el Renacimiento, aparecieron pruebas de que, ciertamente, la *Donación de Constantino* había sido una flagrante falsificación. Las referencias del Nuevo Testamento que aparecían en ésta se hacían sobre la Vulgata[19], una edición de la Biblia en latín, traducida y recopilada por San Jerónimo, que había nacido en el año 340 d.C., 26 años después de que Constantino firmara y fechara supuestamente el documento. Aparte de esto, el lenguaje de la *Donación,* con sus numerosos anacronismos, tanto en la forma como en el contenido, es del siglo VIII y no guarda relación con

---

17. Eusebius of Caesarea, *An Ecclesiastical History*, t. 3, p. 84.
18. Una trascripción en inglés de la Donación de Constantino se da en *Select Historical Documents of the Middle Ages* (trad. Ernest F. Henderson), G. Bell, Londres, 1925, pp. 319-29.
19. En el siglo IV (a partir de 382 d.C.), San Jerónimo hizo una traducción latina de la Biblia a partir de los antiguos textos hebreos y griegos para el uso cristiano. Se le llamó la Vulgata debido a su aplicación «vulgar» (general), a partir de *vulgata editio* (edición común). El emperador Constantino murió antes de esto, en 337 d.C.

el estilo de escritura de la época de Constantino.[20] Es tan diferente como el castellano moderno lo es del castellano de Cervantes (con una cantidad similar de tiempo entre medias).

El primero en declarar fraudulenta la *Donación* fue el emperador sajón Otón III, en 1001. Intrigado por el hecho de que Constantino hubiera trasladado su capital desde Roma a Constantinopla, Otón se dio cuenta de que esto había sido un ardid para evitar cualquier ambición merovingia de centrar su reinado en Roma en oposición a los obispos imperiales. Aunque Otón era alemán, su madre era una romana oriental, que sabía bien que este mismo miedo había existido en la postrera época merovingia, momento en el cual se aplicó la *Donación de Constantino*.

El pronunciamiento de Otón cayó como un jarro de agua fría para el Papa Silvestre II, pero el asunto se ignoró y no volvió a emerger hasta que el teólogo y filósofo alemán Nicolás de Cusa (1401-64) declarara que Constantino no había escrito la *Donación*.[21] Pero, a pesar de ser un doctor de la ley canónica, que decretaba que el Papa era en realidad un subordinado de los miembros del movimiento eclesiástico, Nicolás de Cusa se vio intimidado por los obispos y aceptó un cargo cardenalicio en 1448, ¡convirtiéndose en un fiel seguidor del papado!

No se volvió a mencionar públicamente la *Donación* hasta que el lingüista italiano Lorenzo Valla atacó fieramente su autenticidad en el siglo XV.[22] Valla (c. 1407-57) fue elegido por el Papa Nicolás V para traducir las obras de Herodoto y de Tucídides del griego al latín. Pero Valla no era solamente un eminente erudito, era también un ardiente orador sobre la reforma de la educación, y creía firmemente que el espíritu de la antigüedad grecorromana se había perdido durante la Edad Media. Molesto con el hecho de que la elegancia del latín clásico hubiera cedido el paso a un torpe lenguaje medieval (ejemplificado por el corrupto y en gran medida incomprensible estilo del latín eclesiástico), Valla era tremendamente crítico con la versión bíblica de la

---

20. El manuscrito conocido más antiguo de la Donación está en el *Codex Parisiensis Lat. 2778*, en la Collectio Sancti Dionysii, descubierta en el monasterio de St. Denis, en Francia. Véase Christopher B. Coleman, *The Treatise of Lorenzo Valla on the Donation of Constantine*, University of Toronto Press, Toronto, 1993, p. 6.

21. Ibíd. p. 3. Nicolas de Cusa (Nicolas Cusanus) publicó su evaluación crítica de la Donación en su *De Concordantia Catholica*.

22. Ibíd. p. 20ff., se presenta el Tratado de Lorenzo Valla (Laurentii Vallensis) como discurso traducido.

Vulgata y con sus errores estratégicos de traducción a partir de los textos originales griegos. Esto llevó a otros eruditos del Renacimiento, como el humanista holandés Desiderio Erasmo (c. 1466-1536), a realizar sus estudios bíblicos sobre textos más originales. Como consecuencia de ello, Erasmo publicó en 1516 su propia traducción latina (a partir del griego) del Nuevo Testamento, dejando al descubierto la Vulgata como un documento hábilmente mal traducido, del cual dijo que era «un relato de segunda mano».

El resultado de la investigación de Lorenzo Valla sobre la *Donación de Constantino* fue que lo denunció como un engaño del siglo VIII. En su informe, escribió: «Sé que, durante mucho tiempo, los oídos de los hombres han estado esperando oír hablar del delito del cual acuso hoy a los pontífices romanos. De hecho, un enorme delito».[23] Y, sin embargo, había sido ese documento el que había permitido todo un nuevo modelo de realeza papal. Fue el dispositivo mediante el cual la Iglesia Romana revirtió el poder político sobre sí misma, y eclipsó a los *desposyni* descendientes de Jesús y de María Magdalena tras el derrumbamiento del Imperio.

A pesar de los debates que se originaron a partir de los hallazgos de Valla en 1450, la Iglesia se las ingenió para sobrevivir al período de iluminación del Renacimiento, tildando de herejes a muchos de los grandes pensadores de su tiempo. Y así, el informe de Valla (conocido como la *Declamatio*) se perdió convenientemente en los Archivos Vaticanos, y no se descubrió hasta algo más de cien años después, hasta que lo sacara a colación una vez más un sacerdote del siglo XVII, Murator, que trabajaba en la Biblioteca Vaticana.

Posteriormente, el pastor anglicano Henry Edward Manning (1808-92)[24] trató también de la engañosa naturaleza de la *Donación,* pero se le desvió de la Iglesia de Inglaterra y, siguiendo los pasos de Nicolás de Cusa, se convirtió en miembro del Consejo Vaticano y cardenal arzobispo de Westminster. Más tarde, publicaría el libro *El Poder Temporal del Vicario de Jesucristo,* en 1862.

El empeño por sacar a la luz el fraude lo asumió el estadounidense Christopher B. Coleman, director de la Comisión Histórica y de la Oficina Histórica de la Biblioteca del Estado de Indiana desde 1924. Coleman elaboró un comen-

---

23. Ibíd. p. 25.
24. En David Newsome, *The Convert Cardinals,* John Murray, Londres, 1993, *passim,* aparece un relato de la vida y de la conversión al catolicismo de Edward Manning.

tario actualizado titulado *El Tratado de Lorenzo Valla sobre la Donación de Constantino*,[25] que es en la actualidad la obra más autorizada sobre el tema.

El engaño del Papa Zacarías (en latín, la *Constitutum Constantini*) se diseñó específicamente para fortalecer el poder de la Iglesia y, en particular, de la Sede Romana tras la caída del Imperio Occidental. Aunque la carta pretendía ser una concesión imperial de poder temporal en Occidente por parte de Constantino al papado, tergiversó por completo el estatus territorial de los Papas, invistiéndoles de una gran antigüedad, pero falsa. Se decía que era el documento que Constantino le había dado al Papa Silvestre I pero, históricamente, los documentos claves de aquella época sólo hacen referencia al legado que hizo el emperador del Palacio de Letrán y de otros subsidios y edificios para la recién creada Iglesia de Roma.

Desde su aplicación en 751, no hay ninguna referencia oficial a la *Donación* hasta que se la menciona en la carta escrita por el Papa León IX a Miguel Cerulario, Patriarca de Constantinopla en 1054. Sin embargo, en el siglo XII, ya era el principal documento de señorío papal sobre toda la cristiandad y sus monarcas.

Aguas vivas

A pesar de todos los manejos perpetrados por el Vaticano, fue imposible detener la reverencia del pueblo por María Magdalena. La idea del patrimonio *desposínico* en su conjunto era muy importante para algunas familias nobles, y el legado de Magdalena se mantenía de forma parecida en círculos monásticos.

Durante más de 1.000 años, desde 411 d.C. hasta el Renacimiento, los casianitas custodiaron las reliquias sagradas del Santo Bálsamo.[26] Incluso se referían al manantial que manaba de una roca en su ermita como la «fuente de aguas vivas», en relación con *El Cantar de los Cantares* (4:15) del Antiguo Testamento, con el cual se había vinculado de forma tan íntima a María Magdalena. Zacarías 14:8 había profetizado que «saldrán de Jerusalén aguas vivas,

---

25. En la época de la publicación de Christopher B. Coleman, éste era profesor de historia en Allegheny College, Meadville, Pennsylvania, haciendo la recopilación de su trabajo con la ayuda del College y de la Universidad de Columbia, Nueva York.

26. Père Lacordaire, *St. Mary Magdalene*, c. VII, p. 99.

mitad hacia el mar oriental, mitad hacia el mar occidental». Los monjes consideraban que esta profecía se cumplía en los dos aspectos del cristianismo, donde el viaje por mar de María representaba la fuente de los *desposyni*. Debido a esto, se la llamó *la Dompna del Aquae:* la Señora de las Aguas.

A principios del siglo VIII, árabes y beréberes del noroeste de África hicieron amplias incursiones en la Provenza y el norte de España. Los españoles les llamaban moros, mientras que en Francia se les conocía como sarracenos.[27] Estos musulmanes de tez morena del Califato de Bagdad no tardaron en tomar el control de toda la península Ibérica, y mantuvieron su dominio durante alrededor de 300 años.[28] Estando en Narbona la capital de los sarracenos, junto a la costa de Marsella, y con un fuerte punto de apoyo en Nimes, en el Languedoc, los monjes de El Santo Bálsamo estaban atemorizados. En consecuencia, sacaron los restos de María de su tumba de alabastro y los pusieron en otro sepulcro de la misma cripta, en el sepulcro de mármol de San Sidonio, obispo de Aix, al tiempo que, como medida de precaución, ponían una nota escrita de lo que habían hecho en la tumba.

Justo 40 años más tarde llegó la *Donación de Constantino,* cuando el sur de Francia y España estaban en gran medida bajo control islámico sarraceno. El padre de Carlomagno, Pipino, era el recién instaurado rey carolingio de Francia, y decidió emprender alguna acción para pedir ayuda a los judíos de Narbona. En la ciudad, había una fuerte base *desposínica*, encabezada por Guillermo de Toulouse, que era el potentado reconocido de la Casa Real de David. Pipino accedió por tanto a establecer un reino judío en el sur de Francia, si Guillermo le ayudaba a expulsar a los sarracenos hacia España. Guillermo cumplió con el trato como era de esperar y, en 768, se estableció el Reino de Septimania, con Guillermo a la cabeza.[29]

El hijo de Pipino, Carlos, se convertiría en Carlomagno, rey de los francos en 771, y en emperador sacro romano en el año 800. Carlomagno ratificó el derecho de Guillermo a la soberanía dinástica en Septimania, y obtuvo la aceptación de esta ratificación por parte del Califa de Bagdad y del Papa Esteban en

---

27. *The Hutchinson Encyclopedia,* Hutchinson, Londres, 1997 - Saracens.
28. *The Macmillan Encyclopedia,* Macmillan, Londres, 1996 - Moors. Esta designación (moros) se deriva de «Mauritania», el nombre romano del noroeste de África.
29. El relato más destacado del reino de Septimania es el de Arthur J. Zuckerman, *A Jewish Princedom in Feudal France,* Columbia University Press, Nueva York, 1972.

Roma. Todos reconocieron que Guillermo, de la Casa de Judá, era verdadero descendiente por linaje de sangre del rey David en la sucesión *desposínica.* Más de 300 años después, la casa davídica existía todavía en Septimania y en el noreste de España, aunque el reino había dejado de funcionar como estado autónomo. En 1144, el monje inglés Teobaldo de Cambridge, escribía:

> Los jefes y los rabíes de los judíos que moran en España se reúnen en Narbona, donde reside la Semilla Real, y donde se les tiene en muy alta estima.

En 1166, el cronista Benjamín de Tudela, decía que había todavía importantes propiedades en manos de los herederos davídicos:

> Narbona es una antigua ciudad de la Torah[30] ...Allí hay sabios, magnates y príncipes, a cuya cabeza está Kalonymos, hijo del gran príncipe Todros, de bendito recuerdo, descendiente de la Casa de David, tal como lo constata su árbol genealógico. Posee heredades y otras propiedades de tierra de los soberanos del país, y nadie puede desposeerle de todo ello.

Mientras tanto, los monjes casianitas continuaban con su vigilia en St. Maximus la Sainte-Baume, pero cuando, en el siglo XI se filtró la noticia de que la tumba de María estaba vacía, alguien instigó un rumor falso, según el cual Gerardo de Rousillon, gobernador de la Provenza, se había llevado los huesos de María a la Abadía de Vézelay, y que se guardaban en el presbiterio, debajo del altar mayor.

Al obispo diocesano de Autun y Vézelay le preocupaba que, a la luz de esta historia falsa, su querida abadía del siglo IX pudiera convertirse en una atracción turística no deseada, y solicitó a la Santa Sede, en Roma, un edicto que impidiera esto. Pero, para su sorpresa, el Papa Pascual II se entusiasmó ante la perspectiva de un nuevo centro de peregrinación, e incluso se las ingenió para que la vieja iglesia abacial fuera transformada en una fastuosa basílica, que sería terminada en 1096. Luego, promulgó una Bula en 1103 para proclamar el nuevo emplazamiento, invitando a todos los católicos a congregarse en

---

30. La fe judía se representa aquí con el término colectivo Torah, que son los cinco primeros libros de la Biblia hebrea.

Vézelay[31] El lugar adquirió tal reputación que el rey Luis VII, la reina Eleonora y San Bernardo de Claraval fueron allí en 1147 para predicar la Segunda Cruzada en su basílica, con toda la nobleza francesa y flamenca y con la asistencia de alrededor de 100.000 personas. Desde aquella fecha, la veneración de María Magdalena se alió estrechamente con las campañas de los cruzados y, en 1190, Felipe Augusto y Ricardo Corazón de León de Inglaterra anunciaron su Tercera Cruzada en Vézelay, donde se encontraron con un entusiasmo parecido.

Pero fue en 1254 cuando el rey Luis IX empezó a preguntarse qué pruebas había de que las reliquias de María Magdalena estuvieran en Vézelay. Después de todo, el obispo de Autun, que estaba al cargo en aquel momento, negó rotundamente haberlas recibido. Como es natural, Luis descubrió que no había verdad alguna en el rumor y, junto con el Señor de Joinville, partió de inmediato hacia St. Maximus la Sainte-Baume, donde aún estaban los monjes. El Señor de Joinville escribió en sus memorias:

> Llegamos a la ciudad de Aix en Provence para honrar a la Bienaventurada Magdalena, que se encontraba a un día de viaje. Fuimos al lugar llamado Baume, sobre una roca escarpada, en la cual, según se decía, hacía tiempo residía la Sagrada Magdalena en una ermita.

Una donación gótica

El rey Luis se sintió ultrajado por el hecho de que sus predecesores reales, así como los cruzados de Tierra Santa y San Bernardo, abad de Clairvaux (patrón y protector de los Caballeros del Templo de Salomón) hubieran sido engañados de forma tan absurda. Los archivos de los Dominicos cuentan que Luis decidió enderezar las cosas, aunque ya fuera tarde, y que se embarcó en esta empresa con su sobrino Carlos, príncipe de Salerno y conde de la Provenza, que más tarde se convertiría en el rey Carlos II de Nápoles y conde de Anjou. De las primeras investigaciones de Carlos, se cuenta:

---

31. Ibíd. c. VII, p. 103. Este relato lo preparó Père Lacordaire, fraile dominico y miembro de la Academia Francesa, en el siglo XIX, a partir de los archivos dominicos.

Así pues, llegó a St. Maximus sin hacer alarde, acompañado por unos cuantos caballeros de su sequito, y después de haber interrogado a los monjes y a los ancianos, hizo que se abriera una zanja en la vieja basílica de Casiano, el 9 de diciembre de 1279.[32]

En los archivos se dice que, nueve días más tarde, el 18 de diciembre, y aconsejado por los monjes, Carlos entró en la tumba de San Sidonio. En presencia del rey Luis, los obispos de Arles y Aix, junto con varios prelados y demás, el príncipe rompió los sellos del sarcófago y lo abrió. Delante de todos aquellos testigos, sacó un rollo de corcho que se caía a trozos y de éste sacó el pergamino de piel que los casianitas habían puesto en la tumba hacia tanto tiempo. El príncipe leyó el documento:

> En el año de nuestro Señor de 710, el sexto día del mes de diciembre, bajo el reinado de Eudes, el más piadoso de Francia.[33] Cuando los sarracenos asolaron esa nación, el cuerpo de nuestra querida y venerable María Magdalena fue sacado, muy en secreto y durante la noche, de su propia tumba de alabastro y puesto en ésta, que es de mármol, de donde previamente se había sacado el cuerpo de San Sidonio, con el fin de que las reliquias de nuestra santa estuvieran más seguras frente a los sacrílegos ultrajes de los pérfidos musulmanes.

El príncipe Carlos redactó una copia autorizada de la inscripción y de su descubrimiento, que firmaron los arzobispos y los obispos presentes. El 5 de mayo del año siguiente, se convocó una asamblea de prelados, condes, barones, caballeros y magistrados de Provenza y de las regiones cercanas. En esta reunión se dieron a conocer los detalles del engaño de Vézelay y, el 12 de mayo de 1280, se llevó a los delegados a ver las reliquias de Magdalena en La Sainte-Baume. Se notificó que «la cabeza de la santa estaba intacta, mientras que las otras partes del cuerpo eran sólo unos cuantos huesos». Había un pequeño fragmento de carne en la parte derecha de la frente, y una representación del

---

32. Ibíd. c. VII, p. 107.
33. Eudes, que se menciona en la inscripción, fue Eudes de Aquitania, que había declarado su independencia ante el intento del carolingio Pipino el Breve (el padre de Carlomagno) de tomar el control de los merovingios en Francia. A este respecto, a Eudes se le consideraba el rey de Francia al sur del Loira.

Tribunal de Casación de Aix (incluido el presidente, el abogado general y dos consejeros) firmaron un informe de lo presenciado. Aquí, hacían referencia al punto del *Noli me tangere*, una alusión romántica al lugar donde pudo tocar Jesús a María cuando le pidió que no lo tocara después de su resurrección.

El príncipe Carlos dividió después los huesos de María en tres partes. El príncipe hizo que la calavera se guardara en un magnífico busto de oro, con un cristal moldeado cubriéndole el rostro. Su padre, Carlos I de Anjou, envió su propia corona desde Nápoles para que el oro y las joyas de ésta se utilizaran en la sagrada empresa. El resto de los huesos de María se dejaron reposar en un ataúd de plata y, en tiempos posteriores, el hueso superior del brazo, el húmero, se colocó en un relicario de plata dorada sobre un pedestal soportado por cuatro leones.

Y entonces se decidió que, dado que la Iglesia de Roma había sido la responsable de perpetuar el mito de Vézelay, el Papa debía consagrar las reliquias para dejar las cosas bien claras. En aquel momento, sin embargo, se llamó a Carlos para ocuparse de otros asuntos, tras la muerte de su padre, y pasaron casi cinco años hasta que consiguió una audiencia con Bonifacio VIII, que a la sazón estaba en la silla de Pedro. Antes de esto, se le presentaron al Papa las declaraciones juradas de todos los testigos nobles y eclesiásticos de Sainte-Baume, junto con el pergamino original del siglo VIII de los monjes casianitas.

El 6 de abril de 1295, el Papa Bonifacio promulgó una Bula declarando que las reliquias eran los restos verdaderos y auténticos de Santa María Magdalena. Autorizó a Carlos (entonces rey de Nápoles y conde de Provenza) a transferir al monasterio de St. Maximus a la recientemente constituida Orden Dominica de los Hermanos Predicadores. Se consiguieron fondos para construir una gran basílica en el emplazamiento del antiguo oratorio casianita, un lugar digno para la exhibición de las reliquias.

Pero Carlos murió antes de que se diseñara y construyera el majestuoso edificio gótico, y las obras no se terminaron hasta pasados casi 200 años.[34] Mientras tanto, surgió la pregunta de qué hacer con los tesoros recubiertos de oro y plata. En aquel momento, el rey capeto de Francia era Felipe IV (1285-1314) que, como era de esperar, reivindicó sus atribuciones reales. Sin embargo, el Papa Bonifacio no era amigo de este incorregible monarca, que había estado recaudando impuestos ilegales al clero. Esto llevó a la Bula pa-

---

34. En aquel momento, el sucesor de Carlos, Bene, era rey de Nápoles y de la Provenza.

pal de Bonifacio, *Clerics laicos,* de 24 de febrero de 1296, en la cual se prohibía al clero ceder ingresos o propiedades de la Iglesia sin el permiso de la Sede Apostólica; y también fueron excomulgados aquellos príncipes (principalmente, el rey Felipe) que imponían tales recaudaciones.

En medio de tal entorno de conflicto, el Papa Bonifacio denegó la solicitud de Felipe acerca de las reliquias de la Magdalena. A cambio, propuso acuerdos alternativos. En aquella época, parecieron lógicos y apropiados, pero llevaron directamente a uno de los episodios más brutales y trágicos de la historia europea medieval.

6

Los guardianes de la reliquia

La hija de Francia

Los archivos que se han estudiado con respecto a los restos de María Magdalena son los de la Orden Dominica de los Hermanos Predicadores. Desde 1295, uno de sus principales objetivos constitucionales fue el proyecto de la basílica de St. Maximus la Sainte-Baume, propiciado por el Papa Bonifacio VIII. A María se la designó patrona de la Orden, la cual era también responsable del convento de las Hermanas de Santa Magdalena en Alemania.[1]

En las obras teológicas académicas actuales, es bastante común culpar a los dominicos de muchas de las atrocidades de la Inquisición de la Iglesia Católica. En tiempos recientes, y junto con los franciscanos en particular, han servido de cabeza de turco para los papas, los cardenales y los obispos, que fueron los verdaderos responsables de aquellas espantosas persecuciones. Desde los primitivos tiempos monásticos de San Casiano, San Martín, San Benito, San Columba y San Patricio, la rivalidad (y, con frecuencia, la enemistad) entre los monjes y el clero ortodoxo ha sido constante. Como dijo Juan Casiano, «Los monjes deberían evitar a los obispos a toda costa».

El régimen monástico era duro y riguroso, a diferencia del suntuoso estilo de vida del clero episcopal. Los monjes eran disciplinados en grado sumo, y esto se hacía patente en sus tareas, entre las que estaban las de cotejar y escribir registros históricos. Les gustara o no a los eclesiásticos, los monjes to-

---

1. *The Catholic Encyclopedia*, vol. XII - Friars Preachers.

Destrucción de Monasterios y Alejandría

maron nota de todos los acontecimientos hasta donde fueron capaces, y no les movía ni la propaganda política ni el dogma eclesiástico. Fue por este motivo que Enrique VIII Tudor disolvió y destruyó los monasterios en Inglaterra. Enrique VIII ambicionaba liberarse de su mundo de bibliotecas y obras de arte monacal con el fin de suprimir la educación histórica en beneficio de sus propias ideas y conceptos. Fue exactamente la misma táctica que empleara el emperador Teodosio en el año 391 d.C., cuando autorizó al obispo Teófilo a que saqueara e incendiara la antigua Biblioteca de Alejandría.

En cambio, los monjes se habían esforzado por recopilar y relatar los hechos históricos, y normalmente comprendían bien las diferencias entre la historia y el engaño dogmático. El erudito benedictino Cressy y el monje celta Gildas fueron los que escribieron acerca de las antiguas visitas apostólicas a Gran Bretaña, Francia y España. El benedictino Abbé Rábano fue el que registró la huida a Francia de María Magdalena, y el fraile dominico Père Lacordaire fue el que publicó los archivos de Sainte-Baume de los Hermanos Predicadores. Mientras los obispos de la Iglesia estaban ocupados denunciando a María como ramera y velando su legado, los monjes sostenían en pie sus virtudes y defendían su causa.

Hay muchos ejemplos de las diferencias entre los estudiosos monjes y el clero ortodoxo en materias de práctica educativa. De hecho, como se mencionó en la Introducción de este libro, fue un fraile dominico el que, junto conmigo, puso esto en perspectiva en la televisión hace unos años (*véase* página 13).

Père Jean-Baptiste-Henri Dominique Lacordaire (1802-61) se describe en *La Enciclopedia Católica* como «el mayor orador de púlpito del siglo XIX».[2] Antes de ser fraile dominico, se formó como abogado y ejerció con éxito durante varios años. Posteriormente, fue ordenado por el arzobispo de París, y se convirtió en un destacado defensor de las libertades religiosas y la libertad de prensa. Nadie, fuera laico o clérigo, realista o liberal, estaba a salvo de su aguda pluma o de sus críticos sermones, si él veía que había algún tipo de manipulación política o religiosa.

A pesar de todo, Lacordaire fue muy respetado y, en 1835, se le ofreció el púlpito de Notre-Dame de París, donde dio una serie de controvertidas y sorprendentes conferencias. Dejando a un lado oraciones, himnos y lecturas de las escrituras, hablaba de temas nunca antes escuchados en los confines de una iglesia, y se le veía especialmente preocupado con materias de historia

---

2. *The Catholic Encyclopedia*, vol. VIII - Lacordaire.

religiosa de las que no se solía hablar. A estas conferencias les siguieron otras similares en Metz y Toulouse, y su estilo abierto de oratoria se hizo célebre. Pero durante el transcurso de todo esto, entró en la Orden Dominica de los Hermanos Predicadores, y fue invitado al más importante escenario literario de la Académie Française. Durante un tiempo, después de la revolución de 1848 de la Segunda República, fue editor de la revista *L'Ere Nouvelle* (La Nueva Era), pero se pasó la mayor parte de sus últimos años escribiendo una serie de obras basadas en aspectos poco familiares de los archivos de la Iglesia. Entre éstas, estuvo su *Sainte Marie Madeleine*, donde relató la excavación de la tumba de María en St. Maximus la Sainte-Baume en el siglo XIII.

La Francia medieval

Los anales dominicos hablan de muchas personas notables que peregrinaron a La Sainte-Baume. El rey Luis XI (1461-83) decía de María que era «una hija de Francia perteneciente a la monarquía».[3] Sus sucesores, Carlos VIII y Luis XII, siguieron su ejemplo. Ana de Bretaña (esposa sucesiva de ambos monarcas) puso una pequeña figurilla de oro de sí misma, orando, dentro del santuario. Francisco I (1515-47) hizo ampliaciones en el Hospital de Forasteros de la Sainte-Baume, y su sucesor Carlos IX hizo también donaciones a la fundación. En 1622, Luis XIII presentó sus respetos ante el santo lugar y, el 4 de febrero de 1660, Luis XIV llegó allí con su madre, Ana de Austria. Ellos presidieron la colocación de unas pequeñas reliquias del ataúd de plata de María en una urna de cristal pórfido, que había sido especialmente hecha y enviada desde Roma por el general de los Hermanos Predicadores.

Nunca antes un santuario piadoso había atraído tanta atención. En un solo día, durante la construcción de la basílica, llegaron cinco reyes[4] de diferentes partes de Europa; y en el transcurso de sólo un siglo, nada menos que ocho papas[5] pasaron por el lugar.

Durante la Revolución Francesa (1789-99), hubo algunos daños en La Sainte-Baume, cuando ciudadanos insurrectos intentaron demoler todo lo que con anterioridad se había tenido por sagrado en su país. Pero las reliquias clave se preservaron en custodia segura, salvo la urna de cristal, que se perdió.

Para el lunes de Pentecostés de 1822, ya se habían llevado a cabo las reparaciones necesarias, y alrededor de 40.000 personas se congregaron para presenciar cómo el arzobispo de Aix devolvía las reliquias vestidas de oro y plata de María a su legítimo hogar. Poco después, en 1842, se terminó la imponente iglesia de La Madeleine, cerca del río Sena, en París. Frente a la Plaza de la Concordia, donde «Madame la Guillotine» había hecho su trabajo en la Revolución, este monumento napoleónico, encargado por Lucien Bonaparte, reflejaba la fiebre de Magdalena que estaba recorriendo toda la nación. Construida al estilo de un templo ateniense clásico, la fachada de la iglesia da al edificio de la Asamblea Nacional, justo enfrente, a través de una plaza donde hay un obelisco de Luxor. Dentro de esta iglesia hay una pequeña reliquia

3. Père Lacordaire, *St. Mary Magdalene*, c. VII, p. 120.
4. Felipe VI de Francia, Alfonso IV de Aragón, Hugo IV de Chipre, Juan de Bohemia, Roberto de Sicilia.
5. Juan XXII, Benedicto XII, Clemente VII, Urbano V, Gregorio XI, Urbano VI, Bonifacio IX, Inocencio VII.

de la Magdalena, un trozo de hueso que se extrajo de la urna de pórfido a petición de Luis XVI en 1785. En principio, era un regalo para el duque de Parma, pero a la vista de la posterior pérdida de la urna y de la ejecución de Luis en la Revolución, pasó al arzobispo de París en 1810.

La sabiduría de la fe

En círculos gnósticos, se asoció a María Magdalena con la sabiduría de la inmortal Sofía (*véase* página 41). Hay un documento que deja esto especialmente claro. Es el *Pistis Sophia* (Sabiduría de la Fe), adquirido por el Museo Británico, Londres, en 1785. Comprado a los herederos del Dr. Anthony Askew, se le conoce también como el *Codex Askew*.[6] Este antiguo tratado es una amalgama de seis obras, de las cuales sólo la segunda se denominaría correctamente *Pistis Sophia,* aunque este título se le aplica normalmente a todo el conjunto. El título más correcto para toda la compilación sería el de *Los Libros del Salvador.*

El códice consta de 178 hojas (356 páginas) de pergamino, y se presenta en dos columnas con un promedio de treinta y dos líneas por columna. Se escribió en copto del Alto Egipto durante los primeros tiempos del cristianismo, pero no se seleccionó para su inclusión en el Nuevo Testamento. El copto era una forma vernácula del egipcio que ya no se escribía con jeroglíficos, sino por medio del alfabeto griego, con símbolos suplementarios que representaban determinados sonidos de vocales.[7] El texto copto de la *Pistis Sophia* conserva muchos aspectos de la antigüedad, con palabras y términos que evidencian que, en su origen, se escribió en griego, al igual que los Evangelios del Nuevo Testamento.

En esencia, la *Pistis Sophia* es un diálogo entre Jesús y sus apóstoles, además de su madre, su hermana Salomé, María Magdalena y Marta. La escena

---

6. Catalogado en el Museo Británico como *Piste Sophia Coptice,* MS Add. 5114.
7. Jean Doresse, *The Secret Books of the Egyptian Gnostics* (trad. Philip Mairet), Hollis & Carter, Londres, 1960, c. 2, p. 64. Fue a partir del siglo X cuando el copto cedió terreno ante el árabe, aunque todavía lo utiliza la rama copta de la Iglesia Egipcia.

se sitúa en el año 44 d.C., once años después de la crucifixión y la resurrección. Y ésta es una fecha particularmente importante, porque se trata del mismo año en que María Magdalena se embarcó hacia el exilio en la Provenza. El texto comienza así:

> Pero sucedió que, después de que Jesús se levantara de entre los muertos, pasó once años hablando con sus discípulos. Y les enseñaba en la medida de los lugares de la primera ordenanza y en la medida de los lugares del primer misterio.[8]

Con el fin de adelantar el entendimiento de sus compañeros sobre los altos misterios de la salvación, Jesús los reúne en el Monte de los Olivos, donde se van turnando en una sesión de preguntas y respuestas. María Magdalena destaca claramente sobre todos los demás, mencionándose su nombre más de ciento cincuenta veces, frente a Pedro, por ejemplo, que aparece sólo catorce veces. Jesús se refiere a María Magdalena como «tú, pura de luz».

De hecho, Pedro termina molestándose de que María acapare el diálogo, e increpa a Jesús diciéndole: «Mi Señor, no podemos sufrir a esta mujer, que nos quita la ocasión, y no nos permite hablar a nadie, mientras ella habla muchas veces».[9] Jesús reprende a Pedro por ello, pero María, en su propia respuesta posterior, añade: «Tengo miedo de Pedro, pues me amenaza y odia a nuestra raza».[10]

La serie de conversaciones de toma y daca tienen que ver todas con «las palabras de Pistis Sophia», y Jesús pide que cada uno de ellos, por turnos, dé su interpretación de la misteriosa sabiduría. Uno por uno, todos lo hacen, pero cuando María Magdalena da su primera respuesta, Jesús le dice, «Tú eres aquélla cuyo corazón está más dirigido al Reino de los Cielos que todos tus hermanos».[11] Y así, María aparece como la que tiene la mayor empatía con la inmortal Sofía, y de ahí que se la asociara con ella siempre.

---

8. *Pistis Sophia: a Gnostic Miscellany* (trad. G. R. S. Mead, 1921), reimpreso por Kessinger, Kila, M. T., 1992, t. 1, c. 1, p. 1.
9. Ibíd. t. 1, c. 36, p. 47.
10. Ibíd. t. 2, c. 72, p. 135. Esto se traduce a veces como «...odia nuestro sexo».
11. Ibíd. t. 1, c. 17, p. 20.

El aliento del universo

Con independencia de la Iglesia y de sus diversas monarquías generadas (coronadas de acuerdo con la *Donación de Constantino*), la más poderosa y prestigiosa fraternidad de la Edad Media fue la Orden de los Pobres Caballeros de Cristo y el Templo de Salomón.[12] Fundada durante la Primera Cruzada, estos caballeros franceses y flamencos constituían una unidad de monjes guerreros consagrados a Cristo, a diferencia de la Orden de los Caballeros del Hospital de San Juan de Jerusalén, que estaba centrada en el Bautista. De forma abreviada, a estas órdenes se les dio en llamar Templarios y Hospitalarios respectivamente. Bajo la dirección de Hugues de Payens (sobrino del conde de Champaña), los templarios excavaron el emplazamiento del Templo de Jerusalén y recuperaron gran cantidad de manuscritos y de objetos preciosos en 1127. A su regreso a Francia, su patrón y protector, San Bernardo de Claraval, escribió:

> El trabajo se ha llevado a cabo con nuestra ayuda, y se ha enviado a los Caballeros de viaje por Francia y la Borgoña, bajo la protección del Conde de Champaña, donde hay que tomar todo tipo de precauciones frente a cualquier interferencia de las autoridades públicas o eclesiásticas.[13]

Posteriormente, en el histórico concilio de los templarios de Troyes, en enero de 1129, Hugues se convertiría en el Gran Maestre, y San Bernardo establecería la Constitución y la Regla de la Orden. Con ello, especificaría un requisito para la «Obediencia de Betania, el castillo de María y Marta».[14] En la simbólica pintura de *Santa María Magdalena con Santo Domingo y San Bernardo*, del artista español del siglo XVI Nicolás Borras (*véase* lámina 18), se representó a San Bernardo dando la bienvenida a María en la Provenza.

Parte del tesoro de Jerusalén se ocultó con anterioridad a la invasión de Nabucodonosor de Babilonia, en el año 586 a.C., y otra parte durante la Revuelta Judía del siglo I contra el dominio de la Roma imperial. Con este tesoro resucitado para formar una base de garantía, los templarios se convirtieron

---

12. Para una información más amplia concerniente a los Caballeros del Temple, véase Desmond Seward, *The Monks of War*, Paladin/Granada, St. Albans, 1974.

13. Louis Carpentier, *The Mysteries of Chartres Cathedral*, Research Into Lost Knowledge Organization and Thorsons, Wellingborough, 1992, c. 8, p. 69.

14. E. C. M. Begg, *The Cult of the Black Virgin*, c. 4, p. 103.

en la más importante organización financiera que el mundo haya conocido. De hecho, en un corto espacio de tiempo, se convirtieron en asesores y banqueros de monarquías y parlamentos de toda Europa y Oriente Próximo. En la década de 1860, el explorador británico Sir Charles Warren dirigió unas extensas excavaciones por debajo del Monte del Templo de Jerusalén para el Fondo de Exploración de Palestina,[15] y los archivos del proyecto de este Fondo son muy esclarecedores. El equipo excavó varios conductos verticales hasta el lecho de roca, y luego abrió túneles laterales entre ellos para identificar los muros inferiores y los cimientos del Templo. Más tarde, profundizaron aún más en la roca caliza, donde descubrieron un sorprendente laberinto subterráneo de corredores y pasajes sinuosos. A lo largo de ellos había grandes instalaciones de almacenaje y una serie de cuevas y cisternas de agua hábilmente construidas.[16]

Durante el transcurso de estos trabajos, se encontraron los cimientos cuadrados del Templo original del rey Salomón. Los muros de contención inferiores estaban aún intactos, y sus técnicas de albañilería eran bastante diferentes de las del Segundo Templo y sus ampliaciones asmoneas y herodianas posteriores.

Poco después, en 1894, los ingenieros militares británicos hicieron mapas exhaustivos de todo el complejo subterráneo, y una recompensa particularmente interesante de estos trabajos en los túneles fue el descubrimiento de una cruz templaria, una espada templaria rota y otros objetos del siglo XII.[17]

En la documentación relativa a las reliquias de la Magdalena (véase página 99) se dice que, cuando se consagró y se abrió la basílica de St. Maximus la Sainte-Baume a finales del siglo XV, las reliquias de la Magdalena se instalaron allí y han permanecido allí hasta el día de hoy (véase lámina 53). Pero, ¿dónde estuvieron mientras tanto, y a quién se las confió el Papa Bonifacio VIII mientras se llevaban a cabo las obras de construcción, desde 1295?

En virtud del enorme prestigio de los templarios y de sus instalaciones de seguridad bancarias, Bonifacio les pasó las reliquias a ellos en 1295 para su custodia. Otro motivo para hacer esto fue el ultraje sufrido durante el fraude de Vézelay.[18]

---

15. *Palestine Exploration Fund,* 2 Hinde Mews, Marylebone Lane, Londres, W1U 2AA.
16. Leen y Kathleen Ritmeyer, *Secrets of Jerusalem's Temple Mount,* Biblical Archaeological Society, Washington, DC, 1998, c. 5, pp. 71-7.
17. Estos objetos los conserva ahora el archivero templario escocés Robert Brydon. Véase Christopher Knight y Robert Lomas, *The Hiram Key,* Century, Londres, 1996, c. 13, p. 267.
18. Aún hoy hay un par de ataúdes ornamentales en la Basílica de Vézelay, que se pretende hacer creer que contienen las reliquias de María Magdalena.

Junto con el rey Luis VII y otros muchos, San Bernardo, el abad cisterciense de Claraval, había sido embaucado con el falso rumor, y era una cuestión de justicia el que se honrara a los templarios con la custodia de las reliquias como una forma de desagravio.

Esto, evidentemente, enfureció al rey Felipe IV, cuya solicitud había sido rechazada. Él ya le debía una fortuna en préstamos a la Orden y, estando prácticamente en bancarrota, los veía con gran agitación. También temía su poder político y esotérico, que sabía mucho más grande que el suyo. Felipe estaba convencido de que los templarios habían traído consigo desde Jerusalén el Arca de la Alianza, y ahora tenían también las reliquias de la Magdalena, incluido su mayor tesoro, el busto de oro que contenía su calavera. En consecuencia, se embarcó en una campaña de odio contra los templarios y contra el Papa Bonifacio.

Como ya se explicó en *Lost Secrets of the Sacred Ark*,[19] parece ser que, tras su expedición en Jerusalén, los templarios tenían un interés especial en la producción de la quintaesencia del oro. Al parecer, las propiedades antigravitatorias de este exótico material eran de inmenso valor en la construcción de las grandes catedrales góticas de Francia, y Felipe temía la competencia científica de los templarios. Este polvo monoatómico (denominado Piedra de los Filósofos por Nicolás Flamel y otro químicos) se utilizó sin duda alguna en la elaboración de las brillantes vidrieras góticas, que habían sido diseñadas por los filósofos persas de la escuela de Omar Jayyâm, que decían que en su método de elaboración de cristal se incorporaba el *Spiritus Mundi*, el aliento cósmico del universo. Refiriéndose al cristal cisterciense-templario en el siglo XVI, el hermetista Sancelrien Tourangeau decía:

> Nuestra Piedra tiene otras dos cualidades sumamente sorprendentes. La primera, en relación con el cristal, al cual le imparte todo tipo de colores interiores, como en las vidrieras de la Sainte-Chapelle, en París, y como en las de las iglesias de Saint-Gatien y Saint-Martin, en la ciudad de Tours.[20]

19. L. Gardner, *Lost Secrets of the Sacred Ark*, c. 15, pp. 217-29.
20. Louis Carpentier, *The Mysteries of Chartres Cathedral*, c. 17, pp. 137-43, ofrece una buena visión general de las propiedades de las vidrieras góticas.

Y no es baladí observar que la fraternidad templaria de la época denominaba a esta rama de sus actividades como *Ormus*,[21] cuando, en la actualidad, desde el redescubrimiento de esta ciencia oculta hace un par de décadas, los físicos clasifican a esta misteriosa sustancia como *ORMEs*, Orbitally Rearranged Monatomic Elements; es decir, Elementos Monoatómicos Redispuestos Orbitalmente.[22] Volveremos sobre este tema de nuestra investigación más tarde (*véase* página 216).

Para elaborar este material exótico, el *Ormus*, los templarios necesitaban un suministro de fácil acceso de oro aluvial, y lo encontraron en Bézu, en la región de Languedoc. En los alrededores de Bézu, la tierra era rica en oro cerca de superficie, procedente de antiguas minas, exactamente lo que necesitaban para el proceso de transmutación. Y, para facilitar el acceso a estas tierras, se introdujo en la Orden a su propietario, Bertrand de Blanchefort, a quien posteriormente se le haría Gran Maestre, en 1153.

La Inquisición

Vinculado con las actividades herméticas de los templarios a principios del siglo XIII estaba el secretario asesor cisterciense Vilars Dehoncort, de la región de Picardía.[23] Dehoncort era geómetra, arquitecto y alquimista, y el monasterio de St. Germain de París colocó su *Album de croquis* (hecho en hojas de pergamino alojadas en una cartera de cuero de cerdo) en la Bibliothèque Na-

---

21. Michael Baigent, Richard Leigh y Henry Lincoln, *The Holy Blood and the Holy Grail*, Jonathan Cape, Londres, 1982, c. 5, p. 92.

22. Un proceso alquímico, descubierto por científicos modernos en la década de 1980, que invierte los metales del Grupo de Transición, tales como el oro o el platino, en un estado atómico simple. Convertida en un polvo blanco fino y clasificada como «materia exótica», la sustancia tiene cualidades antigravitatorias y superconductoras únicas.

23. Después de la modernización de su nombre en el siglo XIX, Vilars Dehoncort se conoce ahora en general como Villard de Honnecourt. Hay bastante información sobre Villard de Honnecourt en la literatura francesa. En inglés, se pueden encontrar referencias en François Bucher, *Architector: The Lodge Books and Sketchbooks of Medieval Architects*, Abaris Books, Nueva York, NY, 1979. Y en Jean Gimpel, *The Medieval Machine: The Industrial Revolution of the Middle Ages*, Pimlico, Londres, 1976.

tionale[24] en 1795. Y allí está desde la Edad Media. Este valioso objeto contiene muchos de los dibujos arquitectónicos de los puntos más sutiles de las catedrales góticas, incluido el diseño del famoso laberinto de Chartres.[25] El modelo se obtuvo de un manuscrito alquímico griego del siglo II, y estaba dedicado a la patrona de Francia, *Notre Dame de Lumière* (Nuestra Señora de la Luz). Pasa por ser uno de los diseños más sagrados de la Tierra.

El clero católico del siglo XVII tenía tanto miedo a los laberintos templarios que destruyó muchos de ellos: en Auxerre en 1690, Sens en 1768, Reims en 1778 y Arras en 1795. Pero Jean-Baptiste Souchet, canónigo de Chartres que murió en 1654, nunca se atrevió a ningún tipo de profanación en aquella catedral. En la actualidad, sigue siendo el laberinto más grande y mejor conservado, además del más mágico de todos los laberintos medievales.

Aclamado como el «Leonardo del Gótico», Dehoncort se refería a la calavera revestida de oro de María Magdalena como *Caput Mortuum*, no por ser la «cabeza de la muerte», que es lo que significa esta frase en latín, sino por la técnica alquímica utilizada en su conservación. *Caput Mortuum* era el término utilizado para identificar una sustancia púrpura que se generaba durante el proceso de elaboración del polvo *Ormus*. También identifica al pigmento púrpura rojizo de óxido férrico denominado Hematites Fría, que se utilizaba desde los primeros tiempos del Renacimiento y que aún se puede obtener como *Caput Mortuum* en la actualidad a través de proveedores especializados en arte.

Otro personaje vinculado también con los templarios en el período de Bézu fue el reconocido teólogo, filósofo hermético y químico experimental Alberto Magno (Alberto el Grande, 1206-80).[26] Pero Alberto nos aporta aún otra vinculación con los Hermanos Predicadores Dominicos. Miembro de la Orden desde 1223, junto con su colega Santo Tomás de Aquino (también un filósofo natural), Alberto era Maestro del Palacio Sagrado en Roma, enseñó en el Capítulo General en Valenciennes y también en el Colegio de San Jaime en París, donde fue Maestro de Estudiantes en la Universidad.[27] Alberto

---

24. Número de catálogo de la estantería: MS Lat 1104. Las notas que acompañan al manuscrito están numeradas como MS. Fr. 19093.
25. Hay una reproducción fotográfica a color de este diseño del laberinto de Chartres del Album de croquis del siglo XIII en la sección de láminas de Laurence Gardner, *Lost Secrets of the Sacred Ark*.
26. Alberto fue beatificado posteriormente como San Alberto por el Papa Gregorio XV en 1622.
27. *The Catholic Encyclopedia*, vol. XIV - Albertus Magnus.

escribió mucho acerca de la naturaleza de la Piedra de los Filósofos *Ormus*, confirmando con ello una vez más que los objetivos alquímicos eran fundamentales dentro de las fraternidades interconectadas de la época.

Hacia 1296, las actividades templarias previamente difundidas desde Bézu se habían centrado en un preceptorio principal. Este taller clave se hallaba en las cercanías de Campagne-sur-Aude, adonde se llevaron caballeros desde Aragón con el fin de crear una guardia permanente con atalayas de vigilancia. Felipe sospechaba que en este lugar se guardaba el Arca, así como las reliquias de la Magdalena, pero dado que a los templarios se les había concedido su propia autonomía estatal, sin superior alguno salvo el Papa, no podía hacer gran cosa, si se planteaba un asalto directo a Bézu. Lo único que necesitaba era un Papa al cual manipular y que le concediera la libertad que requería.

Por tanto, se las ingenió para que Bonifacio VIII fuera asesinado y que su sucesor, Benedicto XI, fuera posteriormente envenenado por el abogado de Felipe, Guillermo de Nogaret.[28] Entonces, en 1305, Benedicto sería sustituido por el propio candidato de Felipe, Bertrand de Got, arzobispo de Burdeos, que se convertiría en el Papa Clemente V. Estando el nuevo Papa bajo su control por agradecimiento personal, el plan de Felipe consistía en aislar por completo a la fraternidad de Bézu, dejándoles sin apoyos a los que recurrir.

Y así, el viernes 13 de octubre de 1307, los esbirros de Felipe se introdujeron en el lugar,[29] pero no habían tenido en cuenta la extensión de la red de inteligencia de los templarios. Noticias de sus intenciones habían llegado a oídos del Capellán Superior de La Buzadière, que fue debidamente alertado de la inminente Inquisición. Se encargó a siete caballeros que transmitieran las noticias a las posiciones clave, incluidas París, St. Malo y Bézu. Aquellos caballeros eran Gaston de la Pièrre Phoebus, Guidon de Montanor, Gentilis de Foligno, Henri de Montfort, Louis de Grimoard, Pièrre Yorick de Rivault y Cesare Minvielle.[30]

En aquel momento, el Gran Maestre general de la Orden era Jacques de Molay. La mayoría del tesoro templario se encontraba en las bóvedas de su Casa Capitular de París (el escenario del famoso cuadro de los templarios con el Arca de la Alianza en 1147, que cuelga ahora en el Château de Versailles).

---

28. *The Catholic Encyclopedia*, vol. II - Benedict XI, y vol. XIV - Toulouse.
29. Como consecuencia de esto, todavía hay personas que sienten aversión por la fecha infausta del viernes, 13.
30. SAR Príncipe Miguel de Albania, *The Forgotten Monarchy of Scotland*, Chrysallis/Vega, Londres, 2002, c. 5, p. 62.

Como sería de esperar, Jacques lo dispuso todo para que lo acumulado en París se transportara hasta una flota de galeras apostada en el puerto de La Rochelle. La mayor parte de estos barcos navegaron hacia Escocia, mientras que otros lo hicieron a Portugal. Luego, él y algunos cargos clave de la Orden permanecieron en Francia para continuar su trabajo, uno de cuyos puntos principales era informar a aquellos caballeros que aún no tenían noticia de la inminente acometida de Felipe. Se enviaron correos a todas partes con su mensaje de advertencia, pero en muchos casos la noticia llegó demasiado tarde. Sin embargo, también era demasiado tarde para el rey Felipe. Para cuando sus hombres llegaron al preceptorio y a los talleres alquímicos de Bézu, el lugar estaba desierto. En realidad, el rey francés no tenía ningún derecho a estar allí, dado que, en aquella época, Bézu estaba bajo la autoridad de la corte del reino español de Aragón. En el curso de estas acciones, Felipe redactó una lista de acusaciones contra la Orden, siendo el principal de los cargos el de herejía. Los templarios fueron apresados por toda Francia para ser puestos en prisión, interrogados, torturados y quemados. Se pagó a testigos para que aportaran evidencias en su contra, y se obtuvieron algunas declaraciones ciertamente singulares. Pero en el momento en que estos testigos habían dado sus evidencias, fuera por soborno o por coacción, desaparecían sin dejar rastro.

Intentando encontrar la calavera de la Magdalena, una de las acusaciones que formuló Felipe fue la de que los caballeros tenían en su posesión una cabeza que veneraban ceremonialmente. Guillermo de Nogaret inició los procedimientos de interrogatorio bajo tortura con la intención de averiguar dónde se guardaba, pero tuvo poco éxito en ello. Uno a uno, los templarios de París salían con historias diferentes, pero ninguna de ellas era la que Felipe quería oír; mientras, en el exterior, los «testigos» y todos aquellos que habían intentado infiltrarse no tenían ni idea de qué iba todo aquello. Unos dijeron que era una cabeza de gato, otros que era la de un gallo, una cabra o un demonio demasiado terrible como para describirlo.[31]

---

31. En el siglo XIX, el seminarista católico Alphonse Louis Constant (1810-75) abandonó su formación eclesiástica para convertirse en ocultista adoptando el seudónimo judío de Eliphas Lévi. Escribió muchos libros sobre magia ritual, en los cuales reinventó el Baphomet, basado en la idea de que se trataba de una cabra, además de un demonio terrible. Su dibujo del Baphomet, ahora muy conocido, con medio cuerpo de varón y medio de mujer, con cabeza de cabra y un pentagrama en la frente, se ha convertido en un símbolo universal de la magia negra y del mal. También se ha utilizado como representación del demonio en las cartas de Tarot. El dispositivo resultó tan atractivo para el ocultista británico del siglo XX Aleister Crowley que adoptó el nombre de Baphomet como nombre mágico propio.

Rainier de Larchant confesó que sí, que había una cabeza. Guillaume d'Arbley dijo que era la de un hombre con barba. Hugues de Piraud dijo que la cabeza tenía también cuatro patas. Después, Guillaume cambió de idea, y dijo que era la hermosa cabeza de una mujer. El ídolo tenía una cara, dos caras, tres caras. Tenía barba; era imberbe. Era de plata; era de madera; era Juan el Bautista; era Santa Úrsula; era Hugues de Payens; era una virgen preservada; era muy grande; era pequeña; tenía la piel suave; tenía carbúnculos; era el velo de la Verónica; era una pintura... ¡era todo lo que uno se pudiera imaginar! Pero era todo inútil para Felipe. Él sabía exactamente lo que era. Lo que quería saber era *dónde* estaba.

Sin embargo, una constante en todo esto fue que los Caballeros que sí que sabían de lo que se trataba allí estaban todos de acuerdo. Cuando se les preguntaba por la misteriosa cabeza, todos la llamaban «Baphomet».

El cifrado Baphomet

En la actualidad, los Manuscritos del Mar Muerto son los elementos más valiosos a la hora de comprender la cultura de Judea en la época preevangélica.[32] Entre los más importantes textos manuscritos, el *Manuscrito de Cobre* ofrece un inventario, además de las ubicaciones, de los tesoros de Jerusalén y del cementerio del Valle del Cedrón. El *Manuscrito de la Guerra* contiene una relación completa de tácticas y estrategias militares. El *Manual de la Disciplina* detalla la práctica legal junto con el ritual habitual, y habla de la importancia

---

32. Los Apócrifos (Ocultos) están constituidos por otras doce obras fechadas en el periodo de los Manuscritos y relacionadas con la época de la última parte del Antiguo Testamento. Aunque incluidas en la Septuaginta griega, no estaban contenidas en el canon hebreo. Tuvieron su origen en el judaísmo helenista de Alejandría, pero no están aceptadas por los judíos ortodoxos. Sin embargo, estos libros sí que se incluyeron en la Vulgata latina de San Jerónimo (c. 385 d.C.) como una extensión del Antiguo Testamento, y están reconocidos por la Iglesia Católica Romana. Casi todas las biblias protestantes los omiten, por haberlos marginado Martín Lutero (1483-1546) y haber sido ignorados en gran medida por los traductores. Los doce libros son: Esdras, Tobías, Judit, Adiciones al Libro de Ester, la Sabiduría de Salomón, Eclesiástico [de Jeremías], Baruc con la Epístola de Jeremías, el Cantar de los Tres Jóvenes, la Historia de Susana, Bel y el Dragón, la Oración de Manasés y Macabeos.

de un Concilio de Doce a la hora de preservar la fe del país. El fascinante *Habakkuk Pesher* ofrece un comentario sobre las personalidades contemporáneas y los acontecimientos importantes de la época. En la colección, también hay un borrador completo del libro de Isaías que, con más de 9 metros de longitud, es el manuscrito más largo, y tiene varios siglos más de antigüedad que cualquier otra copia conocida de ese libro del Antiguo Testamento.

Además de estos descubrimientos, otro importante hallazgo de la época postevangélica se hizo en Egipto dos años antes. En diciembre de 1945, dos campesinos hermanos se hallaban cavando la tierra en busca de fertilizantes en un cementerio cercano a la ciudad de Nag Hammadi cuando se encontraron con una gran tinaja sellada en la que había trece libros atados con cintas de cuero. Las hojas de papiro contenían todo un surtido de escrituras, escritas en copto, de la tradición cristiana gnóstica. A estos libros se les daría el nombre de la «Biblioteca de Nag Hammadi».

El Museo Copto de El Cairo determinó que los códices eran, de hecho, copias de obras mucho más antiguas escritas en griego. Ciertamente, se descubrió que algunos de los textos tenían un origen muy antiguo, y que incluían tradiciones de tiempos evangélicos. Entre los cincuenta y dos tratados de que consta, hay varios textos religiosos y cierto número de Evangelios no conocidos hasta entonces. En ellos, se retrata un entorno muy diferente del que se describe en la Biblia. Las ciudades de Sodoma y Gomorra, por ejemplo, no se presentan como lugares de maldad y depravación, sino como ciudades de gran sabiduría y enseñanza. Pero, para más desconcierto, hablan de un mundo en el cual Jesús da su propio relato de la crucifixión, y en el cual se revela asombrosamente la verdadera naturaleza de sus relaciones con María Magdalena.

Durante la década de 1950, más de mil tumbas salieron a la luz en Qumrân, donde se habían encontrado los Manuscritos del Mar Muerto. También apareció un vasto complejo monacal de la segunda habitación, con salas de reuniones, bancos de yeso, una enorme cisterna de agua y un laberinto de conductos de agua. En la sala de los escribas había tinteros, además de los restos de las mesas donde los Manuscritos se habían extendido (algunas de más de 5 metros de largo).[33]

En Qumrân se han encontrado muchos de los manuscritos bíblicos del Antiguo Testamento. Además del de Isaías, los hay concernientes a los libros del Génesis, Éxodo, Deuteronomio y Job. También hay comentarios sobre textos y

---

33. John Allegro, *The Dead Sea Scrolls*, Penguin, Londres, 1964, c. 5, p. 93.

documentos seleccionados de la ley y de archivos. Entre estos libros antiguos, se encuentran algunos de los textos escriturísticos más antiguos nunca descubiertos, anteriores a todos aquellos de los que se tradujo la Biblia tradicional.

De interés particular son los comentarios bíblicos, compilados por los escribas de tal forma que vinculan los textos del Antiguo Testamento con los acontecimientos históricos de su propio tiempo.[34] Esta correlación es especialmente manifiesta en los comentarios de los escribas sobre los Salmos y sobre libros proféticos como los de Nahúm, Habacuc y Oseas. La técnica aplicada para vincular estos escritos del Antiguo Testamento con la época del Nuevo Testamento se basaba en la utilización de un Conocimiento Escatológico, una forma de representación codificada que utilizaba palabras y frases tradicionales a las cuales se les atribuían significados especiales, relevantes para el entendimiento de la época.[35] Pero estos significados se diseñaron para que los comprendieran únicamente aquellos que conocían el código.

Los esenios estaban adiestrados en el uso de este código alegórico, que aparece en los textos evangélicos en aquellas parábolas anunciadas con las palabras «el que tenga oídos, que oiga». Con el fin de que estuvieran más allá de la comprensión de los romanos, los Evangelios se construyeron en gran medida con niveles de significado dual (la escritura evangélica en superficie y la información política por debajo), y los mensajes, cuidadosamente dirigidos, se basaban generalmente en los códigos de sustitución que utilizaban los escribas de Qumrân. Sin embargo, el conocimiento de cómo funcionaba el código no estuvo disponible hasta que se publicaron algunos de los Manuscritos del Mar Muerto. A partir de entonces, fue cuando se pudo ver que la técnica críptica permitía descubrir la inteligencia política que se había velado en los textos evangélicos.

Uno de los expertos que trabajó descifrando los Manuscritos del Mar Muerto fue el doctor Hugh Schonfield. Especialista en estudios mediorientales y anterior presidente de la Commonwealth of World Citizens y de la International Arbitration League, el doctor Schonfield fue nominado para el

---

34. B. Thiering, *Jesus the Man*, c. 4, pp. 20-21. Éste es el libro que mejor y con más precisión describe cómo funcionan en la práctica los códigos de los escribas esenios —escrito por el Dr. Thiering, que descubrió y perfeccionó el proceso. También hay una visión general simplificada en la edición de 2002 de HarperCollins de Laurence Gardner, *Bloodline of the Holy Grail*, c. 2, pp. 20-3.

35. La Escatología es el estudio (como rama de la teología) de todo lo que tiene que ver con el fin del mundo - las Últimas Cosas (la muerte y/o el juicio).

premio Nobel de la Paz en 1959. Fue el primer judío en hacer una traducción objetiva e histórica del Nuevo Testamento desde el griego al inglés, un trabajo que mereció los mayores elogios por su precisión.

Estudiando los códigos de los escribas de los Manuscritos en relación con algunos aspectos del Antiguo Testamento, Hugh Schonfield se encontró con un cifrado concreto muy utilizado pero sumamente sencillo. El alfabeto hebreo consta de 22 letras, y el cifrado intercambiaba las 11 primeras letras con las 11 últimas en orden invertido. Con el alfabeto castellano, esto significaría que habría que sustituir la Z por la A, la Y por la B, la X por la C, y así sucesivamente. En hebreo, esto supondría que *Aleph* = *Tau*, y *Bet* = *Shin*. Así (siendo ATBSh, compuesto por estas cuatro letras), se le denominó *Atbash*.[36]

Posteriormente, se utilizó este método cifrado para recoger gran cantidad de información oculta dentro de los textos escriturísticos, pero la mayor sorpresa de todas llegó cuando el doctor Schonfield se lo aplicó a la extraña palabra templaria «Baphomet». Lo que motivó que hiciera esto fue el hecho de que esta palabra apareciera en los archivos de la Inquisición a los templarios del siglo XIV, y él sabía que los templarios habían traído consigo desde Jerusalén, en 1127, muchos manuscritos antiguos. Del mismo modo que los Manuscritos del Mar Muerto han sacado a la luz en tiempos modernos el código *Atbash*, Schonfield supuso que quizás los templarios hubieran adquirido algún documento esenio donde se explicara esto. Transcribiendo la palabra «Baphomet» al hebreo, le aplicó después el cifrado *Atbash*, y la palabra se convirtió de inmediato en «Sophia» (Sofía)[37]

Aunque algunos de los templarios víctimas de tortura habían admitido que su reliquia era la hermosa cabeza dorada de una mujer, otros habían dicho que era la de un hombre barbado, de modo que el doctor Schonfield lo intentó de otro modo. En la cultura cabalística medieval judía, con la cual estaban muy familiarizados los templarios, el símbolo del hombre con barba representaba al Hombre Cósmico, que era definido en hebreo como *Chokmah*. Traduciéndolo directamente, *Chokmah* significa Sabiduría, lo mismo que significa *Sophia* en griego. Al parecer, dando sus evidencias a los inquisidores,   .

---

36. Hugh J. Schonfield, *The Essene Odyssey*, Element Books, Shaftesbury, 1984, introducción, pp. 7-8, y c. 11, pp. 66-68.

37. Ibíd. apéndice A, pp. 162-165. Baphomet, en hebreo (de derecha a izquierda) es [taf] [mem] [vav] [pe] [bet]. La aplicación de los resultados cifrados Atbash (también de derecha a izquierda en hebreo) en [alef] [yud] [pe] [vav] [shin] = Sofía.

los templarios no estaban mintiendo, ni estaban en desacuerdo unos con otros al dar sus descripciones personales de la reliquia, pues Baphomet = Sophia = Sabiduría = Magdalena.

Efigie templaria del Baphomet-Sofía

El doctor Schonfield concluyó su informe con el siguiente comentario: «Parece que hay pocas dudas de que la hermosa cabeza de mujer de los templarios representaba a Sofía en su aspecto femenino, en su aspecto de Isis, la cual se vinculaba con María Magdalena en la interpretación cristiana».

Así pues, es evidente que las reliquias de la Magdalena estuvieron en poder de los templarios desde la época en que el Papa Bonifacio VIII inició la construcción de la basílica de St. Maximus en 1295. Pero, desde la disolución de los templarios en Francia en 1307, surge la pregunta: ¿Quién conservó las reliquias desde 1307 hasta que se abrió la nueva basílica a finales del siglo XV? La respuesta a esta pregunta se revelará más tarde en nuestra historia.

[handwritten annotations:]

Publicado
~~Editado~~ con ciertos cuidados
a los otros 3 Evangelios

Textos excepcionales

[handwritten:]
Juan → escrito ≈ 37 DC
66 DC ← Marcos — Juan Marcos — San Pablo Colega de
S1 DC ← Mateo
S7 DC ← Lucas

Marta

En el Evangelio de Juan se cuenta que Jesús resucitó de entre los muertos a un tal Lázaro de Betania.[1] Éste pasa por ser uno de sus más importantes milagros, y se dice que ése fue el motivo de que el Sumo Sacerdote José Caifás y los fariseos se atemorizaran con Jesús y «convocaran consejo para darle muerte» (Juan 11:47-53). Sin embargo, este hecho, con la importancia que parece tener como precedente del juicio y la crucifixión de Jesús, no aparece en Mateo, Marcos o Lucas.

El Evangelio de Juan parece único en muchos aspectos, mientras que los otros tres evangelios tienen más puntos de semejanza, por lo que se les denomina Evangelios Sinópticos. Esta palabra proviene del griego *syn-optikos:* «[ver] con el mismo ojo». En este contexto, el de Marcos parece ser el Evangelio primario, del cual extraen sus respectivas líneas directrices los autores de los de Mateo y Lucas. El original del Evangelio de Marcos lo escribió en Roma un colega de San Pablo llamado Johannis Marcus, del que se habla en Hechos 12:25 y 15:37 como Juan Marcos.[2] El clérigo del siglo II, Clemente de Alejandría, confirma que este evangelio se publicó c. 66 d.C., cuando los judíos de Judea habían lanzado su revuelta contra los dominadores romanos. Durante el transcurso de esta revolución, fue cuando el cronista Flavio Josefo se convirtió en comandante militar de Galilea.

---

1. Juan 11:1-53.
2. *The Catholic Encyclopedia*, vol. IX - Mark.

La Revuelta Judía fue el motivo principal por el cual se difundió el Evangelio de Marcos dentro del Imperio Romano, con el fin de aportar un elemento de esperanza en tiempos difíciles. Además del conflicto en Judea, Pedro y Pablo acababan de ser ejecutados por el emperador Nerón, y los cristianos se veían brutalmente tratados en Roma. El objetivo de los evangelios era transmitir un mensaje evangélico (del griego, *eu-aggelos*, «traer buenas noticias»). La palabra inglesa *gospel*, «evangelio», es una traducción anglosajona del griego, que significa exactamente lo mismo.

Si la historia de la resurrección de Lázaro hubiera aparecido en Marcos, habrían habido muchas probabilidades de que también apareciera en Mateo y en Lucas, evangelios que se publicaron poco después, durante el mismo siglo. El Evangelio de Juan difiere de los otros en contenido, estilo y concepto, al estar fuertemente influenciado por las tradiciones esenias de la época herodiana. En consecuencia, tiene sus propios adherentes, que preservan su distinción de los Evangelios Sinópticos. Aunque hecho público abiertamente con posterioridad a los otros tres, sus características, similares a las de los Manuscritos del Mar Muerto, indican que se escribió en los alrededores del año 37 d.C.[3] Juan introduce innumerables detalles que no aparecen en ninguna otra parte, un factor que ha llevado a muchos expertos a la conclusión de que se trata de un testimonio sumamente preciso.

Hay determinados elementos en Mateo y en Lucas que no aparecen en Marcos. La Natividad, por ejemplo, que Marcos y Juan la ignoran por completo. Sin embargo, mientras Mateo y Lucas incluyen elementos que no incluye Marcos, no hay mucho en Marcos que no aparezca también en los otros Evangelios Sinópticos. Entonces, ¿por qué el autor de Marcos no introduce algo tan importante como la resurrección de Lázaro? ¿Por qué el Evangelio de Juan es el único que transmite esta historia?

En el relato de Juan, María Magdalena y Marta aparecen como hermanas de Lázaro. También aparecen como hermanas en el relato de Lucas en el que Jesús visita la casa de Marta. En esta breve historia, Marta se siente molesta por tener que ocuparse de todo el servicio, mientras María se sienta a los pies de Jesús para no perderse la conversación. Sólo hay cinco versículos de este episodio, brevemente registrado (Lucas 10:38-42), pero es un episodio que inspiró numerosos cuadros de artistas tan importantes como Vermeer, Brueghel, Rubens, Tintoretto y Velázquez.

---

3. B. Thiering, *Jesus the Man*, c. 14, p. 75.

Aquí y en el relato de Lázaro son las dos únicas ocasiones en que Marta aparece en el Nuevo Testamento. En ningún otro sitio aparece como discípula asidua de Jesús, y tampoco se la cita a los pies de la cruz ni en la tumba, con la madre de Jesús y sus acompañantes. Sin embargo, sí que se nos muestra en el documento de la *Pistis Sophia*, junto con María Magdalena, María, la madre de Jesús, y Salomé. A este respecto, se ve envuelta también en las discusiones sobre la Sabiduría que mantienen con Jesús once años después de la resurrección, y también aparece posteriormente en la Provenza junto con María Magdalena.

La Resurrección de Lázaro.
Talla en madera de Julius Schnoor von Carolsfeld (1794-1872)

Los restos de Marta están enterrados en una iglesia consagrada a ella en Tarascon, en la provincia francesa de Vienne. La iglesia está construida con la forma de una barca invertida donde sus pilares simulan los mástiles, mientras diversas obras de arte donde se representa el viaje de la Magdalena

Y Simón ... Martha era tía de MM

adornan la nave. También hay una lápida insertada en un muro en la que se conmemora la visita del rey Clodoveo al lugar de la antigua capilla en el año 500 d.C.[4]

De acuerdo con la voluntad de San Cesáreo de Arlés (470-542 d.C.),[5] la Colegiata de Santa Marta se denominó en sus orígenes *Sancta Mariae de Ratis* (Santa María de la Barca), e incluso hoy, en las vísperas de la iglesia se incluyen las palabras, *«Veni, Sponsa Christi, accipe coronam, quam tibi Dominus praeparavit in aeternum»* (Ven, tú, novia de Cristo, recibe la corona que el Señor ha preparado para ti para siempre). Con respecto a Marta, se añade:

> Es ésta una de aquellas vírgenes sabias a las que el Señor encontró despiertas pues, cuando ella tomó su lámpara, tomó también aceite... Y a medianoche hubo una voz que dijo, Mirad, el Novio viene, id a su encuentro. Y cuando el Señor llegó, ella entró con él al matrimonio.[6]

Al igual que la distinción noble «María», la designación de «Marta» era también titular. Marta significa «Dama», y la diferencia entre las Martas y las Marías consistía en que a las Martas se les permitía tener propiedades, mientras que a las Marías no. De ahí que la casa de Betania que aparece en Lucas 10:38 se cite específicamente como casa de Marta. Marta no era hermana de sangre de María Magdalena; era la hermana del sacerdote Simón-Lázaro. María Magdalena era su hermana devocional, que portaba el rango de *almah* (doncella), tal como se explicó en el capítulo 4. Marta y Lázaro eran, de hecho, tíos maternos de María (*véase* diagrama «La Herencia del Santo Grial», página 339).

---

4. Para una descripción más completa de la Iglesia de Santa Marta, véase J. W. Taylor, *The Coming of the Saints*, c. 10, pp. 195-7.
5. San Cesáreo era abad del monasterio prebenedictino de Arlés, en el sur de Francia, en tiempos merovingios. También fundó un convento en Arlés, y se hizo famoso por sus palabras, «Que tu comportamiento se corresponda con las palabras que cantas» - *Oxford Dictionary of Saints*.
6. Sermo 26 de Verbis Dominis, de Homilia sancti Augustini Episcopi - Una Homilia de San Agustín Obispo.

Evangelio de Marcos tiene "agregados"
La supresión de las evidencias

Si tenemos en mente que el de Marcos era, en gran medida, el Evangelio directriz de los tres sinópticos, resulta significativo que haya dos anomalías descaradas
y evidentes en su estructura. La primera es que la versión familiar introduce elementos que no estaban en los más antiguos manuscritos griegos disponibles. La
segunda, que no introduce una sección que *sí* que estaba en la versión original.

En el siglo IV, cuando se compuso el Nuevo Testamento, el Evangelio de
Marcos terminaba con el actual capítulo 16, versículo 8, antes de la narración de
los acontecimientos posteriores a la resurrección.[7] Estos manuscritos más cortos
forman parte del *Codex Vaticanus* y del *Codex Sinaiticus*, que se encuentran
en los Archivos del Vaticano.[8] En la actualidad, se acepta en general que los doce últimos versículos de Marcos 16, con su estilo literario marcadamente diferente, fueron añadidos por los obispos del concilio donde se hizo la selección de libros del Nuevo Testamento, en algún momento posterior al 397 d.C.

Originalmente, Marcos 16:8 concluía el Evangelio con María Magdalena
y las otras mujeres partiendo de la tumba vacía de Jesús. Los versículos extra
se añadieron para cumplir con dos funciones específicas. El falso Marcos 16:9
es un recordatorio estratégico de los «siete demonios» de María, de los que se
habla en Lucas 8:2. De hecho, se trata de la única referencia bíblica relativa a
ello, además de la ya citada, pero tiene el efecto de rebajar el estatus de María en este punto crucial de los acontecimientos que vienen a continuación;
pues, en el igualmente falso Marcos 16:15, Jesús resucitado instruye a sus
apóstoles varones: «Id por todo el mundo y proclamad la Buena Nueva a toda la creación». Una vez más, se trata de una maniobra mediante la cual se saca a María Magdalena y a las mujeres del cuadro evangélico, reivindicando
así las prerrogativas masculinas del movimiento.[9]

En contraste directo con esta narración añadida, se reveló recientemente
que una porción sustancial relativa a María Magdalena, Marta y la resurrec-

7. J. R. Porter, *Jesus Christ*, Duncan Baird, Londres, 1999, p. 129.
8. M. Baigent, R. Leigh y H. Lincoln, *The Holy Blood and the Holy Grail*, c. 12, pp. 282-3,
   y nota 12/5, p. 432.
9. Nancy Qualls-Corbett, *The Sacred Prostitute*, p. 56; Marjory Malvern, *Venus in Sackcloth*, c. 2, p. 17 y nota 2/10, p. 186; *Oxford Annotated Bible* (eds. Herbert G. May y
   Bruce M. Metzger), Oxford University Press, Oxford, 1962, p. 1238.

ción de Lázaro se había quitado del Evangelio de Marcos antes de su inclusión en el Nuevo Testamento. En 1958, Morton Smith, que posteriormente sería profesor de Historia Antigua en la Universidad de Columbia, encontró un
intrigante manuscrito del Patriarca Ecuménico de Constantinopla en la Biblioteca de la Torre del monasterio de Mar Saba, cerca de Qumrân. Este monasterio, con terrazas que descienden hasta un precipicio sobre el Valle del Cedrón, es uno de los edificios más espectaculares de Judea.

Smith estaba encargado de catalogar la colección de la biblioteca y, durante el transcurso de su trabajo, hizo un descubrimiento extraordinario. En el interior de un libro del siglo I de las obras de San Ignacio de Antioquía, halló la
trascripción de una carta escrita por el clérigo Clemente de Alejandría (c. 150-
215 d.C.).[10] Iba dirigida a su colega, Teodoro, e incluía una pequeña sección des-
conocida del Evangelio de Marcos. La carta de Clemente hablaba de un grupo
no ortodoxo llamado los carpocrationes que estaba inspirado en las enseñanzas de Marta y de Salomé (que es Helena-Salomé, la esposa de Simón-Lázaro,
no la hermana de Jesús, Sarah-Salomé),[11] y decretaba que había que suprimir
parte del contenido original de Marcos porque no se adecuaba a los requisitos
ortodoxos. Al explicar sus motivos para la supresión, Clemente decía:

> Pues aunque [los carpocrationes] dijeran algo verdadero, aquel que ama
> la Verdad no debe, ni aún así, estar de acuerdo con ellos. Pues no todo
> lo que es verdadero es Verdad; ni debe esa verdad que parece cierta se-
> gún las opiniones humanas preferirse a la verdadera Verdad, la que es-
> tá de acuerdo con la fe. Ante ellos, nunca se debe ceder; ni, cuando pre-
> sentan sus falsificaciones, se debe conceder que el Evangelio secreto es
> de Marcos, sino que hay que negarlo bajo juramento. Pues no todas las
> cosas verdaderas se han de decir a todos los hombres.[12]

La sección eliminada de Marcos hace que Lázaro llame a Jesús desde el interior de la tumba antes incluso de que se quite la piedra.[13] Esto deja claro que

---

10. La obra definitiva sobre este tema es la de Morton Smith, *The Secret Gospel*, Victor
    Gollancz, Londres, 1974.
11. E. Pagels, *The Gnostic Gospels*, c. 3, p. 60.
12. Hay un extenso artículo que tiene por protagonista este descubrimiento, titulado «The
    Strange Case of the Secret Gospel According to Mark» (ed. David Fideler) en *Alexandria:
    The Journal for the Western Cosmological Traditions*, Phanes Press, 1995, vol. 3, pp. 103-29.
13. M. Smith, *The Secret Gospel*, c. 7, p. 51.

En la parte que se elimino del Ev. de Marcos

el hombre no estaba muerto en un sentido físico, y que la acción de Jesús de «resucitarle» no era un milagro sobrenatural a la manera que se suele retratar.

Con la eliminación de la resurrección de Lázaro realizada por San Clemente en el Evangelio de Marcos, no podía aparecer, así pues, esta escena en Mateo ni en Lucas, de ahí que sólo aparezca en Juan. Sin embargo, la principal diferencia entre Juan y el relato secreto de Marcos la constituye el comportamiento de María Magdalena en el contexto de este acontecimiento. Juan 11:20-29 cuenta:

> Cuando Marta supo que había venido Jesús, le salió al encuentro, mientras María permanecía en casa... [Marta] fue a llamar a su hermana María y le dijo al oído: «El Maestro está ahí y te llama.» Ella, en cuanto lo oyó, se levantó rápidamente, y se fue donde él.

No hay ninguna razón para la conducta dubitativa de María pero, aparte de esto, el pasaje parece suficientemente claro: Marta salió de la casa, pero María se quedó dentro hasta que la llamó Jesús. Sin embargo, el incidente se describe con mucho más detalle en la parte que se eliminó de Marcos. Allí, explica que María sí que salió de la casa con Marta en un primer momento, pero que los discípulos la reprendieron y la enviaron de vuelta a la casa, a la espera de las instrucciones de Jesús.

El hecho es que María, como esposa de Jesús, estaba sujeta a un código estricto de costumbres matrimoniales. No se le permitía dejar la casa y recibir a su marido hasta que se le diera el consentimiento expreso para hacerlo.[14] El relato de Juan deja a María en su sitio correcto sin más explicaciones, pero el texto de Marcos, más detallado, se eliminó expresamente puesto que hacía muy evidente la realidad matrimonial de Jesús y la Magdalena. Según las propias palabras de Clemente, daba cuenta de la Verdad, en vez de transmitir la alternativa «verdad según la fe».

La eliminación de la historia de Lázaro explica por qué la posterior unción de Jesús en Betania por parte de María Magdalena se sitúa en la casa de Simón el leproso en los evangelios de Marcos y Mateo (el hombre llamado Simón el fariseo, en Lucas), en vez de en casa de Lázaro, como lo cuenta Juan.[15]

---

14. M. Baigent, R. Leigh y H. Lincoln, *The Holy Blood and the Holy Grail*, c. 12, p. 296.
15. Mateo 26:6, Marcos 14:3, Lucas 7:36 y 40, Juan 11:1 y 12:1.

Lázaro = Simón - Zelotes

Para darse cuenta de lo importante de este hecho, tenemos que ver este episodio desde una perspectiva más amplia. También tenemos que comprender la utilización bíblica de la palabra «muerte» en este contexto, tal como viene determinada por los códigos de los escribas de los Manuscritos del Mar Muerto.

El hombre al cual llamamos Lázaro era el amigo y apóstol de Jesús, Simón, que una vez fue fariseo. En las listas de los apóstoles de Mateo 10:4 y Marcos 3:18, se le presenta como Simón el cananeo, mientras que en Lucas 6:15 y en Hechos 1:13 se le llama Simón Zelotes (Simón el zelota). Los zelotas eran combatientes militantes de la libertad y abogaban por la guerra contra los romanos (a veces se les llamaba *Kananitas, del griego*, «fanáticos»).

En el año 32 d.C., Simón se puso a malas con las autoridades, por haber tomado partido en una revuelta infructuosa contra el gobernador romano Poncio Pilato. El motivo del levantamiento, tal como lo cuenta Josefo en *Antigüedades Judaicas*, fue que Pilato había estado utilizando fondos públicos para acondicionar su suministro de agua personal.[16] Se presentó una queja formal contra él en los tribunales, pero los soldados de Pilato asesinaron a los que habían presentado la queja, tras lo cual hubo una insurrección armada, dirigida por Simón Zelotes. Quizás inevitablemente, la revuelta fracasó, y Simón fue declarado proscrito a través de un edicto del rey Herodes Agripa I.

Según la ley judía, la proscripción era una forma de muerte por decreto, la ejecución espiritual de un marginado social (semejante a la excomunión), y se hacía referencia a ella figuradamente como una «muerte». Sin embargo, se necesitaban cuatro días para su completa ejecución. Mientras tanto, el excomulgado era despojado de sus vestiduras, se le envolvía en un sudario,[17] se le encerraba y se le tenía por «enfermo de muerte». En el caso de Lázaro, Marta y María sabían que el alma de éste quedaría condenada para siempre si no era indultado (resucitado) al tercer día, y por eso enviaron un mensaje a Jesús diciéndole que Simón estaba «enfermo» (Juan 11:3).

---

16. F. Josephus, *The Antiquities of the Jews*, t. XVIII, c. 3:2.
17. Está confirmado que éste fue el caso en el Evangelio Secreto de Marcos, donde se dice que Lázaro «llevaba un lienzo de lino sobre su cuerpo desnudo». También se refiere a él como un «hombre joven». Hay una mención similar en relación con el arresto de Jesús en Getsemaní en Marcos 14:51-52, que dice: «Un joven le seguía cubierto sólo de un lienzo». En ambos casos, éste era un símbolo de Simón despojado de su rango eclesiástico, mientras que el hecho de que se le describa como un «hombre joven» le relega a su recién rebajado estatus como novicio de la Comunidad tras su excomunión.

Al principio, Jesús se hallaba impotente de hacer nada, dado que sólo el Sumo Sacerdote o el Padre de la Comunidad podía llevar a cabo tal resurrección, y Jesús no tenía ningún cargo sacerdotal. Pero sucedió que Herodes Agripa tuvo una discusión con las autoridades romanas, perdiendo su jurisdicción sobre los subsidios a corto plazo de su tío, Herodes Antipas, que había apoyado la acción zelota contra Pilato, y aprovechándose de la oportunidad, Antipas revocó la orden de proscripción y dio instrucciones para que Simón fuera resucitado de entre los muertos.

Aunque el momento de la muerte espiritual (al cuarto día después de la excomunión) se había cumplido para Simón, Jesús decidió asumir un papel sacerdotal y llevar a cabo la liberación en cualquier caso. Pero, al hacer esto, confirmó el rango de Simón, espiritualmente muerto, como el del ayudante de Abraham, Eliezer (Lázaro), y le llamó, con este distinguido nombre, para que saliera del seno de Abraham. Y así, Lázaro (Simón Zelotes) se levantó de entre los muertos sin la sanción oficial del Sumo Sacerdote, del Padre o del Consejo de Ancianos del Sanedrín.

Jesús había desobedecido flagrantemente las reglas de la sociedad del Templo, pero Herodes Antipas obligó a la jerarquía a aceptar la política de hechos consumados, mientras que, para el pueblo en general, se tenía por milagro este acontecimiento sin precedentes políticos. Fue en ese momento cuando (tal como lo cuenta Juan 11:47-53) el Sumo Sacerdote, Caifás, y los fariseos «convocaron consejo para darle muerte».

La descripción de «Simón el leproso» se le aplicaba porque en la comunidad se le catalogaba como a un leproso, por haber quedado espantosamente impuro debido a la excomunión. Esto, a su vez, explica el anómalo relato posterior de un leproso que atiende a sus prestigiosos amigos en su propia casa (Mateo 26:6 y Marcos 14:3).

La gran herejía

En 1959, el fraile dominico Antoine Dondaine publicó un artículo breve concerniente a Jesús y María Magdalena.[18] Titulado *Durand de Huesca et la polémique anti-cathare* (Durante de Huesca y la polémica anticátara), el artículo

---

18. Dondaine (1898-1987) fue afamado por su obra informativa *Les Heresies et L'Inquisition*.

se realizó para la revista *Archivum Fratrum Praedicatorum*, la revista anual del Instituto Histórico Dominico de Roma.[19] Tratando de los registros históricos medievales de la secta de los cátaros en el sur de Francia, Dondaine dice que éstos creían que «María Magdalena era en realidad la esposa de Cristo».[20]

Un siglo antes de la inquisición sobre los templarios, los cátaros del Languedoc (al oeste noroeste de Marsella, en el Golfo de Lion) fueron los más mortificados de los cristianos heterodoxos, de los «herejes», que es como les llamaban. En la línea de sus creecias sobre la Magdalena, apoyaban el linaje de los *desposyni* y se referían al linaje de sangre mesiánico como los *Albigens* (Albigenses). En el idioma de la antigua Provenza, al elfo hembra se le daba el nombre de *albi* (*elbe* o *ylbi*), y Albi era el nombre que se le daba al principal centro de los cátaros en el Languedoc. Y esto en deferencia al patrimonio matrilineal de la dinastía del Grial de la sangre real davídica conocido como el *Sangréal*. (A pesar de la utilización mitológica de los anglosajones de la palabra «elf», elfo [semita: *elef*], en la terminología del Antiguo Testamento hacía referencia al jefe de una tribu-rey.)[21]

En 1208, los cátaros fueron severamente amonestados por el Papa Inocencio III por comportamiento no cristiano. Al año siguiente, un ejército papal de 30.000 soldados descendió sobre la región bajo el mando de Simón de Montfort. Iban engañosamente adornados con la cruz roja de los cruzados de Tierra Santa, pero su objetivo era completamente diferente. Se les había enviado a exterminar a la ascética secta de los cátaros (los puros) que, según el Papa y el rey Felipe II de Francia, eran herejes abominables. La matanza duró treinta y cinco años, llevándose las vidas de decenas de miles de personas y culminando con una espantosa masacre en el seminario de Montségur, donde, en 1244, se puso en la hoguera y se quemó vivos a más de 200 rehenes.[22]

Si utilizamos términos religiosos, la doctrina de los cátaros era esencialmente gnóstica; se trataba de personas sumamente espirituales, que creían que el espíritu era puro, pero que la materia física estaba corrompida. Aun-

---

19. Istituto Storico Domenicano, página web: www.op.org/curia/storico/ y también www.op.org/curia/storico/afp/.
20. Yuri Stoyanov, *The Hidden Tradition in Europe*, Arkana/Penguin, Londres, 1994, c. 6, pp. 222-3.
21. Robert Alter, *Genesis*, W. W. Norton, Nueva York, NY, 1996, c. 36, p. 204.
22. Este tema está muy bien tratado en M. Baigent, R. Leigh y H. Lincoln, *The Holy Blood and the Holy Grail*, c. 2, pp. 19-34.

que sus convicciones eran heterodoxas en comparación con las avariciosas ocupaciones de Roma, el pavor que sentía el Papa ante los cátaros era provocado en realidad por algo bastante más amenazador. Se decía que eran los guardianes de un gran tesoro sagrado que tenía que ver con unos fantásticos conocimientos de la antigüedad, una sabiduría exclusivamente esotérica, denominada *Sapientia,* que trascendía el cristianismo. La región del Languedoc era sustancialmente la misma que, en el siglo VIII, constituyera el reino judío de Septimania, y estaba imbuida con las tradiciones de Lázaro y de María Magdalena, a quien veían como la Madre Griálica de la Cristiandad.[23]

Al igual que los templarios, los cátaros eran expresamente tolerantes con las culturas judía y musulmana. De hecho, el papado censuró a los Condes de Toulouse por permitir que los judíos obtuvieran cargos públicos. Los cátaros apoyaban también la igualdad de sexos[24] pero, por todo ello, la Inquisición (instituida formalmente en 1233) los condenó y los suprimió de forma violenta, y se les acusó de blasfemia y de perversiones sexuales. Pero, a diferencia de lo que se decía en las acusaciones, los testigos que fueron llevados para aportar evidencias sólo pudieron hablar de la «iglesia del amor» de los cátaros y de su inflexible devoción por el ministerio de Jesús. Los cátaros creían en Dios y en el Espíritu Santo, recitaban *El Padrenuestro* y tenían una sociedad ejemplar, con su propio sistema de asistencia social a base de escuelas y hospitales de caridad. Incluso habían traducido la Biblia a su propio idioma, la *langue d'oc* (de ahí el nombre de la región), y la población no-cátara se beneficiaba igualmente de sus esfuerzos altruistas.

Prácticamente, los cátaros no eran más que inconformistas que predicaban sin licencia y que no cumplían con el requisito de designación de sacerdotes ni de iglesias ricamente adornadas de sus vecinos católicos. San Bernardo de Claraval había dicho, «No hay sermones más cristianos que los suyos, y su moral es pura». Pero, aún así, los ejércitos del Papa llegaron, con el disfraz de una misión sagrada, para borrar del mapa su comunidad.

El edicto de aniquilación no sólo hacía referencia a los cátaros en sí, sino también a todos aquellos que les apoyaran, lo cual apuntaba a la mayoría de

---

23. Una buena visión general sobre la Provenza como Cuna de la Ilustración se da en M. Starbird, *The Woman with the Alabaster Jar,* c. 4, pp. 67-78.
24. Eleonor de Aquitania (1122-1204) es un buen ejemplo de igualdad femenina en la región. La importancia y la influencia de esta mujer fueron un quebradero de cabeza constante para los obispos de la Iglesia de Roma.

la población del Languedoc. En aquella época, aunque formaban geográficamente parte de Francia, la región era un estado semiindependiente. Políticamente, tenía más relación con la frontera septentrional de España, teniendo al Conde de Toulouse como señor. En contraste con el dominante ambiente sojuzgador de Europa occidental, la sociedad del Languedoc era marcadamente tolerante y cosmopolita.[25] De hecho, esta región era un centro destacado de la poesía lírica trovadoresca y del amor cortesano, que floreció bajo el mecenazgo de los Condes de Béziers, Foix, Toulouse y Provenza. Se enseñaban los idiomas clásicos, junto con literatura, filosofía y matemáticas. Era una región relativamente rica y comercialmente estable, pero todo esto cambió en 1209, cuando las tropas papales llegaron a las estribaciones de los Pirineos. Y, en alusión al apoyo de los cátaros a la dinastía *Albi-gens* (el linaje de sangre real), la salvaje campaña recibió el nombre de Cruzada Albigense.[26]

De todos los cultos religiosos que florecieron en tiempos medievales, el catarismo fue el menos amenazador, y no era nuevo el hecho de que se asociara a los cátaros con unos conocimientos particularmente antiguos. Guillermo de Toulouse de Gillone, rey de Septimania, había fundado su Academia Judaica en el Languedoc más de cuatro siglos atrás. Sin embargo, los obispos romanos temían que los cátaros pudieran destronar las doctrinas ortodoxas de la Iglesia, y sólo había una solución para un régimen desesperado y fanático. De ahí que se profiriera la orden de «Matadlos a todos».

Los archivos de la Magdalena

Ya vimos el tratado de la *Pistis Sophia* del Códice Askew, donde aparecen María Magdalena y los apóstoles recibiendo enseñanzas de Jesús en el año 44 d.C. (*véase* página 107). Sin embargo, al igual que con el evangelio secreto de Marcos, hay otros textos antiguos que ven a María bajo una luz poco habitual. Ésta es la Magdalena a la cual se referían Hipólito y los cristianos prerromanos como *Apostola Apostolorum* (la Apóstol de los Apóstoles).

---

25. Y. Stoyanov, *The Hidden Tradition in Europe*, c. 4, p. 159.
26. Entre las mejores obras que tratan de la Cruzada Albigense se encuentran la de Jonathan Sumption, *The Albigensian Crusade*, Faber & Faber, Londres, 1978, y la de Zoé Oldenburg, *Massacre at Montségur* (trad. Peter Green), Pantheon, Nueva York, 1961.

En 1969, la Iglesia Católica santificó formalmente a María Magdalena (situando su festividad el 22 de julio), pero resulta interesante hacer notar que, en el siglo XVII, se rechazó la propuesta hecha en este sentido por el convento domínico de La Sainte-Baume.[27] Esta propuesta de los dominicos franceses fue promovida por Fra Michaelis de Provenza, reformador activo en la época de su elección como prior de St. Maximus la Sainte-Baume. Previamente, en 1691, el historiador Tomás Souéges, que compuso las entradas santas para cada día de *El Año Domínico*, escribió (en la correspondiente al 22 de julio): «María Magdalena, Madre Protectora de la Orden de los Predicadores». Y, después, añadió como comentario al margen personal dirigido a María: «Fuiste tan bondadosa como para hacernos el honor de tratarnos como hijos y hermanos... Te satisfizo que los preciosos restos de tu cuerpo fueran guardados, y el lugar de tu penitencia honrado».

El primer prior domínico, Guillaume de Tonneins, tomó posesión del santuario de la Sainte-Baume de manos de los casianitas el 20 de junio de 1295 y, salvo durante un corto período de tiempo en la época de la Revolución Francesa, los monjes residieron allí hasta 1957. En este año, el monasterio pasó a manos de las monjas, que habían fundado su convento allí en 1872. En 1297, con posterioridad a las obras de St. Maximus la Sainte-Baume realizadas por el rey Carlos II de Nápoles, Sicilia y Provenza, junto con su consejero y confesor domínico, Pierre de Lamanon, la Orden Dominica comenzó a celebrar la festividad de María Magdalena, tal como había recomendado su Capítulo General de Bolonia.[28] María, la madre de Jesús, siempre había sido Madre Protectora de la Orden Dominica, pero se puso también a María Magdalena como Madre Protectora en paralelo, dando a las dos Marías el mismo estatus desde un principio. Fra Mortier, autor de *La Liturgia Dominica*, lo expresó a la perfección diciendo: «Los Predicadores guardan el cuerpo de la Magdalena; y la Magdalena guarda a la Orden de los Predicadores».[29]

---

27. Jean Evenou, «La messe de Sainte Marie Madeleine au Missel romain (1570-1970)», en Robert S. J. Godding, *Grégoire le Grand et la Madeleine in Memoriam soctorum venerantes - Miscellanea in onore di Mgr. Victor Saxer*, Vaticano, Roma 1992, pp. 353-65.

28. «De nativitate sancti Johannis Baptiste, et de beaetis apostolic Petro et Paulo, et de beata maria Magdalena fiat festum totum duplex ; et magister ordinis cures de sequentiis providere», en *Acta capitulorum generalium ordinis praedicatorum* (ed. B. Reichert), Vaticano, Roma, 1898, p. 283.

29. Susan Haskins, *Mary Magdalene, Myth and Metaphor*, Harcourt Brace, Nueva York, 1994, c. 5, p. 147.

En la iconografía general de María Magdalena podemos encontrar testimonios de todo esto, dado que fue pintada en compañía de Santo Domingo, así como con la afiliada dominica del siglo XIV Santa Catalina de Siena, que visitó La Sainte-Baume en 1376. En los alrededores de 1320, el obispo dominico de Savona encargó una representación de él mismo con María Magdalena al artista italiano Simone Martini. También en la década de 1320, el fransciscano Teobaldo Pontano encargó a Giotto di Bondone un extraordinario fresco en el que aparecía él mismo con María Magdalena. Este fresco, que se encuentra en la Capilla de la Magdalena de la Iglesia de San Francisco de Asís, deja ver a un Pontano muy sumiso en compañía de una gigantesca Magdalena vestida de rojo (*véase* lámina 17).

El mentor dominico Père Lacordaire dio en 1787 un sermón antológico sobre Santo Tomás de Aquino, afirmando que «el rojo es el color de la fe».[30] Hasta cierto punto, esto coincide con la opinión de la Iglesia ortodoxa, dado que el rojo es el color de los cardenales. Sin embargo, la diferencia estriba en que el Vaticano no reconocía esto en lo relacionado con las mujeres. Que una mujer llevara un manto rojo no sólo era blasfemo, sino que transmitía además la idea de lujuria y desenfreno de la Mujer Escarlata. En círculos conventuales, también era habitual pintar a María Magdalena con un hábito blanco, que es como la podemos ver en el retrato del huevo (lámina 14). Esto tampoco era aceptable para la Iglesia de Roma, dado que el blanco era el color de la pureza, y no se le podía atribuir a una pecadora. (Volveremos sobre el tema de las normas de las bellas artes a su debido tiempo.)

Lo que conviene no perder de vista con respecto al insistente compromiso monástico con María Magdalena es que todo comenzó en el año 410 d.C., con los monjes casianitas de Marsella. Su fundador, Juan Casiano, había vivido anteriormente en Belén, cuando los obispos católicos del emperador Constantino estaban compilando el Nuevo Testamento en el Concilio de Cartago, en el año 397 d.C. Entonces, los evangelios, las epístolas y el resto de textos que no fueron seleccionados para su inclusión canónica fueron sentenciados a su destrucción, como consecuencia de lo cual se escondieron y ocultaron copias de muchos de ellos en distintas partes del imperio.

---

30. «In festo sanctae Mariae Magdalenae», en *Sermones festiui, Divi. Thomae Aquinatis* opera LXXV, Venecia, 1787, p. 113.

Casiano sabía exactamente lo que había en estos manuscritos concernientes a María Magdalena, pero algunos de estos documentos secretos no salieron a la luz hasta la aparición de la *Pistis Sophia* en el siglo XVIII y, más recientemente, hasta los descubrimientos de los 52 textos de Nag Hammadi, en 1945. De hecho, los últimos libros no se publicaron traducidos hasta la década de 1970, siendo el Nuevo Testamento canónico de la Iglesia la única fuente disponible de escrituras cristianas durante más de 1.500 años. Ha sido recientemente cuando hemos sabido lo que una vez supo Juan Casiano, y a lo que los Frailes Predicadores Dominicos siempre habían dado crédito.

Los evangelios olvidados

A la vista de los descubrimientos de nuestro tiempo, como los Manuscritos del Mar Muerto y los de Nag Hammadi, junto con decenas de miles de documentos de tiempos del Antiguo Testamento descubiertos ahora, es imposible que el dogma eclesiástico establecido pueda seguir llevando el peso de lo que ha sido su tradición más antigua. Evidentemente, la gente tiene derecho a creer lo que quiera, pero toda la documentación descubierta en tiempos recientes arroja una luz completamente distinta sobre muchos aspectos de la historia de la religión. En algunos casos, sirve para dar apoyo a creencias sostenidas durante mucho tiempo; pero, en otros casos, ofrece argumentos diferentes.

La fe ciega ya no es una opción viable, pues ahora hay nuevos elementos que sopesar. O tomamos en cuenta las evidencias que se nos ofrecen, o las ignoramos y seguimos los viejos senderos a pesar de todo. Lo que tenemos ahora son relatos alternativos, opciones sobre las cuales basar un juicio más exacto. No se puede desafiar el dogma con una mano para más tarde introducir un nuevo dogma con el cual desautorizar el antiguo. El dogma es un sistema de aceptación obligatoria, pero no puede funcionar en un ambiente de libre albedrío y elección.

La palabra «herejía» deriva del griego *hairesis*, que significa «elegir». En la época de la Inquisición, era un delito desobedecer las normas de Roma y las dogmáticas opiniones de los obispos. Pero hoy las cosas son diferentes; la elección debe prevalecer, pero debería ser una elección informada. Para hacer más fácil este proceso, es tan necesario estudiar el material no canónico como lo es estudiar aquellos documentos que no fueron seleccionados (por nuestro propio bien, pero sin nuestro consentimiento) por aquellos que defendían sus intereses particulares hace muchos siglos.

En breve, echaremos un vistazo a cómo se hizo la selección de evangelios del Nuevo Testamento. Pero, en primer lugar, vamos a considerar algunos de los libros que no fueron elegidos para el canon, obras que efectivamente fueron desestimadas por un motivo u otro.

Uno de los textos con los que, junto a la *Pistis Sophia*, debió de estar familiarizado Juan Casiano es el que ahora se conoce como *El Diálogo del Salvador*. Hay aquí otra sesión de preguntas y respuestas pero, en un entorno más limitado, se centra en Jesús, Mateo, Tadeo y María Magdalena. En algunos aspectos, la conversación es moderadamente cabalística y afín a la tradición del Grial en que su mensaje se centra en la salvación y la consecución personal de la Luz. Se basa en una amplia colección de dichos de Jesús conocidos como «Q» (de *quelle*, que significa «fuente»). Muchos de estos dichos aparecen en Juan y en los Evangelios Sinópticos, pero otros no, aún cuando se registren en otros lugares en el contexto de «Q». Lo importante de *El Diálogo del Salvador*, para lo que nos interesa a nosotros, es que el texto retrata a María Magdalena como una penetrante visionaria; una apóstol que supera a los demás apóstoles, y «la mujer que conocía el Todo»[31]

Aparte del hecho de que se diga que Jesús amaba a María Magdalena, en el Nuevo Testamento hay un velado patente sobre su intimidad. Sin embargo, no es éste el caso en el *Evangelio de Felipe*, donde se habla abiertamente de la relación entre Jesús y María:

> Y la consorte del Salvador es María Magdalena.[32] Pero Cristo la amaba más que a todos los discípulos, y solía besarla con frecuencia en la boca. El resto de los discípulos se ofendía por ello y manifestaban su desaprobación. Le decían a él, ¿Por qué la amas a ella más que a todos nosotros? Y el Salvador respondía diciéndoles, ¿Que por qué no os amo a vosotros como a ella?... Grande es el misterio del matrimonio pues, sin él, el mundo no existiría. Ahora bien, la existencia del mundo depende del hombre, y la existencia del hombre depende del matrimonio.

---

31. El *Diálogo del Salvador* y el *Evangelio de María* de esta sección se pueden encontrar en su traducción inglesa en *The Nag Hammadi Library*.
32. R. McL. Wilson, *The Gospel of Philip: Translated from the Coptic Text*; véase también Capítulo 8 - *La Consorte del Salvador*, y las referencias correspondientes.

A pesar de la referencia concreta a «consorte» (esposa real) y de la importancia del matrimonio en este pasaje, la mención de que la besara en la boca es ciertamente relevante. Concretamente, guarda relación con los cargos sagrados de la novia y el novio, y no era una señal de amor extramatrimonial ni de amistad en la sociedad judía. Como parte de las nupcias reales, este beso aparece ya en la entrada de *El Cantar de los Cantares*, en el Antiguo Testamento: «¡Que me bese con los besos de su boca! Mejores son que el vino tus amores».

Otro texto intrigante es el *Evangelio de Pedro*. Este evangelio lo descubrieron en 1886 los miembros de la Misión Arqueológica Francesa en El Cairo, en la tumba de un monje, en un antiguo cementerio en Ajmîm (Panópolis), en el Alto Egipto.[33] Como tantos de estos libros de viejo pergamino, las hojas están bastante deterioradas y muchas se han perdido. Aparte de esto, se han conservado elementos fascinantes de una tradición que se remonta a los cristianos anatolios de Rhossus del siglo II.

El *Evangelio de Pedro* sigue una línea similar a los evangelios del Nuevo Testamento en el hecho de que relata la crucifixión, el entierro y la resurrección de Jesús. Sin embargo, pone un énfasis diferente en muchos aspectos, y da una importancia especial al papel de María Magdalena. Al contar el relato inicial de las mujeres en la tumba de Jesús, este evangelio no menciona a su madre, ni a ninguna otra con ese nombre, afirmando simplemente que María Magdalena «llevó a sus amigas con ella y llegó al sepulcro donde él yacía». Después, en otro versículo, el texto se refiere sólo a «María Magdalena y la otra María».

Quizás el libro más importante de todos sea el *Evangelio de María Magdalena*. Este texto formó parte del hallazgo de Nag Hammadi; pero previamente, el experto alemán Carl Reinhardt había descubierto una copia más antigua, en El Cairo, en 1896. Por causa de las dos Guerras Mundiales, este texto no se tradujo ni se publicó hasta 1955, cuando ya se había encontrado la segunda copia. Ambas estaban escritas en copto, pero posteriormente se han descubierto dos fragmentos griegos más antiguos. Si bien se ha podido recomponer gran parte del texto a partir de sus restos, sigue habiendo mucho que se ha perdido, diez páginas en total. El evangelio, que como tal se

---

33. Publicado en 1892 bajo el cuidado de M. Bouriant en el vol. IX, fac. I, *Memoirs of the French Archaeological Mission at Cairo*.

manifiesta, comienza en el capítulo 4 del original, y se ocupa del período inmediatamente posterior a la resurrección de Jesús, afirmando que, durante un breve período de tiempo, hubo apóstoles que no sabían nada del acontecimiento.

Fragmento del Evangelio de María Magdalena

El relato cuenta que los apóstoles «lloraron abundantemente, diciendo, "¿Cómo vamos a ir a los gentiles y predicar el evangelio del reino del Hijo del Hombre? Si fueron despiadados con él, ¿no van a ser despiadados con nosotros?"» Después de haber hablado con Jesús en la tumba, María Magdalena pudo decirles: «"Dejad de llorar. No hay de que lamentarse. Más bien, tened coraje, pues su gracia estará con vosotros y a vuestro alrededor, y os protegerá"».

Entonces, Pedro le dijo a María, «Hermana, sabemos que el Salvador te amaba más que a las demás mujeres. Dinos todo lo que puedas recordar de lo que el Salvador te dijo a ti sola, todo lo que tú sabes de él pero nosotros no».

María les contó lo que Jesús le había dicho: «Bienaventurada eres por no vacilar ante mi visión, pues allí donde está la mente, allí está el tesoro». Después, Andrés respondió y dijo a los hermanos, «Decid lo que os guste acerca de lo que se ha dicho. Yo, por mi parte, no creo que el Salvador dijera eso». Y Pedro, coincidiendo con Andrés, dijo: «¿De verdad que ha hablado a solas con una mujer y no lo ha hecho con nosotros?» Ante esto:

> María lloró y le dijo a Pedro... ¿De veras crees que todo esto me lo he inventado yo, o que no estoy diciendo la verdad acerca del Salvador? Leví respondió y le dijo a Pedro... Tú siempre has sido irascible. Ahora veo que discutes con la mujer como si fuerais enemigos. Pero si el Salvador la encontró digna a ella, ¿quién eres tú para rechazarla? Sin duda, el Salvador la conoce muy bien.

Si se tienen en cuenta estos comentarios, no resulta sorprendente que los obispos del emperador Constantino prefirieran dejar de lado estos evangelios y otros similares. María Magdalena no sólo era mucho más importante históricamente de lo que era aceptable para su sistema de predominio masculino, sino que además parecía estar en claro desacuerdo con Pedro, en cuyo nombre se había fundado la Iglesia de Roma. Los herederos *desposyni* de Jesús y María Magdalena constituían la mayor de las amenazas para la máquina imperial y, a pesar de los continuos decretos de los emperadores para perseguir y dar muerte a los herederos de la familia, la Iglesia Nazarena seguía teniendo una influencia considerable dentro del imperio.

En el Concilio de Cartago, tuvieron que someterse a consideración docenas de evangelios y de textos, y estos documentos y otros parecidos se hallaban en el mismo crisol. En esta selección de textos, hemos visto referencias a María Magdalena como consorte de Jesús, detalles que cuentan que él la besaba con frecuencia, y que la amaba más que a los demás. A María Magdalena se le llamó la Apóstol de los Apóstoles, una penetrante visionaria que superaba con creces a los demás, la mujer que conocía el Todo, y la única cuyo corazón estaba más dirigido hacia el Reino de los Cielos que todos sus hermanos. Pero, por encima de todo, cuando los celosos apóstoles le preguntaron a Jesús por la privilegiada posición de María en el orden de las cosas, ¡Jesús contestó con una disertación sobre la importancia del matrimonio!

La Iglesia Imperial sólo tenía un modo de suprimir estos manuscritos. Los obispos tenían que maquinar un nuevo documento para consumo público, un libro de la Fe oficial, obligatorio y estratégicamente organizado en el cual no se les incluyera. Y así nació el Nuevo Testamento.

8

Las mujeres y la Iglesia

Una cuestión de fechas

Un aspecto curioso de los evangelios del Nuevo Testamento es que, aunque en esencia todos ellos cuentan la misma historia, no siempre están tan de acuerdo como uno podría imaginar. Hay algunos detalles particulares singulares, como el de la boda en Caná y la resurrección de Lázaro, pero si quitamos esto de la ecuación, el relato básico de la vida y la malhadada misión de Jesús es común a los cuatro evangelios. Sin embargo, existen muchas discrepancias en la forma en que biográficamente se transmite el relato.

Un buen ejemplo de las diferencias de discurso de los evangelios lo podemos encontrar en el mismo comienzo, en la Natividad, que la tienen en común dos de ellos. Marcos no hace referencia a este acontecimiento, mientras que Juan alude a él brevemente, de pasada. Sólo Mateo y Lucas cubren plenamente el tema, pero sus marcos temporales son completamente distintos.

En Mateo 2:3, se sitúa la Natividad durante el reinado del rey Herodes de Judea. Mateo 2:22, da el detalle de que el hijo de este rey era Arquelao, de modo que llegamos a la conclusión de que se trataba de Herodes I, el Grande, que murió en el año que clasificamos ahora como 4 a.C.

Lucas 2:1-2 da una cronología diferente, al decir que Jesús nació en el año del censo de Judea que ordenara el emperador Augusto, cuando Cirino era gobernador de Siria. En *Antigüedades Judaicas*, del siglo I, se dice que, efectivamente, hubo un censo en Judea dirigido por el senador romano Cirino por mandato de César Augusto.[1] Es el único censo del que se tiene noticia en la región, y tuvo lugar en el último año de reinado del hijo de Herodes el Grande, Herodes Arquelao, que fue depuesto en el año 6 d.C.[2]

Los evangelios hacen referencia a Herodes el Grande y a Herodes Arquelao simplemente como «Herodes», como si fueran la misma persona. Posteriormente, a Herodes Antipas de Galilea, Herodes Agripa I de Judea, Herodes Agripa II y Herodes de Chalcis se les llama igualmente «Rey Herodes». Por tanto, es esencial tomar la perspectiva adecuada en la cronología de los evangelios para saber de qué Herodes se está hablando en un momento determinado.

Respecto al nacimiento de Jesús, se nos dice que tuvo lugar antes del año 4 a.C. (Mateo) y en el 6 d.C. (Lucas). Esto supone una diferencia mínima de nueve años y, si no pudiéramos recurrir a los archivos comunales de los Manuscritos del Mar Muerto, sería imposible comprender el por qué de esta aparente discrepancia al respecto. Sin embargo, resulta que el «nacimiento» era un acontecimiento doble. Primero, estaba el nacimiento físico; después, estaba el nacimiento para la comunidad. El segundo era un ritual simbólico de renacimiento, cuando se envolvía ceremonialmente al niño con vestidos de lino (se le fajaba) y se le introducía figurativamente en sociedad. Éste es el acontecimiento que registra Lucas, mientras que Mateo habla del nacimiento físico de Jesús, que fue anterior.

Históricamente, en la tradición esenia, estos acontecimientos natales estaban separados por doce años de diferencia.[3] El Nacimiento en la Comunidad era el precursor de la tradición del *Bar Mitzvah* (Hijo de la Alianza) que, desde la Edad Media, significa la entrada como miembro de la congregación judía, y que se realiza al inicio de los trece años de vida. Lucas dice que el segundo acontecimiento tuvo lugar en el año 6 d.C. (el año de Cirino y del censo imperial), de manera que, a partir de aquí, podemos determinar que Jesús nació en realidad en el año 7 a.C., lo cual ciertamente le hace nacer durante la última parte del reinado de Herodes el Grande.

El hecho de no conocer esta costumbre de los doce años llevó a un error posterior en la traducción de Lucas, cuando se habla de la iniciación de Jesús en la vida adulta. La historia se cuenta en Lucas 2:41-50, cuando Jesús se que-

---

1. F. Josephus, *The Antiquities of the Jews*, t. XVII, c. 13:5, y t. XVIII, c. 1:1.
2. S. Perowne, *The Later Herods*, c. 5, pp. 26-9.
3. B. Thiering, *Jesus the Man*, c. 8, p. 48.

dó en el Templo, en cierta ocasión en que había ido a Jerusalén con sus padres. Se dice que esto sucedió cuando Jesús tenía doce años de edad, pero en realidad se habla de su «duodécimo año», que no es doce años después de su nacimiento en el mundo, sino doce años después de su nacimiento en la comunidad. En la Pascua de aquel año, Jesús tendría entonces veinticuatro años, la edad de la mayoría de edad social. Y, en lugar de acompañar a sus padres en las celebraciones, se quedó en el Templo para tratar de su nueva condición con los maestros,[4] diciendo, «¿No sabíais que yo debía ocuparme de los asuntos de mi Padre?» Su padre espiritual, el Padre de la Comunidad, era en aquel momento el sacerdote Eliezer Anás.

En las cronologías bíblicas, se suele situar la Natividad en el año 5 a.C. (por ejemplo, en la *Oxford Concordance Bible*), lo cual se desvía dos años nada más de la realidad pero, ¿qué tiene todo esto que ver con nuestra tradicional estructura de datación de Antes y Después de Cristo (a.C. y d.C.)?

La primera secuencia de fechas bíblicas que se publicó se hizo en 526, habiendo sido calculada por el monje Dionisio el Exiguo. Según sus cálculos, Jesús nació en el año romano 754 AUC (*Anno Urbis Conditae*, que significa «Años después de la fundación de la Ciudad [de Roma]»). En este contexto, el 754 AUC era el equivalente al 1 a.C. del nuevo calendario, lo cual da sentido al *Anno Domini* (Año de Nuestro Señor).[5] El primer soberano cristiano en emplear el calendario de Dionisio fue el emperador Carlomagno, en el siglo VIII, y su uso se difundió poco a poco por toda Europa, determinando así los milenios que aplicamos hoy en día.

Sin embargo, posteriormente se decidió que, dado que Jesús había nacido durante el reinado de Herodes el Grande, tendría que haberlo hecho antes de la muerte de Herodes, que acaeció en 750 AUC, el cual ya se ha concretado como el 4 a.C. En consecuencia, el editor inglés William Eusebius Andrews de Norwich (1773-1837), junto con sus homólogos de Nueva York, George Pardow y William Denman, ajustaron el calendario del monje, reestableciendo con más precisión la fecha del nacimiento de Jesús en el año 5 a.C. (749 AUC), un año antes de la muerte de Herodes. Ésta es la fecha que se da

---

4. H. J. Schonfield, *The Original New Testament*, p. 136 - Luke 2:45-50. En la Biblia del Rey Jacobo, la palabra «maestros» se traduce por «doctores», como si fueran los del doctorado académico.

5. *(N. del T.):* En inglés, la abreviatura «a.C.», antes de Cristo, se escribe AD, Anno Domini.

ahora normalmente en los libros de referencia actuales, pero convierte en un sinsentido absoluto las clasificaciones previamente cimentadas de a.C. y d.C.[6]

Gracias a la confusión en esta secuencia de datación y redatación, las recientes celebraciones del Milenio bien podrían haberse celebrado a los 2.000 años de la introducción arbitraria de un calendario romano, pero tuvieron lugar siete años más tarde de lo que hubiese sido relevante acerca del verdadero nacimiento de Jesús.

Con esto podemos ver que, aunque los relatos de Mateo y de Lucas no son imprecisos, parecen diferir en la superficie, hasta que comprendemos las costumbres y la terminología de la época evangélica. Sin estos conocimientos, buena parte de las narraciones del Nuevo Testamento se pueden malentender con facilidad. En nuestra investigación sobre la vida de María Magdalena, se hace imperativo que conozcamos la naturaleza de ciertas tradiciones contemporáneas con el fin de determinar los detalles precisos del matrimonio de María con Jesús, tal como se describen en el Nuevo Testamento.

La fecha de nacimiento de Jesús

La graduación de Jesús en Jerusalén en su 24º cumpleaños es de especial relevancia, porque determina su mes exacto, que Lucas afirma tuvo lugar en el tiempo de la Pascua.

En el Antiguo Testamento, en el libro del Levítico 23:5, se establece la ley a este respecto, afirmando que la Pascua del Señor se celebre en la víspera del «14º día del primer mes». El Año Nuevo judío se celebra en septiembre, situándose la Pascua en marzo. Sin embargo, existe una diferencia entre los términos de Año Nuevo y Primer Mes, si bien ninguno de los dos se conforma al ciclo enero-diciembre del calendario gregoriano.

El Año Nuevo judío, conocido como *Rosh Hashanah* (Cabeza del Año), tiene lugar en el primer y segundo día de Tishri (septiembre-octubre), mientras que el Levítico se refiere al Día de la Rememoración, *Yom Ha-Zikkaron*, en el

---

6. En nuestros días, por virtud de las estructuras cosmopolitas de nuestra sociedad, las clasificaciones de a.C. y d.C. se suelen sustituir por a.e.c. (antes de la era común) y e.c. (era común).

mes de Nisán (marzo-abril). En la práctica, estas celebraciones caen en los meses equinocciales de marzo y septiembre. Sin embargo, por confuso que parezca, el primer mes del calendario judío no es Tishri, sino Nisán, el mes que se utilizó históricamente para contar los años de reinado de los reyes.

En cualquier caso, dado que Jesús entró en su «duodécimo año» (24 años de edad) en el 771 AUC [18 d.C.] y recibió su grado con los doctores del Templo durante la Pascua, podemos determinar a partir de aquí que su nacimiento tuvo lugar a principios de Nisán (marzo), en una fecha anterior al día 14, tal como se especifica en la normativa de la Pascua en el Levítico.

Para calcular la fecha precisa, podemos volver a la fraseología de datación del Nuevo Testamento, tal como se establece en los términos de datación esenios de los Manuscritos del Mar Muerto. Éstos comienzan por determinar los equinoccios y los solsticios. En el Nuevo Testamento, en griego, la frase *en ekenais tais hemerais* (en aquellos los días) hace referencia al mes equinoccial de Tishri (septiembre), mientras que la frase *en tais hemerais ekenais* (en los días aquellos) hace referencia al mes equinoccial de Nisán (marzo). La frase *en tais hemerais tautais* (en los días éstos) significa Tamuz (junio), y *en tautais tais hemerais* (en éstos los días) es Tebeth (diciembre). El factor clave lo constituye la posición del sustantivo *hemerais* (días)[7].

Continuando, y más en concreto, *treis hemerais* (tres días) hace referencia al Día-3 (martes), siendo el domingo el Día-1, etc. Cuando se utiliza una definición como *hemerai okto* (Día-8), se posiciona en relación al Día-1; es decir, el octavo día después de un acontecimiento dominical en particular (por ejemplo, al domingo siguiente), en lugar de citársele como Día-1 de otro ciclo semanal. Esto es importante cuando se toma en consideración el relato de Lucas sobre la circuncisión de Jesús.

La alianza de la circuncisión se especifica en el Génesis 17:11-12, que dice que se realizará cuando el niño tenga 8 días de edad. Esto se corrobora en Levítico 12:3. Con respecto a Jesús, Lucas 2:21 cuenta, «Cuando se cumplieron los ocho días para circuncidarle...» Pero el original griego no dice *okto hemerais* (8 días), dice *hemerai okto* (Día-8), dando a entender al domingo siguiente de un domingo Día-1 en particular. Sin embargo, sabemos por el Levítico que esto fue también 8 días después del nacimiento de Jesús, que por tan-

---

7.   B. Thiering, *Jesus the Man*, apéndice 1, p. 178.

to debió ser un domingo. Además, sabemos que se trataba de un domingo anterior a la Pascua (14 de Nisán, marzo), lo cual reduce las posibilidades a sólo dos domingos.

Volviendo ahora a los días del mes, nos encontramos con que había definiciones específicas para fechas clave, con terminologías tales como «este día», «aquel día», «el día siguiente» y «el último día». El primer día de un mes se identificaba como «este día», término que también identificaba la fecha del Año Nuevo romano, de acuerdo con el calendario juliano, introducido en el 46 a.C. En cuanto al día de nacimiento de Jesús, se utiliza específicamente el término: «Pues os ha nacido en este día...» (Lucas 2:11), y el calendario romano comenzaba el 1 de marzo.

En conclusión, la fecha de nacimiento de Jesús parece haber sido el domingo, 1 de marzo del año 7 a.C., según el calendario juliano. Y según el *Finigan's Handbook of Biblical Chronology*,[8] este día fue ciertamente un domingo.[9]

Para adecuarse a las convenciones mesiánicas, a Jesús se le habría asignado posteriormente un día de nacimiento dinástico oficial, el del 15 de septiembre, para regularizar su estatus. En algunas tradiciones estrictamente ortodoxas, la fecha de nacimiento de Jesús todavía se considera que fue en septiembre (Tishri), el mes de la Expiación (*Yom Kippur*). Éste era el mes de nacimiento designado oficialmente para los herederos dinásticos, fuera cual fuera el mes en el que hubieran nacido en realidad.[10] Y fue ya en el año 314 d.C. cuando el emperador Constantino cambió arbitrariamente la fecha del nacimiento de Jesús al 25 de diciembre. Y tuvo un doble motivo para hacerlo. En primer lugar, porque separaba la celebración cristiana de cualquier asociación judía, sugiriendo así que Jesús era en sí mismo un cristiano y no un judío. Y en segundo lugar, porque lo hacía coincidir con la celebración solar pagana del solsticio de invierno, una fecha que resultaba familiar para los ciudadanos de Roma.

---

8. *(N. del T.):* Manual Finigan de Cronología Bíblica.

9. J. Finigan, *Handbook of Biblical Chronology*, Princeton University Press, Princeton, NJ, 1964.

10. Tradiciones similares siguen siendo habituales hoy en día. La reina Isabel II de Gran Bretaña nació en abril de 1926, pero su cumpleaños oficial se celebra en junio, al igual que sus predecesores desde el reinado de Enrique VII, en 1748.

La consorte del Salvador

En algunos casos, allá donde los evangelios tratan unánimemente de un acontecimiento concreto, hay aún así diferencias significativas en la presentación. Uno de estos casos, que afecta a María Magdalena en particular, es el de la escena de la tumba de Jesús, tras la crucifixión, es decir, la escena que define la resurrección.

Durante el transcurso de la crucifixión de Jesús, el viernes de Pascua del año 33 d.C., José de Arimatea negoció con el gobernador romano Poncio Pilato la posibilidad de retirar de la cruz el cuerpo de Jesús después de unas pocas horas de estar colgado. Esto se hizo para facilitar un cambio en el procedimiento judicial, de acuerdo con una antigua ley establecida en el Antiguo Testamento, en el libro del Deuteronomio 21:22-23 y confirmada en el *Manuscrito del Templo*, de Qumrân.

> Si un hombre, reo de delito capital, ha sido ejecutado y le has colgado de un árbol, no dejarás que su cadáver pase la noche en el árbol; lo enterrarás el mismo día.[11]

De ahí que Pilato ordenara el cambio de procedimiento, de estar colgado (como era costumbre en la crucifixión romana) a la costumbre judía alternativa de enterrarlo de inmediato. A Jesús se le puso en una tumba que pertenecía a José, y Marcos 15:47 confirma que «María Magdalena y María la de Joset [el hermano pequeño de Jesús] se fijaban dónde era puesto».

Al día siguiente era el Sabbath, acerca del cual los evangelios tienen poco que contar. Sólo Mateo 27:62-66 hace una mención de este sábado, pero se refiere únicamente a una conversación entre Pilato y los ancianos de los judíos en Jerusalén, tras la cual Pilato dispuso que dos guardias vigilaran la tumba de Jesús. Aparte de esto, los cuatro evangelios continúan su historia a partir del domingo por la mañana.

Cuando llegaron las mujeres al amanecer, se sorprendieron de encontrar movida la piedra de la entrada de la tumba. Prácticamente, no debería de haber nada atemorizador en ello, pues cualquiera podría haberla movido. Indudablemente, las

---

11. Es significativo que en Hechos 5:30, 10:39 y 13:29, todas las referencias a la tortura de Jesús se expresen como habiendo sido «colgado de un madero».

mujeres la habrían hecho rodar por sí solas, pues no tenían motivos para pensar que no pudieran entrar. Lo que les resultaba extraño era que se hubiera movido la piedra durante el Sabbath, un día sagrado en el cual estaba absolutamente prohibido mover de sitio cualquier cosa pesada. El misterio no estaba en el hecho de que se hubiera apartado la piedra, sino en el día en que se había hecho.

Sin embargo, un misterio mayor se nos plantea si pensamos en quién estaba presente con María Magdalena en esta ocasión. Los evangelios no se ponen de acuerdo en esto, y el cuadro general es bastante confuso.

Mateo 28:1 dice que fueron María, la madre de Jesús, y María Magdalena las que fueron hasta la tumba, mientras que Marcos 16:1 incluye también a la hermana de Jesús, Salomé. Lucas 24:10 introduce a su otra hermana, Juana, pero omite a Salomé, mientras que Juan 20:1 hace llegar a María Magdalena completamente sola. Marcos, Lucas y Juan afirman que, cuando la/s mujer/es llegaron, la piedra ya estaba apartada. Sin embargo, en Mateo, los dos centinelas estaban de guardia y la piedra aún estaba en su sitio. Entonces, para sorpresa de las mujeres y de los centinelas, «el ángel del Señor descendió... y apartó la piedra».

Las tres Marías en la tumba vacía
Talla en madera de Julius Schnoor
von Carolsfeld (1794-1872)

Después, se hizo patente que Jesús no estaba ya en la tumba, donde se le había dejado. Según Mateo 28:5-6, el ángel se dirigió a las mujeres en el sepulcro. En Marcos 16:4-5, entraron en la tumba y se encontraron con un joven vestido con una túnica blanca. Sin embargo, Lucas 24:3-4 habla de dos hombres de pie en el interior. Juan 20:2-12 cuenta que María Magdalena fue a buscar a Pedro y a otro discípulo antes de entrar en la cueva con ellos. Y, más tarde, cuando sus compañeros hubieron partido, se encontró con dos ángeles sentados en el interior del sepulcro.

En resumidas cuentas, no está claro si hubo guardias o no. El número de mujeres pudo ser una, dos o tres. Quizás Pedro estuvo allí, o quizás no. Pudo haber un ángel fuera o un joven dentro; o al revés, pudo haber dos ángeles dentro, que quizás estuvieran sentados, o quizás de pie. Y, en cuanto a la piedra, quizás estaba en su sitio al amanecer, o quizás había sido apartada ya.

En todo esto, sólo hay un común denominador potencial: Jesús ya no estaba allí, pero ni siquiera esto es seguro. Según Juan 20:14-15, María Magdalena le dio la espalda a los ángeles para encontrarse con Jesús, de pie en el jardín. Ella se acercó a él, pero Jesús no dejó que lo tocara, diciendo, «No me abraces» (Juan 20:17).[12]

Éstos son los cuatro relatos en los cuales se basa la tradición de la resurrección y, sin embargo, se contradicen casi en todos los detalles. Debido a ello, se ha discutido durante siglos si el primero que vio a Cristo resucitado fue María Magdalena o Pedro. No hay forma de saber cuál de los relatos es el correcto, si es que alguno lo es por completo. En realidad, no tiene demasiada importancia; pero, dado que los evangelios no canónicos de *Pedro* y de *María Magdalena* coinciden en darle este privilegio a María, las probabilidades están ciertamente a favor de ella.

El *Evangelio de Felipe* sostiene que «Hubo tres que siempre caminaban con el Señor... su hermana, su madre y su consorte eran cada una una María». Éstas tres estuvieron a los pies de la cruz, y estuvieron probablemente en la tumba. En otro lugar del mismo evangelio se dice, «Y la consorte del Salvador es María Magdalena». (Estrictamente, cada una de las hermanas de Jesús habría recibido la designación de *María*.)

La clave de la posición de María Magdalena se encuentra en la palabra del original griego del cual se hicieron estas traducciones. «Consorte» es, se-

---

12. Como ya se dijo en el capítulo 1, las ediciones corrientes de la Biblia traducen normalmente *Noli me tangere* como «No me toques». Sin embargo, la traducción del original griego de Juan demuestra que esto no es correcto. La traducción correcta es «No me agarres» o «No me abraces». No es aplicable la palabra tocar. Véase H. J. Schonfield, *The Original New Testament*, p. 529 - Juan 20:17 y Schonfield nota 7 a pie de página.

gún el diccionario, «una esposa real: aquélla que tiene el título en común»,[13] y la palabra que se utiliza en el *Evangelio de Felipe* a este respecto es *koinonôs* (consorte). Esta palabra es absolutamente explícita en su significado; tiene connotaciones conyugales positivas y se refiere expresamente a una compañera sexual desposada.[14]

Tanto si hubo una mujer, como dos o tres, la situación suponía un problema importante para la Iglesia de Roma, que se había fundado como la Iglesia Apostólica de Pedro. Fue por este motivo que se añadieron doce versículos falsos al Evangelio de Marcos durante el siglo IV, con adiciones similares en los Evangelios Sinópticos de Mateo y Lucas.

Con esta estrategia, se rebajó la posición de María Magdalena, junto con la relevancia de sus herederos *desposyni* y el movimiento nazareno. Lo único que les quedaba por hacer a los obispos era diseñar un proyecto que minimizara la posición de las mujeres en general. Y esto lo hicieron a través de las *Constituciones Apostólicas* y los *Preceptos de Disciplina Eclesiástica*.

La selección de los Evangelios

Por lo que sabemos, el Nuevo Testamento comenzó a tomar forma en el año 367 d.C., cuando se examinó cuidadosamente y se puso en orden toda una biblioteca de escritos con el fin de hacer una selección. Esta parte inicial del proceso la llevó a cabo el obispo Atanasio de Alejandría, que inventó el término «canon» (ley aprobada) y sería conocido posteriormente como el Padre de la Ortodoxia.[15] Antes de aquello, no había habido un libro de la fe compilado for-

---

13. *The Oxford Compact English Dictionary* (Oxford Word Library: OWL Micrographic), Oxford University Press, Oxford, 1971. Derivado de *con* (juntos) + *sortem* (partida, lote), el sustantivo «consorte» significa «tener título en común». En la primera edición de 1721 de *Nathan Bailey's Universal Etymological Dictionary*, este término se da como «La esposa de un príncipe soberano».

14. En algunas traducciones del Evangelio de Felipe, la palabra griega *koinonôs* se ha traducido como «compañero». Los expertos en lingüística señalan sin embargo que, aunque no del todo incorrecto en un sentido amplio, *koinonôs* es un término singular con connotaciones conyugales que debería traducirse más correctamente como «consorte». Véase R. McL. Wilson, *The Gospel of Philip: Translated from the Coptic Text*, pp. 35, 97.

15. *The Catholic Encyclopedia*, vol. II - St. Athanasius.

malmente, sino simplemente una serie de textos cristianos individuales que tenían mayor o menor popularidad en las distintas partes del Imperio Romano.

A partir de la primera selección de Atanasio, el Concilio de Hipona de 393 d.C. y el Concilio de Cartago de 397 aprobaron y ratificaron determinadas obras. Fueron, no obstante, criterios diversos los que gobernaron la selección, siendo el primero de ellos que los evangelios que fueran elegidos para el Nuevo Testamento debían estar escritos en el nombre de (o atribuidos a) los propios apóstoles de Jesús. Pero parece que se hizo caso omiso de esta norma desde un principio, y los cuatro evangelios que salieron para utilización canónica aprobada fueron los de Mateo, Marcos, Lucas y Juan.

Los obispos presentan los Evangelios seleccionados al emperador Constantino (de un manuscrito romano del siglo XII)

Según las listas de los apóstoles que se dan en el Nuevo Testamento, Mateo y Juan sí que fueron apóstoles de Jesús. Pero Marcos y Lucas no. En los Hechos, se les presenta como colegas posteriores de San Pablo. Por otra parte, Tomás, Felipe y Pedro estaban los tres en las listas de los doce originales, y sin embargo se excluyeron los evangelios que llevan sus nombres. No sólo eso, sino que se sentenció que fueran destruidos y, por todo el Mediterráneo, la gente tuvo que enterrar u ocultar de un modo u otro las copias de estas obras, junto con el *Evangelio de María* y otros muchos textos que, de repente, habían sido declarados heréticos.

Después de esto, el Nuevo Testamento, compilado estratégicamente, se sometió a numerosas correcciones y enmiendas, hasta que la versión con la cual estamos familiarizados ahora se aprobó en el Concilio de Trento, en el norte de Italia, ya en 1547.

En tiempos recientes, es cuando han salido a la luz los antiguos manuscritos, pero para los historiadores de la religión no era un secreto la existencia de estos libros. Algunos de ellos, incluidos el *Evangelio de Tomás*, el *Evangelio de los Egipcios* y el *Evangelio de la Verdad*, ya se citaban en los escritos de eclesiásticos primitivos, como Clemente de Alejandría, Ireneo de Lyon y Orígenes de Alejandría.

¿Cuál fue entonces el criterio mediante el cual se hizo verdaderamente la selección de los evangelios? Fue una regulación totalmente sexista que impedía todo aquello que apoyara la posición de la mujer en la Iglesia o en la sociedad. La Iglesia de Roma era la Iglesia Apostólica de San Pedro, y los puntos de vista de Pedro quedan suficientemente claros en el *Evangelio de Tomás*, que afirma que Pedro ponía fuertes objeciones a la presencia de María Magdalena en el entorno de Jesús. El texto dice que, dirigiéndose al resto de los apóstoles, «Simón Pedro les dijo, "Dejad que María se vaya, pues las mujeres no son dignas de la vida"».[16]

Además de esto, ya hemos visto el evidente desagrado de Pedro ante la participación de María en otras ocasiones. En el *Evangelio de María*, Pedro cuestiona la relación de ella con Jesús, diciendo, «¿De verdad que él ha hablado en privado con una mujer, y no con nosotros? ¿Por qué tenemos que cambiar de opinión y escucharla?» También, en el tratado copto de la *Pistis Sophia*, Pedro se queja de la participación de María, y le pide a Jesús que la controle para que no socave su supremacía.

Desde los primeros tiempos de la sociedad cristiana del siglo I, emergieron dos facciones distintas. En la posición principal, estuvo el movimiento nazareno del hermano de Jesús, Santiago, al cual estaban vinculados Simón Zelotes, Felipe, Tomás y Tadeo, junto con Judas, Salomé, María Magdalena y la familia *desposínica* en general. Después, estaba la escuela evangélica de Pedro y Pablo (llamado en general el movimiento paulino), que estaba centrado en Roma. Con el tiempo, este movimiento se convertiría en el «iglesiísmo», más que en el cristia-

---

16. *El Evangelio de Tomás*, en la biblioteca de Nag Hammadi.

nismo en su forma original, que terminaría arrollando a la fraternidad nazarena tras convertirse en la religión oficial del estado con los emperadores.

Aunque Constantino manipuló el cristianismo en el siglo IV hasta convertirlo en un híbrido, con el culto al sol y otras creencias paganas, no se le puede hacer responsable de esta corrupción en toda su extensión. Los primitivos protagonistas de lo que se convertiría en la Iglesia ortodoxa modelaron la religión para satisfacer sus propias ambiciones mucho antes de la época de Constantino. Clemente de Alejandría eliminó la historia de Lázaro del Evangelio de Marcos en los alrededores del 195 d.C., y Quinto Tertuliano ya había dispuesto el escenario contra la participación femenina más o menos por la misma época, afirmando en los *Preceptos de Disciplina Eclesiástica,*

> No se le permite a la mujer hablar en la iglesia, ni se le permite bautizar, ni ofrecer la Eucaristía, ni que pida compartir ninguna función masculina, y mucho menos el oficio sacerdotal.

A este respecto, Tertuliano (uno de los Padres de la Iglesia, de Cartago) no hacía más que expresar un sentimiento general del movimiento paulino, reiterando y destacando las opiniones documentadas de sus predecesores, sobre todo de Pedro y de Pablo.

En el *Evangelio de Felipe,* María Magdalena aparece como emblema de la sabiduría divina, pero los obispos de la naciente Iglesia extirparon todos estos textos, porque debilitaban el dominio del sacerdocio exclusivamente masculino. Según las epístolas de San Pablo, sus enseñanzas se exponían como sigue:

> La mujer oiga la instrucción en silencio, con toda sumisión. No permito que la mujer enseñe ni que domine al hombre. Que se mantenga en silencio. *(1 Timoteo 2:11-12)*

Tales directrices, junto con otros pronunciamientos similares, se encuentran en las *Constituciones Apostólicas,* una prolongada y comprehensiva serie de regulaciones de la Iglesia Católica que comenzara San Clemente y terminaran los obispos de Constantino, y que se las ha llegado a denominar «el más sagrado de los libros canónicos y las leyes cristianas».[17]

---

17. St. Clement of Alexandria, *Clementine Homilies and Apostolical Constitutions* (trad. William Winston), Ante-Nicene Library, T & T Clark, Edimburgo, 1870, introducción, p. 3.

Edictos autorizados tales como los aquí citados consiguieron suprimir el legado de María Magdalena. Sin embargo, para estar seguros, en las *Constituciones Apostólicas* se fue tan lejos como para especificar, «Nuestro Maestro y Señor, Jesús, cuando nos envió a los doce a hacer discípulos de las gentes y de las naciones, no envió a ninguna mujer a predicar». Y, luego, citando a San Pablo de nuevo (de 1 Corintios 11:3), continuaba: ¡«Pues, si la cabeza de la mujer es el hombre, no es razonable que el resto del cuerpo gobierne a la cabeza»!

Es evidente en el texto de las *Constituciones* que, dentro de la comunidad nazarena, las mujeres estaban estrechamente involucradas en el ministerio, de ahí que el documento llegue hasta tal punto en sus advertencias contra esta práctica, afirmando que «no es un peligro pequeño para aquellos que lo toman». Hablando del bautismo en particular, las *Constituciones Apostólicas* afirman que es «malvado e impío» que una mujer realice ésta o cualquier otra función sacerdotal. Y, para justificarlo, se explica que «si el bautismo hubiera de ser administrado por las mujeres, ciertamente nuestro Señor habría sido bautizado por su propia madre, y no por Juan». «Estas mujeres heréticas (escribe Tertuliano) ¡cuán audaces son! No tienen modestia alguna, y son lo suficientemente atrevidas como para enseñar e involucrarse en discusiones».[18]

Para poner todo esto en perspectiva, convendría recordar que esta forma de cristianismo pre-Iglesia de Roma era en gran medida una institución judaizada. Sus seguidores eran, en la práctica, judeocristianos, y se aferraban a muchas ideas tradicionales. En la sociedad hebrea, no se contaba a las mujeres nunca cuando se precisaba un número mínimo de diez personas para que el servicio de la sinagoga tuviera lugar.[19] En el *Talmud Palestino*, se afirma, «Las palabras de la Torah serán destruidas por el fuego tan pronto se les enseñen a las mujeres».[20] Y las mujeres, en términos generales, eran tratadas como mortales inferiores, con pocos de los privilegios de lo que disfrutaban los hombres. El Deuteronomio 22:23-27 dice, por ejemplo, que, si una virgen es violada en una ciudad, ¡deberá ser sentenciada a muerte por no haber gritado pidiendo ayuda!

Respecto a materias como éstas, difería la fraternidad nazarena de Jesús, más liberal y tolerante, y con puntos de vista más equilibrados socialmente. Ha-

---

18. E. Pagels, *The Gnostic Gospels,* c. 3, p. 60.
19. Carla Ricci, *Mary Magdalene and Many Others,* Fortress Press, Minneapolis, MN, 1994, c. 1, p. 23.
20. *Talmud,* sota 19a.

bía un marcado grado de igualdad, no cimentado en la estricta sociedad judía o en la posterior sociedad judeocristiana, pero, desgraciadamente, el cristianismo romano heredó la perspectiva intolerante de personas como Tertuliano.

Muchas de las mujeres, que dirigían los grupos nazarenos que formalmente habían sido denunciados como heréticos, promovían una enseñanza basada en la instrucción de los Terapeutas ascéticos de Qumrân. Esta enseñanza tenía una fuerte base espiritual, mientras que el cristianismo romano se mostraba muy materialista, viendo las enseñanzas místicas como una tremenda amenaza. La estrategia de Roma contra estas maestras consistió en que se las considerara pecadoras y subordinadas a la autoridad de San Pablo, quien escribió (en 1 Timoteo 2:13-14): «Porque Adán fue formado primero y Eva en segundo lugar. Y el engañado no fue Adán, sino la mujer que, seducida, incurrió en la trasgresión».

En el siglo II d.C., el proceso de segregación había comenzado en las iglesias cristianas: los hombres realizaban el rito, las mujeres daban culto en silencio. Al acabar el siglo, ni siquiera se mantenía este nivel de implicación, y la participación de las mujeres en el culto religioso se prohibió también. Cualquier mujer que se supiera había tomado parte en el ejercicio religioso era denunciada como meretriz y bruja.

En esta época, los nazarenos no sólo eran impopulares para las autoridades romanas, sino que también se veían acosados por los cristianos paulinos, en concreto por Ireneo, obispo de Lyon (nacido c. 120 d.C.). Éste los condenó como herejes por afirmar que Jesús era un hombre y no de origen divino, tal como decretaba la nueva Fe. ¡De hecho, incluso declaró que el mismo Jesús había estado practicando la religión equivocada, y que estaba equivocado en sus creencias! Ireneo decía de los nazarenos, a los cuales llamaba *ebionitas* (pobres):

> Ellos, al igual que Jesús, así como los esenios y los sadoquitas de los dos siglos anteriores, hacen sus exposiciones sobre los libros proféticos del Antiguo Testamento. Rechazan las epístolas paulinas, y rechazan al apóstol Pablo, diciendo que es un apóstata de la Ley.

Como represalia, los nazarenos del movimiento *desposyni* denunciaron a Pablo como «apóstol renegado y falso», diciendo que sus idólatras escritos debían ser también rechazados.

A la vista del pavor de la Iglesia ante la figura de María Magdalena, se elaboró un extraordinario documento para el mercado ortodoxo. En él se plasmaba lo que los obispos pensaban que debía de ser la posición de María en el orden de cosas. Titulado *El Orden de la Iglesia Apostólica*, se trataba de la trascripción de una supuesta discusión entre los apóstoles, y afirmaba (en contra de lo que dicen los evangelios) que tanto María como Marta habían estado presentes en la Última Cena. A este respecto, malograron parte de sus objetivos, al permitir a las mujeres tal prerrogativa; pero su objetivo destructor era otro. En un extracto del supuesto debate, se puede leer:

> Juan dijo: «Cuando el Maestro bendijo el pan y la copa, y los encomendó con las palabras, "Éste es mi cuerpo y sangre", no se los ofreció a las mujeres que estaban con nosotros. Marta dijo: "No se los ofreció a María porque vio sus risas".[21]

Sobre la base de este diálogo imaginario, la Iglesia decretó que los primeros apóstoles habían decidido que a las mujeres no se les podía permitir ser sacerdotes ¡porque no eran serias! La esencia de esta conversación inventada se adoptó después como doctrina formal de la Iglesia, y se declaró a María Magdalena recusante incrédula. Más de 1.600 años después, las cosas no han cambiado mucho y, en 1977, el Papa Pablo VI decretó que una mujer no podía ser sacerdote ¡«porque nuestro Señor era un hombre»!

A lo largo de todo el montaje de las *Constituciones Apostólicas*, el evidente desagrado de Pedro y de Pablo por las mujeres se utilizó tácticamente para fundamentar un entorno dominado por los hombres, pero las citas de estos hombres se eligieron con sumo cuidado, si no en ocasiones fuera de contexto. A pesar del evidente deseo de San Pablo del dominio masculino, en sus cartas hace mención expresa de sus propias ayudantes femeninas: Febe, por ejemplo, a la que llamaba «sirvienta de la iglesia» (Romanos 16:1-2), junto con Julia (16:15), y Prisca mártir (16:3-4). De hecho, el Nuevo Testamento (incluso en su versión estratégicamente corregida) está lleno de discípulas, pero los obispos de la Iglesia de Roma decidieron ignorarlas a todas.

La jerarquía eclesiástica tenía tanto miedo de las mujeres, que se aplicó la norma del celibato para los sacerdotes; una norma que se convirtió en ley en 1138, norma que persiste aún hoy. Sin embargo, lo que realmente les preocupaba a los obispos no eran las mujeres en sí, ni siquiera la actividad sexual en general; era la perspectiva de la intimidad sacerdotal con las mujeres. ¿Por

19. E. Pagels, *The Gnostic Gospels*, c. 3, p. 65.

qué? Porque las mujeres se podían convertir en madres, y la misma naturaleza de la maternidad es la perpetuación del linaje sanguíneo. Era éste un tema tabú que había que deslindar a toda costa de la necesaria imagen de Jesús.

Pero no es que la Biblia sugiriera tales cosas. De hecho, el caso era muy al contrario. San Pablo, en su primera epístola a Timoteo 3:2-5, decía que los obispos debían ser maridos de una sola mujer y que debían tener hijos. Decía que un hombre con experiencia en su propia casa está mejor cualificado para hacerse cargo de la Iglesia. Aunque los obispos decidieron mantener las opiniones de Pablo, frente a las de Jesús, optaron por ignorar completamente esta directriz en particular, con el fin de que el propio estatus matrimonial de Jesús pudiera pasar desapercibido.

9

El matrimonio sagrado

Aspectos de la traducción

A lo largo del período que va desde el año 397 d.C. hasta el siglo XVII, la Iglesia mantuvo una posición de fuerza en lo relativo a su literatura. La Biblioteca de Alejandría había sido destruida, la mayoría de las obras no canónicas se habían olvidado con el paso de las generaciones y el Nuevo Testamento se imponía. A partir de una base de trabajo de manuscritos griegos, transcritos desde los originales por Clemente y otros en el siglo II, se completaron las ediciones del Nuevo Testamento, como la del *Codex Sinaiticus* y el *Codex Vaticanus*, poco después del Concilio de Cartago.

Poco antes de esto, en 383 d.C., el Papa Dámaso I había encargado al erudito de la Iglesia de Roma, San Jerónimo, que tradujera los distintos textos al latín. Jerónimo apartó cierto número de obras, que consideraba apócrifas («cosas ocultas»), y del saldo construyó la *Vulgate Editio*, una edición escriturística para uso común (vulgar). Pero eso no quería decir que todo el mundo tuviera una copia de la Vulgata.[1]

El uso «común» consistía en que se convirtiera en la norma de los púlpitos, de modo que en muchos aspectos se dejaba al arbitrio de los sacerdotes el modo de interpretar el texto y de enseñar a partir de él. En esencia, podían predicar lo que quisieran. Pero, dado que había numerosas diferencias en los cuatro evangelios, se inventó un nuevo evangelio, un cuento meloso que extraía los

---

1. J. R. Porter, *The Illustrated Guide to the Bible*, Duncan Baird, Londres, 1995, p. 12.

detalles más entretenidos de cada evangelio y los mezclaba en una única historia romántica que nunca fue escrita por nadie. Una versión de esta narración ininterrumpida la compiló c. 175 un tal Taitan, un teólogo sirio. Se conoció como *El Diatessaron*, del griego «Según los Cuatro».[2] El relato evangélico se sigue enseñando, en gran medida de la misma manera, en las escuelas y las iglesias de hoy en día.

Hubo unas cuantas interpretaciones vernáculas de extractos seleccionados del Nuevo Testamento que se prepararon en la Edad Media, pero que no se difundieron.[3] En Inglaterra, el maestro de Oxford, John Wycliffe, junto con John Purvey y Nicholas de Hereford, elaboraron una traducción inglesa de la Vulgata en 1382, pero su obra fue condenada por el Vaticano. Al mismo tiempo, Wycliffe criticaba abiertamente la práctica eclesiástica de la absolución, la confesión y las indulgencias, con el resultado de ser etiquetado de hereje y de ser quemados sus libros.

El clérigo universitario William Tyndale hizo un Nuevo Testamento en inglés a partir de los textos griegos en 1526. Su obra entró en muchas iglesias, sólo para ser prohibida poco después por la reina católica María Tudor. Los protestantes suizos hicieron la famosa Biblia de Ginebra en 1560, mientras la reina Isabel I aprobaba la obra inglesa titulada la Gran Biblia (corregida por Miles Coverdale, discípulo de Tyndale) para su nueva Iglesia Anglicana. Como consecuencia de ello, fue excomulgada por Roma. Mientras tanto, y para los católicos de Francia, apareció en escena una nueva versión, más accesible, de la Vulgata, llamada la Biblia Douai, entre 1582 y 1610.

Fue ya en el siglo XVI, con la Reforma Protestante, cuando la supremacía bíblica latina fue puesta en entredicho con éxito por el reformador alemán Martín Lutero. Él mismo hizo una amplia traducción de los textos griegos, haciendo una edición que las gentes pudieran obtener y leer por sí mismas. Posteriormente, en 1611, llegó la versión inglesa paralela, la Edición Autorizada del Rey Jacobo. Fue este texto, recién impreso, el que los Padres Peregrinos de In-

---

2. Diatessaron: Latín tardío, del griego, *dia tessaron jordon sumphonia*, «concordia a través de cuatro notas», de *dia* (a través) + *tessaron* (cuatro). Para más detalles, véase W. L. Peterson, «Taitan's Diatessaron», en Helmut Koester, *Ancient Christian Gospels: Their History and Development*, SCM Press, Londres, 1990, pp. 403-30.

3. Estos evangelios los elaboraron los monjes de Lindisfarne, en la costa nororiental de Inglaterra, c. 950, mientras que en Europa, se transcribieron algunos elementos al eslavonio, el lenguaje litúrgico de lo que ahora se denomina la Iglesia Antigua.

glaterra y sus posteriores seguidores se llevaron consigo a América a partir de 1620. Una vez allí, tras desembarcar e instalarse en diversos lugares de la costa este de Norteamérica, sus diferencias en las interpretaciones localistas de las escrituras dieron lugar a pequeños pero numerosos movimientos religiosos (con frecuencia competitivos), frente a las grandes confesiones cristianas de Gran Bretaña y Europa. En Massachusetts, el misionero protestante John Elliot no estaba satisfecho con la Biblia inglesa, de modo que en 1663 hizo una versión en la lengua regional, en el ahora extinto idioma local de la época.

Entonces, ¿hasta qué punto es exacta la traducción del Rey Jacobo que sigue siendo, hoy en día, el modelo establecido? En su mayor parte, se transcribió de la Gran Biblia que, a su vez, se había traducido de los textos griegos. No padece, por tanto, de las considerables imprecisiones de la Vulgata Latina, pero hay muchos casos donde las antigua palabras y frases griegas, arameas y semitas no tienen equivalentes en el inglés jacobita. Por consiguiente, se cometieron ciertos errores. Ya hemos visto dos de ellos,[4] donde *almah* (mujer joven) se convertía en «virgen», y *ho tekton* (maestro artesano) se convertía en «carpintero».

Una imprecisión de este tipo particularmente relevante se encuentra en Lucas 7:37, donde se identifica a María Magdalena como una «pecadora», cuando ungió por primera vez los pies de Jesús. (Antes de la segunda unción de María en Betania, Juan 11:2 explica que era ella la que había ungido a Jesús en la anterior ocasión.) Ese versículo de Lucas es el único punto donde se califica a María de pecadora, pero en realidad se trata de una mala traducción. La palabra original griega, *harmartölos,* era un término deportivo que significaba «aquel que yerra el tiro». Utilizada en el tiro con arco y en empeños similares, transmitía la idea de «fuera del blanco». En su uso cotidiano, se le aplicaba a aquellas personas que quizás no observaran determinadas doctrinas, personas que se habían desviado de la práctica convencional; pero no tenía nada que ver con el pecado. Al igual que *ho tekton* («carpintero») en el caso de José, se utilizó el término «pecadora» en la traducción porque en inglés no había ninguna palabra que se pudiera corresponder con *harmartölos.* En Lucas 5:8, el apóstol Pedro se refiere a sí mismo como un *anër* [hombre casado] *harmartölos,* que se tradujo igualmente como «Soy un pecador».

Un error de traducción acerca de los padres de Jesús y de la natividad es el que llevó a la creencia, ahora común pero equivocada, de que Jesús nació

---

4. En el capítulo 2 - «Hermanos y Hermanas» y capítulo 4 - «Reglas Matrimoniales».

en un establo. No hay ninguna base para creer esto. En el evangelio original no se habla de ningún establo, ni tampoco se utiliza esta palabra ni nada que se le parezca en la Biblia del Rey Jacobo. De hecho, Mateo 2:11 afirma claramente que Jesús estaba en una casa: «Entraron en la casa; vieron al niño con María su madre y, postrándose, le adoraron».

María Magdalena unge los pies de Jesús

Como ya hemos visto, el de Lucas es el otro evangelio donde se trata el tema de la Natividad, y es allí donde surge la confusión en la traducción; no porque se mencione ningún establo, sino porque Lucas 2:7 afirma que Jesús yacía en un pesebre «porque no tenían sitio en la posada». En realidad, no había posadas en la Judea del siglo I. Los viajeros se alojaban, invitados, en las casas de otras personas, por cuanto se consideraba un deber piadoso ser hospitalarios y dar alojamiento.[5] El original griego (del cual se hizo la traducción) dice en realidad que no había «*topos* en la *kataluma*», que significa que no había «*lugar* (o provisión) en la *habitación*».[6] Es decir, se puso a Jesús en un pesebre porque no había cuna alguna en la habitación. El pesebre era (y sigue siendo) un cajón donde se pone la comida a los animales,[7] y no era algo demasiado extraño que, en caso de emergencia, se utilizara en sustitución de la cuna.

La mujer escarlata

Otras interpretaciones erróneas similares de traducción tienen lugar en aquellas identificaciones de las escrituras donde el uso del lenguaje ha cambiado con el paso de los años. Un buen ejemplo de esto podemos encontrarlo en Mateo 21:31, donde dice: «En verdad os digo que los publicanos y las rameras llegan antes que vosotros al Reino de Dios». En el inglés actual, un publicano es «el que se encarga de una casa pública (un pub)», un posadero. En tiempos bíblicos, un publicano era un recaudador de impuestos. Sin embargo, más importante para nuestra investigación resulta la palabra «ramera», que con tanta frecuencia se atribuyó equivocadamente en las traducciones de textos antiguos.

---

5. En *Dr. Smith's Bible Dictionary* —de una referencia en J. Fleetwood, *The Life of Our Lord and Saviour Jesus Christ*— se afirma que la palabra original significa «un lugar donde alojarse por la noche». Las fondas, en el sentido que se les da en occidente, eran desconocidas en el Oriente Próximo de la antigüedad.
6. A. N. Wilson, *Jesus*, c. 4, p. 80.
7. *The Oxford Concise English Dictionary* (ed. Della Thompson), Oxford University Press, Oxford, 1995 - Pesebre: «Caja larga abierta o completa en un establo, etc., de donde comen los caballos o el ganado».

Con anterioridad, estuvimos reconsiderando la definición de «puta» aplicada a personajes tales como Sofía y María Magdalena. Esta palabra[8] entró en el idioma inglés procedente del antiguo alemán medio *höre*, que hace referencia al adulterio, más que a la prostitución, como recientemente se ha llegado a conocer.

La palabra «ramera»[9] no tiene nada que ver con todo esto, y fue de hecho una palabra de género estrictamente masculino hasta el siglo XV.[10] Tomó la connotación femenina cuando se utilizó como corrupción de «whorelet»[11] (pequeña *whore*, en la jerga de la calle, gitanillas floreadas). Sin embargo, antes de esto, la palabra significaba «vagabundo» o «errabundo».

En cuanto este término adoptó una forma femenina, relacionado con «whorelet», se utilizó para traducir la antigua y oscura palabra *hierodule*. Esta palabra aparece ya en el sumerio *Canto de Inanna* de alrededor del 2500 a.C. (anterior a la época de Abraham).[12] Este *Canto* erótico guardaba relación con el matrimonio sagrado de la diosa, que tomó por esposo al pastor Dumuzi (o Tamuz, por quien lloraban las mujeres de Israel en Ezequiel 8:14).

En aquellos días, a los reyes se les denominaba «Pastores»; eran los guardianes de sus rebaños, y la diosa (Inanna o Ishtar) era la *Magdal-eder*, la Vigilante del rebaño. Ella gobernaba desde la Gran Casa del *E-gal*. Como ya hemos visto, el título de *Magdalena* se deriva de este título de distinción. Y es particularmente relevante que, cuando se presenta a Magdalena en Lucas 8:2 (su referencia cronológica más antigua), se la nombra como «María *llamada* Magdalena», y se la identifica habitualmente como *la* Magdalena. Estas menciones de su posición de *Magdal-eder* son de manifiesta importancia; *Magdalena* era una distinción, no un sobrenombre, ni tenía nada que ver con un lugar.

En el mesopotámico Sumer (el país de Abraham: Génesis 11:28-31),[13] al rey sacerdote se le llamaba *Sanga-lugal* (de ahí emergió la francesa *sang*, «sangre», como en *Sangéal*, la Sangre Real),[14] y su vara de asamblea era un báculo de pas-

---

8. (*N. del T.*): *Whore*, en el original inglés.
9. (*N. del T.*): *Harlot*, en el original inglés.
10. *The Oxford Compact English Dictionary* (Oxford Word Library: OWL Micrographic) - Harlot.
11. Nathan Bailey's Universal Etymological Dictionary - Harlot.
12. Samuel Noel Kramer, *The Sacred Marriage Rite*, Indiana University Press, Bloomington, AL, 1969, c. 4, p. 84.
13. La ciudad estado de Ur de los Caldeos (o Ur de Caldea) era donde estaba el zigurat de Inanna en Sumer, al norte del Golfo Pérsico (ahora, sur de Iraq).
14. Henri Frankfort, *Kingship and the Gods*, University of Chicago Press, Chicago, IL, 1948, p. 246. El término *lugal* proviene de *lu* (hombre) y *gal* (grande); así pues, «gran hombre».

---

tor (un cayado o bordón). Sería mucho después cuando la Iglesia cristiana se apropiaría indebidamente del báculo real como instrumento de autoridad de los obispos. Inanna, la diosa-reina, pasaba por ser la «copera» cuya esencia sagrada, el «néctar de la excelencia suprema», se denominaba *Gra-al* (en castellano, «el Grial»). Desde época victoriana, el Santo Grial ha estado asociado con la copa que utilizara Jesús en la Última Cena. Pero no es ésa la historia original, pues el concepto del Grial existía ya mucho antes de la época de Jesús.[15]

En este contexto, la *hierodule* (representada por Inanna) era el aspecto más sagrado del ritual nupcial. Inanna, la diosa de la luz y el fuego, se identificó posteriormente con Diana de los Nueve Fuegos (*an-na*, que era una palabra acadia que significaba «piedra-fuego»). Su símbolo, tal como aparece en las monedas de la época, era la *Rosi-crucis*, la Copa de Rocío, una cruz dentro de un círculo, el emblema original del Santo Grial.[16]

Las *hierodulai* (plural) eran «mujeres sagradas», asociadas en la época del Nuevo Testamento con las sumas sacerdotisas de la Orden de Diana de Éfeso. Las túnicas de las *hierodulai* eran rojas. Representaban el *ritu* (la verdad), de donde proviene la palabra «ritual». En su condición sacerdotal como *hierodule* emblemática, los artistas retrataron en muchas ocasiones a María Magdalena vestida de rojo (*véanse* láminas 17 y 18). Pero, debido a la perversión lingüística de transformar *hierodule* en «ramera» (*harlot*) poco antes de que la Biblia se tradujera al inglés, Inanna la Grande se llegó a identificar con la Puta de Babilonia en el libro del Apocalipsis 17:1-5, y el rojo se vinculó directamente con la prostitución. De hecho, las prostitutas utilizan todavía la pervertida imaginería de la Iglesia vistiendo de rojo o exhibiéndose bajo luz roja.

A pesar de todo, la *hierodule* era la raíz del Matrimonio Sagrado, denominado *Hieros Gamos*. El *Canto de Inanna* fue una versión primitiva del *Cantar de los Cantares* del Antiguo Testamento, y es aquí donde se detalla la ceremonia nupcial del *Hieros Gamos*, un ritual sagrado que se repitió en las escenas matrimoniales de Jesús y María Magdalena en el Nuevo Testamento.

---

15. Colin Wilson & John Grant, *The Directory of Possibilities*, Webb & Bower, Exeter, 1981, p. 37.
16. Una moneda fenicia donde aparece este emblema se puede ver en HarperCollins 2003 edición de Laurence Gardner, *Realm of the Ring Lords*, c. 5, p. 54.

El sacerdocio femenino

Si tomamos en consideración los comentarios de San Pablo sobre las mujeres y el sacerdocio, parece haber una insistente anomalía. A veces, San Pablo llama la atención sobre sus auxiliares femeninas, alabándolas por su trabajo; mientras que, en otras ocasiones, prohíbe a las mujeres tomar parte activa en el culto, y mucho menos en los deberes sacerdotales.

Al parecer, personajes como Clemente, Tertuliano y otros, que compilarían posteriormente las *Constituciones Apostólicas,* seleccionaron los pasajes de los escritos de Pablo que mejor se les acomodaron para sus intereses particulares, ignorando el resto. Pero eso sigue sin dar cuenta de los criterios contrapuestos de Pablo a este respecto, que han llevado a muchos teólogos a sospechar que quizás las epístolas de San Pablo fueran manipuladas antes de su publicación, con el fin de adaptarlas a ciertos requisitos. Otros sugieren que quizás no fuera él personalmente el que escribió algunas de las epístolas, tal como se nos dice. Pero no hay forma de demostrar nada de todo esto, dado que las cartas originales ya no existen, pero es evidente que hubo un lapso de tiempo considerable entre los tiempos de Pablo y los de aquellos que utilizaron su obra para dar soporte a la recién emergida rama de la fe cristiana.

Pablo hace su aparición en el Nuevo Testamento en el año 40 d.C., y fue martirizado en el año 64 d.C. Tertuliano nació en el año 160 d.C.; Clemente fue contemporáneo suyo, y murió hacia el 215 d.C., y el primer Concilio de Nicea de Constantino se llevó a cabo en el 325 d.C. Sin contar con los 261 años entre San Pablo y el establecimiento de la Iglesia Romana, hubo más de cien años entre la muerte de Pablo y los padres de la Iglesia. Mientras tanto, se perseguía a los cristianos dentro del imperio, en especial en Roma, donde Pedro y Pablo habían sido ejecutados.

No hay duda de que Pablo tuvo que hacer un difícil trabajo. Mientras que los propios apóstoles de Jesús operaban en su tierra natal, con la que estaban familiarizados, la misión de Pablo fue bastante diferente. El trabajo que se le asignó fue difundir el mensaje cristiano en los países del Mediterráneo que hablaban el griego. En este entorno, tenía que competir con diversidad de creencias paganas. Había muchas religiones cuyos dioses y profetas se suponían nacidos de vírgenes y habían desafiado a la muerte de un modo u otro. Todos ellos eran de origen sobrenatural y tenían sorprendentes poderes, muy superiores a los de los mortales ordinarios. Para ser justos con Pablo, habrá que reconocer que se enfrentó con problemas que los apóstoles originales nunca tuvieron que afrontar en su entorno natal. Pero lo que hizo para salir adelante contra todo pronóstico fue presentar a Jesús de un modo que trascendiera incluso a aquellos ídolos paranormales. Sin embargo, el Jesús trascendente que resultó de todo esto, el Jesús inventado por Pablo, fue el que terminaría convirtiéndose en el Jesús divino del cristianismo ortodoxo.

Originalmente, Pablo (Saulo de Tarso) era un hebreo devoto, además de tutor del hijo de Herodes Agripa I. Su conversión a los nazarenos, más liberales, tuvo lugar cuando iba a Damasco para arrestar a los discípulos de Jesús, cuyas doctrinas helénicas eran contrarias a la ley hebrea. En Hechos 9:1-2 se afirma que la misión se la había encomendado el Sumo Sacerdote de Jerusalén, pero no puede haber sido ése el caso. El consejo de ancianos judíos del Sanedrín no tenía jurisdicción alguna en Siria.[17] Es mucho más probable que, dado que Pablo estaba vinculado a la administración herodiana, hubiera estado trabajando para los romanos en su intento de suprimir a los nazarenos.[18]

Aparte de esto, lo importante de la historia de la conversión Pablo es que, cuando más tarde fue acusado como instigador ante el gobernador de Cesarea, su acusador afirmara: «Hemos encontrado esta peste de hombre que provoca altercados entre los judíos de toda la tierra y que es el jefe principal de la secta de los nazarenos». (Hechos 24:5)

Tras su experiencia con los apóstoles en Damasco, Pablo se había convertido en nazareno, y es en este contexto en el que le encontramos posteriormente trabajando con las mujeres en el ministerio de Jesús. Si volvemos a leer las referencias epistolares a sus ayudantes femeninas, descubriremos que hay un error repetitivo en la traducción de las copias griegas de sus cartas.[19]

Cuando Pablo habla de mujeres como Febe, por ejemplo, nos enteramos de que ésta era «sirviente de la iglesia» (Romanos 16:1). Pero, si se traduce correctamente, la palabra que nos encontramos no es «sirviente», sino «diaconisa».[20] Así, queda claro que había una diferencia evidente entre las costumbres nazarenas y los ideales de la «nueva Iglesia» de algunos personajes como Tertuliano, algo más de un siglo después. Se nos dice que, desde el mismo principio del ministerio de Jesús, hu-

---

17. A. N. Wilson, *Jesus*, c. 2, p. 26.
18. Michael Baigent, Richard Leigh y Henry Lincoln, *The Messianic Legacy*, Jonathan Cape, Londres, 1986, c. 6, p. 67.
19. Esto ha quedado patente recientemente con la Campaña para la Ordenación de las Mujeres en la Iglesia Católica Romana. www.womenpriests.org.
20. John Wijngaards, *No Women in Holy Orders?* Canterbury Press, Norwich, 2002, p. 158.

bo mujeres asistentes además de su madre y de sus hermanas. Estuvieron María Magdalena y Marta, por supuesto, pero Lucas 8:3 menciona también a «Juana, la esposa de Cusa... y Susana, y otras muchas que le asistían con sus bienes».

El movimiento cristiano nazareno de Jesús, los apóstoles, San Pablo y otros fundadores del Nuevo Testamento no se parecen demasiado al posterior cristianismo de Clemente y Tertuliano. Ni tampoco tienen mucho que ver con el ulterior «iglesiísmo» de los obispos de Roma. Como hemos visto, fueron los competidores más peligrosos de estas instituciones, una fraternidad que, como confirma Eusebio, estaba dirigida por los herederos *desposyni* en una «progresión dinástica estricta». En tanto que San Pablo pudo haber exagerado la imagen de Jesús pensando en su audiencia pagana, no hay duda de que los subsiguientes padres de la nueva Iglesia manipularon los escritos de Pablo para adaptarlos a sus intereses, del mismo modo que San Clemente pervirtió descaradamente el Evangelio de Marcos.

Ya en vida, Pablo tuvo ocasión de advertir a la gente sobre cartas ficticias que se le atribuían a él[21] y era algo habitual que se elaboraran cartas con objetivos propagandísticos.[22] Las cartas de Pablo a Timoteo, Tito y Filemón se han sometido a un examen lingüístico detenido, y existen serias dudas de que se trate de auténticas misivas escritas por su propia mano.[23] Esta correspondencia individual (conocida como Cartas Pastorales) es muy diferente en estilo y vocabulario a la correspondencia dirigida a las congregaciones, como las de los Corintios, Gálatas y Tesalonicenses. Y es en la primera epístola a Timoteo donde se encuentran los comentarios, supuestamente de Pablo, acerca de la represión de las mujeres,[24] y los expertos creen ahora que se trata de cartas falsas escritas bastante tiempo después de la muerte de Pablo.

Así las cosas, convendría examinar alguna otra documentación primitiva a este respecto para ver lo que algunos escritos, no tan ampliamente difundidos, podrían haber dicho respecto al ministerio de las mujeres. Sorprendentemente, nos encontramos con que Clemente de Alejandría, en su *Comentario sobre 1 Corintios*, anotó que los apóstoles trabajaban en compañía de mujeres, que eran «hermanas» y «co-ministras». Orígenes de Alejandría (185-255 d.C.), refiriéndose a la ayudante de Pablo, Febe, decía que las mujeres fueron «instituidas co-

---

21. 2 Tesalonicenses 2:2.
22. J. R. Porter, *The Illustrated Guide to the Bible*, p. 239.
23. Ibíd. p. 241.
24. 1 Timoteo 2:11-12 - «La mujer oiga la instrucción en silencio, con toda sumisión. No permito que la mujer enseñe ni que domine al hombre. Que se mantenga en silencio».

mo diaconisas en la iglesia». El senador romano Plinio el Joven, hablaba en el año 112 d.C. sobre las diaconisas. En una transcripción del Concilio de Nicea se habla del papel eclesiástico de una diaconisa, al igual que Epifanio de Salamina (315-403 d.C.), San Basilio de Cesarea (329-379 d.C.) y otros muchos. Pero quizás lo más sorprendente, a pesar del discurso antifemenino mencionado en el capítulo anterior (*véase* página [la que corresponda]), y a diferencia del tono general del documento, las mismas *Constituciones Apostólicas* exponen las diferencias en el oficio entre los diáconos y las diaconisas.[25]

Es por tanto ilógico y una tergiversación completa que la jerarquía de la Iglesia sostenga que «Nuestro Maestro y Señor, el mismo Jesús, cuando nos envió a los doce a hacer discípulos entre las gentes y las naciones, no enviara a ninguna mujer a predicar». Las evidencias documentales demuestran más allá de toda duda que esto no es cierto. La ordenación femenina para el oficio clerical existía incluso mucho después de tiempos neotestamentarios. Y quizás la más famosa de estas mujeres fuera la santa del siglo IV, Olimpia de Constantinopla.

Heredera de una inmensa fortuna, Olimpia se casó con Nebridio, prefecto de Constantinopla. Pero éste murió poco después y Olimpia, una joven y rica viuda sin hijos, construyó la *Hagia Sophia*, la principal iglesia de la ciudad, donde el obispo Nectario la consagró como diaconisa. Posteriormente, trabajó con su sucesor, el famoso San Juan Crisóstomo. La Iglesia Bizantina debe mucho de sus logros históricos y su prestigio a Olimpia, al igual que el Imperio Oriental en general, que se benefició enormemente de sus obras filantrópicas para los pobres del reino.[26]

Los desposorios dinásticos

Las bíblicas *almahs* del Nuevo Testamento (entre las que estuvieron María, la madre de Jesús, y María Magdalena) eran el equivalente de las monjas de los conventos, criadas y educadas con la perspectiva de un matrimonio dinástico. Eran sacerdotisas de «pura raza» por derecho propio, asignadas a las distintas órdenes tribales, como las de Dan, Aser y Manasés, y estaban vinculadas a la comunidad terapéutica ascética de Qumrân.[27]

---

25. J. Wijngaards, *No Women in Holy Orders?* Apéndice «The Texts», pp. 156-205.
26. *The Catholic Encyclopedia*, vol. XI - Santa Olimpia.
27. «Women in the Christian Revision», en B. Thiering, *Jesus the Man*, apéndice III, pp. 366-71.

Se suele decir que los esenios de Qumrân y del desierto de Judea eran célibes, y en su mayor parte lo eran. Sin embargo, pervivieron durante generaciones y fueron por tanto procreadores, aunque con normas muy estrictas de autorregulación. La actividad sexual no buscaba el placer ni pasar el tiempo, y ni siquiera estaba vinculada particularmente al afecto. Las directrices eran rígidas y estaban rigurosamente controladas por sacerdotes angélicos, como el Gabriel del que ya hemos hablado. Josefo tiene mucho que decir por sus conocimientos de primera mano acerca de la secta esenia, que aparecen en sus *Antigüedades Judaicas*.

Con respecto a la madre de Jesús, María, tanto Mateo 1:18 como Lucas 2:5 afirman que José la «desposó», y posteriormente se refieren a ella como su «mujer». Aquí, la palabra «desposada» no significa prometida ni comprometida; hace referencia a un desposorio contractual. Tanto Mateo 1:1-17 como Lucas 3:23-38 ofrecen unas listas generacionales de los antepasados ancestrales masculinos de Jesús, a través de su padre, José, en el linaje de la Casa Real de David.[28] La ascendencia davídica se confirma en Hebreos 7:14, que destaca que Jesús pertenecía al linaje real de Judá.

---

28. En lo relacionado con el linaje de Jesús, Mateo y Lucas no coinciden en la genealogía del rey David. Mateo da el linaje real desde Salomón, mientras que Lucas detalla la ascendencia desde Natán, otro de los hijos de David. Esta parte de la lista, en Mateo, contiene veintidós antepasados, frente a los veinte de Lucas. Sin embargo, las dos listas coinciden después en Zorobabel, en el cual coinciden como heredero directo e inmediato de Salatiel. Pero incluso esto es objeto de debate pues, mientras en el Antiguo Testamento, en los libros de Esdrás 3:2 y Ageo 1:1, se confirma que Zorobabel nació en la familia de Salatiel, pudo haber una generación entre ambos, un hijo posible de Salatiel llamado Pedaías, que por tanto habría sido el padre de Zorobabel. El relato en 1 Crónicas 3:19 es confuso a este respecto. La principal diferencia entre Mateo y Lucas tiene que ver con los antepasados que van desde la época de David hasta la del regreso de los israelitas del cautiverio de Babilonia. A este respecto, la lista equivalente que aparece en 1 Crónicas está de acuerdo, en términos generales, con la de Mateo. Después, tras converger en Zorobabel, las listas de Mateo y de Lucas divergen de nuevo. Mateo traza la ascendencia de Jesús a través de un hijo llamado Abiud, mientras que Lucas la traza a través de otro hijo, llamado Resá. Según Mateo 1:16, el abuelo paterno de Jesús fue Jacob, pero en Lucas 3:23 se dice que fue Helí. Sin embargo, ambas versiones son correctas pues el padre de José, Helí, tenía la distinción de «Jacob» en su calidad de patriarca (véase B. Thiering, *Jesus the Man*, c. 5, p. 29). La lista genealógica de Mateo, desde David hasta Jacob-Helí (que abarca un lapso de mil años) contiene 25 generaciones de 40 años cada una de ellas. Lucas, por otra parte, da 40 generaciones de 25 años cada una. Así pues, Lucas pone a Jesús en la 20ª generación desde Zorobabel, mientras que Mateo lo pone en la 11ª. A lo largo de este último período de alrededor de 530 años, la lista de Mateo mantiene una norma generacional de 53 años, mientras que Lucas es más detallado, con una norma de 28 años.

Como esposa de un marido dinástico, la mujer de José, María, habría estado sometida a las regulaciones correspondientes al linaje mesiánico (ungido), como en el caso del rey David y del sumo sacerdote Sadoq. Esta normativa dinástica no tenía nada de ordinario, y era bastante diferente de la norma matrimonial judía.[29] Se definían explícitamente los parámetros operativos, dictando un estilo de vida célibe, salvo para la procreación de los hijos, en intervalos seriados. Tres meses después de una ceremonia de compromiso, se formalizaba un Primer Matrimonio, que comenzaba en el mes equivalente a septiembre. Después de este Primer Matrimonio, ya se permitían las relaciones físicas, pero sólo en diciembre. Esto se hacía para asegurar (con tanta certeza como fuera posible) que el posible nacimiento dinástico resultante tuviera lugar durante el mes de la Expiación del septiembre siguiente. Si la novia no había concebido, las relaciones íntimas se suspendían hasta el siguiente mes de diciembre, y así sucesivamente.[30]

En cuanto la esposa probacionista hubiera concebido, se llevaba a cabo un Segundo Matrimonio para legalizar el desposorio. Sin embargo, a la novia se la consideraba todavía una *almah* hasta la realización del Segundo Matrimonio, el cual, como cuenta Flavio Josefo, se celebraba cuando llevaba tres meses de embarazo.[31] El objetivo de esta demora era el permitir la posibilidad de un aborto. Así pues, los Segundos Matrimonios tenían lugar durante el mes de marzo. El motivo de que no se consumara el desposorio completo hasta que el embarazo hubiera quedado firmemente establecido era el de permitirle al marido dinástico el cambio legal de esposa, si esta primera esposa resultaba ser estéril.

En el caso de José y de María, es evidente que se infringieron las normas del desposorio dinástico, dado que María dio a luz a Jesús en un momento del año que no era el adecuado (domingo, 1 de marzo del 7 a.C.).[32] Por tanto, la unión sexual debió tener lugar seis meses antes del designado mes de diciembre, en junio del 8 a.C., más o menos por la época de su compromiso inicial, unos tres meses antes de su Primer Matrimonio, en septiembre. María no sólo

29. J. Fleetwood, *The Life of Our Lord and Saviour Jesus Christ*, c. 1, pp. 10-11. En un extracto del Dr. Paxton, se esbozan las normas habituales del matrimonio judío, muy diferente de las restrictivas regulaciones dinásticas.

30. B. Thiering, *Jesus the Man*, c. 8, pp. 43-49, y apéndice I, p. 177.

31. F. Josephus, *The Wars of the Jews*, t. II, c. 8:13.

32. B. Thiering, *Jesus the Man*, c. 7, p. 42, y apéndice I, p. 209.

concibió siendo una *almah* (doncella/hermana), sino que también dio a luz como *almah* («virgen» en el texto traducido), antes de su Segundo Matrimonio.

En cuanto se confirmara el embarazo no autorizado de María, a José se le hubiera concedido la posibilidad de no acceder a la ceremonia del Segundo Matrimonio y, para evitarle a María la vergüenza de ser puesta en custodia monástica, «la repudió en privado» (como se lee en Mateo 1:19) pues, de lo contrario, el niño o niña habría sido educado por los sacerdotes. Pero si se trataba de un niño varón, hubiera sido el primogénito de José, descendiente en la sucesión davídica. No hubiera tenido sentido que se criara como un huérfano sin identificar, permitiendo que un posible hermano, más joven, se convirtiera en su sustituto en el linaje real. El niño aún no nacido de José y María era simplemente una posibilidad significativa y exigía un trato especial como excepción a la regla. El Gabriel angélico (el sacerdote Abiatar) debió de aconsejar que, dado que el legado sagrado se hallaba en peligro, José debería seguir adelante con la ceremonia del Segundo Matrimonio, «porque lo engendrado en ella es del Espíritu Santo» (Mateo 1:20).

Tras esta dispensa, se habrían aplicado una vez más las reglas normales, siendo la primera de ellas que no se permitiera ningún contacto físico entre el hombre y la esposa hasta algún tiempo después de nacido el bebé, «Despertado José del sueño, hizo como el Ángel del Señor le había mandado, y tomó consigo a su mujer. Y no la conocía hasta que ella dio a luz un hijo, y le puso por nombre Jesús». (Mateo 1:24-25).

El compromiso

Una mirada superficial a lo largo de los Evangelios del Nuevo Testamento nos revela una boda en particular en la cual Jesús fue un participante activo. Se trata de las bodas de Caná, donde llevó a cabo la transformación del agua en vino. Sin embargo, al igual que en la resurrección de Lázaro, es extraño que este acontecimiento, en apariencia tan importante, se mencione sólo en el Evangelio de Juan. La resurrección de Lázaro fue el último milagro de Jesús; el milagro del agua y el vino fue el primero, pero se limita igualmente la narración de un solo Evangelio.

Jesús no tenía demasiada paciencia con los rigurosos credos de grupos judíos como los fariseos, y sabía que no se podría liberar al pueblo de Judea de la opresión romana hasta que no abandonaran sus intransigentes sectarismos. También era consciente de que hacía mucho se venía anticipando un Mesías Salvador, un redentor anunciado por los profetas que se esperaba diera inicio a una nueva era de liberación. Como heredero de la casa real davídica, sabía que él estaba cualificado para ser ese Mesías y que, si emergía como tal, pocos se sorprenderían. Teniendo esto en mente, sostuvo un enfoque revolucionario y se aseguró de mantenerse al margen de las prácticas habituales.

Sin embargo, lo que Jesús no tenía era una autoridad social designada; no era un rey ni era un sumo sacerdote. Pero no le daba mucha importancia a tales tecnicismos, y llevó a cabo cambios en los rituales, desobedeciendo muchas tradiciones hebreas y prescindiendo de su falta de titularidad. Los milagros no son necesariamente acontecimientos sobrenaturales; son milagros por virtud de su naturaleza, extraordinaria y sin precedentes. De hecho, la palabra utilizada en los Evangelios (que se traduce como «milagro») era *dunameis*, que se asocia con una acción «de poder», acompañada a veces por *teras* («asombro») y *semeion* («señal»).[33]

En la primera oportunidad que tuvo de romper con los convencionalismos, en las bodas de Caná, Jesús vaciló, afirmando, «Todavía no ha llegado mi hora». Pero su madre dejó a un lado su falta de autoridad titular y se dirigió a los sirvientes diciendo, «Haced lo que él os diga» (Juan 2:4-5).

Al describir la fiesta de la boda, el Evangelio dice: «Y, como faltara vino, porque se había acabado el vino de la boda, le dice a Jesús su madre: "No tienen vino"», para luego continuar con un relato en el que Jesús parece convertir las tinajas de agua en vino. En el *Manuscrito de la Regla* de Qumrân se dice que, en tales mesas comunitarias, el servicio del vino era una prerrogativa del sacerdote que presidía el acto.[34] Tal como se dice en Hebreos 7:14, Jesús no tenía autoridad sacerdotal alguna, de modo que cualquier intervención por su parte en lo relativo al vino, antes de que fuera servido, sería un quebrantamiento de la *Regla;* y, sin embargo, intervino claramente.

Lo relevante de esta escena es que sólo se permitía beber el vino ceremonial a los levitas plenamente iniciados. Al resto de los presentes se les consideraba como no santificados y se les limitaba a un ritual purificador con agua.[35] Entre

---

33. William Barclay, *The Mind of Jesus*, SCM Press, Londres, 1971, c. 9, pp. 87-8.
34. «The Community Rule», en Geza Vermes, *The Complete Dead Sea Scrolls in English*, Penguin, Londres, 1998, pp. 105, 120.
35. B. Thiering, *Jesus the Man*, c. 4, p. 24.

éstos, se encontraban los hombres casados, los novicios, los gentiles y todos los judíos laicos. Esto se confirma en Juan 2:6, donde dice: «Había allí seis tinajas de piedra, puestas para las purificaciones de los judíos».

La trascendencia de la acción de Jesús consiste en que asumió por sí mismo romper con la tradición, cuando dejó de lado la purificación del agua y permitió que los invitados no iniciados bebieran del vino sagrado. El maestresala de la fiesta (griego: *architriclinos*) «ignoraba de dónde era (los sirvientes, los que habían sacado el agua, sí que lo sabían)». Pero el maestresala no hace referencia a ninguna transformación milagrosa, sino que, simplemente, manifiesta su sorpresa de que el buen vino haga su aparición a esas alturas de la fiesta. Como declaró María, la madre de Jesús, habiendo dado instrucciones a los sirvientes para que obedecieran a éste, este episodio «manifestó su gloria, y creyeron en él sus discípulos».

En el Evangelio de Juan no se dice nada de la celebración de la boda en Caná; sólo se habla de la fiesta de boda y del agua y el vino. Algunos de los discípulos estaban allí, así como otros invitados, incluidos gentiles, y demás personas que, técnicamente, eran impuros. Esto, por tanto, no era una ceremonia de matrimonio, sino una comida nupcial de compromiso. La costumbre quería que hubiera allí un anfitrión formal (tal como aparece en el relato); él estaría a cargo de los preparativos y disposiciones, como maestresala de la fiesta. La autoridad secundaria recaería únicamente en el novio y en su madre, y esto es del todo relevante pues, cuando surge el tema del vino, la madre de Jesús les dice a los sirvientes, «Haced lo que él os diga». Ningún invitado a la fiesta hubiera tenido un derecho tal para dar órdenes y, como muchos teólogos han comentado, Jesús y el novio parecerían ser una y la misma persona. A este respecto, es especialmente destacable la opinión del obispo John Shelby Spong de Newark, cuyo tratado sobre María Magdalena es muy revelador, en lo relativo al pensamiento moderno de la Iglesia.[36]

Además de hablar de la boda de Caná, el obispo Spong hace algunas observaciones interesantes acerca de otros puntos del Nuevo Testamento. Llama la atención especialmente sobre 1 Corintios 1:5, en referencia a las esposas y las hermanas de los apóstoles que acompañaban a Jesús, y se pregunta:

---

36. John Shelby Spong, *Born of a Woman*, HarperSanFrancisco, San Francisco, CA, 1992, c. 13, pp. 187-99.

¿Cómo se pudo convertir María Magdalena en la mujer de rango superior de este grupo de esposas (la Apóstol de los Apóstoles), apareciendo su nombre siempre el primero en las listas, si ella no hubiera sido la consorte de Jesús?

¿Con qué derecho habría reclamado el cuerpo de Jesús para llevárselo (como se ve en Juan 20:15), si no hubiera sido su más cercana pariente?

¿Por qué asumió el conyugal deber de la unción de Jesús en su tumba si no era su mujer?

A la luz de todo esto, así como de otros casos igualmente intrigantes, el obispo Spong sugiere que la acumulación de argumentos apunta a la idea de que Jesús y María eran marido y mujer. Spong escribe: «Esta información fue suprimida, pero no aniquilada, por la Iglesia Cristiana... Sin embargo, esta relación era tan real que por todas partes, en los evangelios, aparecen insinuaciones de ello».

Muchos apologistas de la deshumanización de Jesús perpetrada por la Iglesia indican que en ningún lugar de los evangelios dice que estuviera casado. Lo mismo se podría decir, evidentemente, de los apóstoles; pero, ¿por qué limitar el Nuevo Testamento a los evangelios, que son menos del 50 por ciento del total? En otros lugares del Nuevo Testamento, sí que se habla de las mujeres de los apóstoles. Y, como respuesta a esos apologistas, otros muchos destacan que en ninguna parte de los evangelios se dice que Jesús no estuviera casado. Pero no merece la pena responder a una negativa con otra negativa, cuando tenemos argumentos positivos que considerar. Como veremos, los evangelios (los cuatro) afirman ciertamente que Jesús estuvo casado.

Según la cronología de los evangelios, la fiesta de bodas en Caná de Galilea tuvo lugar en junio del año 30 d.C., lo cual coincide absolutamente con un compromiso dinástico, que debía tener lugar tres meses antes del Primer Matrimonio, en septiembre. Siguiendo esta misma cronología, nos encontramos con que, en septiembre del 30 d.C., María Magdalena ungió a Jesús en casa de Simón (Lucas 7:37-38).[37] En esos días, ella debió de llorar por su ma-

---

37. El marco temporal y las fechas concretas de estos acontecimientos se dan en el apéndice I, «Chronology», de B. Thiering, *Jesus the Man*, pp. 221-2.

rido (como Lucas 7:38 confirma que lo hizo) ante la perspectiva de la separación reglamentaria de octubre-noviembre. Posteriormente, como una *almah* prometida, María Magdalena debió de permanecer como *mujer impedida* hasta que la pareja recibiera el permiso de reunirse para la unión física en diciembre.[38]

En el mundo artístico, se dio frecuentemente por hecho que María Magdalena había estado presente en la fiesta de boda de Caná y, en las pinturas, se la representó en la mesa, a la izquierda de Jesús. En un fresco del siglo xv de Giotto, por ejemplo, se sienta entre Jesús y su padre, mientras que en una pintura del siglo xv de Gerard David, María está situada entre Jesús y su madre (*véase* lámina 13).

---

38. Ibíd. apéndice III, p. 367.

10

Los herederos

El matrimonio de la Magdalena

El término *Mesías,* aplicado a Jesús, se deriva de la palabra hebrea *māsach* («ungido»). El Mesías era un «Ungido».[1] La palabra equivalente en griego era *Christos,* de donde viene la designación regia de «Cristo». A este respecto, por tanto, Jesús no era único. Él era un Mesías, pero había habido otros Ungidos en el linaje real antes de él. Entre los *Manuscritos del Mar Muerto,* hay un texto conocido como la *Regla de la Guerra* (escrito mucho antes de la época de Jesús) que establece la estrategia de batalla para la guerra contra los oscuros opresores, y nombra al Mesías como comandante militar supremo de Israel.[2] En otro manuscrito de Qumrân, titulado *Regla Mesiánica,* se habla del oficio mesiánico y del Consejo de la Congregación de la comunidad.[3]

En el antiguo Egipto, se ungía a los reyes con aceite de cocodrilo porque este aceite se asociaba con la potencia sexual. El cocodrilo sagrado de los egipcios era el *Messeh,* que se corresponde con el israelita *Mesías.* Antes de esto, en Mesopotamia, la intrépida bestia real (un monitor de cuatro patas) re-

---

1. J. Hastings (ed.), *Dictionary of the Bible* - Messiah.
2. Michael Baigent y Richard Leigh, *The Dead Sea Scrolls Deception,* Jonathan Cape, Londres, 1991, c. 9, p. 141. Esta anotación de «Messiah» en la Regla de la Guerra, cap. XI, aparece a veces como «Thine Anointed» (por ejemplo, en G. Vermes, *The Complete Dead Sea Scrolls in English,* Penguin, Londres, 1998).
3. «The Messianic Rule», en Geza Vermes, *The Dead Sea Scrolls in English,* Penguin, Londres, 1995, pp. 119-22.

cibía el nombre de *Mûs-hûs*. A partir de estas tradiciones, la unción real se introdujo en Israel cuando el rey Saúl fundó el reino (1 Samuel 10:1). Posteriormente, el rey David sería ungido (2 Samuel 5:3), al igual que su hijo, Salomón (1 Reyes 1:39), con quien el rito se le otorgó a Sadoq, el sacerdote. Más tarde, los sadoquitas conservarían la prerrogativa del sumo sacerdocio a lo largo de toda la sucesión davídica, de forma muy parecida a como el Papa o el arzobispo de Canterbury instalarían a los posteriores monarcas europeos.

La unción regia determinaba el estatus de un Mesías. De ahí que David, Salomón y la dinastía reinante que les sucedió fueran Mesías (Ungidos). Pero Jesús nunca fue rey, y no alcanzó tampoco su estatus de Mesías hasta que María Magdalena llevó a cabo la unción en Betania, la semana antes de su crucifixión. Sin embargo, en este caso, hubo diferencias en la ejecución. No fue una unción para el trono, ni tampoco implicó a un sacerdote sadoquita. Se pareció más a las unciones matrimoniales tradicionales de las novias-hermanas de los faraones, o las reinas de Siria y otros países fuera de los dominios hebreos.[4] Por otra parte, en vez de aceite de oliva mezclado con canela, mirra, cálamo y casia (tal como se especifica para la unción sagrada en el Éxodo 30:23-25), María utilizó la «unción de nardo puro», un costoso extracto de raíces de los Himalayas (Juan 12:3).[5]

El relato de esta unción, que siguió a la resurrección de Lázaro y tuvo lugar en su casa, aparece en los Evangelios de Mateo, Marcos y Juan.[6] Al relatar el acontecimiento de Lázaro, Juan 11:1-2 dice que María había ungido a Jesús en una ocasión anterior, haciendo referencia a la unción previa que aparece en el Evangelio de Lucas.[7]

La primera unción (Lucas) fue en septiembre del año 30 d.C., cuando María ungió los pies de Jesús y los enjugó con sus cabellos. En la traducción de este pasaje, lo relativo a «sus cabellos» ha hecho que su contexto no quedara claro. La palabra era *thrix* (un tipo de velo descrito como «un cabello») y hace referencia a un velo que las mujeres de la época llevaban en la cabeza.[8] La

---

4. *Lutterworht Dictionary of the Biblie* (ed. Watson E. Mills), Lutterworth Press, Cambridge, 1994 - Anointing.
5. El aceite de nardo es un ungüento fragante de aroma dulce que proviene de la planta del nardo del Himalaya. Es una planta que crece en alturas de alrededor de 4.500 metros, por lo que el aceite resulta muy caro.
6. La unción de Betania - Mateo 26:6-13, Marcos 14:3-9, Juan 12:1-7.
7. La unción anterior de María - Lucas 7:36-50.
8. «Lexicon & Pesher», en B. Thiering, *Jesus of the Apocalypse*, p. 240.

segunda unción fue en marzo del 33 d.C. En esta ocasión, Juan confirma que se repitió el mismo ritual, mientras que Mateo y Marcos añaden que María llevaba también su «frasco de alabastro con perfume puro de nardo, de mucho precio; ... y lo derramó sobre su cabeza».

María Magdalena unge la cabeza de Jesús. En la Casa de Simón – talla en madera de Julius Schnoor von Carolsfeld (1794-1872)

Como ya hemos visto, las normas del desposorio dinástico no tenían nada de ordinario. Parámetros explícitamente definidos dictaban un estilo de vida de celibato, salvo para la procreación de hijos a intervalos regulares. Al largo período de compromiso le siguió un Primer Matrimonio en septiembre, tras el cual se permitió la relación física, en diciembre. Si tenía lugar la concepción, la ceremonia del Segundo Matrimonio se celebraba en marzo con el fin de legalizar el desposorio. Durante el período de prueba y hasta el Segundo Matrimonio, la novia seguía siendo según la ley una *almah*, tanto si estaba embarazada como si no. Lo que se nos ofrece aquí, en el caso de Jesús y de María Magdalena, es la precisa observancia de esta norma: una primera unción en septiembre seguida de la fiesta de desposorios de Caná, en junio; y una segunda unción en marzo. Dado que la segunda fase (la cimentación del contrato) no se llevaba a cabo hasta los tres meses de embarazo, esto significa que María debió concebir en diciembre del año 32 d.C. y que, por tanto, debió dar a luz en el mes de la Expiación, en septiembre del 33 d.C.

Pero, ¿por qué en esta ocasión se utilizó el óleo de nardo puro, en lugar de la mezcla habitual? Parece ser que Judas Iscariote se quejó de que aquel óleo era demasiado costoso para utilizarlo con este propósito (Juan 12:4-5). Pero lo cierto es que el nardo puro nos indica que esta unción mesiánica era la de un evento nupcial, a diferencia de la entronización real, que habría sido realizada por el sacerdote Sadoq. Todos los evangelios puntualizan que el ungüento era precioso y caro, y Juan 12:3 añade que «la casa se llenó del olor del perfume». La clave de todo esto, y el motivo del nardo puro, queda claro con el hecho de que María Magdalena era de origen sirio, tal como explican los relatos de Rábano y de Jacapo sobre la familia de ella.

El Cantar de los Cantares, una serie de cantos de amor entre una novia y un novio regios, se encuentra entre los libros más románticos del Antiguo Testamento. El Cantar de los Cantares identifica la poción simbólica del desposorio real como el ungüento aromático de nardo puro: «Mientras el rey se halla en su mesa, mi nardo exhala su fragancia» (Cantar 1:12).[9] Esta escena se reproduce en Betania, donde el ritual lo llevó a cabo también María Magda-

---

9. El aceite de nardo se utilizaba también como ungüento en los ritos funerarios. Era costumbre que la viuda pusiera una redoma rota del ungüento en la tumba de su difunto marido. Véase M. Starbird, *The Woman with the Alabaster Jar*, c. 2, pp. 40-1. Fue éste el motivo por el cual María fue a la tumba de Jesús (Juan 20:1).

lena, mientras Jesús estaba ante la mesa.[10] Esto hace alusión a un antiguo rito mediante el cual la novia real santificaba la comida de su novio. Este ritual era una herencia directa de la tradición de Inanna-Dumuzi del *Hieros Gamos* (Matrimonio Sagrado) del Rey-Pastor. Esta imaginería también es evidente en el Salmo 23 del Antiguo Testamento, «El Señor es mi pastor...», donde se habla del aspecto femenino de la divinidad, «Tú preparas una mesa ante mí... unges con óleo mi cabeza, rebosante está mi copa».[11] La ejecución del rito de la unción nupcial era un privilegio expreso de la novia mesiánica y se llevaba a cabo únicamente en las ceremonias del Primer y del Segundo Matrimonios.

María sólo pudo llevar a cabo la unción de la cabeza y de los pies de Jesús con el ungüento sagrado como esposa suya y sacerdotisa por derecho propio. Este rito era habitual en la antiquísima cultura principesca del mesopotámico Sumer, y simbolizaba la concesión por parte de la Diosa de sus favores y de la realeza al novio que ella había elegido.[12] En tiempos primitivos, no existía la regla de la primogenitura; a los reyes no les sucedían sus hijos de forma automática. La realeza dependía de la elección de las princesas, y de la fertilidad de la tierra dependía la aceptación sexual continuada de los Reyes-Pastores por parte de ellas.[13] No sólo no se podía ser rey sin una reina, sino que la reina tenía que ser de sangre real.[14] Se consideraba que sus relaciones personales y la tierra estaban inextricablemente unidas; si una fallaba, la otra también.

En la leyenda artúrica, la tierra de Camelot cayó en la ruina cuando el rey Arturo perdió el afecto de Ginebra, enamorada de Lanzarote. Entonces, sus caballeros partieron en una demanda mediante la cual pretendían restablecer el *Sangréal* (el Santo Grial) matrilineal, y se decía que la tierra desolada no recobraría la fertilidad en tanto el rey no sanara de su herida.

En el capítulo 2 (*véase* página 41), vimos que la novia real del Cantar de los Cantares, a la que se refiere como la «sulamita», era la noble Abisag (Abigail) de la ciudad fronteriza siria de Sölam (Sulam). El Cantar de los Cantares relata la rivalidad amorosa entre el rey Salomón y su hermano Adonías por Abisag, tal como se cuenta en 1 Reyes 2:13-25. A este respecto, el legado sirio de la an-

---

10. Mateo 26:7, Marcos 14:4, Juan 12:2-3.
11. Salmo 23, versículo 5.
12. M. Starbird, *The Woman with the Alabaster Jar*, c. 11, pp. 35-6.
13. Barbara G. Walker, *The Woman Encyclopedia of Myths and S* cisco, San Francisco, CA, 1983, p. 501 - Kingship.
14. A. M. Hocart, *Kingship*, Oxford University Press, Oxford, 19

cestral familia de María Magdalena fue el que dio origen al detalle del nardo puro que se usara en Betania, en el mismo contexto que el Cantar de los Cantares de Salomón. En sus comentarios sobre este tema, Samuel Noah Kramer, del Instituto de Asiriología y Estudios del Oriente Próximo de la Antigüedad (afiliado a la Universidad Bar-Ilan de Tel-Aviv), decía acertadamente que «no tiene nada que ver con la historia del pueblo hebreo».[15]

El Cantar de los Cantares (*Shirath Shiram*), con su erótica esencia de nardo puro, y las unciones análogas de Magdalena en Betania pertenecen a la misma tradición, la siria. Provienen de un antiguo rito de fertilidad basado en el *Hieros Gamos* de Inanna y Dumuzi, y formaban parte de los rituales de Era de Trillar de la celebración matrimonial de Sölam de la Semana del Rey.[16] Hay registros que indican que esta tradición seguía existiendo como una celebración rural en 1873.[17] Se preparaba una mesa y un trono para el rey con los tablones de la trilla de los campos y, mientras amigos y familiares rendían pleitesía, la novia realizaba su ritual de reina. Mientras lo ejecutaba, cantaba una canción de noche de bodas que se correspondía exactamente con las secciones de cantos del Cantar de los Cantares y, en referencia al mismo, se la identificaba como Abigail de Sulam.

San Bernardo de Claraval, patrón de los Caballeros Templarios en el siglo XII, era plenamente consciente de esta asociación simbólica entre Salomón y Jesús, Abisag y Magdalena. Ése era el motivo por el cual él reivindicó la obediencia de la Orden a la torre de vigilancia de la Magdalena. Ése fue el motivo por el cual las catedrales *Notre Dame* de los templarios en Francia se consagraron en su origen a María Magdalena, la Dama de la Luz. Ése es el motivo por el cual la más famosa de estas catedrales, Notre Dame de Chartres, exhibe la unción de Betania en su fabulosa vidriera de la Magdalena. Y ése fue el motivo por el cual, en el Sermón 57 de sus *Sermones y Cánticos*, Bernardo aludía a María Magdalena como la «Novia de Cristo».[18]

A pesar de todo lo que se ha escrito en obras de ficción y no-ficción acerca del secreto de la relación nupcial de María con Jesús, en realidad nunca hubo tal secreto. Los conocimientos sobre la institución nupcial mesiánica no eran accesi-

15. S. N. Kramer, *The Sacred Marriage Rite*, c. 5, pp. 85-6.
16. Samuel Macauley Jackson (ed.), *The Schaff-Herzog Encyclopedia of Religious Knowledge*, Baker Book House, Grand Rapids, MI, 1953 - Song of Solomon.
17. J. Hastings (ed.), *Dictionary of the Bible* - Song of Solomon.
18. Bernard de Clairvaux, *Patrologia Latina* (ed. J. P. Migne), París, 1854, vol. 183, cols. 1050-5.

bles únicamente en archivos conspiratorios, sociedades secretas o a través de códigos enigmáticos de comprensión. Los detalles de la ceremonia ritual están expuestos en los cuatro evangelios del Nuevo Testamento. Simplemente, fueron velados por el insistente ataque de la Iglesia contra el legado de la Magdalena, un intento por el cual los obispos insinuaban que, aunque el matrimonio es algo honorable para el resto de los humanos, se trataba de algo indigno para Jesús. De ahí que, por medio de una asociación arrogante, sea también indigno para el sistema sacerdotal, al cual parece importarle poco su reputación en otros aspectos.

María Magdalena se ve como una constante en la vida de Jesús desde el mismo comienzo de su misión. Ella lo financió, viajó con él, lo ungió, confió en él y fue compañera de su madre y de sus hermanas. Estuvo allí, a los pies de la cruz; fue a ocuparse de él, con ungüentos, a la tumba; y fue la primera en hablar con él tras la resurrección. Está documentada como consorte de Jesús y Apóstol de los Apóstoles, la mujer a la que besaba y llamaba su bienaventurada, la mujer que conocía el Todo, y la mujer a la que Jesús amaba. En resumen, María Magdalena estuvo más cerca de Jesús que ningún otro, y esto plantea una inquietante pregunta: convendría aceptar que Jesús estuvo casado (como los apóstoles, cuyas esposas viajaban también con ellos), porque, si no, ¿de verdad preferiríamos creer que Jesús optó por una relación sin compromisos con una prostituta en lugar de tener una esposa?

Se degradó la reputación de María Magdalena mediante una campaña de propaganda que no tenía ningún fundamento bíblico y, durante el transcurso de esta campaña, se violó sustancialmente la propia humanidad de Jesús, mientras se convertía a su madre en un fenómeno completamente asexuado que no representaba a nadie. Humillada de tal modo, María Magdalena no pudo ser un modelo para la mujer ordinaria, y ése es el motivo por el cual muchas de ellas se vuelven ahora a María Magdalena.

No se puede encontrar nada femeninamente significativo en la imagen de una madre virgen, pero sí en lo femenino sagrado del legado de María Magdalena en su aspecto de Sofía. Desde su entusiasmo hasta su llanto, desde su sabiduría hasta su incertidumbre, en ella se encuentran todos los atributos de la realidad, y su lealtad no flaquea en ningún momento. Evidentemente, Jesús la amaba. ¿Por qué no habría de hacerlo? Se le llamó la Diosa en los evangelios,[19] tiene presencia sexual, y su historia encarna un sinfín de experiencias venturosas. Pero ella fue la madre de los herederos *desposyni* y,

---

19. M. Starbird, *The Goddess in the Gospels: Reclaiming the Sacred Feminine*, Bear & Co., Santa Fe, NM, 1998.

por ello, su personaje fue brutalmente asesinado por un sistema temeroso y celoso. Y en cuanto a Jesús, su imagen se dejó históricamente muy alta, pero en seco, ¡con una madre virgen y una puta por amada!

El reino de los cielos

Aplicando las normas dinásticas de la comunidad, María Magdalena debía llevar tres meses de gestación en el momento de la crucifixión. Jesús y ella habían consumado su Segundo Matrimonio en el ritual de Betania, en marzo del año 33 d.C., cuando ella ungió la cabeza de Jesús, alcanzando él su estatus de Mesías. Y no sólo podemos recoger esta información directamente en los evangelios, pues también es una cuestión de cálculo directo.

La situación ideal para un heredero varón a la sucesión dinástica es tener a su heredero a los 40 años de edad o en sus proximidades, pues cuarenta años era el período reconocido de generación real.[20] Esto tenía su base en el Génesis 25:20: «Tenía Isaac cuarenta años cuando tomó por mujer a Rebeca». El linaje real de Israel es una promesa que se le hace al hijo de Abraham, Isaac, en Génesis 17:19: «Yo estableceré mi alianza con él, una alianza eterna, de ser el Dios suyo y el de su posteridad». Así, en cuanto se fundó el reino, se utilizó en todos los registros la norma de los 40 años, con independencia de cuál fuera el caso en realidad: «David reinó sobre Israel cuarenta años; reinó en Hebrón siete años; reinó en Jerusalén 33 años» (1 Reyes 2:11); «El tiempo que Salomón reinó en Jerusalén sobre todo Israel fue de cuarenta años» (1 Reyes 11:42); y «comenzó a reinar Joás y reinó cuarenta años en Jerusalén» (2 Reyes 12:2).

Al detallar el linaje mesiánico, la generación de 40 años se hace evidente en la lista genealógica de Mateo 1:6-16. Transcurren 1.080 años desde el rey David hasta Jesús, con 27 generaciones de 40 años cada una. Lo importante de esto, en la medida en que Jesús era el Salvador esperado (profetizado por Zacarías 9:9)[21] estriba en que el 1.080 se consideraba el número mágico lunar del eterno femenino, la energía espiritual de los manantiales y los ríos.[22] Su opuesto polar en la fuerza solar era el número masculino 666. Tal como se

---

20. B. Thiering, *Jesus the Man*, apéndice I, «Chronology», pp. 177-8, 196.
21. En Zacarías 12:10 y 13:6, hay más profecías.
22. John Michell, *Dimensions of Paradise*, Thames and Hudson, Londres, 1988, c. 1, p. 18.

dice en el Apocalipsis 13:8, «es la cifra de un hombre». Sumados los dos números, el masculino y el femenino, dan un total de 1.746, que Platón denominaba «fusión»,[23] y en el sistema numérico griego de la Gematría, era el número del Matrimonio Sagrado, el *Hieros Gamos*.[24]

Los Primeros Matrimonios dinásticos tenían lugar en el mes de la Expiación, en septiembre, y debían fijarse teóricamente en el trigésimo noveno septiembre del hombre. Permitiéndose la actividad sexual en diciembre, el hijo bien podría nacer en el próximo septiembre. Sin embargo, en la práctica, siempre podía darse la situación de que el primer vástago fuera una hija, de modo que, ante la posibilidad de esta contingencia, se hacía la disposición de adelantar la ceremonia del Primer Matrimonio hasta el trigésimo sexto septiembre del novio. Así pues, la primera posibilidad de tener un hijo se daba en el trigésimo séptimo septiembre. Si no había concepción en el primer diciembre, la pareja podría intentarlo un año más tarde, y así sucesivamente. Y dentro de la norma generacional era perfectamente aceptable que el hijo varón naciera en o alrededor del cuadragésimo año de edad del marido.

Durante el embarazo, no se le permitía a la pareja ningún tipo de contacto físico íntimo. Si nacía un hijo varón, esta limitación se prolongaba durante seis años más.[25] Por otra parte, si nacía una hija, el período de celibato posterior se limitaba a tres años. A los eventuales retornos al estado matrimonial se los denominaba Tiempos de la Restauración.

De acuerdo con estas regulaciones, el Primer Matrimonio de Jesús tuvo lugar en septiembre del año 30 d.C. (en su trigésimo sexto septiembre), cuando María Magdalena le hizo la primera unción de pies y lloró (Lucas 7:37-38). El llanto simbólico se realizaba por la degradación temporal de la novia desde su posición de «hermana» a la de «mujer impedida» (al igual que una «viuda»),[26] que se prolongaba hasta su Segundo Matrimonio. Parece ser que no hubo concepción en aquel mes de diciembre, ni en el mes de diciembre del año siguiente. Pero, en diciembre del año 32 d.C., María concibió y ungió la cabeza y los pies de Jesús en Betania, santificando formalmente su Segundo Matrimonio, en marzo de 33 d.C.[27] A partir de ahí, estarían legalmente unidos,

23. John Michell, *The City of Revelation*, Garnstone, Londres, 1971, p. 91.
24. M. Starbird, *Goddess in the Gospels*, apéndice 2, pp. 157-8.
25. Ibid. p. 177.
26. B. Thiering, *Jesus the Man*, apéndice III, p. 367.
27. Mateo 26:6-7, Marcos 14:3, Juan 12:1-3.

y María Magdalena recuperaría el rango de «hermana», aunque aún se consideraría *almah* (doncella) hasta que se convirtiera en «madre».

El trigésimo noveno septiembre de Jesús tuvo lugar en el año 33 d.C., seis meses después de la resurrección. La secuencia de los acontecimientos relativos al juicio, la sentencia y la crucifixión de Jesús, así como los eventos posteriores, se presentaron con todo detalle en *La Herencia del Santo Grial*, pero se han introducido parcialmente en el Apéndice II de este libro para los nuevos lectores.

Un punto digno de mención a este respecto es la forma en la cual los evangelistas se refieren a María, la madre de Jesús, antes y después de la crucifixión y la resurrección. Las citas relativas a ella son sumamente clarificadoras a la hora de establecer la situación sobre el estado de ser de Jesús. Antes de la crucifixión, se alude a María como la «madre de Jesús». A partir del momento en que se considera que Jesús ha muerto en la cruz, se alude a María (en el lugar de la ejecución y en la tumba) como la «madre de Santiago y de José» (Mateo 27:56 y Marcos 15:40), y como la «madre de Santiago y de Salomé» (Marcos 16:1). Sin embargo, después, en el momento en que Jesús vuelve a entrar en escena, se vuelve a la alusión de María como la «madre de Jesús» (Hechos 1:14).

En septiembre del 33 d.C., María Magdalena tuvo una hija. Se la llamó Tamar (Palmera), traducida al griego como Damaris.[28] En *El Código Da Vinci*, a la hija de Jesús se le da el nombre de Sarah, pero *Sarah* no era su nombre, era un título de distinción. En hebreo, *Sarah* significa «princesa». De modo que era «Tamar la Sarah». Tamar fue la matriarca original de la Casa Real de Judá (Génesis 37-38), y también fue el nombre de la hermana del rey David (2 Samuel 13:1). A Jesús se le exigía por tanto que entrara en un celibato total de tres años hasta el Tiempo de la Restauración, como se dice en Hechos 3:20-21:

> ...y envíe al Cristo que os había sido destinado, a Jesús, a quien debe retener el cielo hasta el tiempo de la restauración universal, de que Dios habló por boca de sus santos profetas.

El mes de septiembre del 33 d.C. vino a coincidir con la investidura de Simón Zelotes (Lázaro) como Padre de la Comunidad Esenia, coyuntura en la cual Jesús fue admitido al sacerdocio, un ritual en el cual «ascendió al cielo» en sentido figurado.

---

28. El hecho de que se mencione a Jesús en relación con los «tiempos de la restauración» (Hechos 3:21) indica que llegó a ser padre y que estaba obligado a llevar una existencia de celibato durante cierto tiempo. No hay nada que sugiera que se tratara de un hijo varón, lo cual significa que tuvo una hija. Se menciona a Damaris en Hechos 17:34.

Aunque reconocido por muchos como el Mesías Davídico, Jesús llevaba tiempo intentando entrar en el *sancta sanctorum* de los sacerdotes de mayor rango de Qumrân, el alto monasterio de Mird, conocido como el Reino de los Cielos. Con Simón en el poder, se le concedió su deseo a Jesús. Fue ordenado y transportado a los cielos por el Líder de los Peregrinos que, siguiendo la imaginería del Antiguo Testamento, era designado como la Nube.[29] Una nube había guiado a los antiguos israelitas a la Tierra Prometida (Éxodo 13:21-22), y una nube había acompañado la aparición de Dios ante Moisés en el Monte Sinaí (Éxodo 19:16). En consecuencia, en lo relativo a la comunicación sacerdotal con Dios, se había conservado el término Nube como designación simbólica dentro de la fraternidad de Qumrân.

La elevación de Jesús al sacerdocio quedó registrada en el Nuevo Testamento con el acontecimiento que, en general, se conoce como la Ascensión. No sólo Jesús hablaba en parábolas, pues los evangelistas hicieron lo mismo, aplicando alegorías y paralelismos que sólo tenían sentido para «aquéllos que tenían oídos para oír», aquéllos que conocían los códigos de los escribas. Así, muchos pasajes de los textos evangélicos que parecen ser narraciones directas (por sobrenaturales que puedan parecer sus contextos) no son más que parábolas. Como dijo Jesús a sus discípulos (Marcos 4:11-12):

> A vosotros se os ha dado el misterio del Reino de Dios, pero a los que están fuera todo se les presenta en parábolas, para que por mucho que miren no vean, por mucho que oigan no entiendan, no sea que se conviertan y se les perdone.

El término Ascensión, a pesar de haberse convertido en el más habitual para describir la elevación sacerdotal de Jesús, no se utilizó en los Hechos de los Apóstoles. Simplemente, se afirmó: «Y dicho esto, fue levantado en presencia de ellos, y una nube le ocultó a sus ojos» (Hechos 1:9).

Cuando Jesús partió hacia el sagrado reino de los Cielos, dos sacerdotes angélicos anunciaron que volvería pasado un tiempo al estado terrestre: «Se les aparecieron dos hombres vestidos de blanco que les dijeron: "Galileos, ¿qué hacéis ahí mirando al cielo? Este que os ha sido llevado, este mismo Jesús, vendrá así tal como le habéis visto subir al cielo"» (Hechos 1:10-11). Y así fue que, seis meses después

---

29. B. Thiering, *Jesus the Man*, apéndice I, p. 297 y p. 299; apéndice III, pp. 363-4.

de su resurrección, Jesús dejó el mundo cotidiano durante tres años, período en el cual María Magdalena, la madre de su hija, no tendría contacto físico con él.

La Orden de Melquisedec

Según la epístola a los Hebreos 3:1 y 5:6, Jesús fue iniciado en aquel tiempo (septiembre 33 d.C.) en la sacerdotal Orden de Melquisedec. Si tenemos en cuenta que esto ocurrió seis meses después de su resurrección, es del todo evidente que Jesús aún estaba vivo y, ciertamente, así siguió durante todo el período de los Hechos de los Apóstoles, donde se registran sus viajes y sus reuniones.

Ya hemos hablado del hecho de que, como se expresa en los Manuscritos del Mar Muerto y en las obras de Josefo, la estructura angélica se mantuvo dentro de la jerarquía sacerdotal de Qumrân. El sacerdote Abiatar era el llamado Gabriel, y su superior inmediato, el sumo sacerdote Sadoq, se denominaba Miguel: el Miguel-Sadoq (Melquisedec).

El Melquisedec original, rey-sacerdote de Salem, aparece en el Génesis 14:18-20, cuando éste presentó a Abraham el pan y el vino de la comunión griálica. En hebreo, el nombre deriva de *Melek* (Rey) y *Tsedeq* (Justicia), a veces, *Melchi-zaddiq*, Rey de Justicia. Por otra parte, como rey de Salem,[30] era (como dice el Génesis) Rey de Paz. Su estatua se encuentra en el pórtico septentrional de la Catedral de Chartres (la Puerta de los Iniciados), donde se le representa con el cáliz y el pan de cada día del alimento espiritual.

Los fragmentos del *Documento del Príncipe Melquisedec*, encontrados entre los Manuscritos del Mar Muerto, indican que Melquisedec y el arcángel Miguel eran una y la misma persona. En estos antiguos pergaminos, Melquisedec recibe el nombre de El Celestial y el Príncipe de la Luz.[31]

Igualmente, el *Documento Damasco* de Qumrân confirma que los términos Sadoq y Melquisedec eran equivalentes y mutuamente comprensivos. En esencia, dado que Sadoq era la más alta distinción del sumo sacerdocio, y dado que *Melchi* (o *Malchus*) era un término relacionado con la realeza, es evidente que Melquisedec era indicativo de realeza sacerdotal. Y esto era de

---

30. Salem - shalom, como en Jerusalén (Yerushalom): Ciudad de la Paz.
31. G. Vermes, *The Complete Dead Sea Scrolls in English*, p. 85.

particular importancia para Jesús, dado que, con anterioridad, no había dispuesto de ningún título sacerdotal. Pero en aquel momento, en el año 33 d.C., fue ordenado rey-sacerdote, a su entrada en el Reino de los Cielos: «Adonde entró por nosotros como precursor Jesús, hecho, a semejanza de Melquisedec, Sumo Sacerdote para siempre» (Hebreos 6:20).

Para explicar la importancia histórica de este hecho, Hebreos 7:14 desecha por completo la idea del Nacimiento Virginal que se saca de la interpretación de los evangelios, con el fin de confirmar que el verdadero padre de Jesús era José, descendiente de Judá y de Tamar. Aquí se dice: «Y es bien manifiesto que nuestro Señor procedía de Judá, y a esa tribu para nada se refirió Moisés al hablar del sacerdocio». También se dice que la ley referente al sacerdocio debía ser cambiada para acomodarse a la nueva distinción arcangélica de Jesús (Hebreos 7:12).

El motivo por el cual era tan importante que la ley fuera enmendada estribaba en que había un vacío que llenar en el nivel más elevado de la comunidad. El linaje Sadoq, que había imperado durante más de 1.000 años, había expirado y, siendo Jesús el familiar más cercano a esa dinastía, se estimó que fuera él el que tomara esta responsabilidad.

Políticamente, el partido apostólico de Jesús y de Simón Zelotes se había situado en paralelo al del primo de Jesús, Juan el Bautista. Según una costumbre largo tiempo respetada, los reyes davídicos estaban aliados con los sacerdotes sadoquitas, y el Sadoq en aquella época era Juan el Bautista, el hijo de Zacarías y de Isabel (tía materna de Jesús).[32] Juan había alcanzado tal rango en el año 26 d.C., a la llegada del gobernador romano Poncio Pilato, pero aquél tenía las típicas ideas orientales de estrechas miras, mientras que Jesús era un helenista con puntos de vista más liberales, más occidentales. Jesús ambicionaba una sociedad armoniosa e integrada para Israel y para Judea, pero estaba algo más que frustrado con los irreductibles judíos de rígidos principios hebreos, entre los que estaba Juan el Bautista.

La visión de Jesús era directa, y se basaba en la lógica de que, si la nación judía estaba dividida, jamás podría vencer el poderío de Roma. Pero también se daba cuenta de que los judíos no podrían llevar a cabo su misión si seguían manteniendo las distancias con los nativos no judíos. Aún cuando Juan reconocía a Jesús como el legítimo heredero real, y lo bautizó en el Jordán,[33] las ideas sociales de Juan no contemplaban la integración con los gentiles.

---

32. Lucas 1:34-36.
33. Mateo 3, Marcos 1, Lucas 3, Juan 1:32, 3:26.

Jesús sabía que la tradición había profetizado un Mesías que llevaría al pueblo a la salvación, y sabía cuán desesperadamente se ansiaba ese Mesías. Juan el Bautista estaba demasiado apartado de la sociedad como para adaptarse a ese papel, pero se especulaba mucho sobre si el Mesías esperado sería Jesús o sería Juan. Juan era, después de todo, el Sadoq vigente, pero cuando se le preguntó directamente si era el Mesías Salvador, «él confesó, y no negó; confesó: "Yo no soy el Cristo"» (Juan 1:20).

Sin embargo, los Manuscritos de Qumrân indican que la comunidad esperaba dos importantes Mesías. Uno debía de ser de la casta sacerdotal, al que llamarían Maestro de Justicia; el otro sería un príncipe del linaje de David, un guerrero que restablecería el reino de su pueblo.[34] Juan dejó bastante claro que él no era el Mesías regio: «Yo no soy el Cristo, sino que he sido enviado delante de él» (Juan 3:28).

Desde una situación reservada hasta aquel momento, Jesús pasó después al dominio público. En poco tiempo, reunió a sus discípulos, designó a doce apóstoles y comenzó su ministerio. Lucas 3:1 afirma que esto sucedió en el año 29 d.C., en el decimoquinto año de Tiberio César. Sin embargo, un año más tarde, Herodes Antipas, tetrarca de Galilea,[35] arrestó y metió en prisión a Juan el Bautista. Antipas se había casado con Herodías, la que fuera mujer, ahora divorciada, de su hermanastro, Herodes Filipo, y el Bautista condenó repetidamente aquel matrimonio, declarando que era pecaminoso. Posteriormente, la hija de Herodías pediría que Juan fuera ejecutado, y Herodes Antipas accedió a su deseo en septiembre del año 31 d.C. (Mateo 14:10). Los relatos evangélicos no dan el nombre de la hija, pero en *Antigüedades Judaicas* se dice que Herodías tenía una hija llamada Salomé, por lo que tradición popular supone que se trataba de ella.[36]

Al parecer, la joven solicitó que se despojara a Juan de su rango, y que le dieran a ella su *kephalë* (cinta del pelo) sadoquita.[37] (Debido a una mala traducción, se suele creer que lo que pidió fue la cabeza del Bautista.) La muerte de Juan, soltero y sin hijos, supuso el final de la dinastía de Sadoq, lo cual dejaba el campo libre y abierto para Jesús y sus herederos. Juan había sido

---

34. Sobre la idea de los dos Mesías en Qumrân, véase John Allegro, *The Dead Sea Scrolls*, Penguin, Londres, 1964, c.13, pp. 167-72.

35. Tetrarca: soberano de una cuarta parte de un reino, frente a Etnarca: soberano de una nación o tribu dentro de un reino.

36. F. Josephus, *The Antiquities of the Jews*, t. XVIII, c. 5:4.

37. B. Thiering, *Jesus of the Apocalypse*, c. 6, pp. 53-4.

consciente de la importancia de esta posibilidad, y había dicho a sus discípulos, «Es preciso que él crezca y que yo disminuya» (Juan 3:30).

En su innoble muerte, Juan el Bautista fue desacreditado, y muchos de sus seguidores pusieron su fidelidad en manos de Jesús. Hubo quien pensó que Juan era el esperado Mesías Salvador, pero algunas de sus profecías no se habían cumplido, por lo que se le descartó en todo caso. Algunos de los hebreos del Templo le dieron su apoyo a Santiago, hermano menor de Jesús, que en aquel momento era miembro del Consejo del Sanedrín, pero Santiago no estaba ni remotamente interesado en la competición mesiánica.

El Tiempo de la Restauración

Los hijos dinásticos se criaban y educaban en un centro monástico, en el cual vivían también sus madres. Ése es el motivo por el cual se dice tan poco en los evangelios sobre la infancia de Jesús, dado que también él creció en un entorno conventual cerrado. Este complejo residencial, en las afueras de Qumrân, recibía el nombre de «Belén de Judea» (para diferenciarlo de la población de Belén que se levanta al sur de Jerusalén). Mateo 2:4-5 dice que Jesús nació «en Belén de Judea».[38] Siendo en sus orígenes un palacio de la realeza asmonea, en el *Manuscrito de Cobre* de Qumrân se le llama la Casa de la Reina.

El período de separación monástica de tres años de Jesús expiró en septiembre de 36 d.C., tras el cual se permitieron una vez más las relaciones físicas con su esposa, en diciembre, en el Tiempo de la Restauración. Algo que queda muy claro en el lenguaje utilizado en el Nuevo Testamento es que las palabras, los nombres y los títulos que tienen un significado críptico se utilizan en todas partes con el mismo sentido. No sólo tienen el mismo significado cada vez que se utilizan, sino que se hacía uso de ellos cada vez que lo requería ese significado. Indudablemente, los estudios más concienzudos realizados hasta la fecha en este campo de investigación han sido los dirigidos por la doc-

---

38. La narrativa de los evangelios estaba orientada a mostrar el cumplimiento de la profecía de Miqueas 5:2., que se remonta a los alrededores del año 710 a.C. «Mas tú, Belén Efratá (fructífera), aunque eres la menor... de ti me ha de salir aquel que ha de dominar en Israel». *Véase* también B. Thiering, *Jesus the Man*, c. 9, pp. 50-2

tora Barbara Thiering, miembro del Comité de Estudios sobre la Divinidad de la Universidad de Sydney entre 1973 y 1991. Sus investigaciones se basaron en la información contenida en los comentarios de los Manuscritos del Mar Muerto que definen los códigos de los escribas de la comunidad esenia. Estos comentarios guardan los secretos del *Pesharim* (las rutas hacia claves vitales) y los forjaron en tiempos preevangélicos los eruditos escribas de Qumrân.

En algunos casos, las derivaciones individuales de los nombres o títulos codificados pueden resultar complejas u oscuras, pero lo más frecuente es que sean directas, aunque extrañamente obvias. Con frecuencia, la información críptica de los evangelios va encabezada con la afirmación de que aquélla va dirigida «a los que tienen oído para oír», siendo esta frase un precursor inevitable ante un pasaje de significado oculto que sólo podían entender los que conocían el código. Las reglas del código eran fijas y su simbolismo permanecía inalterable, como en el caso del mismo Jesús.

A través del *pesher* bíblico (*pesher* es singular de *pesherim* y significa «explicación» o «solución»), Jesús se define como la Palabra de Dios. Esto se establece desde el mismo comienzo del Evangelio de Juan:

> En el principio existía la Palabra y la Palabra estaba con Dios... Y la Palabra se hizo carne, y puso su morada entre nosotros, y hemos contemplado su gloria. (Juan 1:1-14)

No hay variables en los textos evangélicos. Cada vez que se utiliza la frase «palabra de Dios», significa o bien que Jesús estaba presente o que es el sujeto de la narración, como en Lucas 5:1, cuando la palabra de Dios estaba junto al lago. Esta frase se utilizó también en los Hechos para identificar el paradero de Jesús tras la Ascensión. De modo que, cuando leemos que «Al enterarse los apóstoles que estaban en Jerusalén de que Samaria había aceptado la Palabra de Dios» (Hechos 8:14), inmediatamente comprendemos que Jesús había estado en Samaria.

Por tanto, se deduce que, cuando leemos «La Palabra de Dios iba creciendo» (Hechos 6:7), debemos entender que «Jesús crecía»,[39] tal como se simbolizó en el *pesher* relativo a la parábola del sembrador y la semilla (Marcos 4:8): «Otras partes cayeron en tierra buena y, creciendo y desarrollándose, dieron fruto». Al igual que había dicho Juan el Bautista de Jesús, al retirarse de la

---

39. B. Thiering, *Jesus the Man*, c. 29, p. 133.

competición dinástica, «Es preciso que él crezca y que yo disminuya».[40] En resumen, la referencia aparecida en los Hechos significa que Jesús dio fruto y creció; es decir, que tuvo un hijo. Y quizás no resulte sorprendente que este primer hijo se llamara también Jesús (Yeshua).

Según los requisitos de las normas mesiánicas, este nacimiento tuvo lugar en el año 37 d.C., al año siguiente de que Jesús volviera a su matrimonio, en el Tiempo de la Restauración. Sin embargo, tras el nacimiento de un hijo, Jesús debía pasar otros seis años de celibato monástico.

---

40. Juan 3:30.

11
El hijo del Grial

La separación

A principios de la década de los 40 d.C., el apóstol Pedro unió sus fuerzas con las del recién convertido Pablo en Antioquía, Siria, mientras el hermano de Jesús, Santiago, y sus nazarenos seguían sus operaciones en Jerusalén. Más tarde, se haría evidente otra división en las filas, cuando Simón Zelotes estableció una base aparte para su secta en Chipre.[1]

Hasta ese momento, Pedro había sido la mano derecha masculina de Jesús y, como tal, debía de haberse convertido en el guardián de María Magdalena durante los años de su separación matrimonial. Pero, aunque Pedro también había estado casado, tenía en muy bajo concepto a las mujeres, por lo que no estaba dispuesto a ponerse a disposición de una sacerdotisa que amenazaba su autoridad. De ahí que excluyera a María de cualquier posición de importancia dentro del movimiento de Antioquía. El término «cristiano» se utilizó por primera vez en Antioquía en el año 44 d.C., y fue allí donde comenzó a desarrollarse la nueva religión, antes de trasladarse a Roma.

Mientras tanto, Jesús y María reanudaron una vez más su estado matrimonial en diciembre de 43 d.C., seis años después del nacimiento de su hijo varón. No parece que Jesús estuviera demasiado preocupado por la actitud de Pedro hacia María, y parece que se contentaba con que ella tuviera a sus

---

1. A Simón se le considera el primer sacerdote misionero en Chipre. La principal iglesia de Larnaca está consagrada a él con el otro nombre con el que aparece en el Nuevo Testamento, Lázaro. Se dice que fue el primer obispo de Larnaca.

buenos amigos Simón Zelotes y su esposa, Helena-Salomé. Fue entonces, en diciembre de 43 d.C., cuando María concibió por tercera vez. Pero en la primavera del año 44 d.C., Jesús tuvo que embarcar en una misión a Galacia en el Asia Menor central, con el Jefe de los Prosélitos,[2] Juan Marcos.

Durante este periodo, Santiago y sus nazarenos se habían convertido en una amenaza creciente para la autoridad romana en Jerusalén. Como consecuencia de ello, Herodes de Chalcis ordenó ejecutar a Santiago Boanerges en el año 44 d.C. (Hechos 12:1-2). Simón Zelotes tomó represalias de inmediato e hizo que envenenaran al rey Herodes Agripa,[3] pero se vio obligado a huir a continuación. El apóstol Tadeo fue apresado cuando intentaba escapar, y fue ejecutado por Herodes de Chalcis. Esto puso a María en una situación precaria, pues Herodes de Chalcis sabía que ella estaba vinculada con Simón. De ahí que ella apelara a la protección del antiguo alumno de Pablo, el joven Herodes Agripa II, que dispuso su viaje hasta el estado herodiano en la Galia.

Ya hemos visto que un par de décadas antes, en el año 32 d.C., Simón había sido el responsable de una revuelta zelota contra Poncio Pilato en Jerusalén (*véase* página 127). Como consecuencia de ello, fue proscrito por Herodes Agripa I, cuyo asesinato había propiciado ahora. Simón Zelotes, aunque era apóstol de Jesús, era famoso por ser un *kananita* (fanático), y todos aquellos que estaban vinculados con él eran sospechosos para el consejo de ancianos del Sanedrín y para las autoridades romanas, que habían jugado un papel fundamental en el juicio y la sentencia de Jesús. María Magdalena era hermana espiritual y familia de Simón (Lázaro), y se desconfiaba de ella por creerla vinculada con la causa zelota, además de haber sido calificada como *harmartölos*, aquella que desafía la ley: la palabra que se tradujo erróneamente en Lucas 7:37 como «pecadora».

En la medida en que se decía que Jesús amaba a María, ella tenía un doble papel profesional que jugar en la campaña *desposínica*. Su primera obligación, con el fin de preservar el linaje davídico, había sido la de dar a luz al hijo y heredero de Jesús, un deber que había llevado a cabo con éxito. Pero también tenía un papel clave en la red apostólica, que ahora ampliaba su alcance operativo en otros países. Fuera cual fuera la relación personal de Jesús con María, había llegado el momento de funcionar por separado una de otro, y dado que, en cualquier caso, Simón y María tenían que abandonar Judea, María fue puesta bajo la custodia de Simón.

---

2. Los prosélitos eran los gentiles convertidos al judaísmo.
3. B. Thiering, *Jesus the Man*, c. 31, pp. 143-4.

El viaje de la Magdalena

El maravillosamente ilustrado manuscrito de *La Vida de María Magdalena,* del arzobispo Rábano Mauro, nos cuenta cómo María, Marta, Simón Lázaro y sus compañeros dejaron las costas de su tierra natal:

> Y favorecidos por el viento del este, cruzaron el mar entre Europa y África, dejando la ciudad de Roma y las tierras de Italia a su derecha. Y luego, cambiando felizmente el rumbo a la derecha, llegaron a la ciudad de Marsella, en la provincia gala de Vienne.

En las bibliotecas de París existen varios manuscritos aún más antiguos que el de Rábano Mauro, manuscritos que atestiguan la misión de María en la Provenza. Su historia se menciona en un himno del siglo VII que fue publicado nuevamente en los registros del *Acta Sanctorum* del jesuita Jean Bolland en el siglo XVII.[4] Pero hay otros documentos que contienen otros aspectos de la historia y que se remontan a principios del siglo IV, un siglo antes de que los casianitas se instalaran en La Sainte-Baume en la época de los Reyes Pescadores de la Galia, antes de la época merovingia. El manuscrito del siglo IX titulado *Vita emeritica beatae Maria Madalenae* pasa por ser una copia de un texto griego original del siglo II, escrito posiblemente por Hegesipo.[5]

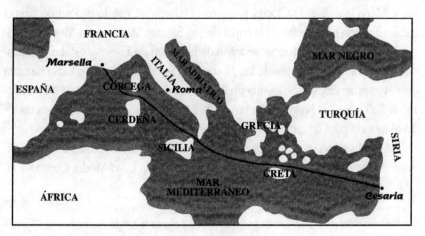

Ruta del viaje de la Magdalena

4. J. W. Taylor, The Coming of the Saints, c. 6, p. 103.
5. Christopher Witcombe, «The Chapel of the Courtesan and the Quarrel of the Magdalene», en *Art Bulletin*, Nueva York, 1 julio 2002, vol. 84, nº 2, pp. 273-92.

En el mundo de las bellas artes religiosas, hay numerosos retratos de María Magdalena en la Provenza. En ellos, se ve la llegada de su nave, su encuentro con la reina de Marsella (*véase* lámina 15), imágenes de sus meditaciones en la gruta, pinturas de ella con Lázaro y Marta, y escenas de sus predicaciones ante el pueblo del Languedoc (lámina 51).

Los relatos son unánimes al afirmar que el jefe de la misión provenzal era Simón Zelotes, que llegaría a ser conocido como Lázaro el Grande (Maximus). Simón estableció su sede en Marsella, donde se erigió una estatua suya, en la Iglesia de San Víctor, junto al puerto. Y fue él el que, tiempo después, depositaría los restos de María Magdalena en el sepulcro de alabastro de la Capilla de San Máximo, en el año 63 d.C. Otros personajes de la partida original fueron la criada de Marta, Marcela, el apóstol Felipe y su compañero Trófimo (más tarde, San Trófimo de Arlés).

El historiador Gildas I Albánico (425-512 d.C.) dice que Felipe fue el inspirador del posterior viaje de José a Inglaterra. El *De Sancto Joseph ab Arimathea* afirma que «José llegó hasta Felipe el apóstol entre los galos». Freculfo, obispo de Lisieux en el siglo IX, escribió que San Felipe envió posteriormente la misión desde la Galia a Inglaterra «para traer hasta aquí la buena nueva del mundo de la vida y predicar la encarnación de Jesucristo».[6]

En el viaje a la Provenza también fueron las hermanas de Jesús, Sara-Salomé y María la mujer de Clopás, junto con Helena-Salomé, la esposa de Simón Lázaro. Fueron enterradas en la cripta de Les Saintes Maries de la Mer, en la Camarga. Helena-Salomé fue sacerdotisa de la Orden de Éfeso, y estaba autorizada para llevar la túnica roja de las *hierodulai*.[7] Sara-Salomé, sacerdotisa nazarita de negro atuendo, se convertiría en la patrona de los gitanos, que la llaman *Sarah-la-Kali*, o Sara la Negra. Aún hoy, cada 24 de mayo, vienen peregrinos de todo el mundo para llevar su relicario en procesión hasta el mar.

María, la joven viuda de Clopás (Juan 19:25), tuvo un seguimiento extraordinario en Inglaterra, que perduró hasta bien entrada la Edad Media. Como sacer-

---

6. Véanse referencias en «ancient texts», en L. S. Lewis, *Joseph of Arimathea at Glastonbury*, pp. 58-80.

7. El nombre de pila de Salomé era el de Helena. Como consejera espiritual de la princesa Salomé, la hija de Herodías, también se la llamó Salomé, de acuerdo con la costumbre. Helena-Salomé fue la madre de los apóstoles Santiago y Juan Boanerges, los hijos de Zebedeo (nombre con el cual también se conocía a Simón, *véase* B. Thiering, *Jesus the Man*, apéndice III, p. 333).

dotisa nazarena, aparece en *Los Hechos de Magdalena* y en el antiguo manuscrito titulado *Historia de Inglaterra*, que se halla en los Archivos Vaticanos. Llamada a veces María la Gitana, su Juramento de Desposorios recibió el nombre del *Merrie*, de donde proviene el verbo inglés «to marry», casarse, al igual que la etiqueta medieval que se aplicó a Inglaterra de Merrie Englande, la Inglaterra Feliz. Vinculada con el mar, María la de Clopás fue una merri-maid original (mermaid, «sirena», en inglés),[8] dándosele el nombre de Marina en la Edad Media. En la Iglesia de St. Marie, en París, se la representa junto a María Magdalena en una vidriera, y su recuerdo pervivió en Maid Marian y en los Merrie Men[9] de las leyendas de Robin Hood. (A las hermanas, María la de Clopás y Sara-Salomé se las tildó popularmente de «gitanas»[10] debido a sus visitas a Egipto desde Francia. La palabra *gypsy* se deriva de una forma antigua de la palabra *Egyptian*.)[11]

En los primeros días del cristianismo, el emperador Constantino prohibió la veneración de María la Gitana,[12] pero su culto perduró, llegándosela a identificar con la diosa del amor, Afrodita, de la que se decía que había «surgido de la espuma del mar».[13] Su símbolo más conocido era el de la valva de una vieira, y así la pintaron Sandro Botticelli y Adolphe Bouguereau en sus famosos cuadros de *El Nacimiento de Venus*. Los anglosajones retrataron de forma ritual a María la de Clopás como la Reina de Mayo, mientras que en Cornualles la llamaron Merrow, y sus danzantes (Merrow's Men) todavía llevan a cabo sus ritos bajo el deformado nombre de «Morris Men» en las festividades rurales inglesas.

El viaje por mar de María Magdalena hasta la Galia ha sido representado por numerosos artistas. Un ejemplo de ello, que fue exhibido en la iglesia de Les Saintes Maries, es una pintura de Henri de Guadermaris. Representa la llegada de María en un barco a la costa de la Provenza, y se mostró en el Salón de París en 1886. Otra pintura que sigue líneas similares es *El Viaje por Mar*, de Lucas Moser, que forma parte del retablo del siglo XV, *Der Magdalenenaltar*, en la Katholisches Pfarramt St. Maria Magdalena, en Tiefenbronn,

---

8. En la Gran Bretaña de la Edad Media, a las sirenas se las llamaba «merrimaids», mientras que en Irlanda eran «merrows».
9. *(N. del T.):* La heroína y los compañeros del héroe respectivamente de las leyendas de Robin Hood.
10. *(N. del T.): Gypsies*, en el original inglés.
11. Originalmente *gypcian*, por Egypcian, egipcio - *Oxford English Dictionary*.
12. R. Graves, *The White Goddess*, c. 22, p. 395.
13. Ibíd. c. 22, p. 395.

en el sur de Alemania. Y en el siglo XIV tenemos *El Viaje a Marsella,* de Giotto di Bondone, un fresco que se encuentra en la Capilla de María Magdalena de la Iglesia de San Francisco de Asís (*véase* lámina 16).

En Marsella (Massilia) y en la región de la Provenza, hasta el siglo V, la lengua oficial fue el griego.[14] Un hecho que no muchos conocen, pero que hay que resaltar, es que el arameo que hablaba Jesús y todos aquellos vinculados con el judaísmo helénico estaba fuertemente influenciado por el griego. Los hebreos utilizaban su propia lengua semita pero, al haber estado bajo el dominio de Roma durante tanto tiempo, incorporó hasta cierto punto la cultura latina. También se hicieron ajustes por respeto a los gentiles (los no judíos) para que, dentro de todas las variables idiomáticas, pudiera haber una mutua comprensión. La lengua grecorromana de la Galia debió de resultar bastante familiar para María y sus acompañantes.

En Occidente

En el año 44 d.C., María dio a luz a su segundo hijo varón, y hay una referencia concreta a este hecho en el Nuevo Testamento: «Entretanto la Palabra de Dios crecía y se multiplicaba» (Hechos 12:24).[15] Este vástago era el importantísimo Hijo del Grial y, en recuerdo de su abuelo, se le llamó Josefes.

Tras cumplir con su compromiso dinástico de engendrar a dos hijos, Jesús fue debidamente liberado de sus restricciones y pudo llevar de nuevo una vida normal. En el año 46 d.C., su hijo mayor, Jesús II (que entonces tenía 9 años), comenzó su educación en Cesarea. Tres años después, pasó por la ceremonia de su nacimiento para la comunidad en la Provenza. De acuerdo con la costumbre, nacería de nuevo simbólicamente del vientre de su madre a la edad de doce años.

En el año 53 d.C., Jesús hijo fue proclamado oficialmente Príncipe Coronado en la sinagoga de Corinto, recibiendo el título de «Justus» (el Justo. Griego: *Dikaios*)[16] del Príncipe Coronado Davídico. De este modo, sucedió formalmente a su tío, Santiago el Justo, como heredero real. Tras alcanzar la mayoría

---

14. Gladys Taylor, *Our Neglected Heritage,* Covenant Books, Londres, 1974, vol. 1, p. 17.
15. B. Thiering, *Jesus the Man,* c. 31, p. 141.
16. Hechos 18:7. *Véase* también B. Thiering, *Jesus the Man,* apéndice I, p. 268.

de edad regia de los 16 años, Jesús Justo se convirtió en el Jefe Nazarita, obteniendo la autorización para llevar la túnica negra de su cargo (como la que llevaban los sacerdotes de Isis, la Diosa Madre universal).[17]

Su padre, Jesús el Cristo, fue a Malta pasando por Creta en el año 61 d.C., con Lucas y Pablo (Hechos 27:7-44, 28:1), tras lo cual Pablo regresó a Jerusalén. Sin embargo, una vez allí, fue acusado de conspiración contra el sumo sacerdote saduceo Jonatán Anás, que había sido asesinado por el gobernador romano de Jerusalén, Félix. Félix había sido enviado a Roma para ser sometido a juicio ante el emperador Nerón, y Pablo fue obligado a seguirle. No mucho después, Félix fue absuelto, pero Pablo siguió en custodia debido a su vinculación con su exalumno Herodes Agripa II, al cual detestaba Nerón.

Más o menos al mismo tiempo, pero lejos de los peligros de Roma, el hermano pequeño de Jesús hijo, Josefes, había terminado su educación en un colegio druídico, asentándose en la Provenza con su madre, María Magdalena. A ellos se unió el tío de Josefes, Santiago, que llegó a Occidente con el fin de quedarse, dado que había tenido que huir de Jerusalén en el año 62 d.C. Sus nazarenos habían sido sometidos a un brutal acoso por parte de los romanos, y el Consejo del Sanedrín había acusado a Santiago de enseñanzas ilegales.[18] Así pues, fue sentenciado por los ancianos judíos a ser lapidado en público y a declarársele espiritualmente «muerto» (excomulgado).[19] El otrora honorable consejero del Sanedrín caía así desde el pináculo de la gracia civil y religiosa.

---

17. El color negro, utilizado en la indumentaria eclesiástica, tiene asociaciones bastante más antiguas que el cristianismo. La esbelta estatua negra de Isis en la Iglesia de St. Germain de París se identificó con la Virgen de París hasta el siglo XVI. La abadía original que hubo en aquel lugar la construyó el rey merovingio Childeberto I sobre un templo de Isis. Albergó las reliquias de Childeberto de los tesoros de Salomón, y fue lugar de entierro de los reyes merovingios de los francos. Véase E. C. M. Begg, *The Cult of the Black Virgin*, c. 2, p. 66. Los monjes benedictinos de St. Germain-des-Prés llevan sotanas negras según la tradición nazarita. En la capilla benedictina, se erigió una estatua de Santa Genoveva, a la que se consideró sucesora de Isis en Francia, y fue amiga íntima del rey Clodoveo.

18. Fue en el año 62 d.C. cuando Anano el Joven, un saduceo, hermano de Jonatán Anás, se convirtió en Sumo Sacerdote. Como tal, estaba predispuesto para la consiguiente oposición del Sanedrín contra Santiago y los ideales nazarenos.

19. La lapidación tuvo lugar en el año 62, según F. Josephus, *The Antiquities of the Jews*, t. XX, c. 9:1.

Al haber perdido toda credibilidad espiritual a los ojos de la ley, Santiago partió hacia occidente para reunirse con María Magdalena y sus seguidores en la Galia. Mientras, en la Roma del emperador Nerón, Pedro había asumido la responsabilidad de la secta paulina, que por entonces eran conocidos como cristianos. Después, en el año 64 d.C., Roma fue devorada por las llamas. El supuesto instigador era el desequilibrado emperador, pero culpó a los cristianos, llevando a la muerte a Pedro y a Pablo.

El régimen de Nerón había provocado un gran nerviosismo político, y la temperatura se elevó hasta extremos peligrosos en Tierra Santa. A principios del año 66 d.C., zelotas y romanos entablaron luchas esporádicas en Cesarea, y las hostilidades no tardaron en llegar a Jerusalén, donde los zelotas consiguieron importantes posiciones estratégicas. Conservaron la ciudad durante cuatro años, hasta que el imponente ejército romano, liderado por el general Flavio Tito, llegó en el 70 d.C., dejando devastada Jerusalén. El Templo cayó y, con él, cayó todo lo demás. La mayoría de sus habitantes fueron masacrados, y los supervivientes fueron vendidos como esclavos; y la ciudad santa quedó vacía y en ruinas durante casi seis décadas.

Tras esta estela de destrucción, la nación judía quedó confundida. No sólo había caído Jerusalén, sino también Qumrân, y el último y famoso bastión fue la fortaleza de Masada, al sudoeste del Mar Muerto. Allí, poco más de mil judíos resistieron los repetidos asedios de un poderoso ejército romano, pero poco a poco se fueron viendo privados de suministros y provisiones. Hacia el 74 d.C., su causa era ya desesperada, y el comandante de la guarnición, Eleazar Ben Jair, organizó un programa de suicidio masivo. Sólo sobrevivieron dos mujeres y cinco niños.[20]

---

20. La única vez en que las fuerzas judías lograron tocar el orgullo militar romano de nuevo fue en el año 132 d.C., cuando llevaron a cabo otra revuelta bajo el liderazgo de Simón Ben Kojba, Príncipe de Israel. Simón reunió un gran ejército de voluntarios nativos, junto con mercenarios profesionales del exterior. En sus planes de batalla diseñó muchas operaciones estratégicas, algunas de las cuales suponían la utilización de túneles y de cámaras subterráneas en el subsuelo de Jerusalén. En el plazo de un año, consiguieron arrebatarle la ciudad a los romanos, estableciendo una administración judía durante dos años. Pero fuera de la ciudad continuaron los enfrentamientos, y la estrategia final estaba en función de la ayuda militar de Persia. Sin embargo, cuando las fuerzas persas estaban ya preparadas para partir hacia Tierra Santa, Persia se vio invadida. Sus tropas tuvieron que quedarse y defender su propio territorio, con el resultado de que Simón y su valeroso grupo no pudieron frenar el avance de doce legiones romanas que se habían reagrupado en Siria bajo las órdenes del emperador Adriano. Con el tiempo, el ejército de Simón sería vencido en Battin, al oeste de Jerusalén, en el año 135 d.C.

Oleadas de refugiados nazarenos huyeron de Tierra Santa para perpetuar su tradición en el norte de Mesopotamia, Siria, el sur de Turquía y diversas partes de Europa. Posteriormente, el cronista Julio Africano de Edesa,[21] registraría los detalles de aquel éxodo, afirmando (como vimos en el capítulo 2) que las autoridades romanas ordenaron que se quemaran todos los archivos públicos de Jerusalén, con el fin de impedir el futuro acceso a los detalles de la genealogía familiar de Jesús. Él denominó a estos herederos reales como los *desposyni*.

La revelación del cordero

Aparte de un par de referencias incidentales relativas a José como padre de Jesús,[22] éste no aparece personalmente en el Nuevo Testamento tras el paso de iniciación de Jesús en Lucas. Con anterioridad a esto, José aparece cuando Simeón el esenio (el Gabriel de entonces) legitimizó a Jesús por la ley a pesar de su poco ortodoxa manera de nacer (Lucas 2:25-33). Y eso es todo lo que hay al respecto de José en la narración. Por el episodio de Jesús en el Templo, sabemos que José estaba vivo en el año 18 d.C., pero ya no estaba por ahí cuando tiene lugar la crucifixión de su hijo, quince años más tarde. En general, se supone que había muerto ya para cuando Jesús comenzó su ministerio, en el año 29 d.C.

Un aspecto lamentable del modo en que se construyó el Nuevo Testamento es que no se tiene demasiado en cuenta a los padres de Jesús. No se nos dice nada de la vida cotidiana de María, su madre, salvo en lo que concierne al mismo Jesús. En consecuencia, tampoco se conoce la fecha de su muerte, aún cuando se celebre anualmente su Asunción el 15 de agosto. *La Enciclopedia Católica* afirma que esta fecha se asignó arbitrariamente, más que estar basada en un hecho histórico. Su muerte se sitúa entre el año 36 y el 48 d.C. Sin embargo, lo que sabemos a partir de los evangelios es que Jesús, en la crucifixión, puso a su madre bajo el cuidado de su «discípulo amado»: «Y desde aquella hora el discípulo la acogió en su casa» (Juan 19:27). A este respecto, la palabra que se utiliza en el evangelio para indicar la obligación

---

21. Edesa, ahora Urfa, en Turquía, a diferencia de la Edesa de Grecia.
22. Mateo 13:55, Marcos 6:3

del discípulo es *paranymphos*, que se utiliza para indicar a un asistente o guardián personal.[23] En breve, pasaremos a considerar la identidad del misterioso «discípulo al que Jesús amaba».

Tras su visita a Malta (Melitia), en el año 61 d.C., es difícil rastrear las actividades de Jesús. Algunos sugieren que siguió las huellas de Tomás, el apóstol, hasta la India y que murió en Srinagar, Cachemira, donde hay una tumba que se le atribuye a él. Pero esta idea surgió como consecuencia de una hipótesis tardía, de 1894, según la cual Jesús era el profeta Yuza Asaf, del cual es la tumba original.[24] Aunque resulta una teoría intrigante, las evidencias están lejos de ser concluyentes (*véase* Apéndice III). No obstante, está claro que Jesús murió en o antes del año 73 d.C. pues, en ese año, su hijo, Jesús II Justo, recibió el título davídico: «Yo, Jesús, he enviado a mi Ángel para daros testimonio de lo referente a las Iglesias. Yo soy el Retoño y el descendiente de David, el Lucero radiante del alba» (Apocalipsis 22:16).

Sacerdotes y clérigos afirman en general que las bodas que aparecen en el libro neotestamentario del Apocalipsis son simbólicas del matrimonio de Jesucristo con la Iglesia cristiana. Pero lo cierto es que, cuando Juan el Divino (el apóstol Juan Boanerges) escribió su intrigante *Apocalipsis* en la isla griega de Patmos, aún no existía la Iglesia. Él no sabía absolutamente nada del sistema que se desarrollaría con posterioridad a su muerte. Las bodas de las que se habla en su esotérico estilo de escritura son registros de la historia de la familia mesiánica.

La hija de Jesús y de María Magdalena, Tamar (Damaris) parece ser que se casó con San Pablo en Atenas en el año 53,[25] y el matrimonio de Jesús Justo se relata como el Matrimonio del Cordero en el Apocalipsis 19:7-9. Al igual que Juan se refiere a Jesús como la Palabra de Dios (Juan 1:1-14), Juan el Bautista le llamaba el Cordero de Dios (Juan 1:29). Estas dos fórmulas, Palabra y Cordero, se convirtieron en sinónimas de los herederos de Jesús en el *Apocalipsis* de Juan.

Jesús Justo (que nació en el año 33 d.C.) tenía 36 años en el 73 d.C., cuando se dice que a su novia «se le ha concedido vestirse de lino deslumbrante de blancura» en la cena de bodas. «Y él me dice... yo soy un siervo como tú y

---

23. Para ser estrictos, el *paranymphos* era aquel que llevaba ceremonialmente a la novia hasta el novio.
24. Prof. Fida Hassnain, *A Search for the Historical Jesus - from Apocryphal*, Buddhist, Islamic & Sanscrit Sources, Gateway Books, Bath, 1994.
25. B. Thiering, *Jesus the Man*, c. 33, p. 151.

como tus hermanos que mantienen el testimonio de Jesús... Y su nombre es La Palabra de Dios» (Apocalipsis 19:10-13).

Su hijo, Jesús III, nació en el año 77 d.C., para convertirse en el *Alfa y Omega* (Apocalipsis 21:16). Era ésta una distinción saducea de la Casa de Herodes, transferida a la Casa de David en 102 d.C., cuando tuvo su fin el sistema herodiano.[26] Jesús III se casó en 113 d.C.; de nuevo, a los 36 años, de acuerdo con la costumbre dinástica, pronunciando, «Yo soy el Retoño y el descendiente de David, el Lucero radiante del alba» (Apocalipsis 22:16).

El discípulo amado

El «discípulo a quien Jesús amaba» es un personaje cuya misteriosa identidad se viene discutiendo y debatiendo durante siglos. El preferido en este asunto es desde hace mucho el apóstol Juan Boanerges, hijo de Zebedeo y hermano de Santiago. Otra aspirante es, cómo no, María Magdalena, a la que amaba Jesús, según el Nuevo Testamento y según el Evangelio de Felipe. El tercero en la lista de probables es Juan Marcos, conocido también como San Marcos.

Las únicas menciones bíblicas de este discípulo amado tienen lugar en el Evangelio de Juan. Una de ellas aparece en la escena de la crucifixión, cuando Jesús designa a su discípulo amado como guardián de su madre; y ésta es una referencia que descarta de inmediato a María Magdalena, dado que el fraseo indica concretamente a un varón en este contexto:

> Jesús, viendo a su madre y junto a ella al discípulo a quien amaba, dice a su madre: «Mujer, ahí tienes a tu hijo.» ... Y desde aquella hora el discípulo la acogió en su casa. (Juan 19:26-27)

Aparte del «discípulo amado», que cita Juan, sólo se menciona a las familiares femeninas de Jesús a los pies de la cruz. Y esto es así en todos los evangelios. No se menciona a Pedro ni a ninguno de los apóstoles en la escena. Con an-

---

26. B. Thiering, *Jesus of the Apocalypse*, c. 3, p. 31. En esta obra se detalla la secuencia completa de acontecimientos relativos a la historia de la familia mesiánica, tal como se cuenta en el Apoclipsis.

terioridad a este hecho, Mateo 26:56 y Marcos 14:50 dicen que, después del arresto de Jesús, los discípulos «le abandonaron y huyeron». Sin embargo, es evidente que hubo uno que no lo hizo.

Este discípulo anónimo aparece posteriormente en la escena de la resurrección, la cual descarta también a María Magdalena, que le habla a Jesús en estas circunstancias. También descarta a Pedro, pues se le cita por separado:

> Echa a correr y llega donde Simón Pedro y donde el otro discípulo a quien Jesús quería y les dice: «Se han llevado del sepulcro al Señor, y no sabemos dónde le han puesto.» (Juan 20:2)

Posteriormente, en una conversación entre Pedro y Jesús, hay dos referencias más al «discípulo al que Jesús amaba»,[27] pero no se da su nombre. Sin embargo, podemos sacar también a Juan Marcos de la ecuación porque, en la primera mención de todo el evangelio sobre este hombre misterioso, que se dice que estuvo en la Última Cena: «Uno de sus discípulos, el que Jesús amaba, apoyaba la cabeza en el pecho de Jesús» (Juan 13:23).

Aunque en el Evangelio de Juan no se especifica exactamente quiénes estaban en la Última Cena, los otros tres evangelios sí que lo hacen, y los tres son unánimes al afirmar que allí sólo estaban Jesús y sus doce apóstoles:

> Al atardecer, se puso a la mesa con los Doce. (Mateo 26:20)
> Y al atardecer, llega él con los Doce. (Marcos 14:17)
> Cuando llegó la hora, se puso a la mesa con los apóstoles. (Lucas 22:14)

Dado que Juan Marcos (que aparece por primera vez en los Hechos) no aparece en ninguna de las listas de los apóstoles, se deduce necesariamente que él no estaba en la cena, y que no podía ser el que apoyó la cabeza en el pecho de Jesús. Esto parece dejar solo a Juan Boanerges, y es por este motivo por el que desde siempre ha sido el aspirante preferido. Pero el problema estriba en que no es probable que el autor del Evangelio de Juan dejara un punto tan importante como éste sin dilucidar.

De todos los evangelios, el de Juan es el menos ambiguo. Incluye elementos importantes, como las bodas de Caná y la resurrección de Lázaro, que los

---

27. Juan 21:7, 21:20.

otros evangelios no citan. Es el único evangelio que dice que María, la que ungió a Jesús en Betania, era la misma mujer que le ungió en la anterior ocasión. Por tanto, no es normal que un autor tan meticuloso hablara de un discípulo en concreto de una forma tan misteriosa y subrepticia. A la vista de esto, cabe la posibilidad de que el enigmático discípulo hubiera sido identificado con claridad previamente. Entonces, ¿hay algún versículo anterior en Juan en el que se confirme el cariño de Jesús por algún discípulo en concreto? Pues sí, lo hay. De hecho, hay dos menciones que guardan relación con el mismo individuo.

El motivo por el cual no se cita al discípulo amado en los Evangelios Sinópticos se debió a que su referencia original en este contexto se perdió en ellos. La eliminó San Clemente en su celo por velar la relación de Jesús con María Magdalena en el relato de la resurrección de Lázaro.[28] Después de todo, el autor del Evangelio de Juan no fue negligente en lo relativo al nombre del discípulo amado; Juan 11:5 dice: «Jesús amaba a Marta, a su hermana y a Lázaro». Poco después, en la escena en la que Jesús resucita a su excomulgado amigo Lázaro, Juan 11:36 confirma la relación una vez más: «Los judíos entonces decían: "Mirad cómo le quería"».

Después de afirmar esto dos veces, la escena está servida para las posteriores referencias al «amado» en la Última Cena, la crucifixión y la resurrección. El «discípulo al que Jesús amaba» era Lázaro, que había asumido la distinción abrahámica de Eleazar (de ahí Lázaro) posteriormente al nombre con el que aparece antes, Simón Zelotes. Era el de mayor rango de los apóstoles de Jesús; el hombre de quien María Magdalena había sido hermana espiritual, y que estaba casado con la propia tía de Jesús, Helena-Salomé. Simón-Lázaro no era sólo un apóstol o un patriarca de la comunidad de Qumrân, era miembro de la propia familia de Jesús. De ahí que hubiera un buen motivo para que Jesús lo designara a él como guardián de su madre.

Una vez aclarado esto, sólo nos queda una pregunta: ¿quién escribió el Evangelio de Juan? A diferencia de La Revelación (el Apocalipsis), cuyo autor (Juan Boanerges el Divino) da su nombre de Juan,[29] este evangelio es anónimo. No está escrito por la misma mano, ni por la del autor del panfleto del Nuevo Testamento titulado 1 Juan, ni de las epístolas 2 Juan y 3 Juan. El autor del pre-

---

28. *Véase* Capítulo 7 — «Marta».
29. Apocalipsis 1:4.

tendido Evangelio de Juan parece conocer hasta el más mínimo detalle de lo que cuenta, detalles que no se encuentran en los Evangelios Sinópticos, y escribe desde una capacidad intelectual mayor. El texto indica también un importante conocimiento de los usos sacerdotales y una gran intimidad con Jesús.

Hacia el final del Evangelio de Juan, se nos dice que la fuente de la información contenida en él era el discípulo amado, pero no fue él el autor final de la obra. Tras una conversación entre Jesús y Pedro sobre el discípulo amado, se dice cerrando la narración: «Éste es el discípulo que da testimonio de estas cosas y que las ha escrito, y nosotros sabemos que su testimonio es verdadero» (Juan 21:24). Así, «su testimonio» hace referencia al testimonio de Simón-Lázaro, el discípulo amado, que proporcionó parte del material en el que se basó el autor del evangelio. Sin embargo, la narración, en sí, ofrece las pistas y las pruebas de quién escribió realmente el texto.

Ya hemos visto que los cuatro evangelios difieren en sus relatos sobre quiénes fueron las mujeres que acudieron a la tumba de Jesús. Sin embargo, todos están de acuerdo en que María Magdalena sí que estuvo presente. En la práctica, era ella la que, sin duda alguna, tenía que estar allí, puesto que era su esposa. Lo importante del Evangelio de Juan es que es el único evangelio que dice que María Magdalena fue sola a la tumba.

Juan 20:2 cuenta que, tras encontrar la tumba vacía, María fue en busca de Pedro y de Lázaro; y que, luego, tras comprobar por sí mismos que la tumba estaba vacía, éstos partieron: «Los discípulos, entonces, volvieron a casa. Estaba María junto al sepulcro fuera llorando...» (Juan 20:10-11).

Después de intercambiar unas breves palabras con dos ángeles en la cueva, María se encontró con Jesús fuera, en el jardín. Aquí sucedió lo del *Noli me tangere*, cuando María intentó abrazar a Jesús y él se lo impidió. (El motivo de esto es que María estaba embarazada en aquellos días, y el contacto físico estaba prohibido entre ellos.)

El de Juan es el único evangelio que da cuenta de esta escena, una conversación privada en la que se registró el diálogo entre Jesús y María Magdalena. Estaban ellos dos solos. Por tanto, sólo había dos personas que pudieran haber escrito el Evangelio de Juan, y no cabe duda de que Jesús no fue el que lo escribió. Con el material y los detalles aportados por Simón-Lázaro, amigo íntimo de María (que la acompañó a la Provenza), éste es el único evangelio que deja perfectamente claro que las dos unciones las llevó a cabo la misma mujer, de donde se puede deducir que fue escrito por esa misma mujer. Sólo ella podía dar cuenta de la conversación íntima mantenida con Jesús en el jardín. Nadie más estuvo presente para escucharla. El autor del Evangelio de Juan sólo pudo ser María Magdalena.

Al principio del capítulo 1, vimos que las acompañantes de Jesús se citan en varias ocasiones y, en seis de estas listas, la primera en ser citada es María Magdalena. En la séptima de ellas, se pone a María, la madre de Jesús, la primera. Es el mismo grupo que se dice que estuvo a los pies de la cruz en el Evangelio de Juan. En todos los demás casos, los autores de los evangelios le brindaron a María Magdalena el derecho de una categoría superior; pero, si es cierto que ella fue la autora del Evangelio de Juan, sería lógico, por lo demás de natural cortesía, que pusiera a la madre de Jesús por delante de sí misma en esa lista.

12

El reino de los *desposyni*

Los reyes pescadores

María Magdalena murió en el año 63 d.C. en Aix-en-Provence, la antigua ciudad de Acquae Sextiae.[1] Las aguas termales de Aix (Acqs) fueron las que le dieron su nombre a la ciudad, siendo *acqs* un derivado medieval de la vieja palabra latina *aquae* (aguas). Según la tradición del Languedoc, a María se la recuerda como *la Dompna del Aquae:* la Señora de las Aguas. Para los gnósticos (así como para los celtas), las mujeres a las que se les concedía una veneración religiosa iban asociadas a lagos, pozos, fuentes y manantiales.

A los sacerdotes bautismales de la época evangélica se les llamaba «pescadores» y, desde el momento en que Jesús fue admitido al sacerdocio de la Orden de Melquisedec, a él también se le designó como pescador. Del mismo modo que a Jesús se le retrató como a hijo de un carpintero gracias a una mala interpretación de los términos en el siglo I, también se nos sedujo con la imagen de unos prosaicos apóstoles salobres con sus redes y sus barcas de pesca. Por ejemplo:

> Caminando por la ribera del mar de Galilea vio a dos hermanos, Simón, llamado Pedro, y su hermano Andrés, echando la red en el mar, pues eran pescadores, y les dice: «Venid conmigo, y os haré pescadores de hombres». (Mateo 4:18-19)

---

1. *Dictionnaire étymologique des noms de lieux en France* - Aix.

El *Manual de la Disciplina* de Qumrân dice que, junto con los tres sacerdotes levíticos, estaban los doce hombres del Consejo de la Comunidad (los apóstoles delegados del Mesías) para «preservar la fe en el país».[2] A pesar de la romántica imaginería de púlpito, queda claro que los apóstoles no eran una pobre banda de corderitos devotos que habían abandonado todas sus responsabilidades familiares para seguir a un carismático sanador. Eran eminentes miembros de la comunidad cuyas verdaderas funciones se perdieron en las malas interpretaciones de la jerga de la época. La pesca simbólica era tradicionalmente una parte del ritual del bautismo.[3]

Los bautismos masivos tenían lugar en el agua, en el Mar Muerto o en el Mar de Galilea, aunque algunos eventos individuales o a pequeña escala quizás se realizaran en el río Jordán. Los gentiles que querían afiliarse a las tribus judías podían tomar parte en el bautismo, pero no podían ser bautizados en el agua. Si bien podían unirse a los candidatos judíos al bautismo en los mares interiores, sólo se les permitía recibir la bendición sacerdotal después de haber sido izados con grandes redes en las barcas. De ahí que a los sacerdotes que llevaban a cabo estos bautismos se les llamara «pescadores», mientras los candidatos al bautismo eran los «peces». Lo que cuenta Lucas 5:1-10 acerca de la captura de gran cantidad de peces después de que Jesús «enseñara desde la barca a la muchedumbre» es el relato de una conversión especialmente exitosa. De una pesca similar se da cuenta en Juan 21:1-11.

Mediante una transferencia similar de imaginería, a los levitas encargados del Santuario se les llamaba «panes».[4] En el ritual de ordenación (la ceremonia de admisión al sacerdocio), los sacerdotes levitas que oficiaban servían siete hogazas de pan a los sacerdotes, mientras que a los candidatos célibes se les daban cinco hogazas y dos peces. Había un simbolismo legal importante en todo esto, pues mientras los gentiles podían recibir el bautismo como «peces», la ley era muy estricta en que sólo los judíos podían ser «panes».

La importancia de este detalle queda clara en el acontecimiento milagroso por el cual se dice que se dio de comer a Cinco Mil personas. Al

---

2. G. Vermes, *The Complete Dead Sea Scrolls in English*, Community Rule VII, pp. 108-109. Véase también M. Baigent y R. Leigh, *The Dead Sea Scrolls Deception*, c. 9, pp. 140-1, y Robert H. Eisenman, *Maccabees, Zadokites, Christians and Qumrân*, E. J. Brill, Leiden, 1983, p. 42.
3. B. Thiering, *Jesus the Man*, apéndice II, «Locations: The System for Boats», pp. 325-31.
4. Ibíd. c. 18, p. 91.

igual que con el agua y el vino en Caná, Jesús decidió saltarse los convencionalismos al permitir que los impuros gentiles comieran de lo que normalmente se reservaba para los judíos candidatos al sacerdocio. A este respecto, hizo esta concesión a los representantes de los no judíos de la fraternidad de Cam (conocidos en sentido figurado como los Cinco Mil).[5] Y así, le concedió a su Multitud (a su Consejo Dirigente) el acceso simbólico al sacerdocio sirviéndoles los cinco panes y los dos peces de los candidatos sacerdotales judíos (Marcos 6:34-44). En otro episodio similar, en el que se dice que dio de comer a los Cuatro Mil,[6] Jesús ofreció las siete hogazas de los sacerdotes de superior rango a los incircuncisos del Consejo de Sem (Marcos 8:1-10).

Gracias a la admisión de Jesús en el sacerdocio de Melquisedec, el linaje dinástico de la Casa de Judá se estableció en exclusiva como una dinastía de Reyes Sacerdotes o, como llegarían a ser conocidos los descendientes de Jesús, Reyes Pescadores. Los linajes de descendientes de Jesús y de María Magdalena, que surgieron a través de los Reyes Pescadores, preservaron el Espíritu de Aix materno para convertirse en la Familia de las Aguas: la Casa de Acqs. Y es dentro de este contexto de la imaginería de la Novia Perdida donde se determina la filosofía griálica: «Sólo preguntando, "¿A quién sirve el Grial?," se podrá sanar la herida del Rey Pescador, retornando así a la fertilidad la Tierra Desolada». Esto proviene de *La Alta Historia del Santo Grial,* una obra franco-belga datada c. 1200, conocida también como *Perlesvaus.* Este relato, donde el Rey Pescador mesiánico recibe el nombre de Messios, incide específicamente en la importancia del linaje del Grial, aseverando que el *Sangréal* es el repositorio del legado real.[7]

---

5. En realidad, no hubo 5.000 personas en esta comida simbólica. Los «Cinco Mil» era el nombre que se aplicaba a la masa de nativos de Palestina no judíos y que se les denominaba los «Hijos de Cam», al que se le tenía por el fundador de las tribus camitas de la región. El encargado del enlace entre la Comunidad y los Cinco Mil era Juan Boanerges, el apóstol de Jesús. Véase B. Thiering, *Jesus the Man,* apéndice III, p. 357.
6. Tampoco aquí fueron 4.000 mil las personas implicadas. Los «Cuatro Mil» (los Hombres de Sem) era otro grupo particular de gentiles. Junto con los Prosélitos (conversos al judaísmo), llamados los «Tres Mil», los Cinco Mil y los Cuatro Mil formaban parte de la tribu de Aser, una tribu especialmente cosmopolita.
7. *The High History of the Holy Grail* (Perlesvaus), (trad. Sebastian Evans), Everyman, Londres, 1912.

El relato escrito más antiguo de *le Seynt Graal* es del año 717, en el cual un ermitaño británico llamado Waleran tuvo una visión de Jesús y el Grial. Del manuscrito de Waleran da cuenta Heliand, un monje francés de la abadía de Fromund, en los alrededores del 1200; también habla de él Juan de Glastonbury en la *Cronica sive Antiquitates Glastoniensis Ecclesie*, y más tarde Vicente de Beauvais, en su *Speculum Historiale*, de 1604. En todos estos textos, se cuenta que Jesús puso un libro en manos de Waleran que comenzaba así:

> He aquí el Libro de tu Descendencia.
> Aquí comienza el Libro del *Sangréal*.

En la tradición artúrica, se representó el linaje soberano davídico mediante los Reyes Pescadores de la Familia del Grial, y el linaje patriarcal se identificó mediante el nombre de Anfortas. Se trataba de un término simbólico derivado de *In fortis* (latín: «En fortaleza»). Se correspondía con el nombre hebreo de Boaz, el bisabuelo de David (que significa igualmente «En fortaleza»), cuyo legado se celebra en la Francmasonería moderna.

Los ángeles del Sangréal,
de La Crucifixión, de Alberto Durero (1471-1528).

El nombre de *Boaz* se le dio al pilar izquierdo del Templo del Rey Salomón (1 Reyes 7:21 y 2 Crónicas 3:17). Su capitel, al igual que el del pilar derecho, *Yakín*, estaba decorado con granadas de latón (1 Reyes 7:41-42), símbolo de la fertilidad masculina, como se especifica en el Cantar de los Cantares 4:13. Y no es por casualidad que en las famosas pinturas de Sandro Botticelli, *La Madonna de la Granada* y *La Madonna del Magnificat,* el niño Jesús tenga en la mano sendas granadas maduras y abiertas.

La familia de Acqs, descendientes de María Magdalena, fue una familia importante en Aquitania, región cuyo nombre tiene también su raíz en *acquae* («aguas») o *acqs,* al igual que la ciudad de Dax, al oeste de Toulouse, que proviene de *d'Acqs*.[8] Las ramas merovingias que surgieron de aquí a partir de los Reyes Pescadores se convirtieron en los Condes de Toulouse y Narbona, así como los reyes del Midi septimano, entre Francia y España.

Otra rama familiar, procedente del linaje femenino, se le concedió al legado de Avallon de la Iglesia Celta en la Borgoña, siendo Viviana del Acqs su Alta Reina a principios del siglo VI. Posteriormente, en Gran Bretaña, una rama masculina de la Casa del Acqs provenzal devino en los Comtes (Condes) de Léon d'Acqs, descendientes de la nieta de Viviana I, Morgaine.

Para el siglo XII, cuando Chrétien de Troyes escribió su romance de *Ywain y la Dama de la Fuente* (en el cual la Dama se corresponde con *la Dompna del Aquae*), el legado de Acqs había alcanzado ya la literatura artúrica. El legado de la familia *del Acqs,* en la cual el tema del Grial era tema central, estuvo siempre directamente relacionado con las aguas sagradas, y estuvo siempre vinculado con María Magdalena. Por otra parte, el nombre *du Lac* se utilizó para identificar la relación con el linaje *desposínico* (siendo *lac,* o «lago», el pigmento rojo del drago oriental, como en el color de pintura Lago Escarlata). En 1484, Sir Thomas Malory hizo uso, en su *Morte d'Arthur,* de esta última distinción para Viviana II (Dama de la Fuente y madre de Lancelot du Lac),[9] adecuadamente denominada como la Dama del Lago.

La Casa del Pan

Además de los relatos de la *Vida* de María Magdalena en la Provenza, también surgieron diversas leyendas apócrifas, una de las cuales ofreció un buen

---

8. *Dictionnaire étymologique des noms de lieux en France* - Dax.
9. *(N. del T.):* El Lanzarote del Lago del mito artúrico.

vehículo para que pintores de desnudos, como Lefebvre, Etty y Dubois exhibieran sus talentos, pues se decía que María Magdalena había pasado algún tiempo desnuda en una cueva. Otros, como Ticiano, Guercino y Correggio, le brindaron cierto recato, con retratos de medio cuerpo y diversos paños.

Sin embargo, junto con esto, hay otro aspecto que se hace evidente también en los relatos provenzales más académicos, y que llevó a lo que se ha venido en denominar los retratos *extáticos*. En ellos, se ve a María en compañía de los ángeles, de los que se dice le proporcionaron el alimento de cierto pan místico. Son numerosos los artistas que han representado esta escena, entre ellos, Lorenzo di Credi, José de Ribera, José Antolínez, Domenichino y Peter Strub. Sin embargo, no es tan extraño como pudiera parecer.

En los inicios de la dinastía mesiánica, el rey David nació en Belén, y en el Nuevo Testamento se indica expresamente que también allí nació Jesús: «¿No dice la Escritura que el Cristo vendrá de la descendencia de David y de Belén, el pueblo de donde era David?» (Juan 7:42). También es digno de mención que Juan Casiano, que comenzó la vigilia en la tumba de María Magdalena, hubiera sido monje en Belén antes de encontrar su celda en Marsella. Belén (*Beth-le-em*) significa «Casa del Pan».[10]

Si nos remontamos con la terminología de la «casa del pan» hasta el antiguo Egipto, descubriremos que el símbolo del pan predominó en la cultura de los faraones desde las dinastías más antiguas del Imperio Antiguo. Existen referencias a cierto pan místico en los relieves de los templos de Karnak y de Abidos, con numerosas inscripciones relativas en el templo de la montaña de Horeb de Moisés, en el Sinaí.[11] Sin embargo, lo fascinante de este «pan» era que, según se decía, estaba hecho de oro. Se encuentra en la lista de los tesoros de oro de Karnak,[12] y existen numerosas representaciones en las que se ve cómo se les presentan a los faraones estas enigmáticas hogazas. Se decía que este alimento celestial elevaba los poderes de percepción, la consciencia y la intuición de los faraones, y que era responsable de una trascendencia total de la personalidad hasta el estado angélico. Este pan se halla en la raíz del fragmento del Padrenuestro que, tal como lo define Mateo 6:9-13, dice «Nues-

---

10. Watson E. Mills (ed.), Lutterworth *Dictionary of the Bible* - Bethlehem.
11. El templo egipcio de la cima de la montaña de Serâbît el Jâdim, en el Sinaí, descubierto en 1904. Véase W. M. Flinders Petrie, *Researches in Sinai,* John Murray, Londres, 1906.
12. El relieve del tesoro del faraón Tutmosis III, c. 1450 a.C., en el Templo de Karnak.

tro pan cotidiano dánosle hoy», y es el protagonista de la comunión ritual de Melquisedec en el Génesis.

Además, en el libro del Éxodo 32:20, en el Antiguo Testamento, se dice que Moisés quemó el becerro de oro en el Sinaí, e hizo de él un polvo que, mezclado con agua, se lo dio a beber a los israelitas. La historia completa de este «polvo de proyección» se relata, desde la antigüedad hasta los tiempos modernos, en *Lost Secrets of the Sacred Ark*. Sin embargo, lo importante para nuestra actual investigación es que los sacerdotes de Karnak encargados de su manufactura eran los mismos que, con el tiempo, introducirían a los Terapeutas dentro de la comunidad esenia de Qumrân.

Hay un buen número de evidencias que sugieren que la dinastía davídica se cimentó en la cultura de este pan hecho de oro. La griega Biblia *Septuaginta* le llama Pan de la Presencia, y David necesitaba del permiso expreso del sacerdote para poder tomarlo.[13] A la corte del rey Salomón llegaron enormes cantidades de oro procedentes de las minas de Arabia, así como de Ofir y Sheba (Sâba). Pero, a pesar de todas las riquezas que parecía tener el rey Salomón, los reyes egipcio, jordano, sirio y fenicio le proveyeron de barcos para su flota, de protección militar, de caballos, de carros y de otros costosos servicios, por no hablar de los materiales de construcción de su palacio y de su templo. El rey fenicio Jiram de Tiro decía que el único requisito a cambio de todos aquellos favores era que Salomón debía «dar pan para mi casa».[14]

Ya vimos en el capítulo 6 que los Caballeros Templarios llevaban a cabo sus actividades en la región de Bézu, en el Languedoc, de donde extraían el oro aluvial de la zona para la elaboración de su fabuloso polvo *Ormus*, que la ciencia moderna denomina ahora Elemento Monoatómico Redispuesto Orbitalmente. Unos recientes análisis llevados a cabo en Qumrân revelan que el precipitado del Mar Muerto contiene un 70% de oro en estado monoatómico. También se sabe ahora que este exótico polvo blanco de oro tiene precisamente las cualidades que le atribuían los sacerdotes Terapeutas, y que resuena con el ADN humano, estimulando la producción hormonal y potenciando el sistema de inmunidad.

En tiempos evangélicos, a los judíos y egipcios que practicaban el arte del procesamiento del oro se les llamaba Maestros Artesanos, y así es como se le llama exactamente a José, el padre de Jesús: *ho tekton*, «maestro del arte»,

---

13. 1 Samuel 21:6.
14. La Biblia griega denominada la *Septuaginta* - Antiguo Testamento, 3 Reyes 5:7.

término que se tradujo erróneamente como «carpintero». Otro *ho-tekton* de la época fue José de Arimatea, que es uno de los que aparece en la lista de los que acompañaron a María Magdalena hasta la Provenza. En la medida en que muchas personas de nuestros días están utilizando de nuevo oro monoatómico como suplemento dietético, no hay motivos para suponer que los misioneros de la Magdalena no estuvieran haciendo lo mismo.

Alteza Divina

Dado que nunca existió ningún lugar llamado Arimatea, los libros de referencia sugieren en general, aunque insatisfactoriamente, que José de Arimatea quizás proviniera de Ramleh o Ramathaim, en el norte de Judea.[15] Además de ser un *ho tekton*, como el padre de Jesús, Rábano Mauro se refiere también a José como un *noblis decurion*. El cronista galés del siglo VI Gildas II lo describe igualmente como un «noble decurio». El *decurión* era el supervisor de las minas, y el término tuvo su origen en España, donde trabajaban los metalistas judíos desde el siglo VI d.C., en fundiciones tan celebradas como las de Toledo.[16] Entonces, ¿quién era exactamente José de Arimatea? Y, si Arimatea no era el nombre de un lugar, ¿con qué guarda relación esta palabra?

En los Evangelios, se dice de José que era «miembro respetable del Consejo [es decir, miembro del Sanedrín], que esperaba también el Reino de Dios» (Marcos 15:43). También era «discípulo de Jesús, aunque en secreto por miedo a los judíos» (Juan 19:38). Pero aunque la fidelidad política de José a Jesús era un secreto para los ancianos de los judíos, esta relación no resultó sorprendente para el gobernador romano, Poncio Pilato, que aceptó la implicación de José en los asuntos de Jesús sin rechistar.[17] Cuando José le pidió bajar a Jesús de la cruz y

---

15. *The Times Atlas of the Bible*, Times Books, Londres, 1994, p. 147.

16. La ruta que utilizaban los comerciantes de metales judíos la detalló Diodoro Sículo en los días del emperador Augusto (63 a.C. a 14 d.C.): «El mineral de estaño se transporta desde Bretaña hasta la Galia, llevándolo los comerciantes a lomo de caballo a través del corazón de la Céltica hasta Marsella y la ciudad llamada Narbo[na]». Luego, se llevaba en barco por todo el Mediterráneo a sus diferentes destinos. Véase J. W. Taylor, *The Coming of the Saints*, c. 8, p. 143.

17. Mateo 27:57-60.

ponerlo en el sepulcro, Pilato accedió sin reservas. Tampoco resultó una sorpresa el nivel de implicación de José para María, la madre de Jesús, María Magdalena, María de Clopás o Sara-Salomé. Todos estuvieron de acuerdo con las disposiciones de José, aceptando su autoridad sin comentarios ni objeciones.

Arimatea era, de hecho, un título descriptivo, como el de Magdalena y otros muchos en el Nuevo Testamento. Indicaba un estatus particularmente elevado. Del mismo modo que el apóstol Mateo Anás conservaba una distinción sacerdotal «Leví de Alfeo» (Leví de la Sucesión), José era «de Arimatea». Sin embargo (como ocurre con el nombre de Leví en Mateo), el de José no era su verdadero nombre de pila, y *Arimatea* se derivaba de una combinación de elementos hebreos y griegos. Sus partes componentes eran las hebreas: *ha ram* o *ha rama* (de la altura o de arriba); y la griega: *Theo* (relativo a Dios); siendo su significado conjunto «de lo más alto de Dios» (*ha Rama Theo*) y, como distinción personal, Alteza Divina.[18]

Jesús era el heredero del trono de David. Por tanto, él era «el David», del mismo modo que Juan el Bautista había sido «el Sadoq». En el linaje real, el título patriarcal de José se le aplicaba al siguiente en la sucesión.[19] Cuando un hijo dinástico de la Casa de Judá (fuera cual fuera su nombre verdadero) se convertía en el David (el rey), su hijo mayor (el príncipe heredero) se convertía en el José. Pero si no había ningún hijo en el momento del advenimiento al trono davídico (o si el hijo tenía menos de dieciséis años de edad), el hermano de más edad del David debía recibir la distinción del José. Pero tendría que renunciar a ella en el momento en el que el hijo alcanzara la edad exigida. A este respecto, Santiago (el mayor de los tres hermanos menores de Jesús, nacido en el año 1 d.C.) era quien estaba designado como José (hebreo: *Yosef*, que significa «Él añadirá»). Por tanto, él era el José *ha Rama Theo*, que derivó lingüísticamente en José de Arimatea.

Así pues, José de Arimatea resulta ser el propio hermano de Jesús, Santiago. En consecuencia, ya no sorprende que se enterrara a Jesús en un sepulcro que pertenecía a su propia familia. Ni tampoco sorprende que Pilato permitiera que el hermano de Jesús se hiciera cargo de las diligencias posteriores a la crucifixión; ni que las mujeres de la familia de Jesús aceptaran sin rechistar las disposiciones que José (Santiago) realizara. Evidentemente, esto

---

18. En términos actuales, según la estructura monárquica occidental, éste sería un equivalente del principesco, Su Alteza Real.
19. B. Thiering, *Jesus the Man*, apéndice III, p. 353.

significa que hubo diferentes Josés de Arimatea en distintos momentos. Pero, ¿cómo puede ser que el José de la escena de la crucifixión se represente en las obras de arte como un anciano?

Aparte de unas cuantas menciones vagas sobre su posición de consejero rico, el Nuevo Testamento no ofrece ninguna pista obvia sobre qué tenía que ver José de Arimatea con la familia de Jesús. Pero tampoco se menciona en los evangelios la edad de José. Sin embargo, aparte de las escrituras, se suele suponer que fue tío de la madre de Jesús. Como consecuencia de ello, en las pinturas y en las ilustraciones de los libros, se le retrata como un hombre de edad en la década de los años 30 d.C.

Si María, la madre de Jesús, nació alrededor del 26 a.C., como se suele admitir, debió de tener alrededor de diecinueve años en el momento en que nació Jesús. En el momento de la crucifixión, debía de estar mediados los cincuenta. De modo que, si José hubiera sido su tío, debería haber tenido, pongamos, veinte años más que María, es decir, estaría mediados los setenta en aquel momento. Sin embargo, diversos relatos escritos, de diversas fuentes, nos dicen que José estuvo en Francia y en Inglaterra treinta años más tarde, en el año 63 d.C. Además, en la *Historia* de Hugh Cressy (que incorpora archivos del monasterio de Glastonbury), se afirma que José de Arimatea murió el 27 de julio del 82 d.C. Si esto es así, ¡habría muerto con alrededor de 125 años de edad!

Nada de esto tiene sentido, por lo que habrá que aplicar la característica hereditaria del título de José de Arimatea. De ahí que, como ya se ha dicho, el José de la época de la crucifixión fuera Santiago el Justo, hermano de Jesús, nacido en el año 1 d.C. Santiago murió en el año 82 d.C., habiendo sido excomulgado formalmente en Jerusalén veinte años antes.

La Iglesia promovió la idea de José como tío de María a partir de una hipótesis bizantina del siglo IX. Antes de esto, no existe mención alguna sobre ello en ninguna parte. La idea surgió en un momento en que los temerosos y cautos concilios de la Iglesia debatían el contenido aprobado del Nuevo Testamento. En la medida en que José de Arimatea aparecía como un personaje secundario, y en la medida en que no se le vinculaba con el linaje mesiánico clave, sus descendientes no incomodaban a la estructura apostólica de los obispos de Roma.

Pero, en tanto en cuanto los descendientes de Jesús eran los herederos *desposyni,* también lo eran los descendientes de Santiago y de los demás hermanos de Jesús. Velando el nombre de Santiago bajo el título de José de Arimatea, se supuso que la posteridad lo barrería de su memoria histórica. Sin embargo, en la práctica, aquel plan fracasó, y los documentados linajes reales de Santiago/José son de la mayor importancia en los fundamentos de las genealogías reales de los reinos celtas.

La primera iglesia

En sus *Annales Ecclesiastici* de 1601, del bibliotecario vaticano César Baronio, se dice que José de Arimatea llegó a Marsella en el año 35 d.C., nueve años antes que María Magdalena. Desde allí, él y sus acompañantes cruzaron hasta Gran Bretaña. Esto lo había dicho mucho antes Gildas Badónico en su *De Excidio Britanniae*, con referencias previas de Eusebio de Cesarea (260-340 d.C.)[20] e Hilario de Poitiers (300-367 d.C.). Así, los años 35-37 d.C., poco después de la crucifixión, son las fechas registradas más antiguas del evangelismo nazareno.

Otro importante personaje de la Galia del siglo I fue San Felipe, de quien se habla en *De Sancto Joseph ab Arimathea*, y en los archivos monásticos, como acompañante de José y de María Magdalena en occidente. Existen muchas posibilidades de que el *Evangelio de Felipe* de Nag Hammadi lo escribiera el mismo Felipe durante este período. También cabe la posibilidad de que fuera el autor del *Evangelio de María Magdalena*. Según Freculfo, obispo de Lisieux del siglo IX, Isidoro, arzobispo de Sevilla (600-636 d.C.), escribió:

> Felipe, de la ciudad de Betsaida, de donde también era Pedro, predicó a Cristo entre los galos, y llevó a las naciones bárbaras y a sus vecinos... la luz del conocimiento... Posteriormente, fue lapidado y crucificado, y murió en Hierápolis, una ciudad de Frigia.

A su llegada al oeste de Inglaterra, parece ser que José y sus doce misioneros fueron vistos con escepticismo por los britanos nativos, pero fueron recibidos cordialmente por el rey Arviragus de Siluria, hermano de Caractacus el Pendragón. En consultas con otros jefes locales, Arviragus concedió a José doce hides de tierra en Glastonbury (alrededor de 582 hectáreas).[21] Aquí, en el 63-64 d.C., José cons-

---

20. L. S. Lewis, *Joseph of Arimathea at Glastonbury*, p. 54.
21. Una *hide* era una superficie de tierra que se suponía que, agrícolamente, podía sustentar a una familia durante un año con un arado; equivalente en Somerset (el condado de Glastonbury) a 120 acres (alrededor de 48 hectáreas y media).

truyó una pequeña iglesia a escala del antiguo Tabernáculo de Moisés.[22] Aquellas concesiones que recibiera José serían propiedades de tierra libre durante muchos siglos, como lo confirma el *Domesday Book*[23] de 1086: «La Iglesia de Glastonbury tiene su propio feudo de doce hides de tierra, que nunca han pagado impuestos».

En aquella época del siglo I en que fueron ejecutados Pedro y Pablo, las capillas cristianas estaban ocultas bajo tierra, en las catacumbas de Roma, pero cuando José construyó en Glastonbury su capilla de zarzo de Santa María, Gran Bretaña pudo alardear de tener la primera iglesia cristiana del mundo en la superficie.[24] Esta iglesia, llamada posteriormente *Vestusta Ecclesia* (la Vieja Iglesia), se cita en algunas cartas reales del rey Ina, en 704, y del rey Canuto, en 1032.

Posteriormente, se le añadiría un monasterio a la capilla, y los sajones reestructurarían el complejo en el siglo VIII. Después del desastroso incendio de 1184, Enrique II de Inglaterra le concedió a la comunidad una Carta de Renovación en la cual se decía de Glastonbury que era: «La madre y lugar de entierro de los santos, fundada por los mismos discípulos de nuestro Señor».[25] En aquella época, se construyó una Capilla de la Dama en piedra, y el complejo creció hasta convertirse en una enorme abadía benedictina, segunda en tamaño e importancia en Inglaterra, sólo por detrás de la abadía de Westminster, en Londres. Entre las figuras de prestigio relacionadas con Glastonbury están San Patricio (su primer abad, en el siglo V) y San Dunstano (abad entre 940 y 946).

Además de los relatos de José de Arimatea en Glastonbury, hay otros en los que se habla de su vinculación con la Galia y con el comercio del metal en el Mediterráneo. El abad Juan de Glastonbury (compilador del siglo XIV de la *Cronica sive Antiquitates Glastoniensis Ecclesiae*) y John Capgrave (principal de los frailes agustinos en Inglaterra, 1393-1464) extrajeron citas de un libro descubierto por el emperador Teodosio (375-395 d.C.) en el pretorio de Jerusalén.

---

22. La descripción del Tabernáculo se encuentra en Éxodo 26 y 36.
23. *(N. del T.):* Registro del catastro mandado hacer por Guillermo I el Conquistador.
24. L. S. Lewis, *Joseph of Arimathea at Glastonbury*, pp. 15-16.
25. San Agustín decía en los alrededores del 600 d.C.: «En los confines occidentales de Bretaña hay una isla real denominada en el habla antigua Glastonia... En ella, los primitivos neófitos anglos de la doctrina católica, mediante la guía de Dios, encontraron una iglesia no hecha por mano de hombre, según decían, sino dispuesta por el mismo Dios para la salvación de la humanidad, la cual iglesia, según declaró el mismo Constructor Celestial (mediante muchos milagros y misterios de curación) había consagrado a Sí Mismo y a la Santa María, Madre de Dios». Véase William of Malmesbury, *The Antiquities of Glastonbury*, Talbot/JMF Books, Llanerch, 1980, p. 1.

Este libro, titulado *De Sancto Joseph ab Arimathea,* se cuenta que los ancianos de los judíos apresaron a José tras la crucifixión. De este hecho también se habla en los *Hechos de Pilato,* que es una sección del *Evangelio de Nicodemo.*[26] El historiador Gregorio de Tours (544-595 d.C.) menciona también el encarcelamiento de José en su *Historia de los Francos,*[27] y también se habla de ello en el *Joseph d'Arimathie,* del cronista griálico borgoñón Sire Robert de Boron, en el siglo XII. La *Magna Glastoniensis Tabula*[28] y otros manuscritos añaden que José escapó posteriormente y fue perdonado. Años después, estuvo en la Galia con su sobrino Josefes, que había sido bautizado por Felipe el apóstol.

Es probable que los intereses mineros de José de Arimatea fueran el motivo principal de la generosa concesión de tierras del rey Arviragus.[29] Después de todo, era un conocido comerciante de metales y artífice de metales: un «maestro artesano» (*ho tekton*), como lo fue su padre, en la tradición de personajes del Antiguo Testamento como Túbal Caín y Bezalel.[30]

En el *De Sancto Joseph* se afirma que la iglesia de zarzo de José de Arimatea se consagró «en el trigésimo primer año después de la pasión de nuestro Señor», es decir, en el año 64 d.C. Esto está de acuerdo con la fecha de comienzo que da el historiador medieval Guillermo de Malmesbury del año 63 d.C. Pero, dado que se consagró la iglesia a Santa María (se supone que a la madre de Jesús), hace tiempo que se debate el por qué se consagró a ella tantos años después de su muerte, y que sin embargo se hiciera antes de que existiera cualquier semblanza de culto a la Virgen María. Sin embargo, como confirma Mateo París en el siglo XII, en su *Cronica Majora,*[31] aquel año, el 63 d.C., fue el mismo en el que la otra María, María Magdalena, murió en La Sainte-Baume.

26. Willis Barnstone (ed.), *The Other Bible,* HarperSanFrancisco, San Francisco, 1984, p. 368.
27. Gregory of Tours, *A History of the Franks* (trad. Lewis Thorpe), Penguin, Londres, 1964, t. 1:21, p. 82.
28. En la colección Howard, en el castillo de Naworth, en Cumbria.
29. El estaño es esencial en la elaboración del bronce, y las minas más importantes de estaño se encontraban en el sudoeste de Inglaterra, una región rica también en cobre y plomo, para los cuales había un gran mercado durante el Imperio Romano. En el Museo Británico hay dos espléndidos ejemplos de plomo de las minas de Mendip, cerca de Glastonbury, fechados en los años 49 y 60 d.C. respectivamente. En latín, uno lleva el nombre de «Británico, hijo del emperador Claudio», y el otro lleva inscrito «plomo británico: propiedad del emperador Nerón».
30. Génesis 4:22 y Éxodo 35:30-32, respectivamente.
31. Matthaei Parisiensis, *Chronica Majora* (rep. Matthew Paris, The Chronicles of Matthew Paris, Palgrave Macmillan, Londres, 1984).

El debate de los obispos

ısitas que hizo José a Gran Bretaña, dos fueron de gran importan-
Iglesia, y serían citadas más tarde por diversos clérigos y religiosos.
La primera (de la que habla el cardenal Baronio) vino a continuación del apresamiento de José por parte del Sanedrín, tras la crucifixión. Esta visita, en el
año 35 d.C., enlaza a la perfección con el relato de la visita de Santiago el
Justo, hermano de Jesús, a Francia y España. El reverendo Lionel S. Lewis (vicario de Glastonbury en la década de 1920) daba cuenta también en sus anales que Santiago estuvo en Glastonbury en el año 35. La segunda de las visitas de José vino después de la lapidación y la denuncia de Santiago el Justo
en Jerusalén en el año 62 d.C.[32] Y esto no debe sorprendernos, puesto que se
trataría de una y la misma persona.

Existen muchas leyendas acerca de Santiago en la Cerdeña y en España, pero normalmente tienen que ver con el apóstol Santiago Boanerges
(hermano de Juan). En el año 820, el obispo Teodosio se inventó un vínculo apostólico cuando anunció que los restos de Santiago Boanerges (conocido como Santiago el Grande) se habían encontrado en Compostela, España. En el 899, el consiguiente santuario de Sant Iago (Santiago) se convirtió
en una gran catedral. La destruyeron los árabes en 997, pero fue reconstruida en 1078. Se decía que Santiago había visitado España entre los años 33 y
44 d.C., pero que fue ejecutado a su regreso a Judea por Herodes de Chalcis
(Hechos 12:2), tras lo cual sus discípulos trajeron su cuerpo de vuelta a España. Sin embargo, no hay nada en el Nuevo Testamento que sugiera que Santiago Boanerges hiciera tal visita antes de su ejecución. Si las reliquias que
hay en España pertenecen a Santiago, es más probable que pertenezcan a
las del otro apóstol, Santiago de Alfeo (conocido como Santiago el Menor),
que bien pudo haber hecho el viaje después de la crucifixión. Santiago de
Compostela sigue siendo el destino final de una peregrinación medieval de
1.140 kilómetros: el *Camino de Santiago.*[33] Su majestuosa catedral, ahora de-
clarada por la UNESCO Patrimonio Cultural de la Humanidad, atrae a visi-
tantes de todo el mundo.

---

32. La lapidación no era normalmente un método de ejecución. Era más bien una forma
de echar a alguien de alguna zona de la ciudad, o de toda la ciudad.
33. *(N. del T.):* En castellano en el original.

1. En casa de Simón el Fariseo
Philippe de Champaigne, c. 1656

2. Magdalena penitente
Giovanni Gioseffo dal Sole (1654-1719)

3 y 4. María Magdalena renunciando a las vanidades - antes y después de la restauración
School of Franceschini Marcantonio (siglo XVIII)

5. Noli me tangere
Fra Angelico, 1441

6. La Madonna negra de París
Neuilly-sur-Seine

7. Cristo cae bajo la cruz
Francesco Bonsignori (1455-1519)

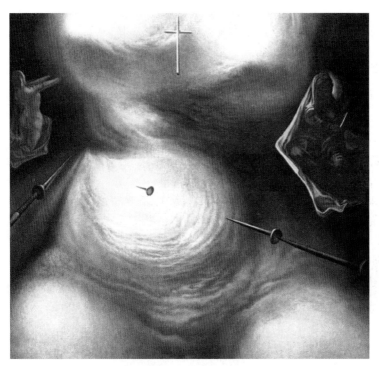

8. La vida de María Magdalena
Salvador Dalí, 1960

9. María Magdalena
Caravaggio, 1595

10. María Magdalena y el obispo de Marsella
Lucas Moser, 1432

11. María Magdalena transportada por los ángeles
Giovanni Lanfranco, 1613

12. El Santo Grial
Dante Gabriel Rossetti, 1857

13. Las bodas de Caná
(con María Magdalena), Gerard David, 1503

14. María y el huevo rojo
Iglesia de Santa María Magdalena, Jerusalén

15. María Magdalena arriba a Provenza
Pera Matas, 1526

16. El viaje de Magdalena a Marsella
Giotto di Bondone, c. 1320 - Capilla de San Francisco de María Magdalena, Asís

17. María Magdalena y Fray Pontano
Giotto di Bondone, c. 1322

18. María con Santo Domingo y San Bernardo
Nicolás Borras, c. 1580

19 y 20. Estudios de María Magdalena
Leonardo da Vinci (1452-1519) - Instituto Courtauld y Galleria degli Uffizi

21. Alegoría de Leonardo
Sir Peter Robson, 1995. Detalle de Project Genisys

22. Felipe el Apóstol, estudio
Leonardo da Vinci, 1495

23. Rostro de mujer para la Virgen de las Rocas
Leonardo da Vinci, 1483

La Última Cena (Detalles que muestran la conversación entre Pedro y Juan)
24. Leonardo da Vinci, 1495   25. Hans Holbein el joven, 1525

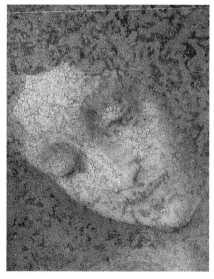

26. El redentor - Estudio de Jesús   27. Juan (restaurado) - de La Última Cena
Leonardo da Vinci, c. 1490   Leonardo da Vinci, 1495

28. La Última Cena
(Detalle restaurado que muestra las supuestas relaciones entre Jesús y Juan)
Leonardo de Vinci, 1495

29. La Última Cena (Detalle)
Una variante al diseño en forma de M de Leonardo
Felipe de Champaña, c. 1648

30 y 31. La Última Cena
(Detalles que muestran la tradicional imagen juvenil de Juan - al igual que debajo)
Domenico Ghirlandaio, 1480 y c. 1470

La Última Cena (Detalles de Jesús y Juan)
32. Paolo Veronese (1528-88)   33. James J. Tissot, c. 1890

34. La Gioconda (Mona Lisa)
Leonardo da Vinci, c. 1515

35. Estudio de guach y tinta
para La Gioconda
Leonardo da Vinci

36. La visita de Rafael (Estudio de Leonardo con la Dama Lisa Gioconda)
Aimée Pagès - posterior copia en grabado de Lemoine, 1845

37. El descanso en la huida a Egipto
Gerard David, 1510
(María Madre en azul)

38. María Magdalena leyendo, 1435
Rogier van der Weyden
(Magdalena en verde)

39. María Magdalena
Carlo Dolci, c. 1665
(Magdalena en rojo)

40. Jesús y María Magdalena
Federico Barocci, c. 1570
(Magdalena en oro)

41. Las tres Marías en la tumba, Giovanni Battista Gaulli, c. 1685
(María Madre en azul; Magdalena en verde, rojo y oro)

42. Madonna de los Tiempos
Rafael, 1508

43. Madonna Cowper
Rafael, 1505

44. Versión del Louvre   45. Versión de la National Gallery

La Virgen (Madonna) de las Rocas de Leonardo da Vinci - de 1483
(los arcos superiores no aparecen en la imagen)

46. Versión de Beaux-Arts Caen

47. El doble retrato Arnolfini
Jan van Eyck, 1434

48. Vidriera Magdalena
Iglesia de Kilmore, Dervaig

49. Alegoría Sagrada
Giovanni Bellini, c. 1487

50. La Eucaristía de la Última Cena
(con María Magdalena) Fra Angelico, 1442

51. María Magdalena predicando
en la Provenza
Maestro de la Magdalena, c. 1510

52. Piedra Jesús María en Glastonbury
53. Reliquias de Magdalena
en La Sainte-Baume

Los malentendidos, provocados por aparentes anomalías e informaciones duplicadas relativas a José de Arimatea y Santiago el Justo, llevaron a gran número de discusiones entre los obispos del Concilio de Basilea en el año 1434. En España, resultaba difícil (y sigue resultándolo) diferenciar las historias de Santiago el apóstol y Santiago el Justo; pero, de un modo u otro, cada país decidió seguir sus propias tradiciones. San José de Arimatea es el más recordado en conexión con la historia de la Iglesia en Gran Bretaña, mientras que a Santiago el Justo se le reverencia en España. Pero, con todo, las autoridades inglesas se comprometieron cuando lo vincularon con la monarquía, y el Tribunal Real de Londres prosigue sus actividades en el Palacio de St. James (Palacio de Santiago).

El debate de los obispos en Basilea vino tras una disputa anterior en el Concilio de Pisa, en 1409, sobre el tema de la categoría de las iglesias nacionales según su edad. Los principales contendientes fueron Inglaterra, Francia y España. Pero el caso se decantó finalmente del lado de Inglaterra, debido a que la iglesia de Glastonbury había sido fundada por José/Santiago «statim post passionem Christi» (poco después de la pasión de Cristo). En lo sucesivo, el monarca de Francia recibiría el título de Su Cristianísima Majestad, mientras que en España sería Su Catolicísima Majestad. El agriamente disputado título de Su Sacratísima Majestad se reservó para el rey de Inglaterra.[34] Las actas de aquel debate (la *Disputatio super Dignitatem Angliae et Galliae in Concilio Constantiano*) afirman que Inglaterra ganó el caso no sólo porque el rey Arviragus le concedió tierras al santo en el oeste de Inglaterra, sino también porque realmente estaba enterrado en Glastonbury.

En aparente contraste con esto, el romance griálico cisterciense, *L'Estoire del Saint Graal* (c. 1220),[35] afirma que José fue enterrado en la abadía de Glais, en Escocia, pero esto no resulta tan contradictorio como pudiera parecer. En la época de la muerte de José, los gaels escoceses aún no se habían establecido en las Tierras Altas occidentales (Dalriada) del norte de Gran Bretaña, pero tenían constituida una población tribal en el norte de Irlanda (el Ulster) que se había infiltrado en el sudoeste de Gran Bretaña. Las regiones del sudoeste de Inglaterra en las que se asentaron los primitivos escoceses recibían

---

34. L. S. Lewis, *Joseph of Arimathea at Glastonbury*, p. 15. Tras la unión de Escocia con Inglaterra y Gales, el título de rey se ajustó a la menos piadosa denominación de Su Majestad Británica.

35. El *Ciclo de la Vulgata* cisterciense contiene la *Estoire del Graal*, la *Queste del Saint Graal* y los *Livres de Lancelot*, así como otros cuentos de Arturo y Merlín.

el nombre de Escocia (Tierra de los Escoceses), mientras que las del lejano norte se denominaban Caledonia.[36] La palabra *glais* (tan habitual en los antiguos nombres escoceses) proviene del goidélico irlandés, y significa «arroyo» o «riachuelo». El nombre de Douglas, por ejemplo, se deriva de *dubh glais* (arroyo oscuro). La antigua Glastonbury se creó en mitad de unas tierras pantanosas, y recibió el nombre de Isla de Glais.[37] Así, el lugar de entierro de José en la abadía de Glais, en *L'Estoire del Saint Graal*, hacía referencia en realidad a la abadía de Glastonbury.

El secreto del Señor

En la tradición literaria griálica, Jesús II Justo (el primer hijo varón de Jesús y de María Magdalena) recibe el nombre de Gais o Gésu. Cuando se convirtió en el David, en el año 73 d.C., su hermano pequeño, Josefes, que entonces tenía 29 años, se convirtió en el nuevo José ha Rama Theo (Josephes d'Arimathie). Se le solía presentar como sobrino del bíblico José de Arimatea, lo cual evidentemente era verdad. De hecho, José/Santiago era su padre adoptivo y tutor legal en occidente, motivo por el cual hay leyendas que hacen de Josefes hijo del viejo José.

Jesús Justo se casó con una hija de Nicodemo, el hombre que había ayudado a José de Arimatea en el entierro de Jesús (Juan 19:30). Su hijo, Jesús III,

---

36. En el siglo I, Gran Bretaña (Inglaterra, Gales y Escocia) era conocida como Albión. En irlandés, se denominaba Alba, nombre que después quedó restringido al norte de Escocia, tras el asentamiento de los escoceses irlandeses en las Tierras Altas occidentales de Dalriada. En el siglo X, Alba se adaptó a Albania, y el nombre alternativo, Escocia (o Scotia), surgió alrededor de un siglo más tarde. El término gaélico *Scotia* (del cual derivan los sustantivos «escocés» y «Escocia») proviene de la princesa Scota, hija del faraón Necónibus (Nekau I) de Egipto (610-555 a.C.). Ella obtuvo el nombre de Scota (del escita: Sco-ta = Soberana del pueblo) cuando se casó con Galamh de Escitia (conocido también como Milidh). Posteriormente, se trasladó a Irlanda con sus hijos tras la muerte de Galamh en España. Fue el rey Nial Noighiallach y el Dal Riàta quienes le dieron el nombre de Scotia a Alba durante el siglo IV d.C. Véase Geoffrey Keating, *The History of Ireland* (trad. David Comyn and Rev. P. S. Dinneen), Irish Texts Society, Londres, 1904-14, vol. I, p. 102; vol. II, p. 44, 46, 58, 78, 372, 374.
37. Esto se transcribió equivocadamente en algunos libros como «Isle of Glass», es decir, «Isla de Cristal».

---

recibió en Francia el nombre de Galains (o Alain).[38] El legado de la realeza davídica (que sería representada como Señorío del Grial) tendría que llegar a Galains y, con el tiempo, se la transmitiría formalmente su tío y tutor Josefes. Pero Galains, el príncipe *Alfa y Omega* del *Apocalipsis,* murió sin descendencia, y el legado mesiánico fue a parar al linaje menor de Josefes. Lo heredó su hijo, Josué,[39] de quien descenderían los Reyes Pescadores de la Galia.

Josefes transmite el Señorío del Grial a Alain
(de una ilustración de un manuscrito francés del siglo XIII)

38. Roger Sherman Loomis, en *The Grail: From Celtic Mith to Christian Symbolism,* University of Wales Press, Cardiff, 1963, señala que en la transcripción manuscreita, los nombres propios pierden a veces su inicial, y aunque es una mutación de las iniciales de los nombres, es una característica de las lengual celtas. Por ese procedimiento, encontramos que, a veces, Morgaine es Orguein y, con especial relevancia en este caso concreto, Galains (Galaain) se convierte en Alain (Alaain)

39. En *The Grand Saint Grail (Estoire del Saint Graal),* se confirma que, a la muerte de Alain, el Señorío del Grial pasó a Josué, si bien se le da como hermano de Alain, en lugar de cómo su primo.

Ya en el año 49 d.C., José de Arimatea había estado en Inglaterra con Jesús Justo, que entonces tenía doce años. Este evento se recuerda en las leyendas del sudoeste de Inglaterra, como lo evidencia la famosa canción de William Blake, *Jerusalem.* Las historias cuentan que el joven Jesús fue caminando hasta la costa de Exmoor, hasta el pueblo de Priddy, en Mendip. Debido a que sus reales pies habían «recorrido las verdes montañas de Inglaterra» (pero no los pies del padre, sino los del hijo), se puso una piedra en memoria de sus padres, Jesús y María Magdalena, en el muro meridional de la Capilla de Santa María, en Glastonbury. Esta piedra, que está en el lugar donde estuvo la iglesia de zarzo de José del siglo I, se convertiría en una de las reliquias más veneradas de la abadía, una estación medieval de oración que puede verse aún hoy. Tiene la inscripción *«Jesus Maria»* (*véase* lámina 52), y se la denominó el *Secretum Domini,* el Secreto del Señor.

La capilla original se comenzó a construir en el año 63 d.C., inmediatamente después de la muerte de María Magdalena, y los anales afirman que el joven Jesús en persona consagró la capilla en honor a su madre.[40] Fue por tanto a María Magdalena (no a María, la madre de Jesús, como se suele creer) a quien se consagró la capilla de Glastonbury, por mano de su hijo, Jesús Justo, en el año 64 d.C.

---

40. Las más importantes crónicas de Glastonbury son: *William of Malmesbury* (1090-1143), *De Antiquitate Glastoniensis Ecclesiae,* y *John of Glastonbury, Cronica sive Antiquitate Glastoniensis Ecclesiae* (c. 1400), Boydell & Brewer, Woodbridge, 1985.

13

El Santo Bálsamo

El libro de caballería del Grial

Además de ser conocido como José de Arimatea, Santiago el Justo recibió el nombre de Ilid entre los cronistas de Gales. Se cree que este nombre era una variante del hebreo *Eli* (que significa «elevado») o de la palabra mesopotámica *Ilu* (relativa a un «señor»), pero el verdadero origen de Ilid es ciertamente oscuro. José recibe el nombre de Ilid en la oda bárdica, *Cwydd a Santa María Magdalena*,[1] y se dice que era el patrón de Llan Ilid (ahora Llantwit), en Gwent, y que había fundado la cercana escuela misionera de Caer Eurgain.

Por otra parte, los *Manuscritos de Iolo*[2] cuentan que «Ilid de la tierra de Israel» fue llamado a Bretaña por Eurgain, la esposa del rey Caractacus de Comulod, y afirma, «Este mismo Ilid era llamado José en las lecciones de su vida». También las *Achan Saint Prydain* (Genealogías de los Santos de Bretaña) sostiene, «Vinieron con Brân el Bendito desde Roma hasta Bretaña, Arwystli Hen, Ilid, Cyndaf (hombres de Israel), y Maw o Mawan, hijo de Cyndaf».[3] Las

---

1. Llanover MS B1, y Cardiff MS 16.
2. Una selección de antiguos manuscritos galeses, en prosa y en verso, de una colección hecha por Edward Williams (conocido como Iolo Morganwg - Iolo de Glamorgan) 1747-1826, y propuestos como materiales para una nueva historia de Gales. Publicado por: Taliesin Williams, Iolo Morganwg, Thomas Price, Owen Jones and the Society for the Publication of Ancient Welsh Manuscripts. Abergavenny, *Iolo Manuscripts*, W. Rees, Llandovery and Longman & Co., Londres, 1848.
3. L. S. Lewis, *Joseph of Arimathea at Glastonbury*, pp. 68-69, 78-79.

Cartas Llandaff, del siglo VI, sitúan estos acontecimientos en el año 37 d.C., lo cual coincide con los escritos de Gildas Badónico, que afirmaba en su *De Excidio Britanniae* que los preceptos del cristianismo nazareno se trajeron a Bretaña en los últimos días del emperador Tiberio.

Nos encontramos antes con Arwystli Hen (Aristóbulo) en los escritos del cronista del siglo II Hipólito, que habló de las proezas del hombre en Bretaña.[4] Así, no es sorprendente que nos lo encontremos en los anales galeses, junto con José. Sin embargo, la vinculación con Brân el Bendito es interesante, puesto que, en los manuscritos del Museo Británico, éste aparece como esposo de Anna (Enygeus), la hija de José de Arimatea.[5] De Anna se dice que era una *consabrina* (una joven pariente) de María, la madre de Jesús.

En el año 51 d.C., el archidruida siluro[6] Brân estuvo en Roma, junto con Caractacus el Pendragón y Aristóbulo. Estando allí, Gladys, hija de Caractacus (el Rey de Reyes) se casó con el senador romano Rufo Pudente,[7] convirtiéndose así en Claudia Rufina Británica, como lo confirma el poeta romano Marcial en los alrededores del 68 d.C. Al mismo tiempo, el príncipe Lino, hijo de Caractacus, se convirtió en el primer obispo de Roma designado. Esta visita viene confirmada en los escritos de San Pablo del Nuevo Testamento: «Te saludan Eubulo, Pudente, Lino, Claudia y todos los hermanos» (2 Timoteo 4:21). El nombre de Eubulo (*eu-boulos:* «bien aconsejado») era una variante de Aristóbulo (*aristo-boulos:* «mejor aconsejado»).

Estando en Gran Bretaña, la empresa de José de Arimatea se mantuvo en la tradición apostólica a través de un círculo cerrado de doce anacoretas (devotos). Si uno moría, le sustituía otro. Estos anacoretas recibían el nombre de los «Hermanos de Alain», que era uno de ellos. Como tales, eran hijos simbólicos de Brân (el Padre de la Iglesia Antigua, frente al posterior *Papa* en Roma).[8] Sin embargo, tras la muerte de José de Arimatea, en el año 82 d.C., el grupo se desintegró, principalmente porque, para entonces, la invasión y el dominio romanos habían cambiado para siempre el carácter de Inglaterra.

---

4. Capítulo 5 - «El Santo Bálsamo».
5. *Genealogies of the Welsh Princes,* en Harleian MS 3859.
6. Siluria formaba parte del oeste de Inglaterra y parte de Gales del sur.
7. G. Taylor, *Our Neglected Heritage,* t. I, p. 33.
8. Debido a esto, a veces se muestra a Alain en las listas de la familia de Brân el patriarca.

En el mundo de la mitología popular, hay varios niveles de confusión en lo referente a los descendientes de Anna y Brân. Entre estas obras, están los *Bruts*, las *Tríadas*, el *Mabinogion* y los *Ciclos de los Reyes*. Históricamente, todos ellos son documentos importantes, dado que no son del todo ficticios, pero se trata de cuentos con una construcción decididamente romántica y, como consecuencia de ello, muchos historiadores los han atacado sin misericordia.

Los romances del Grial se construyeron también con diversos grados de licencias literarias, prestando poca atención a la cronología correcta, con sus caballerescos personajes esparcidos con descuido en sus textos de aventuras. *La Alta Historia del Santo Grial* (c. 1220) nos proporciona un buen ejemplo al afirmar que Perceval (un seguidor del siglo VI del rey Arturo) había sido sobrino-nieto de José de Arimatea, que era del siglo I: «Buen caballero era él por derecho, pues era del linaje de José de Arimatea, y este José era tío de su madre». La importancia de tales elementos, no obstante, es apuntar sucintamente la ascendencia de linaje sin las limitaciones de los detalles interinos. Actúa en gran medida de la misma manera que las obras de arte alegóricas, en las que lo que importa es el mensaje subyacente, no la imagen superficial. Otro ejemplo del modo en que se estructuraron estas leyendas se puede encontrar en el relato artúrico del Caballero Blanco. Aquí se ve con toda claridad de qué modo se utilizó el hecho histórico para dar soporte al romántico argumento.

En el momento de la muerte de María Magdalena, en el año 63 d.C., su hijo Josefes se convirtió en Obispo de Saraz. En la *Morte d'Arthur*, de Sir Thomas Malory, Saraz es el reino del rey Evelake, y se menciona en la historia de Galahad, el hijo de Lanzarote. El relato comienza cuando Galahad hereda un escudo sobrenatural y se encuentra con un misterioso Caballero Blanco, que resulta ser Josué, el hijo de Josefes. La conversación que tiene lugar a continuación acerca del escudo lleva la discusión al tema de José de Arimatea, y más tarde al recuerdo del conflicto entre el rey Evelake y un molesto sarraceno llamado Tolleme le Feintes.

Saraz era Sahr-Azzah, en la costa del Mediterráneo,[9] el que fuera centro filisteo donde Sansón se encontró con su destino (Jueces 16). No hay ningún antecedente del rey Evelake como tal, pero este nombre es una variante literaria del título gubernamental *Avallac*. Es un título que fue objeto de muchas varia-

---

9. Saraz es ahora Gaza. *Véase* Prof. S. Hewins, *The Royal Saints of Britain*, Chiswick Press, Londres, 1929, p. 18.

ciones (como Abalech, Arabach y Amalach); pero, en definitiva, todas eran corrupciones del título greco-egipcio *Alabarch*, un procurador o magistrado jefe.

Tolleme le Feintes (Tolomeo el Falso) fue un personaje real del siglo I del que habla Josefo en *Antigüedades Judaicas*. Era un consumado ladrón, que fue llevado finalmente ante Cuspio Fado, el Avallach de Judea, que le hizo ejecutar en los alrededores del año 45 d.C.[10] Por tanto, en el fondo de la historia del Caballero Blanco hay algún hecho real. Tolleme y Evelake eran sinónimos de Tolomeo y del Avallac.

Por otra parte, el Caballero Blanco contaba que, siguiendo instrucciones de su padre, Josefes (hijo de María Magdalena), se había dejado el escudo al santo ermitaño Nascien. Esto vino acompañado por la profecía que pronunciara Josefes de que un caballero de su linaje llevaría algún día el escudo y «hará muchas hazañas maravillosas». Al final, fue a parar a Sir Galahad.

En el *De Sancto Joseph* y en otros lugares, no se dice de Nascien que sea ermitaño, sino que era un príncipe de los medas, y es en él donde enlaza el linaje histórico de María Magdalena y Josefes (el Hijo del Grial) hasta llegar a Galahad du Lac. El príncipe Nascien, del Midi septimano, fue un antepasado *desposínico* de los reyes merovingios de los francos, de cuyo linaje surgieron Viviana d'Avallon del Acqs (la Dama del Lago) y su hijo Lanzarote, el padre de Galahad.

De aquí, se puede ver que las leyendas medievales del Grial no fueron muy diferentes de las parábolas que contara Jesús, o de los códigos *pesher* de los Manuscritos del Mar Muerto. Se escribieron «para aquéllos que tuvieran oídos para oír», de un modo que preservara la historia dinástica de los herederos *desposyni* del linaje de sangre mesiánico.

El Monte del Testigo

Los nombres de los personajes de las historias de la Demanda del Grial resultan particularmente interesantes como característicos de su composición. Conservando el legado de *du Lac* (de la sangre) y *del Acqs* (de las aguas), junto con José y Josefes, el legado de la Magdalena se hace evidente una y otra vez. Las referencias a José de Arimatea, la Dama del Lago y los Reyes Pesca-

---

10. F. Josephus, *The Antiquities of the Jews*, t. XX, c. 1:1.

dores inciden también en la naturaleza *desposínica* de los relatos. Pero pocas personas se paran a preguntarse por qué hay tal proliferación de nombres judíos o de apariencia judía en lo que, en general, se consideraban historias cristianas. Incluso Galahad, aparentemente caballero francés de pura raza, se le denominó Gilead o Galeed para comenzar. El Gilead original era hijo de Miguel, tataranieto de Najor, hermano de Abraham (1 Crónicas 5:14). El término hebreo *Gilead* significa «montón del testimonio»; la montaña denominada Gilead era el Monte del Testigo (Génesis 31:21-25), y Galeed fue el hito de piedras, el Montón del Testigo, de Jacob (Génesis 31:46-48).

Siguiendo las huellas del patrón de los templarios, San Bernardo de Claraval, el abad de Lincolnshire, Gilberto de Holanda, equiparó a Galahad directamente con la familia de Jesús en sus *Sermones sobre los Cánticos*,[11] y nunca hubo ninguna duda sobre la naturaleza *desposínica* de aquellos relatos románticos. En *La Queste del Saint Graal,* hay un hombre venerable vestido de blanco que lleva a Galahad a la Corte de Camelot y se dirige al rey Arturo así: «Te traigo al caballero deseado *(le chevalier desiré),* que desciende del alto linaje del rey David».[12]

Evidentemente, el motivo de que haya tantos nombres judíos en estas historias es que el cristianismo brotó del judaísmo helenista, y la familia mesiánica a la cual pertenecen las leyendas del Grial era judía en sus orígenes. Aparte de los nombres mencionados, hay otros como Lot, Elinant, Bron, Urien, Hebrón, Pelles, Elyezer, Jonás y Ban, junto con numerosas referencias al rey Salomón y a la casa real de David. Incluso aparece el sacerdotal Judas Macabeo de Jerusalén (que murió en el 161 a.C.) como «el mejor caballero de su fe que hubo jamás... y el más sabio». A lo largo de los años, a muchos les ha parecido extraño que este bien nacido héroe asmoneo de la antigua Judea fuera tenido en tan alta estima en una historia aparentemente cristiana; pero, como antepasado de María Magdalena que era, su prominencia estaba asegurada. (Los asmoneos no tenían nada que ver con la tribu de Benjamín, como erróneamente se sugiere en *El Código Da Vinci* sobre el legado de María Magdalena. Descendían de Eliazar, hijo de Aarón, y de su esposa Eliseba, de la cuarta generación de linaje femenino de Judá, hermano de Benjamín, el antepasado del linaje masculino de la Casa de David.)

---

11. R. S. Loomis, *The Grail: From Celtic Myth to Christian Symbolism,* c. 12, p. 187.
12. Ibíd. c. 12, p. 179.

En la Edad Media, que es cuando se escribieron la mayor parte de los relatos del Grial, no existía mucho cariño por los judíos en Europa. Dispersados desde Palestina, muchos se habían establecido en distintas partes de occidente pero, al no tener tierras que cultivar, se introdujeron en el comercio y la banca. Esto no les sentó bien a los obispos, por lo que la Iglesia de Roma prohibió el préstamo de dinero. A la vista de esto, el rey Eduardo I hizo expulsar a los judíos de Inglaterra en 1209, a todos salvo a sus hábiles médicos. En tal atmósfera, los autores de los relatos (fueran británicos o de la Europa continental) no deberían haber considerado natural ni políticamente correcto utilizar tal ristra de nombres judíos para los héroes, caballeros y reyes de la zona. Sin embargo, los nombres están ahí, desde los de sus primeros protagonistas, como Josefes, hasta el último, Galahad.

Los autores cristianos no habrían exaltado a estos hombres del legado judío hasta tan alta posición en un entorno caballeresco si no hubieran hecho otras cosa que escribir relatos de ficción. Pero los incluyeron porque el folklore del Grial no era solamente un entretenimiento de aventuras. Se trataba de conservar un legado dentro de un entorno controlado por la Iglesia, que había suprimido la historia de la familia del Grial en términos académicos.

Aparte de las reminiscencias de Waleran en el año 717 d.C., el Grial literario apareció por vez primera en la década de 1180, con *Le Conte del Graal − Roman de Perceval*, de Chrétien de Troyes. Esto tuvo lugar en un momento álgido de influencia templaria en Europa, y no es por casualidad que Chrétien dedicara su obra a Felipe de Alsacia, conde de Flandes. Ni tampoco era por casualidad que Chrétien fuera apadrinado y animado en su empresa por la condesa María y la corte de Champaña. La tradición del Grial surgió directamente de este primitivo emplazamiento templario y de las cortes de Alsacia, Champaña y Léon, afiliadas a la Orden. En *La Alta Historia del Santo Grial* se retrataba a los caballeros como custodios de «un secreto grande y sagrado». En el *Joseph d'Arimathie*, de Robert de Boron, se dice que el Santo Grial es «un cáliz de sangre sagrada», mientras que en el romance del siglo XIII, *Parzival*, del caballero bávaro Wolfram von Eschenbach, se dice que los guardianes de la familia del Grial son los Caballeros Templeise.

Otro relato del Grial que emergió de círculos templarios más o menos por la misma época fue *El Ciclo de la Vulgata* cisterciense. Escrito por monjes de la orden de San Bernardo de Claraval, en esta obra se encuentran *L'Estoire del Graal*, *La Queste del Saint Graal* y *Les Livres de Lancelot*. En la *Estoire*, se vuelve a contar la historia de José de Arimatea, y se identifica a Josefes como cabeza de la fraternidad del Grial. Tanto en la *Estoire* como en la *Queste*, el Castillo del Grial se denomina simbólicamente *Le Corbenic*, el Cuerpo Bendito (*Cors benicon*),[13] y una vez más la *Queste* identifica a Galahad como «descendiente del alto linaje del rey David».

El frasco de alabastro

Ya hemos dicho que a María Magdalena se la suele representar con un frasco de ungüento (láminas 15, 18, 38, 39). Sea un frasco sencillo o recargado, es el principal modo de identificarla en las obras de arte. Más bien un tarro con tapa que un frasco como tal, aparece con ella en innumerables pinturas, iconos, esculturas, tallas y vidrieras; y, sin embargo, no parece haber una base textual para esta imagen en concreto. En esencia, el frasco nos remite a la unción de Jesús en Betania por parte de María pero, aparte del Evangelio de Juan, que no hace referencia alguna a recipiente de ningún tipo, los otros tres evangelios lo describen como:

> Una caja de alabastro, con ungüento muy caro. (Mateo 26:7)
>
> Una caja de alabastro con ungüento puro de nardo, de mucho precio. (Marcos 14:3)
>
> Una caja de alabastro de ungüento. (Lucas 7:37)

Los tres evangelios detallan que María tenía una «caja de alabastro». Entonces, ¿por qué tantos artistas se han equivocado?

Si consideramos el lenguaje original de estos evangelios, aunque las referencias están muy cerca de una traducción adecuada, la palabra «ungüento», que indica un preparado graso, es incorrecta. El original griego se traduciría como una «esencia» líquida (aceite de esencias) o «bálsamo»; de ahí el francés *la Sainte-Baume:* el Sagrado Bálsamo.

Durante el siglo xx, y en especial desde la Segunda Guerra Mundial, en diversas revisiones de la Biblia[14] se ha utilizado la palabra «frasco» en lugar de «ca-

---

13. *De Corpus benedictum.*
14. Por ejemplo - publicadas en 1966: *The Good News Bible* y *The Jerusalem Bible*, en inglés.

ja», pero esto ha sido la consecuencia de una adherencia a la percepción común, en vez de a una traducción adecuada. Son interpretaciones, no traducciones, basadas en la premisa de que, si la gente espera que María llevara un frasco, entonces María llevaba un frasco. Pero ni siquiera la palabra «caja» hace referencia al tipo de recipiente que pudiera llevar y derramar un bálsamo líquido.

La traducción directa de Marcos 14:3, del texto griego de los Archivos Vaticanos[15] dice:

> Estando él en Betania, en casa de Simón el leproso, recostado a la mesa, vino una mujer que traía un alabastrón de bálsamo puro de nardo, de mucho precio; y rompiéndolo, lo derramó sobre su cabeza.

Cuando se traduce correctamente, se ve que lo que María llevaba era un «alabastrón» (del griego *alabastros*). Es decir, llevaba una pequeña redoma o pomo. Los alabastrones eran recipientes estrechos que se utilizaban para los aceites fragantes, y no tenían tapa como los tarros o las cajas. O bien estaban sellados, y había que romperlos (como parece que fue el caso de María), o bien tenían un pequeño agujero taponado para usarlo con una varilla. No necesariamente tenían que ser de alabastro, como su nombre parece indicar, sino que frecuentemente estaban hechos de cristal, porcelana o algún otro tipo de cerámica; a veces, incluso, de metales preciosos. El prefijo *ala* (a modo de «orejas») se refiere a las pequeñas asas que tenían a los lados.

La esposa, cuando ungía a un esposo dinástico en el matrimonio, se decía que estaba ungiéndole para su entierro, a modo de compromiso hasta la muerte: «Y al derramar ella este ungüento sobre mi cuerpo, en vista de mi sepultura lo ha hecho» (Mateo 26:12). Luego, la esposa debía llevar otra pequeña redoma de bálsamo colgada del cuello, con la cual, suponiendo que siguiera con vida, le ungiría de nuevo a su muerte.[16] Éste era el motivo por el cual María tenía que ir al sepulcro, como así hizo, tras el entierro de Jesús.[17]

---

15. *Codex Vaticanus* MS 1209.
16. M. Starbird, *The Woman with the Alabaster Jar*, c. 2, pp. 40-41. (Marcos 16:1 indica que la unción con bálsamos era el propósito al visitar la tumba.)
17. Juan 20:1.

El tarro que durante siglos le pusieron los artistas a María Magdalena sería para simbolizar la unción de Betania y la posterior unción en la tumba (*véase* lámina 41). Pero, si éstas fueran las únicas razones, ¿por qué la retrataron con ese recipiente en Francia, más de una década después? (*véanse* láminas 15 y 18). El tarro, así como la corona de espinas de Jesús, aparece en las representaciones de ella en los cuadros de su *Llegada a la Provenza,* así como en las escenas en Judea. Se lo muestra con diversos tamaños y hecho de distintos materiales, dando más la impresión de ser una reliquia de Cristo que un objeto con propósitos prácticos.

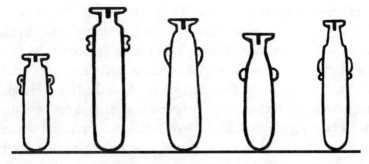

Diseños de alabastrones del siglo I

En tiempos más recientes, es probable que los artistas no hicieran más que seguir una tradición pictórica, pero no era éste el caso al principio del Renacimiento, cuando tuvo sus inicios la tradición del «frasco». Para los primeros artistas del género, el tarro tenía un doble propósito. Era, cierto es, un símbolo del alabastrón de Betania, pero también representaba el Santo Graal (el Santo Grial), del cual se decía que contenía la sangre de Jesús.

El tarro es, efectivamente, un símbolo completamente femenino, como las copas y los calderos de antaño. Con todo el aspecto de un ciborio (el recipiente cerrado donde se guarda la Eucaristía), es un símbolo del útero, y se decía que María Magdalena había llevado la sangre real del *Sangréal* a la Provenza. En 1484, Sir Thomas Malory hizo referencia al Santo Grial como «La bendita sangre de Cristo» y, como dice en el Apocalipsis, la salvación de los *desposyni* residía en perpetuar su linaje, a despecho de las persecuciones que se pudieran llevar a cabo contra ellos: «Porque ha sido arrojado el acusador de nuestros hermanos, el que los acusaba día y noche delante de nuestro Dios. Ellos lo vencieron gracias a la sangre del Cordero y a la palabra de testimonio que dieron» (Apocalipsis 12:10-11).

Artísticamente, la Hermandad Prerrafaelita Victoriana y sus seguidores eran ávidos defensores del Grial, plasmando su imaginería en el papel, los lienzos, los tapices y las vidrieras. Frederick Sandys, Sir Edward Coley Burne-Jones y el fundador de la hermandad, Dante Gabriel Rossetti, pintaron imágenes bien conocidas de María Magdalena.

La representación del Grial era de particular importancia para Rossetti, cuyo retablo *La Simiente de David* decora la catedral de Llandaff. Su cuadro de *María Nazarena* tiene una significación especial, con una solitaria Magdalena vestida de verde que cuida el jardín de la Vid. Y en sus retratos de Magdalena, abandonó el habitual simbolismo velado del frasco de alabastro, recurriendo a la más que directa imagen griálica de un cáliz dorado, tal como se lo describe en la historia de *Lancelot* del *Ciclo de la Vulgata* (*véase* lámina 12).

En los relatos originales de la Edad Media, se simbolizaba el Grial de múltiples formas: como una fuente o bandeja, un cáliz, una piedra, un ataúd, un halo, una joya y una viña. Sin embargo, la idea del Grial como la copa que utilizara Jesús en la Última Cena no se popularizó hasta la época victoriana. Esto se debió en gran medida al *Santo Grial*, de Alfred Lord Tennyson, publicado en 1859. Previamente, el Grial se asemejaba a una fuente o patena de la Eucaristía, o bien era la copa que se dice había usado José de Arimatea para recoger la sangre de Jesús. Sea como fuere (tanto si contenía el cuerpo como la sangre de Cristo), se le tenía por encima de todo como el «Sagrado Recipiente», el *vas uterus*, descrito por Sir Thomas Malory como el *Sankgreal*.

La obra maestra de Rossetti en lo que se refiere a la Magdalena es, indudablemente, su dibujo *María Magdalena ante la Puerta de Simón el Fariseo*, actualmente en el Museo Fitzwilliam. Ciertamente (junto con la *Vida de María Magdalena*, de Dalí), es una de las más reveladoras representaciones de María Magdalena de todos los tiempos. Hecho en 1858, este extraordinario retrato nos trae reminiscencias de las paganas festividades matrimoniales de mayo.

Representa la llegada de María Magdalena para la unción de Jesús, al que se le ve dentro de la casa; pero María está rodeada de juglares y jóvenes parejas engalanados con flores y guirnaldas.

María Magdalena ante la puerta de Simón el Fariseo.
Dibujo en tinta de Dante Gabriel Rossetti, 1859

No hay ninguna duda sobre el simbolismo nupcial de esta escena y, para asegurarse de que el inminente matrimonio quedara suficientemente claro, Rossetti escribió incluso un soneto, que acompañaba a la obra de arte y en el que se refería a Jesús como el «novio»:

> ¿Por qué quitarte las rosas del cabello?
> No, sé tú toda una rosa, guirnalda, labios y mejillas.
> No, no en esta casa, que casa de banquetes buscamos;
> mira cómo se besan y entran; ve tú allí.
> Este delicado día de amor compartiremos los dos,
> hasta que, a la noche, nos susurremos palabras de amor al oído.
> ¿Por qué, dulce mía, insistes en tu tonto capricho?
> No, cuando yo bese tus pies, ellos abandonarán la escalera.
> ¡Oh, soltadme! ¿No veis el rostro de mi Novio
> que tira de mí hacia Él? Para sus pies, mi beso,
> mis cabellos, mis lágrimas, Él ansía hoy – y ¡oh!
> ¿quién puede decirme qué otro día y lugar
> me vean abrazar esos ensangrentados pies Suyos?
> Él me necesita, me llama, me ama: ¡dejadme ir!

María Magdalena, de Dante Gabriel Rossetti

Nascien y el pescado

El rey Nascien de los medas (Nascien II de Septimania), como se ha mencionado ya en la historia del Caballero Blanco (*véase* página 231), es un importante personaje histórico. Nascien fue contemporáneo, entre los *desposyni* y durante el siglo V, de Meroveo de los francos, además de descendiente directo y de sucesor supremo de los Reyes Pescadores de la Galia. Nació en la famosa Casa de Faramund, a la cual remontan sus antepasados muchas familias reales europeas, entre ellas la de los merovingios de Francia y la de los Estuardo de Escocia, junto con la nobleza francesa de Toulouse y el Rosellón.[18]

---

18. James King Hewison, *The Isle of Bute in the Olden Time*, William Blackwood, Edimburgo, 1895, Lámina XXIII.

El símbolo de Nascien, tal como se ve en las obras de arte, era un pez. Esto coincide con su legado y denota su estatus sacerdotal. La palabra griega que significaba pez era *ichthys*, que se convirtió en símbolo de los cristianos de los primeros tiempos por *Iesous Christos Theou Yios Soter* (Jesucristo, Hijo de Dios, Salvador).[19] La nieta de Nascien, Clotilde de Borgoña, se casó con el rey Clodoveo, y de ellos descendía la dinastía merovingia. Esta casa real se llamaba así por el abuelo de Clodoveo, Meroveo de los francos, otro descendiente del Rey Pescador Faramund, cuyo símbolo también era un pez.

A pesar de las cuidadosamente elaboradas listas genealógicas de la época, el legado de Meroveo quedó extrañamente oscurecido en los anales documentales. Aunque hijo legítimo de Clodion, hijo de Faramund, decía el historiador del siglo V, Prisco de Tracia, que Meroveo había sido engendrado por una arcana criatura marina, la *Bistea Neptunis*.

Los sicambrios, de cuyo linaje femenino surgió Meroveo, estuvieron vinculados previamente con la Arcadia griega, teniendo su origen anteriormente en Escitia, junto al Mar Negro. Su nombre se derivaba de Cambra, una reina tribal de alrededor del 380 a.C., y se les denominó el pueblo de la *Newmage* (la Nueva Alianza), precisamente del mismo modo en que se llegaría a conocer a los esenios de Qumrân.[20] En vista de su ascendencia arcadiana, el simbolismo del pez de la *Bistea Neptunis* formó parte de su tradición aún antes de su vinculación con los Reyes Pescadores en la Galia. Su cultura navegante había estado estrechamente vinculada a Palas, el señor marino de la Arcadia, y algunas variaciones de su nombre (como la del rey Peles) se retomaron en los posteriores tiempos artúricos.

Algunas generaciones antes de Nascien, un antepasado suyo del siglo III, el Rey Pescador Aminadab (nieto del hijo de María Magdalena, Josefes), se había casado con Eurgen, tataranieta de Brân el Bendito y de Anna (*véase* diagrama «El Linaje del Santo Grial»). Este matrimonio, históricamente significativo, reunió los linajes fraternos de Jesús y de Santiago, de tal modo que Meroveo, Nascien y los posteriores reyes merovingios eran *desposyni* por partida doble. En el siglo VI, en la época de su reinado en Francia, el legado de María Magdalena se transmitió individualmente por medio de una dinastía de linaje materno diferente en la Borgoña. Era la Casa del Acqs de las reinas Viviana de Avallon.

---

19. *The Catholic Encyclopedia*, vol. VI - Symbolism of the Fish
20. J. Allegro, *The Dead Sea Scrolls*, c. 7, p. 110.

Una de las mejores descripciones del Santo Grial proviene de Nascien, en la *Queste del Saint Graal.* De acuerdo con el simbolismo de manantiales eternos que representaron Viviana, Magdalena y los mitos del agua, explica Nascien:

La fuente es de tal naturaleza, que uno no puede agotarla, pues nunca sería capaz de llevarse suficiente de ella. Es el Santo Grial. Es la gracia del Espíritu Santo.

A pesar de su origen, tanto romántico como sagrado, la tradición del Grial sigue siendo una herejía no proclamada por sus fuertes vinculaciones femeninas, en particular con el código de valores del Amor Cortés (*Amour Courtois*) en la Edad Media. Los obispos despreciaron los conceptos románticos de la caballería y las canciones de los trovadores por cuanto ponían a la feminidad sobre un pedestal de veneración, en contra de la doctrina de la Iglesia Católica. Además, la Iglesia había condenado abiertamente el Grial como una institución pagana de blasfemia y misterios profanos. Pero, aún en mayor grado, la reluctancia de la Iglesia a aceptar la tradición del *Sangréal* se derivaba del linaje mesiánico específicamente definido de la Familia del Grial.

Eurgen, la esposa y reina de Aminadab, era la tía del rey Coel II de Colchester, cuya hija, Helena, se casó con Constancio de Roma, convirtiéndose posteriormente en madre del emperador Constantino el Grande. Fue en la herencia aremateaica de su madre en la que basó Constantino su propia reivindicación del estatus mesiánico, como descendiente por línea materna de Santiago el Justo. Su problema es que, junto a él, estaba el linaje de su tía abuela materna Eurgen y Aminadab. Esta dinastía de Reyes Pescadores afirmaba ser descendiente tanto de Jesús como de Santiago, arrojando por tanto sombras sobre Constantino, en cuanto a su herencia *desposínica*. En consecuencia, dado que el emperador no podía competir en condiciones de igualdad, se inventó el concepto de la Sucesión Apostólica para su recién creada rama de la Iglesia Cristiana.

El legado de Colchester, el de Helena, tuvo no obstante una tremenda importancia. Colchester, que en sus orígenes había sido la sede de Caractacus el Pendragón, era la más impresionante ciudad fortificada de Gran Bretaña. En aquellos tiempos, se la llamaba Camulod (romanizada como Camulodunum), del celta *camu-lôt,* «luz curva». Más tarde, se convertiría en el modelo de la igualmente denominada, y al parecer pasajera, Corte de Camelot de los romances artúricos. (En el Apéndice IV, se dan los antecedentes biográficos de Santa Helena.)

El padre de Eurgen (la matriarca de los Reyes Pescadores) fue el más importante de los reyes de la historia del cristianismo en Gran Bretaña. Cuarto en la línea de descendientes desde Santiago (José de Arimatea), se llamó Lucio, y fue él el que construyó la primera torre en Glastonbury Tor,[21] en el siglo II.

El Gran Luminar

El rey Lucio fue el bisnieto del benefactor de Santiago, Arviragus, cuyo hijo, Mario, se había casado con Penardun, hija de la hija de Santiago, Anna y de su marido Brân el Bendito. Después de la muerte de Santiago/José, los anacoretas de los Hermanos de Alain (nieto de María Magdalena) dejaron de operar en Inglaterra, pero Lucio decidió reavivar el movimiento nazareno. Con ello, se le dijo que había «incrementado la luz» de los primeros misioneros y, por ello, se le llegaría a conocer como *Lleiffer Mawr* (el Gran Luminar).

Lucio confirmó su cristianismo en Winchester, en el año 156 d.C., y su causa se potenció con las persecuciones masivas de Roma a los cristianos de la Galia del año 177 d.C. Su ímpetu fue especialmente significativo en las viejas regiones herodianas de Lyon y Vienne, donde San Ireneo y 19.000 cristianos habían sido masacrados treinta años antes. Durante las persecuciones, un buen número de cristianos galos huyó a Gran Bretaña, especialmente a Glastonbury, en busca de la protección del rey Lucio.

Esto sucedió bastante antes de que el cristianismo se convirtiera en la religión del estado en Roma, cuando el emperador Marco Aurelio acosaba a los cristianos, siguiendo la tradición de sus predecesores. Lucio decidió, no obstante, entrar en contacto con Eleuterio, el jefe de los cristianos en Roma en aquella época. Debido a su responsabilidad con los refugiados, y también por los nativos de su propio reino, Lucio quería saber cómo orientar las funciones de un reino cristiano.

La carta de respuesta de Eleuterio se encuentra todavía en la *Sacrorum Conciliorum Collectio* de Roma. Eleuterio sugería que un buen rey siempre era libre de rechazar las leyes de Roma, pero no la ley de Dios. Lo que viene a continuación es un extracto de la traducción:

---

21. *(N. del T.):* La Colina de Glastonbury.

Los creyentes cristianos, al igual que todas las personas del reino, se deben considerar hijos del rey. Están bajo su protección... A un rey se le conoce por su gobierno, no por el hecho de retener su poder sobre el país. Mientras vos gobernéis bien, seréis rey. Si no lo hacéis así, el nombre de rey no perdurará, y perderéis el nombre de rey.[22]

John Capgrave (1393-1464), erudito de los frailes agustinos, y el arzobispo Ussher de Armagh, en su *De Brittanicarum Ecclesiarum Primordiis* del siglo XVII, dicen que Lucio envió a los misioneros Medway y Elfan con la petición de consejo a Roma. Posteriormente, regresarían con los enviados de Eleuterio, Fagano y Duvano (que en los anales galeses llaman Fagan y Dyfan). De su misión da cuenta Gildas Badónico en el siglo VI, y el venerable Bede de Jarrow (673-735) también hace referencia a la petición del rey, que se menciona igualmente en la *Crónica Anglosajona*.[23]

Fagan y Dyfan refundaron la antigua orden de anacoretas de Glastonbury, acreditándoseles desde entonces con la segunda fundación del cristianismo en Gran Bretaña. Tras esto, la fama de Lucio se difundió por todas partes. Ya era celebrado como constructor de la torre de Glastonbury sobre la Tor de San Miguel en el año 167 d.C., y ahora la iglesia de Llandaff estaba consagrada a él como Lleurwgg el Grande.[24] Es aquí donde aún se puede ver el maravilloso retablo de Rossetti, *La Simiente de David*.

Y lo que aún es más significativo, Lucio fue el responsable de la creación del primer arzobispado cristiano en Gran Bretaña. Lo recuerda una placa en latín que hay sobre el hogar de la sacristía de la iglesia de San Pedro, en Cornhill, en la vieja City de Londres, donde se indica el momento en que la Iglesia Católica entró en Inglaterra y trasladó el arzobispado de la nación a donde aún está hoy, en Canterbury:

---

22. Hay una trascripción de la respuesta de Eleuterio al rey Lucio del año 177 d.C. en J. W. Taylor, *The Coming of the Saints*, apéndice K.

23. *The Anglo-Saxon Chronicle* (trad. Michael Swanton), J. M. Dent, Londres, 1997 - Winchester MS (A) & Peterborough MS (E), AD 167.

24. Lucio murió el 3 de diciembre de 201, y fue enterrado en St. Mary le Lode, en Gloucester. Sus restos se llevaron posteriormente a la iglesia de St. Peter, en Cornhill, Londres. Las referencias en el martirologio romano sobre la tumba de Lucio en Chur, Suiza, son incorrectas en dos puntos. En realidad, se refieren a Lucio de Baviera (no a Lucio el Luminar de Bretaña). Además, el Lucio bávaro murió en Curia, Alemania, no en Chur, Suiza.

En el año de nuestro Señor de 179, Lucio, el primer rey cristiano de la isla ahora llamada Bretaña, fundó la primera iglesia en Londres, bien conocida como la Iglesia de San Pedro en Cornhill; y fundó allí la sede arquiepiscopal, y la hizo iglesia metropolitana y la iglesia principal de su reino. Y así permaneció por espacio de cuatrocientos años, hasta la llegada de San Agustín... Entonces, la sede y el palio del arzobispado se trasladaron desde la dicha iglesia de San Pedro en Cornhill hasta Dorobernia, que se llama ahora Canterbury.

El consejo que diera el obispo Eleuterio como respuesta al ruego del rey Lucio es fascinante, y se ajusta plenamente al principio subyacente de servicio que impregna el Código Mesiánico del Grial. Este principio lo estableció Jesús cuando lavó los pies de sus apóstoles en la Última Cena (Juan 13:5-15). Pedro cuestionó la acción de Jesús, expresando su sorpresa de que el Maestro lavara los pies de sus servidores, a lo que Jesús respondió: «Os he dado ejemplo, para que también vosotros hagáis como yo he hecho con vosotros».

Los reyes de las dinastías originales del Grial en Gran Bretaña y en Francia actuaron siempre sobre esta base. Eran padres para su pueblo, nunca soberanos de sus países. La realeza territorial fue una idea feudal e imperial que socavó por completo el Código, y que se impuso en Europa tras la fraudulenta *Donación de Constantino*, en el 751 d.C. (*véase* página 90). Los primeros monarcas comprendían la diferencia que había entre ser Rey de los Francos y ser Rey de Francia, o ser Rey de los Escoceses y ser Rey de Escocia. Los Reyes del Grial se definían como Guardianes del Reino y, a este respecto, el consejo del obispo Eleuterio a Lucio fue tan profundo como esclarecedor: «Todas las personas del reino se deben considerar hijos del rey. Están bajo su protección».

14

Reinos y colores

Las Familias Sagradas

Mientras los Reyes Pescadores del linaje *desposínico* de Jesús y María Magdalena prevalecían en la Galia y el esforzado rey Lucio reinaba en Inglaterra, los Avallach del legado de Arimatea establecieron sus sedes en Gales. Descendientes de Anna y de Brân el Bendito, éstos continuaron la tradición del padre de Brân, el rey Llyr (Lear),[1] hijo del señor soberano Beli Mawr.

Otro descendiente de Beli Mawr fue el rey Llud. Éste fue el progenitor de las casas reales de Colchester, Siluria y Strathclyde, y su familia celebró matrimonios clave con la familia arimateica. De entre los príncipes galeses de la sucesión *desposínica* surgieron los fundadores y los soberanos locales de la Bretaña (la Pequeña Bretaña), una región franca que previamente se llamaba Armórica.

El nieto del rey Llud, el poderoso Cunobelinus[2] (padre de Caractacus), fue el Pendragón de la Bretaña continental en tiempos de Jesús.[3] El Pendragón, o Cabeza de Dragón de la Isla (*Pen Draco Insularis*), fue el Rey de Reyes y Guardián de la Is-

---

1. Si se desea un relato completo de la historia de esta familia y de sus diversas ramas, véase Laurence Gardner, *Bloodline of the Holy Grail* (HarperCollins, 2002 edition), c. 13, pp. 150-9.
2. *(N. del T.)*: *Cymbeline* en el original inglés.
3. A Brân el Bendito se le suele citar equivocadamente como padre de Caractacus. Cierto es que fueron contemporáneos, en el siglo I d.C., pero el padre de Caractacus fue Cunobelinus (Cymbeline) de Camulod. Como archidruida de Bretaña, Brân fue el padre «espiritual» del Pendragón Caractacus.

la Celta. El título no era dinástico; los pendragones eran designados por un consejo de ancianos druidas entre la estirpe real celta. Cunobelinus gobernó las tribus belgas del Catuvellauni y Trinovantes desde su sede de Colchester (Camulodunum).

Al norte de los dominios de Cunobelinus, en Norfolk, las tribus iceni estaban gobernadas por el rey Prasutagus, cuya esposa era la famosa Boudicca (o Boadicea). Ella dirigió la gran revuelta, aunque infructuosa, contra la dominación romana del año 60 d.C., vociferando su famoso grito de guerra *Y gwir erbyn y Byd* (La Verdad contra el Mundo). Inmediatamente después de esto, poco antes de la Revuelta Judía contra los romanos del 66 d.C., José de Arimatea llegó de la Galia para levantar su capilla en Glastonbury.

Tras la retirada de los romanos de Gran Bretaña en el 410 d.C., el liderazgo regional volvió a los jefes tribales. Uno de ellos fue Vortigern de Powys, en Gales, cuya esposa era la hija del anterior gobernador romano, Magno Máximo. Después de asumir el control total de Powys hacia el 418 d.C., Vortigern fue elegido Pendragón de la Isla en el 425 d.C.

Por entonces, uno de los reyes más destacados, descendiente de Anna y de Brân, era Cunedda, soberano de Manau, junto al Firth of Forth. En una rama paralela de la familia, se encontraba el sabio Coel Hen (Coel el Viejo), que lideraba a los «Hombres del Norte» (los *Gwyr-y-Gogledd*). Cariñosamente recordado en las canciones de cuna como el Viejo Rey Cole, gobernó las regiones de Rheged desde su sede cumbria en Carlisle. Otro destacado líder fue Ceretic, descendiente del rey Lucio.[4] Desde su base en Dumbarton, gobernaba las regiones de Clydesdale. Estos reyes fueron los más poderosos señores británicos del siglo V y, debido a su lejano legado, se les conoció como las Familias Sagradas de Gran Bretaña.

A mediados del siglo V, Cunedda y sus hijos llevaron a sus ejércitos al norte de Gales para expulsar, a petición de Vortigern, a los no deseados colonos irlandeses. Con ello, Cunedda fundó la Casa Real de Gwynedd en la región costera de Gales, al oeste de Powys. Los pictos de Caledonia, en el lejano norte de Gran Bretaña, se aprovecharían posteriormente de la ausencia de Cunedda y comenzarían una serie de incursiones fronterizas a través de la Muralla de Adriano. Un ejército de mercenarios jutos germanos, liderado por Hengest y Horsa, se trasladó rápidamente para repeler a los invasores pero, después de

---

4. Lucio era el nieto de la hija de Brân, Penardun de Siluria. De ella se dice a veces que fue la hija de Beli Mawr, y a veces su hermana. Pero en realidad era la hermana de otro Beli, hijo de Brân. Penardun fue la protegida de la reina Boudicca (Boadicea).

conseguirlo, volvieron hacia el sur y se apoderaron del reino de Kent para sí mismos. Otras tribus de anglos y sajones germánicos vendrían posteriormente desde Europa en invasión. Los sajones tomaron el sur, creando los reinos de Wessex, Essex, Middlesex y Sussex, mientras que los anglos ocuparían el resto del país, desde el estuario del Severn hasta la Muralla de Adriano, comprendidas Northumbria, Mercia y East Anglia. Al conjunto se le conocería como Inglaterra (tierra de los anglos) y los nuevos ocupantes denominarían a la península occidental celta Gales (*weallas*, que significa «extranjeros»).

Cunedda se quedó en el norte de Gales y, tras la muerte de Vortigern en el 464 d.C., le sucedió como Pendragón, convirtiéndose también en el comandante militar supremo de los britanos. Al titular de este último puesto militar se le denominaba el *Guletic*. Cuando murió Cunedda, Brychan de Brecknock, yerno de Vortigern, se convirtió en Pendragón, y Ceretic de Strathclyde se convirtió en el guletic. Mientras tanto, el nieto de Vortigern, Aurelio, un hombre de considerable experiencia militar, volvió desde la Bretaña francesa para luchar contra las invasiones sajonas. En su calidad de sacerdote druídico, Aurelio era el Príncipe del Santuario del Ambrius, una cámara sagrada modelada simbólicamente según el antiguo Tabernáculo hebreo (Éxodo 25:8). A los Guardianes del Ambrius se les denominaba *Ambrosius*, y llevaban mantos de color escarlata. Desde su fuerte en Snowdonia, Aurelio el Ambrosius mantuvo la defensa militar del oeste y se convirtió en el guletic cuando murió Brychan.

A principios del siglo VI, el hijo de Brychan (que también se llamaba así) se trasladó desde Gales hasta el Firth of Forth adoptando el título de Príncipe de Manau. Allí fundó otra región de Brecknock, en Forfarshire, a la cual el pueblo de Gales se refería como Breichniog del Norte. La sede de su padre había estado en Brecon, en Gales; por lo que la fortaleza del norte también se llamó Brechin. La hija de Brychan II se casó con el príncipe Gabràn[5] de Dalriada, en Escocia (en las Tierras Altas occidentales), y a consecuencia de ello Gabràn se convertiría en el Señor del Forth, heredando un castillo en Aberfoyle.

En aquella época, los gaels irlandeses estaban en pugna con la casa de Brychan y, bajo el rey Cairill de Antrim, lanzaron un asalto contra el Manau

---

5. Gabràn era nieto de Fergus mac Erc, que había nacido de la realeza gaélica escocesa, descendiente del Alto Rey Conaire Mór de Irlanda. Fergus abandonó Irlanda a finales del siglo V con el fin de colonizar las Tierras Altas occidentales, llevando con él a sus hermanos, Loarn y Angus. La familia de Loarn ocupó la región del norte de Argyll, conocida a partir de entonces como Loarna (o Lorne), con centro en Dunollie, Oban.

escocés en 514. La invasión tuvo éxito, y la región del Forth quedó bajo soberanía irlandesa. Brychan, como sería de esperar, pidió ayuda a su yerno el príncipe Gabràn y al guletic Aurelio. Pero, en vez de intentar echar a los irlandeses de Manau, lo que hicieron fue lanzar una ofensiva directa por mar contra Antrim, en el norte de Irlanda.

En el año 516 d.C., la flota escocesa de Gabràn zarpó desde el estuario del Jura con las tropas guléticas de Aurelio. Su objetivo era el castillo del rey Cairill, la formidable colina fortificada de Dun Baedàn (Colina Badon). Las fuerzas guléticas consiguieron la victoria, y Dun Baedàn fue derrocado.[6] En el año 560, el cronista Gildas II dio cuenta de esta batalla en su *De Excidio Conquestu Britanniae* (La Caída y la Conquista de Bretaña), y este gran conflicto protagonizó tanto las crónicas escocesas como irlandesas.[7] Años después de la batalla de Dun Baedàn, Gabràn se convertiría en rey de los escoceses, en el 537, teniendo su corte en Dunadd, cerca de Loch Crinan, en las Tierras Altas occidentales.

---

6. Algunos anales citan diferentes nombres para identificar este conflicto y/o su ubicación. Entre los nombres de la ubicación están Mount Badon, Mons Badonicus, Dun Baedàn y Cath Badwn (donde *mount* y *mons* significan colina; dun se aplica a colina o colina fortificada, y *cath* indica fortaleza). Entre los nombres de la batalla están Bellum Badonis y Obsessio Badonica (sugiriendo el primero una guerra y el segundo un asedio).

7. Esta batalla se cita en los Manuscritos Bodleian, el Libro de Leinster, el Libro de Ballymote y las Crónicas de los Escoceses, y todos dan la fecha del 516. Véase William Forbes Skene, *Chronicles of the Picts and Scots*, H. M. General Register, Edimburgo, 1867. El jefe escocés recibe a veces el nombre de Aedàn mac Gabràn de Dalriada, pero Aedàn no había nacido aún. El jefe fue su padre, el príncipe Gabràn, que se convirtió en rey de Dalriada en 537. Aedàn y su hijo mayor, Arturo, lucharon en la segunda batalla de Dun Baedàn, que tuvo lugar en 575. A pesar de la fecha del 516 que se cita en las crónicas, se ha especulado mucho acerca de la primera batalla. Esto se debe a que los investigadores se han dirigido a Gildas I, al cual se identifica erróneamente como el autor de *De Excidio*. Pero él vivió entre 425 y 512, y por tanto ya había muerto cuando Gildas II nació, en 516, el año de la batalla, como puntualiza él en su relato. Otras obras selectas sobre el tema de Gran Bretaña y la Edad Oscura son Myles Dillon y Nora K. Chadwick, *The Celtic Realms*, Weidenfeld & Nicolson, Londres, 1967; Nora K. Chadwick y Hector Munro Chadwick, *Studies in Early British History*, Cambridge University Press, Cambridge, 1954; Hector Munro Chadwick, *Early Scotland: The Picts, Scots and Welsh of Southern Scotland*, Cambridge University Press, Cambridge, 1949; William Forbes Skene, *Celtic Scotland*, David Douglas, Edimburgo, 1886-1890; R. Cunliffe Shaw, *Post-Roman Carlisle and the Kingdoms of the North-West*, Guardian Press, Preston, 1964; Eoin MacNeill, *Celtic Ireland*, (Martin Lester, Dublín, 1921), Academy Press, Dublín, 1981; Peter Hunter Blair, *The Origins of Northumbria*, Northumberland Press, Gateshead, 1948.

En aquella época, el Pendragón era el bisnieto de Cunedda, el rey galés Maelgwyn de Gwynedd. En este cargo, le sucedió el hijo del rey Gabràn, Aedàn de Dalriada, que se convertiría en rey de los escoceses en 574, y que sería el primer rey británico en ser investido por ordenación sacerdotal, al ser ungido por San Columba. Poco antes de la regia ordenación de Aedàn, el rey Rhydderch de Strathclyde había dado muerte al rey Gwenddolau en una batalla cerca de Carlisle. El campo de batalla estuvo entre el río Esk y Liddel Water, por encima de la Muralla de Adriano. (Fue allí, en el foso de Liddel, donde se situó el relato artúrico de *Fergus y el Caballero Negro*.) El consejero jefe de Gwenddolau (el Merlín de Bretaña) era Emrys de Powys, hijo de Aurelio. Sin embargo, a la muerte de Gwenddolau, el Merlín huyó a Hart Fell Spa, en el bosque de Caledonia, para buscar refugio luego en la corte del rey Aedàn, en Dunadd.[8]

Aedàn el Pendragón

8. El título de Merlín («Vate para el Rey») llevaba largo tiempo establecido en la tradición druídica. Con anterioridad a Emrys, el Merlín designado había sido Taliesin el Bardo, marido de Viviana I del Acqs. A su muerte, en el año 540, el título pasó a manos de Emrys de Powys, que fue el famoso Merlín de la tradición artúrica. El Merlín Emrys era primo mayor del rey Aedàn, y estaba por tanto en posición de solicitar al nuevo rey que tomara medidas contra el asesino de Gwenddolau. De ahí que Aedàn accediera y demoliera la Corte de Rhydderch en Alcut, Dumbarton.

En aquellos días, el centro urbano más importante en el norte de Gran Bretaña era Carlisle, que se había convertido, a costa de Colchester, en el principal Camu-lôt del guletic soberano. Había sido importante asentamiento de una guarnición romana y, hacia el 369 d.C., era una de las cinco capitales provinciales. En su *Vida de San Cuthbert*, el venerable Bede de Jarrow da cuenta de la existencia de una comunidad cristiana en Carlisle, mucho antes de que los anglosajones se introdujeran en la región.

Un poco más al sur de Carlisle, cerca de Kirkby Stephen, en Cumbria, se encuentran las ruinas del castillo Pendragón. Carlisle se llamaba también Cardeol y Caruele en tiempos artúricos. En *La Alta Historia del Santo Grial*, se habla en concreto de la corte de Arturo en Carlisle, que también aparece en el relato francés *Suit de Merlin* y en los británicos *Sir Gawain y el Carl de Carlisle* y *La Confesión del Rey Arturo*.

La ascendencia artúrica

Se suele afirmar que la primera referencia al rey Arturo proviene de Nennius, un monje galés del siglo IX, en cuya *Historia Brittonum* le cita en numerosas batallas identificables. Pero Arturo aparecía ya en la *Vida de San Columba* mucho antes de Nennius, en el siglo VII. También se le menciona en el poema celta *Gododdin*, escrito en los alrededores del 600 d.C.

Cuando San Columba invistió al rey Aedàn de Dalriada en el año 574, Arturo era su hijo mayor y heredero (nacido en 559). En la *Vida de San Columba*, el abad Adamnan de Iona (627-704) cuenta que el santo había profetizado que Arturo moriría antes de que pudiera suceder a su padre como rey de los escoceses. Adamnan confirmaría después que la profecía fue precisa, pues Arturo murió en batalla pocos años después de la muerte de San Columba, en 597.[9]

---

9. En algunos casos, se considera que el nombre de Arturo se deriva del latín Artorius, pero esto es incorrecto. El nombre de Arturo era puramente celta, pues provenía del irlandés Artur. En el siglo III, Cormac y Artur fueron los hijos del rey Art. Los nombres irlandeses no sufrieron influencia alguna por parte de los romanos, y se puede encontrar la raíz del nombre de Arturo ya en el siglo V a.C., cuando Artur mes Delmann fue rey de los Lagain.

En 858, Nennius hizo una relación de diversas batallas en las cuales Arturo salió victorioso. Entre los lugares de las batallas, está el bosque de Caledonia, al norte de Carlisle (*Cat Coit Celidon*) y Monte Agned, el fuerte de Bremenium, en los montes Cheviot, donde fueron repelidos los anglosajones. También aparece la batalla de Arturo junto al río Glein, en Northumbria, cuyo recinto fortificado fue centro de operaciones desde mediados del siglo VI. Otros campos de batalla artúricos reconocidos fueron la Ciudad de la Legión (Carlisle) y el distrito de Linnuis, la antigua región de la tribu novantae, al norte de Dumbarton, donde se eleva el Ben Arthur, por encima de la población de Arrochar, en la cabecera del Loch Long.[10]

El padre de Arturo, el rey Aedàn mac Gabràn de los escoceses, se convirtió en el Pendragón por ser nieto del príncipe Brychan. La madre de Aedàn, Lluan de Brecknock, era descendiente de José de Arimatea. Nunca existió el tal Uther Pendragón, padre de Arturo en las leyendas, aunque se le llegó a injertar engañosamente en las genealogías inglesas del siglo XVI, en época Tudor.[11] Históricamente, sólo hubo un Arturo hijo de un Pendragón: Arturo mac Aedàn de Dalriada.[12]

Al cumplir los dieciséis años, en 575, Arturo se convirtió en el Guletic Soberano, y la Iglesia Celta proclamó a su madre, Ygerna del Acqs, alta reina de los reinos celtas. La madre de Ygerna (en la línea dinástica de Jesús y de María Magdalena) fue la reina Viviana I del Avallon borgoñón, la Dama del Lago. Por tanto, los sacerdotes ungieron a Arturo como Alto Rey de los Britanos tras la ordenación de su padre como rey de los escoceses. En la época de la concepción de Arturo, Ygerna (Igraine) estaba casada con Gwyr-Llew, duque de Carlisle. La antigua *Crónica de los Escoceses* da cuenta de este acontecimiento.[13]

Sin embargo, a la muerte de Gwyr-Llew, Ygerna se casó con Aedàn de Dalriada, legitimando así a Arturo antes de que sus títulos fueran otorgados.

---

10. *(N. del T.):* En la lengua celta de Escocia, los lagos y los fiordos reciben el nombre de Loc.

11. El nombre de Uther Pendragón se lo inventó en el siglo XII Geoffrey de Monmouth (posterior obispo de St. Asaph), y palabra gaélica *uther* (o *uthir*) era simplemente un adjetivo que significaba «terrible».

12. Se puede encontrar una historia completa del rey Arturo en Laurence Gardner, *Bloodline of the Holy Grail* (HarperCollins 2002 edition), c. 14, pp. 160-73. Desde aquí, se amplían determinados aspectos relativos a la tradición galesa del rey Arturo en Laurence Gardner, *Realm of the Ring Lords* (HarperCollins 2003 edition), c. 8, pp. 91-102.

13. Como en la nota 6: W. F. Skene, *Chronicles of the Picts and Scots*.

Mediante esta unión, el linaje de Jesús y de María Magdalena se vinculó con el linaje de Santiago/José de Arimatea (*véase* el diagrama «La herencia del Santo Grial», pág. 339). Arturo fue el primer resultado de tal unión matrimonial *desposínica* en 350 años, motivo por el cual fue tan importante en la tradición griálica.

En la *Vida de San Columba*, el abad Adamnan cuenta que el rey Arturo mac Aedàn murió en la batalla de los Miathi. Los miathi eran una tribu de britanos que habían sido empujados hacia el norte por los anglos en 574 y se habían asentado en la frontera escocesa.[14] Su principal fortaleza se encontraba en Dunmyat, en el distrito de Manau, junto al río Forth, donde se habían repartido las tierras con los colonos irlandeses. A pesar de la derrota del rey irlandés Cairill en Badon Hill en 516, los irlandeses seguían siendo un problema en Manau. En consecuencia, las fuerzas guléticas hicieron un segundo asalto a Dun Baedàn.

Nennius menciona esta campaña, y refiere correctamente la presencia de Arturo, mientras que el relato de Gildas hace referencia a una batalla, anterior al 516, con Ambrosius Aurelio como comandante. Sin embargo, Nennius da más crédito a Arturo de lo que sería justo pues, en esta segunda ocasión, los escoceses fueron derrotados, y el padre de Arturo, el rey Aedàn, fue obligado a rendirse ante el príncipe Baedàn mac Cairill en Ros-na-Rig, en el lago Belfast.[15]

Tras la muerte del rey Baedàn mac Cairill, en 581, Aedàn de los escoceses se las ingenió finalmente para expulsar a los irlandeses de Manau y del Forth. Posteriormente, en 596, la caballería de Arturo sacaría a los irlandeses del Brecknock escocés. El rey Aedàn estuvo presente en las batallas, pero los hermanos pequeños de Arturo, Brân y Domingart, murieron en Brechin en 595, donde Arturo y su tercer hermano, Eochaid Find, aparecen también, en la batalla de Circinn.[16]

En su enfrentamiento con los irlandeses en Manau, las tropas guléticas también tuvieron que enfrentarse con los miathi britanos. Consiguieron empujar a muchos de ellos hacia sus territorios en el sur, pero los que quedaron cuando partieron los escoceses tuvieron que luchar con los pictos, que rápidamente se introdujeron en sus dominios. A finales del siglo, los pictos y los

---

14. Saint Adamnan, *A Life of Saint Columba* (trad. Wentworth Huyshe), George Routledge, Londres, 1908.
15. Artículo breve sobre «Tributes Paid to Baedàn, King of Ulster», en W. F. Skene, *Chronicles of the Picts and Scots*.
16. Tigernach hua Braein, *The Annals of Tigernach*, AD 595, Rawlinson 3rd fragment, en Revue Celtique 17, en la Biblioteca Bodleian, Oxford.

miathi se unieron frente a la caballería de Arturo, con el cual se encontraron en la batalla de Camelyn, al norte de la Muralla Antonina. Una vez más, los escoceses salieron victoriosos y los pictos fueron empujados hacia el norte. Posteriormente, se le pondría el nombre de *Furnus Arhturi* (el Horno de Arturo) a una fundición de hierro cercana para conmemorar el evento. Durante mucho tiempo fue un lugar visitado, que no se demolió hasta el siglo XVIII, durante la Revolución Industrial.

En el año 603, sólo tres años después de Camelyn, los escoceses se enfrentaron a los miathi del sur y a los anglos de Northumbria. La lucha se prolongó en dos episodios bélicos, siendo el segundo de ellos el resultado de una corta retirada de los escoceses en el primero. Las fuerzas se encontraron primero en Camlanna, una antigua colina fortificada romana junto a la Muralla de Adriano. Sin embargo, a diferencia del anterior encuentro en Camelyn, la batalla de Camlanna fue un completo fiasco para los escoceses. Cayendo en una maniobra táctica de distracción de los miathi, los escoceses permitieron que los anglos se situaran detrás de ellos en un empuje acordado desde el noroeste hacia Galloway y Strathclyde. La infortunada expresión de *Cath Camlanna* se ha aplicado a muchas batallas perdidas a partir de entonces.

Pocos meses después, el rey anglo, Aethelfrith de Bernicia, derrotaría al rey Rhydderch en Carlisle, apoderándose del nuevo territorio junto con las proximidades del Solway. Las fuerzas de Dalriada, bajo el mando de Aedàn y de Arturo, se vieron por tanto obligadas a interceptar y detener el avance de los anglos hacia el norte. Les dijeron que habían reunido unas fuerzas inmensas, extraídas de las filas de los príncipes galeses, y que incluso habían conseguido la ayuda de Maeluma mac Baedàn de Antrim, hijo de su antiguo enemigo. Para entonces, los irlandeses estaban intimidados ante la perspectiva de una invasión anglosajona, por lo que unieron sus fuerzas con los escoceses.

La reyerta de Camlanna fue efímera, y las tropas celtas se vieron obligadas a huir ante los anglos, que los barrieron. Les dieron alcance en Dawston-on-Solway (llamado entonces Degsastan, en Liddesdale). Las *Crónicas de Holyrood* y las *Crónicas de Melrose* se refieren al lugar de la batalla como Dexa Stone. Fue allí, en el año 603, donde Arturo, príncipe y soberano gulético de los britanos, murió (a la edad de cuarenta y cuatro años) junto con Maeluma mac Baedàn. También murió en Dawston el hijo de Arturo, Modred, archisacerdote de la Hermandad Sagrada de San Columba, citado en los anales como *Modredus filius Regis Scotti* (Modred, hijo del rey de los escoceses).

Las reinas de Avallon

La batalla de Dawston fue una de las más fieras de toda la historia celta. Los *Anales Tigernach* la denominan «El día en que murió la mitad de los hombres de escocia». Aunque Aethelfrith logró la victoria, tuvo también graves pérdidas. Sus hermanos Theobald y Eanfrith resultaron muertos, mientras que su oponente, el rey Aedàn, se vio obligado a huir al campo.

Aethelfrith nunca llegó a Strathclyde, pero su victoria en Dawston le permitió extender sus territorios en Northumbria hacia el norte, hasta el Firth of Forth, anexionándose a los lothianos. Diez años después, en 613, Aethelfrith asediaría Chester y lograría el control anglo en toda Cumbria. Con esto, se generó una cuña geográfica permanente entre los britanos de Gales y los de Strathclyde. Posteriormente, los anglos mercianos presionaron hacia el oeste, empujando a los galeses tras lo que con el tiempo se conocería como el dique de Offa, mientras que los sajones de Wessex se introdujeron hasta más allá de Exeter, anexionándose la península sudoccidental.

Con el tiempo, los otrora confederados países celtas de Gales, Strathclyde y Dumnonia (Devon y Cornualles) quedaron totalmente aislados entre sí, y la Hermandad Sagrada de San Columba[17] achacó a Arturo la responsabilidad de aquello, sosteniendo que había fracasado en sus deberes como guletic y alto rey. Su padre, el rey Aedàn de Dalriada, murió cinco años después del desastre de Camlanna, que se afirmaba que había abierto la puerta a la conquista final de Gran Bretaña por parte de los anglosajones. Los días del señorío celta estaban cumplidos y, después de más de seis siglos de tradición, Cadwaladr de Gales (26º en el linaje de José de Arimatea) fue el último Pendragón.

Tras la estela de las derrotas de Arturo en Camlanna y Dawston (denominadas conjuntamente *di Bellum Miathorum:* la Batalla de los Miathi), los antiguos reinos del norte dejaron de existir. Los escoceses, separados físicamente de sus antiguos aliados de Gales, llegaron a la conclusión de que la única posibilidad para salvar las tierras de Alba (Escocia) pasaba por aliarse con los pictos de Caledonia, algo que se llevó a cabo en 844, cuando el famoso descendiente de Aedàn, el rey Kenneth MacAlpin, unió a pictos y escoceses en una sola nación.[18] Los ana-

---

17. La Iglesia Celta sede eclesiástica de los reyes de los escoceses.

18. Esto sucedió en una época anterior a la unificación nacional de Inglaterra. No fue hasta 927 que el nieto de Alfredo el Grande, Aethelstan, fue reconocido como rey supremo por la mayoría de los grupos territoriales anglosajones.

les sobre la instauración de Kenneth dan cuenta de su importante posición en el linaje familiar, al referirse a él como descendiente de las reinas de Avallon.[19]

La dinastía de Avallon (herencia directa de María Magdalena) se perpetuó en el linaje femenino, donde las hijas de las reinas mantenían posiciones superiores a las de los hijos varones. Las reinas titulares del Avallon borgoñón surgieron junto con los reyes merovingios de los francos, mientras que otro vástago importante del linaje fue el de la sucesión real septimana del Midi franco-español.

Antes de casarse con el rey Aedàn mac Gabràn de Dalriada, Ygerna d'Avallon del Acqs había tenido una hija con su anterior marido, Gwyr-Llew de Carlisle. Esta hija se llamó Morgaine, que sería posteriormente hermanastra de Arturo. En los romances del Grial se la conoce como Morganna o Morgan le Fay, pero de Morgaine dan cuenta los textos de la Academia Real Irlandesa como «Muirgein, hija de Aedàn en Belach Gabráin».[20]

El hijo de Morgaine, Ywain (Eógain), fundó la noble casa de Léon d'Acqs en la Bretaña francesa, y de ahí que las armas de Léon llevaran el negro León Davídico, sin dientes ni garras, sobre escudo de oro (en términos heráldicos: «O, un león rampante, en sable»). Se llamó así a la provincia debido a que *léon* era «león» en septimano. Hasta el siglo XIV, el Lord Lyon de Escocia, Rey de Arms, se le llamaba todavía *Léon Héraud*. El Comité (Condado) de Léon se estableció en los alrededores del 530, durante el reinado del rey bretón Hoel I. Éste era descendiente galés del linaje de Arimatea; y su hermana, Alienor (Elaine) fue la esposa de Ywain.

El león davídico de Léon d'Acqs

19. H. R. H. Prince Michael of Albany, *The Forgotten Monarchy of Scotland*, c. 2, p. 18.
20. Whitley Stokes (ed.), *Félire Óengusso Céli Dé (The Martyrology of Oengus the Culdee)*, Dublin Institute for Advanced Studies, Dublín, 1984, Item: Enero, nota 27, p. 53.

En aquella época, había dos niveles de autoridad en la Bretaña. Durante el transcurso de la prolongada inmigración desde Gran Bretaña, se fundó la Dumnonia bretona en 520, pero no se trataba de un reino en un sentido pleno. Allí surgió un linaje de reyes, como el de Hoel, pero no eran reyes de la Bretaña, eran reyes de los britanos inmigrados. A lo largo de todo este periodo, la región siguió siendo una provincia merovingia, y los reyes locales estaban subordinados a la autoridad franca mediante condes designados que recibían el nombre de *Comites non regis*. El señor supremo franco de la Bretaña entre 540 y 544 fue Chonomore, un nativo del estado franco con autoridad merovingia para supervisar el desarrollo de la Bretaña con los colonos. Los antepasados de Chonomore habían sido los alcaldes del palacio de Neustria, y él era conde de Pohor. Con el tiempo, los descendientes de la tía de Ywain, Viviana II del Acqs, se convertirían en condes supremos de la Bretaña.

La Bretaña francesa figura de forma destacada en los romances artúricos. En Paimpont, a unos 48 kilómetros de Rennes, se encuentra el encantado Bosque de Broceliande, desde el cual se extiende el Valle Sin Retorno, donde Morgana confinaba a sus amantes. También se encuentra allí la mágica Fuente de Barenton y el Jardín de las Delicias de Merlín, aunque la mayor parte de las historias de Broceliande son trasposiciones de relatos mucho más antiguos del histórico Merlín Emrys del Bosque de Caledonia, en Escocia.

Los colores de la Magdalena

Los ejemplos más antiguos de arte cristiano se pueden encontrar en las catacumbas de Roma. Dispuestas en una única hilada, esta red de pasadizos y habitaciones se extendía a lo largo de unos 880 kilómetros. Fue aquí, por debajo de las calles de la ciudad, donde los primeros cristianos hallaron refugio durante las persecuciones imperiales. Y se estima que en el complejo se hallan enterradas alrededor de seis millones de personas. Hasta las cámaras utilizadas para los enterramientos de los siglos I y II están decoradas. Los peces y las palomas eran símbolos habituales de la fe, y también hay algunas escenas bíblicas toscamente realizadas, pero no hay ninguna de la crucifixión ni de la Madonna, salvo quizás en términos crípticos. *La Enciclopedia Católica* confirma que el tema más común es el de la Vid.[21]

---

21. *The Catholic Encyclopedia*, vol. V - Ecclesiastical Art.

El arte cristiano comenzó a desarrollarse en el dominio público a partir del Edicto de Milán, en el año 313 d.C., cuando el emperador Constantino proclamó la nueva religión del estado de Roma. Sin embargo, el retrato más antiguo conocido de María Magdalena es anterior, de los alrededores del 240 d.C. Se la ve en un colorido mural sobre su llegada a la tumba de Jesús, descubierto en 1929 en Dura-Europos, junto al río Éufrates, en Siria. Titulado *Myrrophore* (la portadora de la mirra), el mural fue trasladado, a principios de la década de 1930, desde la casa capilla que lo albergaba, y se encuentra ahora en la Galería de Arte de la Universidad de Yale, en New Haven.[22]

Hacia el siglo V, Cristo y otros personajes habían adoptado una apariencia más sagrada, y se introdujo el halo en las figuras de los santos. Aunque ahora es un término generalizado, el *halo* es apropiadamente un anillo (como el halo alrededor de la luna), mientras que el halo original de los santos era un aura brillante llamada *nimbus,* que podía o no tener rayos. El nimbo es habitualmente de oro, y puede tener un contorno claramente definido o puede ser una luz difusa. El fulgor del nimbo alrededor de la cabeza recibe el nombre de *aureola,* y si envuelve a todo el cuerpo o no tiene una forma específica externa, recibe el nombre de *gloria.* El nimbo puede ser un halo anillado, por encima o por detrás de la cabeza, o puede ser un disco plano dispuesto arriba o por detrás de la cabeza. En el arte antiguo, lo más habitual eran los discos situados por detrás, en una época en que se utilizaban hojas de oro para representar lo que en realidad habría sido una aureola. Científicamente, el nimbo/halo es un aura iluminada, un campo de alta energía de radiaciones de luz. (En las láminas a color, se muestran distintos tipos de *nimbus.*)

Los primeros crucifijos de marfil son del siglo V, pero la crucifixión no apareció en el arte pictórico hasta el siglo VI. Más o menos por la misma época, comenzaron a surgir las imágenes de la Madonna, pero eran pocas. Por tanto, durante los primeros siglos del cristianismo, el nacimiento y la crucifixión de Jesús tenían poca prioridad. Los retratos de Jesús solían ser los de «el buen pastor»: un joven barbilampiño, enseñando, curando o con sus apóstoles. Tiene por tanto cierta importancia que, en términos cristianos, una de las reliquias pictóricas más antiguas conocidas, en superficie, no sea de Jesús, sino de María Magdalena.

A partir del siglo VI, el arte cristiano progresó en multitud de direcciones, y se establecieron diversos temas de preferencia. A medida que se construían

---

22. S. Haskins, *Mary Magdalene, Myth and Metaphor,* c. 3, pp. 58-9.

iglesias y catedrales, el arte pictórico y escultórico se extendió como requisito, y los temas se consolidaron según las preferencias doctrinales. Normalmente, se les daba instrucciones a los artistas respecto al contenido de la obra, pero había diferencias en los evangelios que se prestaban a confusión en las representaciones. ¿Debía haber, por ejemplo, una, dos o tres mujeres en la tumba de Jesús? ¿Había que representar la Natividad en una casa, como especificaba Mateo, o en un establo, como se presumía por la interpretación de Lucas?

Cuando el culto a la «virgen madre» adquirió importancia, se consideró que el padre de Jesús, José, era intrascendente en las obras artísticas, y los comisarios de la Iglesia exigieron que se le relegara a una posición inferior o de fondo. Los obispos hubieran estado encantados de negar incluso que María hubiera estado casada, pero los artistas no podían escapar de las líneas directrices de los evangelios. Intentando no sugerir vinculación física alguna entre José y María, lo mejor que pudieron hacer fue representar a José como bastante más viejo que su mujer. El famoso *Doni Tondo* (1504), de Miguel Ángel, nos muestra a un José ciertamente calvo y con barba blanca, igual a como le vemos en *El Descanso en la Huida a Egipto* (1597), de Caravaggio.

También se representó a José como a un hombre con poco interés en su familia, como en *La Adoración de los Pastores* (1485), de Ghirlandaio. La necesaria presencia de José en el nacimiento de Jesús presentaba una gran dificultad, pero en algunos casos se superó el problema mostrándole como un anciano con un báculo en el cual apoyarse, como en *La Natividad* (c. 1520), de Alessandro Moretto. A veces, incluso, se ve a José chocheando, bien durmiendo o bien reducido al papel de un espectador superfluo, como en *La Adoración de los Magos* (1470), de Hans Memling. Rara vez se le permitía formar parte de cualquier acción relevante y, en cuadros como *Reposo en Egipto* (1630), de Van Dick, difícilmente parece capaz de hacer nada. De hecho, se le solía representar achacoso, incómodamente apoyado en una muleta, mientras María seguía joven, hermosa y serena.[23]

Al padre de María, Joaquín, tampoco se le dio mucha relevancia, dado que de María se decía que había sido inmaculadamente concebida. Ya en el siglo XIV, en los frescos de Taddeo Gaddi, se prefirió marginar a Joaquín mostrándole en

---

23. Un libro excelente en lo relativo a las normas, reglamentaciones, maneras y tradiciones de las obras de arte marianas es el de Anna Jameson, *Legends of the Madonna*, Houghton Mifflin, Boston, 1895.

situaciones poco dignas: siendo expulsado del Templo por el Sumo Sacerdote Isacar, por intentar ofrecer un cordero festivo sin ser padre. Esta *Expulsión del Templo* fue un tema que tomaron otros artistas, como Giotto y Ghirlandaio.

La madre de María también estaba sujeta a una estricta regulación, y rara vez se la introducía en las pinturas, junto a su hija, porque su presencia podía mermar el estatus divino de María. Si la asistencia visible de Ana no se podía evitar, se la ponía en una posición subordinada. El *Santa Ana y la Madonna* (1526), de Francesco da San Gallo, ofrece un buen ejemplo de cómo sentar a la madre detrás de la hija. En *La Visión de Santa Ana* (1600), de Bartolommeo Cesi, se ve a Ana arrodillada ante una visión de María. En *La Virgen y el Niño con Santa Ana* (1510), de Leonardo da Vinci, se pone hábilmente a una María adulta sobre las rodillas de su madre, dejando así a la Madonna en primer plano. Igualmente, Ana también está por detrás de su hija en *La Familia de la Virgen* (1502), de Pietro Perugino.

El principal problema que generó todo esto fue el de cómo identificar a María, la madre de Jesús, en los retratos donde había varias mujeres, como en el caso de las mujeres a los pies de la cruz o en la tumba de Jesús. De ahí que se introdujeran normas sobre el código de color para que pudieran distinguirse entre sí María y María Magdalena.

Y así, se determinó que María, la madre, siempre llevara la cabeza cubierta con velo, así como los brazos también cubiertos. Cuando llegó la Inquisición, también dejó de permitirse que se mostraran los pies o los pechos de María. Ésta podía llevar una túnica roja ceñida, siempre y cuando no fuera demasiado visible, y también podía llevar algo de oro para simbolizar su estatus regio, pero el vestido externo tenía que ser azul, el color del cielo. En algunas de las primeras pinturas, se había pintado a María con una toga roja, pero esto se terminó prohibiendo expresamente, dado que era el color de los cardenales y, por tanto, una prerrogativa eclesiástica masculina. El atuendo exterior rojo, llevado por una mujer, se tenía por pecaminoso y herético. María podía llevar el blanco de la pureza solamente en su Inmaculada Concepción y su Asunción, y podía llevar el violeta o el gris en escenas de la Crucifixión o el Entierro;[24] pero, normalmente, su color era el azul; azul ultramar en los primeros tiempos, pasando a azul regio y a tonos más suaves en tiempos posteriores. A partir de 1649, la Inquisición insistió en que María debía ser representada en azul y blanco.[25]

---

24. Ibíd. introducción, pp. 40-1.
25. M. Starbird, *The Woman With the Alabaster Jar*, c. 6, p. 123.

l único color que no le estaba permitido a María bajo ningún concepto era el verde. Este color tenía fuertes implicaciones paganas, ya que se tenía por el color de la naturaleza, mientras que María estaba por encima de la naturaleza. El verde también era indicio de fertilidad sexual; del mismo modo que el rojo, en una mujer, era signo de lujuria y desenfreno, siendo el color de las *hierodulai,* las mujeres escarlatas. Por tanto, el verde fue menospreciado en términos eclesiásticos por ser el color del estado terrestre, mientras que el azul definía la condición celestial. De ahí que a María Magdalena se la asociara con el rojo y el verde, y se le permitiera también llevar oro. En lo referente a María, la madre, el oro representaba su rango regio, mientras que en María Magdalena era emblema de la avaricia.

En general, los colores que diferenciaban a las dos mujeres en las pinturas eran de predominancia azul, violeta y gris para María, la madre, y de predominancia verde, rojo y oro para María Magdalena. De este modo, se las podía distinguir con facilidad (*véanse* láminas 37, 38, 39, 40). En la tradición conventual de las órdenes monásticas, a María Magdalena se la podía retratar con un hábito adecuado a la orden, como signo de piedad y reparación de pecados.

En *Las Tres Marías en el Sepulcro Vacío* (lámina 41), de Giovanni Battista Gaulli (Il Baciccio), tenemos un ejemplo de esquemas de color en todo su esplendor: a María se la distingue por el azul, y a María Magdalena por el rojo, el verde y el oro. Y así, el esquema de color de la Magdalena se convirtió en la coloración principal de las obras de arte relacionadas con el Grial, como se ve en la lámina 12, mientras que la trascendencia del linaje de la propia fertilidad de Jesús debía transmitirse de un modo subrepticio mediante una iconografía sutil. Un buen ejemplo de esto es el racimo de uvas que introdujo Gerard David en su *El Descanso en la Huida a Egipto* (lámina 37).

En la época del Alto Renacimiento, los artistas italianos de las escuelas florentina y milanesa lograron un reconocido estatus social por derecho propio gracias al mecenazgo de las familias ducales de los Medici y los Sforza. Al no depender necesariamente de la Iglesia en sus encargos, tuvieron una mayor libertad en la elección de temas, llegando en ocasiones al límite de la herejía. Hasta aquel momento, las obras de arte sobre la Magdalena habían sido principalmente un producto de las órdenes monásticas, con artistas como Fra Angelico y Giotto di Bondone. También había muchos iconos de la Magdalena de la escuela bizantina, mientras que los maestros flamencos y alemanes hacían avances con la imagen de María en la Provenza.

Fue durante este período de romanticismo italiano y con un entorno más luminoso sobre la Magdalena cuando aparecieron numerosas imágenes de la Madonna poco convencionales, pinturas que al parecer incumplían las normas de la Iglesia. No poco notable artista fue el joven «príncipe de los pintores», Rafaello Sanzio, mejor conocido como Rafael. Siendo un maestro de la alegoría, como se puede ver en *El Sueño del Caballero* (1504), Rafael introdujo en *Sposalizio* (El Matrimonio de María y José) un alto, vigoroso y joven José, bastante diferente a todos los pintados anteriormente. Hizo muchas pinturas de la Madonna en un reconocible formato mariano, pero también se desvió por terrenos que no eran en absoluto familiares.

No era poco común que los artistas forzaran las reglas aquí y allí para darle algo de individualidad a su obra. Pero, si se hubieran extraviado demasiado, sus personajes hubieran resultado irreconocibles e inaceptables. En general, pintaban imágenes familiares. No habrían retratado a Jesús, por ejemplo, crucificado en un árbol (como se dice en Hechos 5:30, 10:39 y 13:29), porque la imagen familiar era la de Jesús clavado en una cruz. Pero a Rafael se le acusó de forzar demasiado las reglas. De su estudio emergieron algunas pinturas de la Madonna y el niño ciertamente inusuales, pinturas que hacían caso omiso a los convencionalismos sobre el semblante regio y la coloración de los vestidos de María.

Cuando el emisario papal, el conde Baltasar de Castiglione, afirmó que aquellos retratos de la Madonna y el niño no representaban a la Virgen María, Rafael replicó que no pretendían ser retratos de ella. Y, cuando más tarde volvió sobre el tema, le dijo en una carta al conde que no eran más que retratos imaginarios (*«mi servo d'una certa idea che mi viene in mente»*).[26]

Dos de estos retratos se pueden ver en las láminas 42 y 43. Aunque resulta difícil de ver en estas pequeñas reproducciones, tanto la madre como el niño llevan en ambas pinturas dorados halos anillados. El halo del niño tiene una cruz en su interior, un símbolo tradicional cristiano. Pero, si estas pinturas, según el propio Rafael, no eran retratos de la Virgen María, entonces, ¿a quién representaban? Artísticamente, Rafael, siempre preciso en sus representaciones, no rompió en absoluto con el código de colores mariano; lo aplicó de forma precisa e inequívoca. Y esta Madonna lleva los tradicionales rojo y verde de María Magdalena.

---

26. A. Jameson, *Legends of the Madonna*, introducción, p. 21.

15
Leonardo da Vinci

La Mona Lisa

En el capítulo 1, dijimos que muchas pinturas nos resultan familiares hoy por nombres y títulos que serían desconocidos para sus creadores (*véase* página 17), y se citó el retrato de la *Mona Lisa* como ejemplo. Aunque conocida popularmente por ese nombre en el mundo anglosajón, en Francia (en cuyo Louvre se encuentra) se la conoce como *La Joconde*, y en Italia, su lugar de origen, como *La Gioconda*.[1] La *Mona Lisa* es una deformación tardía de lo que previamente fue *M'onna Lisa*, y antes de eso *Madonna Lisa* (Mi Dama Lisa).

Hablar de esta pintura es especialmente relevante porque nos ofrece el escenario para algunas ideas artísticas relacionadas con la Magdalena que aparecen en *El Código Da Vinci*, de Dan Brown. Aunque hay que recordar que ésta es una obra de ficción, e incluye el tema de una conspiración construida con las habituales licencias novelísticas, la historia se basa en hechos reales relacionados con el legado *desposínico* de Jesús y María Magdalena. Los novelistas no esperan normalmente que sus lectores se crean las historias que se inventan pero, en estos días de personajes televisivos de realidades maquinadas, existe la tendencia a que algo tan convincente como *El Código Da Vinci* tenga ese efecto. En consecuencia, muchas personas tratan las palabras de los personajes ficticios del libro como si las acabaran de escuchar como hechos verídicos en las noticias de la radio.

---

1. Serge Bramly, *Leonardo the Artist and Man*, Penguin, Londres, 1994, p. 362.

Hay un punto, por ejemplo, en el que el profesor Robert Langdon de la novela (un simbologista de Harvard) afirma que el nombre de Mona Lisa se deriva de las antiguas deidades egipcias Amón e Isis, deformados hasta *Amon l'Isa*, y que de algún modo *Mona Lisa* surge de ahí. Esto, afirma el personaje, demuestra que la persona del retrato es un andrógino, ni masculino ni femenino, sino la unión divina de ambos sexos, y que ése es el motivo de la famosa sonrisa de la dama.[2]

Dado que Leonardo nunca supo que a su cuadro le pondrían por título *Mona Lisa*, esta hipótesis es evidentemente imposible. De hecho, es probable que nunca llegara a saber siquiera que a su pintura le llamaban *La Joconde* o *La Gioconda*. Todos los documentos antiguos sobre el título del cuadro la nombran como *Courtisane au voile de gaze* (Cortesana del velo de gasa).[3]

Langdon afirma después que el paisaje del fondo, siendo más bajo en la parte izquierda que en la derecha, es un símbolo del mensaje dual de género de la pintura. Estas extravagantes ideas están bien para una novela, pero en realidad se están buscando alegorías donde no las hay. Es bien conocido que el foco visual de las personas tiende a ir hacia abajo y a la derecha. En consecuencia, era práctica común, y sigue siéndolo, compensar pictóricamente este efecto poniendo más peso en la parte izquierda de los cuadros, frecuentemente con un árbol, algún objeto sólido o, quizás, con tonos de color más oscuros.

Lo que Leonardo hizo fue dejar caer el paisaje un poco hacia la izquierda y, con el agua que fluye desde la derecha, podría intuirse una cascada por detrás de la cabeza de la mujer. Si no hubiera hecho esto, el retrato habría perdido de inmediato parte de su calidad magistral. La manipulación del fondo tiene el efecto de lo que artísticamente se ha dado en llamar «el truco de Leonardo»,[4] que hace que el ojo del observador oscile adelante y atrás a través de los ojos del sujeto, generando una ilusión de animación. Curiosamente, la línea vertical central del cuadro pasa a través del ojo izquierdo de la Dama Lisa, a diferencia de otros retratos de Leonardo, donde el punto central se halla en el ojo derecho. Por ejemplo, en los de *Ginevra de' Benci*[5] y *Cecilia Gallerani* (generalmente conoci-

---

2. Dan Brown, *The Da Vinci Code*, Bantam Press, Londres 2003, c. 26, pp. 121-2.

3. Patrice Boussel, *Leonardo da Vinci*, Nouvelles Éditions Françaises, París, 1986, p. 88.

4. Bülent Atalay, *Math and the Mona Lisa*, Smithsonian Books, Washington D. C., 2004, c. 9, p. 177.

5. Que se encuentra en la National Gallery of Art de Washington D. C. Es la única pintura de Leonardo que está fuera de Europa. Ginevra fue la hija del banquero florentino Amerigo de' Benci.

do como *La Dama del Armiño*),[6] cuyas cabezas están vueltas en dirección opuesta. La utilización del ojo de la mejilla dominante como centro de la imagen era una técnica habitual de los retratistas del Renacimiento.

Hacer estos calculados ajustes en una pintura no es algo que se suceda por casualidad. Para hacerlo correctamente, hay que seguir unas directrices arquitectónicas específicas basadas en un principio matemático denominado la Sección Áurea. La misma fórmula euclidiana se utiliza cuando se montan las impresiones y las acuarelas para enmarcar, y también cuando se decoran los paspartús con líneas simples o de color a distancias precisas. Por citar al autor de un manual de enmarcado de cuadros: «La Sección Áurea es aproximadamente una proporción de 5 a 8. Numéricamente, es la relación de 0'618 a 1. En todos los diseños que he hecho he dado buen uso a la Sección Áurea».[7]

Cuando se pone un paspartú en un marco (hasta en el caso de una obra hábilmente equilibrada como la *Mona Lisa* en forma impresa), hay que hacer un ajuste en el paspartú que iguale la compensación en la pintura; o, de otro modo, volverá a aparecer el efecto visual de empuje hacia abajo. Si el artista no fuera tan astuto como Leonardo y no compensara el interior de la pintura, entonces habría que hacer un ajuste adicional en la montura. Éste es el motivo por el cual los cuadros correctamente montados tienen paspartús más profundos en la base que en la parte superior de la imagen; y para equilibrar esto correctamente, se utiliza la Sección Áurea en los cálculos.

Una característica del retrato de la *Mona Lisa* que todo el mundo del arte destaca en él es su riqueza integral en cada una de sus secciones, basadas en la Sección Áurea (algo que algunos llaman Geometría Sagrada). Leonardo la aplicó en cada aspecto de la imagen, como si estuviera construyendo una catedral gótica. Hay más Rectángulos Áureos en la cara de la dama que en la suma de muchas de las pinturas más complejas. Se han llegado a hacer páginas web para demostrar este hecho con animaciones,[8] y éste es otro de los motivos por el cual se tiene a esta pintura como la más grande que se haya hecho jamás. La clave de estos rectángulos es tal que rodea toda el área facial de la dama, desde la parte de arriba de la cabeza hasta la parte superior del corpiño. Es idéntica a la que utilizó en el cuadro de *Ginevra de' Benci* y en el de *Ceci-*

---

6. Cecilia era la amante del duque Ludovicio Sforza de Milán.
7. Don Pierce, *How to Decorate Mats*, Cameron, San Raphael, CA, 1985, p. 5.
8. Por ejemplo, www.ccins.camosun.bc.ca/~jbritton/goldslide/jbgoldslide.htm

lia Gallerani.[9] Y dentro del cuadrado superior de la sección más grande, hay otro cuadrado, desde el nacimiento del cabello de la dama hasta la barbilla.

En 1987, la pionera en gráficos mediante ordenador Lillian Schwartz (asesora de los Laboratorios Bell de AT&T y coautora del libro *The Computer Artist's Handbook*) dirigió un experimento sobre la pantalla con la imagen de la *Mona Lisa*, y descubrió que superponiéndola al autorretrato de Leonardo, cara con cara, se podían emparejar morfológicamente las dos imágenes. Los rasgos masculinos de Leonardo eran más duros, evidentemente, pero la ubicación de los rasgos era casi idéntica. En un trabajo independiente, en Inglaterra, un tal doctor Digby Quested llegó a la misma conclusión. En *El Código Da Vinci*, fue esto lo que llevó al profesor Langdon a la idea de que la *Mona Lisa* no sólo era el retrato de un andrógino, sino que en realidad era la representación femenina del mismo Leonardo.[10] De ahí, Langdon afirma que «Da Vinci era un bromista», algo que constituye un elemento necesario de la trama y que deriva a otros asuntos posteriormente en la novela. Sin embargo, lo cierto es que el emparejamiento morfológico de las dos imágenes es debido a que Leonardo aplicó las mismas estructuras de Rectángulos Áureos en los dos retratos. Las relaciones y las proporciones de, y entre, cada rasgo facial (los suyos y los de la Dama Lisa) son las mismas.

Quizás Leonardo no fuera un bromista, pero sí que era ingeniero, y construía sus cuadros utilizando claves de ingeniería, del mismo modo que uno podría construir puentes. En una carta que le escribió al duque Ludovico Sforza de Milán para pedirle empleo, no se lo pedía como artista, sino como ingeniero militar y de corte (una correspondencia que reanudaría cuando se mudó de Florencia en 1492).

Estudioso ávido de las matemáticas y gran exponente de éstas en el arte, el punto de arranque de la base anatómica de Leonardo era su famoso Hombre Vitruviano. Al igual que el arquitecto romano Vitruvio, antes que él, Leonardo había hecho un profundo estudio de la figura humana y del modo en que operan los criterios geométricos en su diseño. Vitruvio afirmaba, en su tratado del siglo I *De Architecture*:

---

9. Ambas pinturas llevan la huella de Leonardo, al igual que la *Madonna de las Rocas*, en la National Gallery de Londres.

10. D. Brown, *The Da Vinci Code*, c. 26, pp. 118-21.

El ombligo es el centro exacto natural del cuerpo. Pues si un hombre yace sobre la espalda con las manos y los pies extendidos, y se coloca el centro de un círculo sobre su ombligo, los dedos de manos y pies tocarán la circunferencia. También se podrá encontrar un cuadrado en la figura... Pues si medimos desde la planta de los pies hasta la parte superior de la cabeza, y aplicamos la medida a las manos extendidas, se verá que la anchura es igual a la altura.[11]

Tomando esto como punto de partida de sus figuras, Leonardo aplicaba después la geometría de la Sección Áurea de proporciones arquitectónicas exactas. Por decirlo de un modo simple, la regla es: «Si una línea dada se divide en dos partes desiguales, la proporción de la parte más corta con respecto a la más larga es la misma que la proporción de la parte más larga con respecto al total». En las matemáticas griegas, la Sección Áurea se identifica como (φ) *phi* o *fi*, a diferencia de la pitagórica (π) *pi*, que se consigue por medio del cálculo Áureo (*véase* Apéndice V).

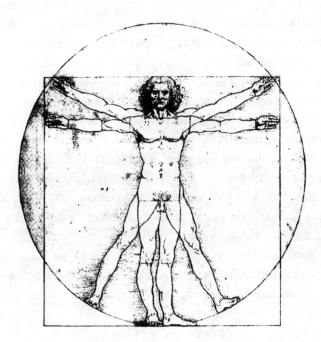

El Hombre Vitruviano, de Leonardo

---

11. Vitruvius, *De Architecture*, Rome, t. III, c. 1.

Entonces, ¿quién era la Dama Lisa, la *Cortesana?* Se la menciona, mientras la estaba pintando Leonardo, en el diario de Antonio de Beatis (hermanastro del rey Alfonso II de Nápoles). Antonio de Beatis visitó a Leonardo en su casa solariega de Cloux, y pudo ver la obra mientras la hacía, refiriéndose posteriormente a la modelo como «la dama florentina».[12]

A partir de los numerosos dibujos de estudio de Leonardo, se puede ver que éste prefería que sus figuras posaran desnudas, para poder conciliar la composición anatómica antes de dibujarlas en sus pinturas. Y no fue diferente con la Dama Lisa (*véase* lámina 35). Su bosquejo del natural en guach y tiza negra, ahora en el Musée Conde de Chantilly, se parece probablemente más a su verdadero aspecto que la pintura resultante, con todos sus refinamientos y precisiones geométricas (lámina 34). Seguir tales rumbos de exactitud lleva con frecuencia al aspecto que uno *cree* que debería tener el sujeto, en vez de al aspecto que realmente tiene, al efectuar un refinado de la geometría «exacta», convirtiéndola en una forma de geometría «preferible». Se pueden encontrar ejemplos de esto en la posición de los ojos. En un retrato en plano de la cabeza (desde la cúspide de la cabeza hasta la barbilla), los ojos se encuentran en el ecuador de la cabeza pero, normalmente, los artistas los sitúan un poco más arriba del centro porque da la impresión de que quedan mejor.[13] Y lo mismo se suele hacer con los estudios de desnudos, al elevar los pechos de las mujeres que, de otro modo, estarían en una posición de apoyo.

En 1550, el pintor y biógrafo italiano Giogio Vasari escribió que la modelo florentina de Leonardo había sido Dama Lisa di Anton Maria di Noldo Gheradini. Era hija de Antonio Gheradini, y había sido la tercera esposa del rico comerciante de sedas Francesco di Bartolommeo di Zanobi Giocondo desde 1495. De ahí se derivó el posterior título de *La Gioconda,* que respaldaría posteriormente Cassiano dal Pozzo, ministro de cultura y promotor de muchos grandes artistas del Renacimiento.[14]

En la época en la que se realizó el encargo, Lisa ya era madre (su hijo, Andrea, había nacido en 1503). Entonces, ¿por qué se la apodó en principio la *Cortesana,* que se aplicaría más bien a la «amante de un hombre rico», en vez de a su

---

12. P. Boussel, Leonardo da Vinci, p. 88.
13. B. Atalay, *Math and the Mona Lisa,* c. 8, p. 152.
14. Incluidos Bernini, Artemisa Gentileschi, Nicolas Poussin, Simon Vouet, Pietro da Cortona, Anthony Van Dick y Alessandro Turchi.

esposa? Pues fue porque su marido no formaba parte de la ecuación. Antonio de Beatis confirmó que el retrato «se hizo del natural a petición del magnífico Giuliano Lorenzo di Medici». Giuliano era hijo de Lorenzo el Magnífico de Medici, que había gobernado Florencia hasta su muerte, en 1492.[15] Lorenzo había sido el principal mecenas de Leonardo antes de que éste se fuera a Milán, y ambos se implicaron juntos en la Universidad de Pisa. Giuliano, duque de Nemours, era el más joven de los hijos de Lorenzo, y parece que fue el amante de la Dama Lisa.

El problema estuvo en que, mientras Leonardo estaba haciendo el cuadro, Giuliano murió inesperadamente, a la edad de 37 años,[16] y el artista se quedó con una pintura sin terminar. No se la podía pasar a la casa Giocondo por temor a que pudiera descubrirse su procedencia. Ni tampoco se la podía presentar a los Medicis porque, pocos meses antes de su muerte, en 1516, Giuliano se había casado con Filiberta de Savoya. La obra, que con el tiempo se convertiría en la pintura más famosa del mundo, se quedó en dique seco, sin otro propietario que su autor. Poco después, Leonardo se trasladaría a Francia, y se llevaría la pintura con él.

Un par de años después, Leonardo murió en Amboise, al sur de París, y seguía estando en posesión del retrato. Cuando, posteriormente, Vasari escribió su famoso libro *Las Vidas de los Más Eminentes Pintores, Escultores y Arquitectos Italianos*, dijo que Leonardo «trabajó en esta pintura durante cuatro años, y quedó sin terminar».[17] De hecho, la pintura sigue sin estar terminada. Ningún otro artista se atrevió a completar la obra debido a su delicada naturaleza. A la obra le faltan algunos elementos y toques finales; por ejemplo, faltan los anillos y las joyas de Lisa. Sin embargo, la principal peculiaridad estriba en que la Dama se ha pasado los últimos cinco siglos sin pestañas ni cejas, lo cual es una de las razones de su curiosa expresión.

Treinta y seis años después de morir Leonardo, Vasari fue el primero en utilizar el término *Madonna Lisa*. Vasari dejó escrito que «mientras él [Leonar-

---

15. S. Bramly, *Leonardo the Artist and Man*, p. 362.
16. La tumba de Giulano, en la capilla Medici de la Iglesia de San Lorenzo, está ornamentada con *La Noche y el Día*, de Miguel Ángel, junto con una estatua de Giulano, también de Miguel Ángel. Debido a que Giulano y su tío compartían el mismo nombre (los dos eran Giulano de Medici), esta tumba se suele confundir con la de su tío, que está en la misma capilla de los Medici.
17. Giorgio Vasari, *Le Vite de' Più Eccelenti Architetti, Pittori, et Scultori Italiani*, Firenza, 1550, part III - Leonardo.

do] estaba pintando a Madonna Lisa, que era una hermosa mujer, empleaba a cantantes y músicos o bufones para que estuviera entretenida». En una pintura de Aimée Pagès (*véase* lámina 36), se muestra una escena del estudio en estos trances, con la visita del artista Rafael, que contempla la obra.

También fue Vasari quien, en 1550, acuñó el nombre de «Leonardo da Vinci». Durante su vida, hasta 1519, a Leonardo se le había conocido como Il Florentino (El Florentino),[18] pero sus obras se le acreditaron posteriormente a «Leonardo». Vasari utilizó el añadido «da Vinci» para distinguirlo en la literatura de Leonardo da Pisa, cuyas matemáticas había utilizado tan liberalmente Leonardo da Vinci en su obra. A este respecto, por tanto, «da Vinci» no fue nunca su nombre, utilizado de forma incorrecta en el título y en toda la extensión de la novela *El Código Da Vinci*. Su nombre era Leonardo, y hacer referencia a él como «Da Vinci» es como llamar a Jesús «De Nazaret».

Mientras vivió, Leonardo da Pisa (1170-1240) se había llamado a sí mismo Fibonacci (forma abreviada de *Filus bonacci*, que significa «Hijo del inocente»).[19] Y es como Fibonacci como se le recuerda ahora, con su famosa secuencia numérica definida como Sucesión de Fibonacci. Utilizada ampliamente como un medio de la Proporción Divina, la sucesión se basa en el principio de sumar los dos últimos números de la secuencia para obtener el siguiente: 1, 1, 2, 3, 5, 8, 13, 21, y así sucesivamente (*véase* Apéndice V).

En definitiva, por encima de toda Geometría Sagrada y manipulación pictórica, el verdadero enigma de la Dama Lisa se halla en su mística sonrisa. Ha habido muchos intentos de reconciliar esto en términos artísticos, intentos que han llevado a numerosas sugerencias. En este contexto, a Leonardo se le atribuye el haber utilizado ampliamente la técnica de la imagen borrosa denominada *sfumato* (incluso se le atribuye su invención).[20] *Sfumato* proviene de «*s +* *fumare*» (ahumar), y es una forma de velado en la pintura que reduce la información que se presenta, estimulando así los mecanismos de proyección.

Parte de la calidad hipnótica de Lisa está provocada por el efecto de apertura facial que genera el hecho de que no tenga pestañas ni cejas. Este efecto se potencia después con los ojos, que miran directamente al observador,

---

18. B. Atalay, *Math and the Mona Lisa*, c. 1, pp. 1-2.

19. Ibíd. c. 3, p. 37.

20. Helmut Ruhemann, «A refutation of Gombrich's contention that Leonardo deliberately cuts down on information by his sfumato, which G. conceives as an all-over blurring», in *The Brittish Journal of Aesthetics*, I, 1961, pp. 231-37.

272

en vez de en la dirección de su pose, como en *La Dama del Armiño*. En el otro retrato de Leonardo, *Ginevra de' Benci*, los ojos de la modelo no tienen un punto de enfoque concreto, mientras que en el hábilmente compuesto retrato de la Escuela de Leonardo, *La Belle Ferronnière*, la modelo mira por encima del hombro del observador. Sin embargo, la mirada de Lisa es directa y específica, demandando desde el principio la atención.

Su sonrisa no es muy diferente de las de muchas estatuas griegas, en las que se basaba la tradición escultórica italiana del siglo XV; un buen ejemplo de ello es la *Madonna* de mármol de Antonio Rossellino que se encuentra en El Hermitage de San Petesburgo.[21] La sonrisa la utilizaron bien los pupilos de Leonardo de la escuela milanesa, y es inequívoca en el boceto pre-Lisa de Santa Ana de Burlington House.

Uno de los grandes atributos del retrato de la *Mona Lisa* es el tratamiento excepcional que hizo Leonardo de la piel de la modelo. Sabiendo que la piel consta de capas semitransparentes, Leonardo pintó su cara del mismo modo, logrando su borroso *sfumato* de los contornos con suaves transiciones de luces y sombras. Existen buenas evidencias de esto alrededor de los rabillos de los ojos laterales de Lisa, que parecen dotarla de vida (pero que sólo son parte de la ambigua sonrisa de *Mona Lisa*). Todo lo mencionado proporciona el marco de su enigmático semblante, y es la forma de la boca la que hace el resto. Utilizada en sus orígenes para dotar del característico aspecto juvenil y divertido a los dioses griegos, la técnica consiste en prolongar y curvar ligeramente hacia arriba sólo una de las comisuras de la boca, dejando el otro lado más corto y recto en comparación. Aplicando más sombra inferior al lado vuelto hacia arriba del labio superior se exagera la ilusión, y el resultado es una expresión de burla y complicidad al mismo tiempo.

Poco después de morir Leonardo, el rey Francisco I de Francia (1515-47) compró la *Mona Lisa* por 4.000 coronas de oro para el palacio de Fontainebleau. En la última época de Luis XIII (1610-43), el duque de Buckingham intentó comprar el retrato, pero el rey no quiso desprenderse de él. Se sabe que la pintura ha estado en los palacios de Fontainebleau, Versalles y París, y después de la Revolución Francesa se llevó a El Louvre, pero Napoleón Bonaparte la reclamó posteriormente para colgarla sobre su cama.[22] Cuando Napoleón se exilió, en 1815,

---

21. Escultor italiano de la escuela florentina (1427-79).
22. B. Atalay, *Math and the Mona Lisa*, c. 9, p. 176.

Lisa volvió al Louvre, y allí ha permanecido durante la mayor parte del tiempo desde entonces, pero ha atravesado varios calvarios.

En época temprana, se le cortaron alrededor de siete centímetros a cada lado del lienzo, arruinando así las proporciones generales que le diera Leonardo a la imagen. Al parecer, en los lados había sendas columnas, lo cual habría dado la impresión de que Lisa se encontraba sentada en una terraza. El 21 de agosto de 1911, un pintor italiano excéntrico Vincenzo Peruggia, robó el retrato para devolver a Lisa a su país de origen. Tras dos años de investigaciones policiales, durante los cuales se sospechó de muchas personas, incluido el poeta Guillaume Apollinaire, que un día había gritado que «el Louvre debería arder», se descubrió la pintura en Italia.

Devuelta al Louvre, en 1956, dañaron la pintura con ácido. Luego, en la década de 1960, alguien la desgarró con un cuchillo. Sin embargo, en el mejor de los finales, Lisa fue llevada a los Estados Unidos en 1963 y a Japón en 1974. Las recepciones fueron extraordinarias y, en ambos lugares, se la recibió y se la trató como a una estrella de cine de Hollywood.

A lo largo de todas estas peripecias, se le hicieron varias restauraciones deficientes; hay algunos retoques gravemente descoloridos, y se le puso un mal barniz que rápidamente afloró sin haber quitado el ennegrecido vidriado anterior. Leonardo no estaría muy contento si viera su *Joconde*, tan mugrienta como está hoy en día. Dado que necesita desesperadamente una limpieza y una restauración adecuada, se han hecho sugerencias para devolverle la salud y la vitalidad, pero todas han sido rechazadas, aún cuando su bastidor, de madera de álamo, está ya muy frágil. Por contra, la *Mona Lisa* se exhibe ahora tras un cristal a prueba de balas, un destino que tal obra maestra no es probable que soporte. Sin embargo, aún con todo, sigue siendo la amante más famosa del mundo.

La Virgen de las Rocas

Otra imagen de Leonardo de la que se habla en *El Código Da Vinci* es su *Virgen de las Rocas;* concretamente, la versión que cuelga en El Louvre. El profesor Langdon y la heroína del libro, Sophie Neveu, se encuentran con esta pintura poco después de estudiar la *Madonna Lisa*.

Se dice de ella que es una representación de la «Virgen María sentada con el niño Jesús, Juan el Bautista y el ángel Uriel sobre un peligroso afloramiento rocoso».[23] Tras esto, Langdon explica que Leonardo pintó este cuadro para las monjas de la iglesia de San Francesco de Milán, que le dieron las instrucciones precisas del encargo así: «La Virgen María, el niño Juan el Bautista, Uriel y el niño Jesús refugiándose en una cueva».

Antes de seguir adelante, hay que decir que en realidad no hubo monjas de ningún tipo tras este encargo. Leonardo recibió las instrucciones el 25 de abril de 1483 de la Confraternidad de la Inmaculada Concepción.[24] Se trataba de una pequeña hermandad de monjes franciscanos, elegidos por la autoridad canónica para promover la recién proclamada doctrina del Vaticano de la Inmaculada Concepción de María.[25] Tenían su centro de operaciones en la diócesis milanesa de San Francesco, donde habían establecido una pequeña capilla. La *Madonna de las Rocas* que Leonardo hiciera para la «iglesia» de San Francesco se trata de una obra diferente, posterior a ésta, sobre la cual volveremos.

Leonardo da Vinci

---

23. D. Brown, *The Da Vinci Code*, c. 30, p. 131.
24. *Confraternità dell' Immaculata Concezione*.
25. La Inmaculada Concepción se hizo dogma oficial en 1584.

Leonardo (específicamente, Il Fiorentino, Leonardo di Ser Piero) fue uno de los tres artistas a los que la Confraternidad encargó la realización de un retablo tríptico para su capilla. Leonardo tenía que pintar el panel central, mientras que Ambrogio y Evangelista de Predis debían pintar los paneles laterales (uno, «un ángel en verde con una viola», y el otro, «un ángel en rojo con un laúd»). En cuanto al encargo en sí, las instrucciones fueron muy precisas, pero no tenían nada que ver con tres personajes santos y un ángel en una cueva. Los hermanos de Predis ya habían hecho los armazones, de modo que las formas y los tamaños de las pinturas estaban claros en el contrato y en las instrucciones, que ocupan varias páginas en latín e italiano. En parte, decían esto:

> Nuestra Señora, flanqueada por dos profetas, ocupará el centro de la pintura, retratada a la perfección. El manto de Nuestra Señora, que estará en el centro, será de brocado dorado y azul ultramar. También el vestido será de brocado dorado y carmesí, en óleo... El serafín también se hará en sgrafitto.[26] Dios Padre ha de tener también un manto de brocado dorado y azul ultramar... los ángeles se han de pintar por encima de ellos, con vestiduras al estilo griego... Nuestra Señora ha de ser la que ocupe el centro, y las otras figuras se han de hacer al estilo griego, pintadas con diversos colores... todo lo cual se ha de hacer a la perfección... con vestiduras diferentes unos de otros... Nuestra Señora con su hijo y los cuatro ángeles se harán al óleo a la perfección, con los dos profetas pintados sobre superficies planas, con colores de buena calidad... También, en el lugar donde se halla el niño, habrá que poner oro trabajado de tal modo que parezca spinnchristi.[27]

Así pues, lo que se pidió fue: María, Dios, cuatro ángeles y Jesús, cada uno con sus vestimentas y detalles definidos específicamente. Sin embargo, lo que los monjes recibieron fue a María, los niños Jesús y Juan desnudos, y un ángel, todos sentados en una gruta rocosa, y sin ningún halo visible (*véase* lá-

---

26. Una forma de pintura que se hace rascando una capa superficial para mostrar una capa inferior de diferente color.

27. Martin Kemp, *Leonardo on Painting*, Yale University Press, New Haven, CT, 2001, pt. VI, pp. 268, 270. Véase también S. Bramly, *Leonardo, the Artist and Man*, p. 185, y A. Bülent, *Math and the Mona Lisa*, c. 9, p. 165. La *spinnchristi* es una flor simbólica de la pasión de Cristo.

mina 44). El fondo lo constituía una inspirada combinación de detalles de las obras del maestro de Botticelli, el artista florentino Fra Filippo Lippi (1406-69), quien, al igual que Leonardo, había tenido a los Medicis por mecenas. El oscuro surrealismo de la extraña gruta de Leonardo proviene de la *Madonna en el Bosque*,[28] de Lippi; mientras que la formación rocosa en sí se inspiró en las rocas de la *Madonna y el Niño con Dos Ángeles*, de Lippi.[29]

El problema al que se enfrentó Leonardo fue que se le dieron menos de ocho meses para diseñar y terminar la obra, que tenía que descubrirse en la festividad de la Inmaculada Concepción, el 8 de diciembre de 1483. Con un arco en la parte superior, la pintura debía tener 199 x 122 cm. (frente a los 152 cm. de altura que se dan en *El Código Da Vinci*). En el mismo plazo, se esperaba que los hermanos de Predis pintaran los paneles laterales y que doraran y pintaran la *ancona* (un altar de madera tallada). Todos debían saber desde un principio que el encargo era imposible de realizar en el tiempo prefijado, y lo que sorprende es que lo aceptaran. Sin embargo, debido a todo esto, se maquinaron diversas soluciones rápidas. Leonardo decidió ignorar por completo el encargo recibido y hacer uso de una composición que ya había preparado con otro propósito. (En *El Código Da Vinci*, se dice que esta pintura estaba sobre un lienzo con tensor, tras el cual hay una clave oculta. Sin embargo, se trata de una salida ficticia. *La Virgen de las Rocas* está pintada en realidad sobre un panel de madera rígido.)

Se ha sugerido que quizás la imagen de *La Virgen de las Rocas* de Leonardo sea una representación de un cuento popular del siglo XIV acerca de María en el desierto, pero Leonardo nunca lo dijo, y el retrato es significativamente diferente del cuento en cuestión. El relato se basa en la huida de José y María a Egipto con el niño Jesús para evitar la matanza de los niños del rey Herodes. En él, se cuenta que ellos se encontraron en el desierto con la prima de María, Isabel, con su hijo, Juan, y con el ángel Uriel. Sin embargo, en la pintura de Leonardo no hay ningún desierto, sino una gruta rocosa con unas montañas al fondo. A Isabel no se la ve por ninguna parte, ni tampoco a José. Además, no está Uriel, al que siempre se le representaba como varón. En su lugar, hay una muchacha cuyas alas son difícilmente discernibles contra el fondo de rocas. El estudio original de Leonardo sobre el ángel, titulado *Cabeza de muchacha*, se puede ver en la lámina 23. El colegio universitario Léo-

---

28. En el Staatliche Museen, Berlín.
29. En la Galleria degli Uffizi, Florencia.

nard de Vinci de St. Michel sur Orge para la Académie Versailles lo cataloga como *«Etude de la tête de l'ange pour La vierge aux rochers»* (Estudio de la cabeza del ángel para la virgen de las rocas).

Por tanto, el retrato final fue un completo misterio para la Confraternidad. Leonardo acordó un precio de 100 ducados,[30] pero se le dieron sólo 25 ducados.[31] El hermano Agostino se negó a pagar las 800 liras acordadas para los gastos generales de la decoración del altar, y más tarde se negaría a reconocer una suma de 300 ducados por el encargo total. (En la trama de la conspiración de *El Código Da Vinci,* se sugiere que la pintura se rechazó debido a que contenía «detalles explosivos e inquietantes»,[32] pero nada de esto menciona ninguna de las partes implicadas en los documentos pertenecientes a este asunto.)[33]

La pintura que, con el tiempo, llegaría a ser conocida como *Vierge aux Rochers* (Virgen en las Rocas, no Madonna de las Rocas), se registró en aquella época con el título de *La Nostra Signora* (Nuestra Señora). Durante un tiempo, la tuvo Leonardo, pero posteriormente sería objeto de caso judicial por causa de los honorarios no pagados, y se mantuvo bajo custodia legal. Hacia 1490 (siete años después del encargo), los hermanos de Predis seguían trabajando con sus paneles laterales, pero aquel año murió Evangelista de Predis. Luego, en 1506, el caso judicial contra la Confraternidad se dirimió a favor de Leonardo, y la pintura de *La Nostra Signora* se le concedió a él. Con la intención de que la obra tuviera prestigio histórico, aunque fuera por el hecho de no haber sido pagada, Leonardo se puso en contacto con Ludovico Sforza para que el rey Luis XII de Francia la incluyera en la colección real de Fontainebleau.[34]

Mientras tanto, en 1503, en el punto álgido del caso judicial, entraron en escena los delegados de la Iglesia de San Francesco il Grand (que no tenían nada que ver con la Confraternidad). El destino de *La Nostra Signora* era incierto en aquel momento, pero Ambrogio de Predis seguía teniendo las pie-

---

30. Una valiosa moneda de oro o plata acuñada en varios países europeos. Impresa originalmente en los dominios de los duques, tenía valor en el mercado, pero no siempre fue de curso legal.
31. M. Kemp, *Leonardo on Painting,* pt. VI, p. 253.
32. D. Brown, *The Da Vinci Code,* c. 32, p. 138.
33. Una lista y una concordancia de todas las fuentes de los manuscritos del Codex Urbinas y de «Manuscritos Originales de Leonardo» se da en M. Kemp, *Leonardo on Painting,* pp. 297-310.
34. P. Boussel, *Leonardo da Vinci,* p. 27.

zas de los laterales. Las autoridades de la iglesia de San Francesco accedieron a hacer uso de estas piezas si Leonardo pintaba otra pieza central. Esto llevó a la segunda pintura de la *Vierge aux Rochers,* la que, para distinguirla de la primera, se conoce hoy como *La Madonna de las Rocas.* Parece ser que Leonardo tenía todavía los esbozos originales del tema, pero tampoco eran adecuados debido a que no coincidían en tamaño. La segunda pintura había que encajarla todavía con los paneles laterales de los hermanos de Predis.

La Madonna de las Rocas

Fue con esta segunda pintura (terminada en 1508) con la que tuvo lugar, en 1961, mi estrecho acercamiento a la obra de Leonardo da Vinci. *La Madonna de las Rocas* se encuentra actualmente, junto con las alas laterales (189'5 x 120 cm., en total), en la National Gallery de Londres, habiendo llegado a Inglaterra en 1785. Después de que se cerrara la iglesia de San Francesco il Grand en 1781, fue a los archiveros hospitalarios de Santa Caterina, en Milán, que más tarde se la venderían al pintor inglés Gavin Hamilton. Posteriormente, fue a parar a la colección del marqués de Lansdowne y, luego, a Henry Howard, conde de Suffolk, entrando en la National Gallery en 1880 (*véase* lámina 45). Las alas laterales que completan el tríptico se compraron en 1898.

En 1934, Sir Kenneth Clarke, director de la National Gallery, invitó al destacado restaurador de pinturas alemán Helmut Ruhemann, de las Galerías Estatales de Berlín, a que montara un nuevo Departamento Científico, tras su curso de conferencias sobre conservación en el Instituto Courtauld. Hacia 1947, ya se habían limpiado varias obras maestras, y su exhibición sorprendió a los conservadores de museos de todo el mundo. Un año después, en 1948, se restauró *La Madonna de las Rocas* de Leonardo, y fue una de las primeras pinturas que me vi obligado a estudiar cuando comencé mi preparación como conservador de pinturas a principios de la década de 1960. De ahí que llegara a conocer especialmente bien esta pintura.

El dossier de la National Gallery sobre esta restauración asciende a siete volúmenes de descripciones, con 144 fotografías de 12 x 10 pulgadas. Primero, se examinó y se sometió a diversas pruebas entre febrero y marzo de 1948, y luego se limpió y se consolidó, entre mayo de 1948 y enero de 1949. Todavía quedan por limpiar un par de pequeños cuadraditos de 1'25 cm. en el borde del marco, para que quede constancia de la superficie del cuadro antes de la restauración. Previamente, dijo Ruhemann, «era imposible saber que las flores eran blancas, o que tenían el centro amarillo».[35] Ésta es la misma situación en la que se encuentra *La Vierge aux Rochers* de El Louvre, que cuanto apenas se ha limpiado, y se ve turbia y apagada si se la compara con la otra.[36]

Antes de su restauración, se descubrió que *La Madonna de las Rocas* tenía elementos significativos de retoques de otros artistas. Ésta era una práctica habitual en los días previos a que se perfeccionaran las técnicas de limpieza. Cuando una pintura se apagaba, y se oscurecía el barniz que la cubre, los artistas simplemente pintaban encima determinadas zonas para abrillantarlas, antes de aplicarles otra capa de barniz. La *Mona Lisa* sigue padeciendo este defecto, y *La Última Cena* de Leonardo se sobrepintó en gran parte antes de devolverla a su pintura base en una reciente restauración. Incluso ahora, en *La Madonna de las Rocas* de la National Gallery, la mano derecha de María está sobrepintada (a excepción del pulgar), algo que se dejó sin restaurar de forma intencionada por su interés instructivo.[37] Se puede ver una estrecha banda limpia en la punta de los dedos corazón y anular, para revelar los tonos originales de Leonardo, mucho más luminosos.[38]

Otro elemento sobrepintado que se dejó in situ es la cruz roja que sostiene San Juan. A diferencia de la versión de El Louvre, que es enteramente de Leonardo, la segunda la realizó Leonardo en colaboración con Ambrogio de Predis. Sin embargo, la cruz roja no la hizo ninguno de ellos. Se añadió posteriormente para que los observadores pudieran distinguir cuál de los dos niños era cada cual. En ambas pinturas, Juan parece estar con María, y Jesús con el ángel, pero no es esto lo que la gente esperaba ver y no entendían por qué el niño que está con María parecía ser mayor que el otro.

Por eso se insertó la cruz roja, junto con un pequeño pergamino que tiene relación con el otro niño y que, en latín, dice: «He aquí el Cordero de Dios». Pero, ¿cómo supo ese artista que el niño que estaba con María suponía ser Juan? ¿Y por qué supuso que el otro era Jesús? Leonardo nunca dijo nada al

---

35. Helmut Ruhemann, *The Cleaning of Paintings*, Hacker Art Books, Nueva York, NY, 1982, c. 7, p. 230.

36. Hay una reseña relativa a la limpieza del Louvre en Guy Iznard, *Les Pirates de la Peinture*, Flammarion, París, 1955, p. 48.

37. H. Ruhemann, *The Cleaning of Paintings*, c. 10, pp. 231, 259.

38. El catálogo fotográfico nº 1093 de la National Gallery muestra el detalle ampliado de esto.

respecto. Eran todo suposiciones basadas en la premisa de que Leonardo había pintado el encuentro de María e Isabel en el desierto. Pero Isabel no estaba; tampoco estaba José, ni Uriel; y, ciertamente, Leonardo no había representado el cuento del desierto. Era una escena del todo diferente, y la diferencia se remarcaba en la segunda pintura que, tras limpiarla, reveló que las rocas se hallan a la orilla de un lago azul glaciar. Hay quien ha sugerido que el niño más grande debe de ser Juan porque Juan era un santo muy popular en Florencia, pero las pinturas no eran para Florencia, sino para Milán.

En ambas pinturas, la agrupación, con forma piramidal, es la misma, donde el niño más pequeño parece estar bendiciendo al mayor. En la segunda pintura, aparecen los halos que se omitieron en la primera; pero también aquí son obra de una mano posterior, de modo que no hay que contar con ellos, al igual que la cruz roja y el pergamino. En cada pintura, María o, por hacer referencia a la descripción de Leonardo, *La Nostra Signora* lleva azul y oro, aunque el azul es un poco más claro en la segunda obra. En ambas pinturas, la mano izquierda parece posarse de forma protectora sobre el niño pequeño. La muchacha, que señala hacia el niño más grande en la primera pintura, no lo hace en la segunda, y en su vestimenta se han producido importantes cambios. Originalmente, cuando la pintó Leonardo, llevaba los colores rojo y verde de la Magdalena, pero en la segunda pintura (que se ha limpiado a fondo) los colores de sus vestiduras, pintadas por Ambrogio, son confusos e indistintos.

Volvamos ahora a *El Código Da Vinci*. Refiriéndose a la pintura de París, el profesor Langdon explica que el niño pequeño no es Jesús, sino Juan el Bautista, y que María le está amenazando con la mano «como las garras de un águila que agarraran una cabeza invisible», cabeza que el ángel cercena «con un gesto de corte». Luego, dice que Leonardo tuvo que hacer la segunda pintura (la *Madonna* de Londres), una «versión suavizada» para la Confraternidad, porque el original era demasiado hostil con Jesús.[39] Los datos históricos no confirman nada de esto, y tampoco se puede decir que la pintura transmita estas ideas. Aparte de eso, los dos cuadros fueron encargos diferentes de dos organizaciones diferentes. Así pues, una vez más, hay que recordar que *El Código Da Vinci* es una novela de ficción, no un libro de texto de un historiador del arte.

39. D. Brown, *The Da Vinci Code*, c. 32, p. 139.

Notre Dame

Ya hemos visto que, al parecer, Leonardo tenía ya en marcha la composición de *La Nostra Signora* inspirada en Lippi antes de recibir el encargo de la Confraternidad en 1483. En cualquier momento, podría haber decidido completar esta obra, fuera solo o con otro artista. Si no, es posible que la Escuela de Leonardo la hubiera finalizado después de su muerte. De hecho, los biógrafos de Leonardo mencionan una tercera pintura de *La Virgen de las Rocas*,[40] pero dicen que es difícil saber si existió, pues hay varias copias muy buenas. El rasgo común de las copias no obstante es que, por su propia naturaleza, replican los originales. En este caso, las copias conocidas replican o bien la pintura del Louvre, o bien la de la National Gallery. Pero esta última no es una copia de la primera porque es decididamente diferente en determinados aspectos. Por tanto, si hubiera una tercera *Virgen de las Rocas*, sería diferente en cierto modo de las dos anteriores, y de hecho hay una pintura así en el Musée des Beaux Arts de Caen (*véase* lámina 46).

En esta versión, hay una diferencia muy obvia, aunque represente la misma escena. En su construcción básica, se parece al original de Leonardo, a la pintura del Louvre. El niño más grande no lleva la cruz roja; no hay halos tampoco, y la muchacha angélica ha vuelto a su pose en la que señala. También, y de forma muy evidente, ha vuelto a los colores rojo y verde de la Magdalena. Pero lo más sorprendente es que María lleva ahora también el rojo y el verde, junto con oro, y su cabello es mucho más rojo. De hecho, es la representación perfecta de la tradicional imagen de la Magdalena.

En la versión anterior de la National Gallery, se añadió una flor característica en la parte inferior del vestido de María: un sencillo Lirio Aro (llamado a veces Lirio Calla). Es ésta una flor con una espata de un blanco puro y un espádice amarillo, largo y con forma cónica. En nuestros días, se le llama *Zantedeschia*, por el botánico italiano Giovanni Zantedeschi (1773-1846). La introducción del exagerado espádice, *Spadix*, tiene importantes significados, pues esta palabra proviene del griego, donde significa «Palmera»,[41] cuyo equivalente semita era Tamar[42] (el nombre de la hija de María Magdalena). En algunos sitios de Australia,

---

40. Por ejemplo, S. Bramly, *Leonardo, the Artist and Man*, p. 189.
41. *The Oxford Concise English Dictionary* - Spadix.
42. *Oxford Concordance to the Bible* - Tamar.

el lirio aro es una mala hierba, y en Norteamérica parece tener en parte connotaciones funerarias. En la Europa mediterránea, en Sudáfrica y en Gran Bretaña, sin embargo, es desde hace mucho una flor típica del ramo de novia.

Quizás también resulte relevante hacer notar la influencia que en Leonardo tuvo el escenario rocoso del Cantar de los Cantares 2:13-14 que, traducido del texto griego de tiempos de Leonardo, dice: «De las vides brotará la tierna uva... Levántate, ven, consorte mía, hermosa mía... Tú eres mi paloma en el refugio de las rocas».[43]

A este respecto, el lirio aro es iconografía pura de la Magdalena. Leonardo nunca dijo que la figura central fuera María, la madre de Jesús; simplemente, supusieron que lo era. Él la llamaba *La Nostra Signora* (Nuestra Señora, *Notre Dame*), que es precisamente como los templarios y los trovadores denominaban a María Magdalena. Ni tampoco afirmó Leonardo que los niños fueran Jesús y Juan. Fueron otros los que lo supusieron. Además, la figura angélica se retrató como una muchacha en cada una de las pinturas desde el mismo principio.

Aceptando las alas de la muchacha, que no son más que un gesto en la pintura del Louvre porque la Confraternidad quería «ángeles», se nos deja ante una enigmática posibilidad que queda potenciada en la segunda y la tercera pinturas. Tenemos una figura materna, que se parece más a María Magdalena que a su tocaya la madre de Jesús. Tenemos a una muchacha, evidentemente más mayor que los niños. Tenemos a dos niños, uno de ellos más grande y mayor que el otro, mientras la muchacha nos llama directamente la atención sobre el niño mayor. Y tenemos un paisaje que, si bien raya lo irreal, se parece más a un paisaje europeo que a un paisaje de Tierra Santa o de Egipto.

Tomando todo esto en consideración, surge la posibilidad. María Magdalena tuvo tres hijos: una hija y dos hijos, con varios años de diferencia entre ellos. Dado que, como veremos más tarde, Leonardo da Vinci estuvo implicado en una fraternidad esotérica Rosacruz de partidarios de la Magdalena, es posible, sólo posible, que esta escena rocosa fuera desde el principio un retrato romántico de la familia de la Magdalena.

---

43. *The Septuagint* (trad. L. C. L. Brenton).

16
La Última Cena

Una historia trágica

Convendría que viéramos ahora *La Última Cena,* la pintura de Leonardo que conforma el núcleo de *El Código Da Vinci.* A pesar de haber sido creada por uno de los grandes maestros del Renacimiento, este gran fresco ha sufrido como ningún otro en las manos de sus propietarios. La *Mona Lisa* fue atacada con un cuchillo y con ácido, al igual que otras obras, pero a *La Última Cena* ¡le abrieron una puerta a su través! Normalmente, no se muestra en las reproducciones, que son mucho menos amplias que el original, pero la puerta se encuentra en la parte baja de la pintura, con su curvado marco superior sobre el mantel, justo por debajo del plato de Jesús.

Ludovico Sforza (1452-1508), duque de Milán, solía rezar en la iglesia cercana al Castello Sforzeco, la iglesia de Santa Maria delle Grazie. Al no gustarle el austero y viejo edificio, hizo derribar la capilla principal y el coro, y declaró que la nueva capilla tendría unos maravillosos frescos que animarían los muros. También se hicieron planes para el monasterio dominico adjunto y, en 1495, se le encargó a Leonardo da Vinci que pintara un mural de *La Última Cena* en la pared del fondo del nuevo refectorio. Entraba una buena luz desde las ventanas del lado izquierdo, la cual iluminaba el lado derecho de la zona donde se debía pintar, y Leonardo personalizó su composición de la forma adecuada, de manera que las luces y sombras de su obra tuvieran en cuenta esta característica natural. Judas, por ejemplo, se pintó, como era habitual, de manera que no se le viera la totalidad del rostro, «para que el observador no viera los ojos del malvado». Pero, dado que la pintura de Leonardo iba a permanecer en una posición fija, Leonardo se las ingenió para poner a Judas en un lugar estratégico que siempre estuviera en la sombra, mostrando sólo uno de sus ojos.[1]

El plan estribaba en que la mesa del prior se pusiera en el otro extremo del comedor (donde habría otros murales), de tal forma que diera de frente a Jesús y a los apóstoles, por debajo de los cuales habría una puerta a través de la cual entrarían los monjes. Las largas mesas se pondrían a lo largo de los laterales de la sala, de tal manera que sería como una comida comunitaria, con Jesús presidiendo en un extremo y el prior en el otro.

Pero, por desgracia, Leonardo utilizó esta obra para experimentar con algunas técnicas arriesgadas, en lugar de hacer un fresco sencillo, aplicando pintura al temple sobre una superficie de escayola húmeda. En su entusiasmo, utilizó pigmentos mezclados con huevo, aceite o barniz sobre una pared de argamasa seca (una combinación media nada convencional que no se absorbió). De ahí que la adherencia de su mural fuera sólo superficial y no tardara en desconcharse, a medida que la humedad ascendente del agua subterránea hizo que las sales se colaran por detrás de la capa de pintura. Pictóricamente, podría haber sido una gran obra, pero en lo referente al método utilizado fue un desastre (algo inusual en Leonardo). Como dijo recientemente el historiador del arte Leo Steinberg, «La *Última Cena* de Leonardo da Vinci es la más grande de las obras de arte que en realidad nunca lo fue».[2]

Ya en 1540, se describió la pintura como «medio arruinada», y hacia 1560 se decía que la mayor parte de los colores habían desaparecido, dejando áreas intermitentes de pintura y haciéndose claramente visible el dibujo tras la pintura. En 1568, el historiador Paolo Lomazzo escribió, «En la actualidad, la pintura está en un estado de completa ruina». Una década después, tras visitar el monasterio, Giorgio Vasari se lamentaba, «No hay nada, salvo una mancha borrosa». En los siglos siguientes, las cosas empeoraron poco a poco: diecinueve pintores, uno detrás de otro, pusieron sus pinceles sobre el mural de Leonardo, oscureciéndolo totalmente debajo de una gruesa capa de pintura y adhesivos.

Hacia 1624, la pintura se tenía casi por inexistente, y los frailes no tuvieron ningún escrúpulo en hacer una puerta mucho más grande con el fin de darle mejor acceso a la sala. Con ello, no sólo le cortaron los pies a Jesús y a los após-

---

1. B. Atalay, *Math and the Mona Lisa*, c. 9, pp. 167.
2. Existe un amplio expediente sobre *La Última Cena* (su historia y su geometría, con detalles de las copias) en Leo Steinberg, *Leonardo's Incessant Last Supper*, Zone Books, Nueva York, NY, 2001.

---

toles de sus lados, sino que el golpeteo de los martillos desprendió aún más pintura, que simplemente se barrió junto con los cascotes de los albañiles.[3]

En la actualidad, se podría salvar un mural superficial en los primeros estadios de un deterioro como éste. Pero, en aquellos tiempos, si una pintura estaba sobre un muro lixiviado, no había nada que hacer, aún cuando las sales la estuvieran destruyendo al hacerle perder la adherencia. En 1726, se decidió que había que hacer algo y, sin saberlo los monjes, un nuevo toque de difuntos resonó con esta decisión. Trajeron a un artista de segunda fila llamado Michelangelo Bellotti, que decía que estaba en posesión de un gran secreto que le devolvería la vida a la pintura. Le dejaron cubrir la zona de trabajo con lienzos y, después, el individuo desapareció tras el cortinaje para obrar su magia. Mientras tanto, con el transcurso de las semanas, nadie se atrevía a mirar lo que pudiera estar ocurriendo allí, dado que se les había advertido que no lo hicieran.

Al final, llegó el día en que Bellotti quitó los lienzos para revelar una imagen completa y plena de colores brillantes como nunca hubieran imaginado los monjes. Estaban encantados, y Bellotti se fue de allí con una bonita suma de dinero. De hecho, lo único que hizo fue pintar su propio fresco, completamente nuevo sobre la obra de Leonardo.

No pasó mucho tiempo antes que los colores crudos de Bellotti se destiñeran bajo la luz del Sol que entraba por las ventanas, y el desconchado comenzó de nuevo. Diferentes manos hicieron diversos intentos por fijar la obra con pintura al temple pero, en 1770, se encargó otra importante reparación. ¡Y llegó Giuseppe Mazza con un atizador! Su técnica consistió en rascar toda la superficie con esto para liberarla de cualquier pintura o argamasa suelta. Luego, rellenó los agujeros resultantes y difuminó con tonos de colores al azar para que no se notaran demasiado desde la distancia.

Entonces, llegó 1796 y, con él, el ejército de Napoleón Bonaparte, y pensaron que el gran refectorio sería un magnífico establo, así como un buen sitio para almacenar forraje. El biógrafo francés y autor de libros de viaje Henri Stendhal decía que los dragones se entretenían lanzando ladrillos a las cabezas de los apóstoles.[4] Y por si todo esto no fuera suficiente, aún pasarían algunas cosas más.

---

3. P. Boussel, *Leonardo da Vinci*, pp. 70-1.
4. Ibíd. p. 71.

En 1800, se tapió la gran puerta que había bajo el mural de Leonardo, tal como se puede ver hoy en día. Pero, poco después, la sala se anegó, dejando el refectorio empapado de arriba abajo, y la pintura se soltó aún más. Pocos años después, en 1807, el monasterio de Santa María delle Grazie se convirtió en cuartel militar, y el refectorio se secó, se aireó, se limpió y se renovó. No se mejoró *La Última Cena* pero, al menos, se la trató al fin con un poco de cuidado. Luego, en 1821, llegó Stefano Berazzi con un plan para sacar de la pared la totalidad de la pintura. Pero no tardó en desistir, tras perder un buen trozo del mantel en sus primeros intentos.

El artesano de frescos Luigi Cavenaghi llevó a cabo un profundo trabajo de renovación entre 1906 y 1908 pero, dado que aquello era un mural y no un fresco, reparó sólo las zonas más antiestéticas, dejando en su lugar todo lo que se había pintado encima y debajo. A éste, le siguió el restaurador Oreste Silvestri, en 1924, que selló los bordes que corrían más peligro con estuco tintado de negro. Más tarde, el 15 de agosto de 1943, durante la guerra, una bomba impactó sobre el refectorio, que quedó en gran parte destruido. Afortunadamente, se había levantado de antemano un marco de acero relleno con sacos de arena para proteger la pintura, y la pared septentrional del refectorio, donde se encontraba *La Última Cena*, quedó intacta. Pero, por no dejar de luchar contra los elementos, la arena se humedeció y, durante más de un año, la pintura se vio expuesta a las condiciones más adversas.

Cuando, tiempo después, se reconstruyó el refectorio, Mauro Pelliccioli limpió la pintura y la trató contra los daños de un severo añublo, sujetándola allí donde pudo con un fijador lacado. Estuvo trabajando con la obra hasta 1954, consolidando la superficie y reavivando los colores, pero no quitó nada de las viejas capas repintadas. Razonablemente presentable desde entonces, se tomaron fotografías, y *La Última Cena* se unió a la *Mona Lisa* en la lista de impresiones clásicas más populares de finales del siglo XX. Sin embargo, de lo que muy pocos se daban cuenta era de que apenas estaban viendo lo que realmente había pintado Leonardo da Vinci. Desde la «mancha borrosa» que viera Vasari en 1560, se había perdido una buena parte del original de Leonardo, y lo que quedaba bajo todas aquellas capas de pintura y de adhesivos posteriores era sólo una quinta parte de la obra original, que todavía seguía deteriorándose.

Ninguna otra pintura de la importancia de ésta había sido tan maltratada, desde la infausta elección de método del propio artista hasta los estragos de la Segunda Guerra Mundial. Pero había llegado el momento de no ahorrar esfuerzos ni gastos en un empeño por recuperar lo poco que quedara. Y así, en

1978, la afamada restauradora de obras de arte, la doctora Pinin Brambilla Barcilon, fue encargada para llevar a cabo el más atemorizador de los proyectos. Su tarea consistía en estabilizar la pintura de forma permanente y en revertir los daños causados durante siglos de suciedad, contaminación, agua, vibraciones y todos los intentos descaminados de renovación del pasado. En resumen, tenía que sacar todo el material que no hubiera puesto Leonardo en aquella pared. Si eso dejaba sólo la quinta parte de la pintura, pues que así fuera. Al menos, sería la pintura de Leonardo.

El conflicto de la Adoración

Otra obra de Leonardo notoria por haber sido pintada por encima de forma engañosa es *La Adoración de los Magos*. Este panel, en otro tiempo orgullo de los Uffizi, se encuentra ahora en un almacén esperando un tratamiento de recuperación. Originalmente, fue un encargo de los monjes de San Donato a Scopeto, y Leonardo lo comenzó en 1481. Lo llevó con él de Florencia a Milán al año siguiente, pero nunca lo desarrolló más allá de la fase del dibujo. Muy diferente a las habituales interpretaciones de la Natividad, la suya era una escena de multitudes, grande, al aire libre, en la que se mostraban diversas actividades individuales. Aparte del trabajo preparatorio principal, hay un estudio de perspectiva en los Uffizi de Florencia, junto con estudios de figuras en El Louvre, en el Kunsthalle de Hamburgo y en el Museo Metropolitano de Arte de Nueva York. Además, hay un diseño de conjunto para la pintura en El Louvre, y algunos esbozos en el Musée des Beaux Arts de París y en el Museo Fitzwilliam de Cambridge.

Leonardo dedicó una cantidad ingente de trabajo a la planificación de esta pintura, pero los conflictos en el contrato y la posterior pérdida de interés por parte de Leonardo le llevaron a abandonar el proyecto. Sin embargo, recientemente, se hizo un importante descubrimiento cuando esta obra inconclusa se llevó al estudio de restauración de los Uffizi para someterlo a un proceso de conservación. Para horror de todos, se reveló que el dibujo original de Leonardo había sido pintado por encima, posiblemente un siglo después de su muerte, por un artista de talento comparativamente más modesto.[5]

---

5.   B. Atalay, *Math and the Mona Lisa*, c. 9, p. 182.

Con la habitual licencia literaria, se sugirió en *El Código Da Vinci* que la pintura «ocultaba un oscuro secreto bajo sus capas de pintura». En la novela, se afirma que «el diagnóstico de arte italiano Maurizio Seracini había desvelado la inquietante verdad, que el *Magazine* de *The Nueva York Times* había destacado en una historia titulada "The Leonardo Cover-Up"».[6] Y los responsables de la Galería de los Uffizi de Florencia, avergonzados, habían desterrado la pintura a un almacén al otro lado de la calle.[7]

Cierto, ese artículo existió; se publicó el 21 de abril de 2001, pero el destierro del cuadro no tuvo nada que ver con ningún «oscuro secreto» o «inquietante verdad». Sucedió debido a una importante división de opiniones en el mundo del arte. En la práctica, lo enojoso no estaba en «las capas de pintura». Es poco más que un capa transparente de color naranja pardo extendida sobre el dibujo de Leonardo, dibujo que en modo alguno se ha echado a perder y es del todo visible. Quizás el artista posterior intentaba terminar el cuadro después de extender esta base, pero llegado el momento no fue más allá.

Por tanto, no hubo descubrimiento de ninguna clase en cuanto a lo que Leonardo había dibujado. El inquietante descubrimiento era, simplemente, que su obra se hallaba por detrás del revestimiento transparente de otro artista, que previamente se había pensado que también era de Leonardo. Lo que sucedió fue que la organización ArtWatch International, que cuenta con un amplio respaldo, sugirió que, dado que el panel era demasiado frágil, sería mejor no apresurarse en limpiarlo, es decir, quitarle la engañosa capa. Después de más de medio milenio en ese estado, la obra justificaba sin duda un posterior análisis para determinar la viabilidad de tal ejercicio. ArtWatch indicó a *The Nueva York Times* en enero de 2002 que su artículo era engañoso, y se aportaron evidencias documentales para demostrar que determinados aspectos pictóricos, que el magazín había anunciado de forma sensacionalista como «descubiertos recientemente», eran bien conocidos y estaban documentados desde 1951.[8]

---

6. *(N. del T.):* El encubrimiento de Leonardo.
7. D. Brown, *The Da Vinci Code,* c. 40, pp. 169-70.
8. Se puede encontrar información a este respecto en la página de suscriptores de ArtWatch International, www.artwatchinternational.org.

El Código da Vinci

La restauración de *La Última Cena* comenzó en Santa Maria delle Grazie en 1979 y, en 1982, la empresa de equipamiento de oficinas Olivetti accedió a pagar la totalidad del coste del proyecto, que finalmente ascendió a 7 billones de liras. El trabajo se finalizó veinte años después y el mural, protegido ahora con un sofisticado sistema de filtrado de aire, se volvió a exhibir el 28 de mayo de 1999. Lo que queda es alrededor del veinte por ciento del original, pero la doctora Barcilon ha utilizado acuarelas de mezcla suave para rellenar las áreas perdidas, tomando como base los dibujos preparatorios de Leonardo. En ningún momento se ha pretendido que estos rellenos tengan el aspecto de los habituales retoques, que no se diferencian del original. Al contrario, se han hecho con sencillas pinturas que se pueden quitar con agua, con el fin de dejar patente la obra personal de Leonardo, dando al mismo tiempo la impresión general de una imagen completa.[9]

En 1994, cinco años antes de que se volviera a exhibir *La Última Cena* de Leonardo una vez restaurada, la atención se dirigió sobre el apóstol que está a la derecha de Jesús (a la izquierda del observador). Tradicionalmente, se había dicho que era Juan Boanerges, pero el personaje parecía en cierto modo femenino, y se sugirió la posibilidad de que quizás no fuera Juan, sino María Magdalena.[10] En aquel momento, resultaba una idea ciertamente intrigante y, aunque improbable por diversas razones, la figura tenía realmente algo de femenino. El personaje tenía una constitución más frágil que la del resto de los

---

9. Se puede encontrar la historia completa de esta antológica restauración en: Pinin Brambilla Barcilon y Pietro C. Marani, Leonardo, *The Last Supper - English language edition* (trad. Harlow Tighe), University of Chicago Press, Chicago, IL, 2001. En este libro se ofrecen representaciones a escala real de detalles del fresco donde se exhibe y se distingue claramente la mano de Leonardo de la de la restauradora. Con cerca de 400 suntuosas reproducciones a color, con la más extensa documentación técnica del proyecto a cargo de Barcilon y un ensayo introductorio del historiador del arte y co-director del proyecto Pietro C. Marani, que se centra en la historia del mural, Leonardo, *The Last Supper* es un valioso registro histórico y un libro bello y extraordinario, además de una obra indispensable para todo aquel que aprecie la belleza, los logros técnicos y la suerte de esta pintura renacentista.
10. Lynn Picknett and Clive Prince, *Turin Shroud: In Whose Image?* Bloomsbury, Londres 1994, c. 5, p. 105.

---

apóstoles, con el cabello más largo que la mayoría de ellos, y parecía llevar una especie de collar, junto con lo que parecería un pequeño busto.

En contraposición a esta especulación, una situación hipotética válida planteada desde el principio consistía en que, si era posible descubrir en una vieja pintura de 500 años de antigüedad y sustancialmente deteriorada que uno de los personajes no es un hombre, sino una mujer, mucho más evidente habría sido el detalle cuando la pintura estaba recién terminada, además de que tal detalle habría pasado a formar parte de la historia de la pintura.

Sin embargo, desde 1999, devuelta la pintura al original de Leonardo, se puede ver que todo esto no es lo que parecía en las impresiones previas a la restauración. Para una inspección detallada, disponemos ahora de las ventajas de las soberbias fotografías de primer plano y en alta resolución de la doctora Barcilon, a partir de las cuales podemos ver que no hay ningún collar, y que el efecto de busto lo provocaba una grieta del muro. También sabemos hoy que la hipótesis de 1994 se basaba en un personaje repintado en gran medida por otro artista, mientras que ahora podemos ver la figura tal como la pintó originalmente Leonardo.

Lo desgraciado de esto no es que haya sido invalidada una idea ostensiblemente sospechosa; lo infortunado es que, de todas las revelaciones novelísticas de *El Código Da Vinci,* la más destacada es la idea de la presencia de María Magdalena en *La Última Cena* de Leonardo. De hecho, se podría decir que constituye la misma esencia del libro. Sin embargo, dado que la idea se basa en una teoría previa a la restauración, una teoría ya superada, habrá que decir que, si bien *El Código Da Vinci* tiene una base real en cuanto a los *Desposyni,* los comentarios y los supuestos relativos a la obra artística de Leonardo son en gran medida inexactos.

Mientras planeaba el diseño y la ejecución de *La Última Cena,* Leonardo tomó numerosas notas e hizo muchos dibujos preparatorios. Dividió a los apóstoles en cuatro grupos de tres en la mesa, con Jesús en el centro y seis apóstoles a cada lado. Al describir las acciones individuales mientras preparaba la obra, Leonardo escribió lo relativo a cada uno de este modo:

> El que estaba bebiendo, ha dejado el vaso en su sitio y vuelve la cabeza hacia el que habla. Otro se retuerce los dedos y se vuelve con el ceño fruncido hacia su compañero... Otro le habla al oído a su vecino, y el que escucha vuelve el cuerpo hacia él, y presta atención mientras sostiene un cuchillo en una mano.

Así se describen, uno a uno, los distintos apóstoles y, al determinar cómo iba a retratar a los personajes más jóvenes (como los hermanos Santiago y Juan), a diferencia de los viejos, hombres más morenos y con barbas, Leonardo escribió:

> Por tanto, hay que hacer que el cabello juegue con el viento alrededor de los rostros jóvenes, y hay que adornarlos graciosamente con muchas cascadas de rizos.[11]

Aunque en el Nuevo Testamento no se describe a Santiago, Juan y Felipe como especialmente jóvenes, se convirtió en una tradición artística el retratarlos como más jóvenes que los demás. Juan en particular es un joven en muchos retratos de la Última Cena, y es incluso un adolescente en algunos de ellos. La representación de Leonardo no es diferente en este aspecto. Su Juan es un hombre joven, y se corresponde con la descripción que da de él en su libro de notas. Buenos ejemplos de jóvenes pintados por Leonardo los constituyen su dibujo de Felipe (*véase* lámina 22) y su estudio de Jesús (lámina 26). Y hay otro estudio de Santiago que es más de lo mismo. Un primer plano de Juan, restaurado, como en *La Última Cena*, se muestra en la lámina 27.

Volviendo a *El Código Da Vinci*, nos encontramos con otro de los personajes del libro, un entusiasta del Grial, Sir Leigh Teabing,[12] que le dice a Sophie Neveu que la figura de Juan es en realidad María Magdalena.[13] Este personaje llama la atención de Sophie sobre el hecho de que Pedro (que está a su lado) parece estar cortándole el cuello a María Magdalena con la mano, que parece una afilada hoja.

En el mundo de las bellas artes, hay diversas escenas relacionadas con la Última Cena tal como se detalla en los evangelios.[14] Leonardo optó por repre-

---

11. «The Invention and Composition of Narratives», en M. Kemp, *Leonardo on Painting*, pt. V, p. 226.

12. Uno de los primeros libros de dominio público donde se trataron las relaciones íntimas de María Magdalena con Jesús fue *El Enigma Sagrado*, publicado en Gran Bretaña en 1982. Dos de sus tres autores fueron Richard Leigh y Michael Baigent. El nombre de Sir Leigh Teabing proviene de esta fuente: Leigh, del apellido Leigh, y Teabing es un anagrama de Baigent.

13. D. Brown, *The Da Vinci Code*, c. 58, p. 248.

14. Mateo 26:18-30, Marcos 14:12-26, Lucas 22:1-39, Juan 13:1 - 18:1.

sentar el momento que se relata en Juan 13:21, cuando Jesús dijo que uno de sus apóstoles le iba a traicionar. El texto continúa así: «Los discípulos se miraban unos a otros, sin saber de quién hablaba», y se dice que Pedro se dirigió a otro (normalmente, identificado con Juan) y «le hace una seña y le dice: "Pregúntale de quién está hablando".» (Juan 13:24)

Detalle de La Última Cena (1495), copiado en 1524 del original de Leonardo da Vinci por Marco d'Oggiono, donde se ve la mano izquierda de Pedro sobre el hombro de Juan, mientras oculta un cuchillo en la mano derecha.

El retrato de Leonardo nos muestra a Pedro en ese mismo instante. No hay señal alguna de amenaza a su compañero, y éste se inclina hacia él escuchándole. Tampoco hay ninguna mano con aspecto de hoja, como podría parecer en las impresiones de 1994 previas a la restauración; simplemente, la mano de Pedro descansa suavemente sobre el hombro del apóstol (*véase* lámina 24). Esta misma escena la pintaron diversos artistas. Hans Holbein, por ejemplo (lámina 25), donde Juan es de nuevo más joven, más atractivo y con el cabello más largo que el viejo Pedro.

En la misma secuencia de *El Código Da Vinci,* se menciona una mano «incorpórea» que «esgrime una daga».[15] Aparece en la pintura entre Andrés y Ju-

---

15. D. Brown, *The Da Vinci Code,* c. 58, p. 248.

das; y, antes de la restauración de 1979-99, era ciertamente difícil determinar a quién pertenecía esa mano. Ahora es bastante más evidente que el propietario de la mano es Pedro, aunque lo que lleva en ella no es una daga; es un cuchillo. Afortunadamente, hubo algunos alumnos de Leonardo que hicieron copias de esta pintura en el lapso de sus primeros treinta años, antes de que tuviera lugar el deterioro. En todas estas copias queda claro que el brazo derecho de Pedro está doblado de una forma un tanto incómoda, mientras se inclina por detrás de Judas para hablar con Juan. Posteriormente, sería Pedro el que sacaría la espada y le cortaría la oreja a Malco, cuando Jesús fue arrestado en Getsemaní (Juan 18:10), y la pintura de Leonardo prepara el camino hacia este acontecimiento. La situación nos muestra a Pedro, que oculta el cuchillo tras él, mientras le pregunta a Juan el nombre del traidor; cuando, irónicamente, Judas, que está sentado entre ellos, se vuelve para escuchar la conversación.

Estas mismas copias primitivas (hechas alrededor de 1520) sirven también para identificar la mano izquierda de Pedro, que descansa suavemente sobre el hombro de Juan, y también nos ofrecen una imagen del recipiente en el que bebe Jesús. En *El Código Da Vinci*, se indica que Jesús debía tener un cáliz griálico para el vino, tal como se sugiere en la Biblia.[16] Pero lo cierto es que la Biblia no dice tal cosa. Las tres citas de los evangelios referentes a la comunión en la mesa sólo hacen referencia a una «copa»,[17] y el Evangelio de Juan (cuya narración retrató Leonardo) no menciona la comunión del vino y la sangre en cualquier caso.

Lo desafortunado de las premisas de *El Código Da Vinci* en todos los aspectos referentes a esta pintura es que se trata de premisas caducas. El libro hace referencia concretamente a la pintura de *La Última Cena* tal como se podía ver después de 1954, tras la limpieza que hiciera Mauro Pelliccioli, y afirma, en palabras de Teabing, «...muchas de las imágenes de los libros de arte se tomaron antes de 1954, cuando los detalles se hallaban todavía ocultos bajo capas de mugre y de repintados restauradores hechos por manos torpes... Ahora, al fin, el fresco se ha limpiado, y muestra la capa original de pintura de Da Vinci».[18] Sin embargo, lo cierto es que Pelliccioli no eliminó ni una sola de las capas de pintura restauradoras anteriores y, tras la limpieza superficial a la que sometió a la pintura, seguía sin verse nada de la obra original de Leonar-

---

16. Ibíd. c. 57, p. 236.
17. Mateo 26:27, Marcos 14:23-24, Lucas 22-20.
18. D. Brown, *The Da Vinci Code*, c. 58, p. 243.

do. Este caso sólo se ha venido a dar desde la restauración de 1979-99, y *El Código Da Vinci* no tiene esto en cuenta, al tiempo que perpetúa una vieja teoría de la Magdalena que se ha venido abajo ahora, con los reveladores resultados del proyecto Barcilon.

En términos estrictamente históricos, conviene resaltar que la Última Cena de Jesús y los apóstoles no fue en realidad una comida de Pascua tal como se supone habitualmente. Ni tampoco introdujo Jesús allí el ritual de la comunión del vino. Tal como deja claro la *Regla de la Comunidad* de los Manuscritos del Mar Muerto, la Última Cena se corresponde, de hecho, con el Banquete Mesiánico (la Cena del Señor). Que esto ocurriera en el mismo momento en que se celebraba la Pascua en Jerusalén fue una coincidencia, pues el Banquete Mesiánico tenía un significado diferente. Los anfitriones principales del banquete eran el Sumo Sacerdote y el Mesías de Israel.[19] A las personas de la comunidad las representaban doce apóstoles delegados, a los que se les denominaba el Consejo de la Comunidad. La *Regla de la Comunidad* (uno de los documentos más antiguos de los archivos esenios, llamado a veces *El Manual de la Disciplina*) establece el orden correcto de prioridad en los asientos, y detalla el ritual que debía observarse durante la comida. Y dice así:

> Y cuando se reúnan en la mesa de la comunidad... y se mezcle el vino para beber, que ningún hombre alargue su mano hacia las primicias del pan o el vino antes que el Sacerdote, pues es él el que debe bendecir los primeros frutos del pan y el vino... Y después, el Mesías de Israel alargará sus manos sobre el pan, y después toda la congregación de la comunidad dará bendiciones, cada uno según su rango.[20]

De un cuadro a otro, la mayoría de los artistas se acercan mucho a un tipo ideal establecido otrora en sus mentes, y no hay ninguna razón para suponer que Leonardo fuera diferente a los demás. Se le atribuye haber pintado un cuadro de María Magdalena en Francia, y la tradición dice que la pintura fue a parar a Burgos, España, pero no he conseguido seguirle el rastro. Sin embargo, existen dos

---

19. J. Allegro, *The Dead Sea Scrolls*, c. 7, p. 131; c. 12, p. 164; c. 13, p. 168.
20. *Scroll of The Rule*, Annex II, 17-22. Para la mención dada, *véase* el apartado The Mesianic Rule, dentro de Community Rule, en G. Vermes, *The Complete Dead Sea Scrolls in English* (1Qsa=1Q28a), pp. 159-60.

dibujos de Leonardo sobre la Magdalena, y no se parecen a la supuesta Magdalena de *La Última Cena*. Uno de ellos se encuentra en la Galleria degli Uffizi, en Florencia, y el otro (un boceto de María con el frasco de alabastro) está en el Courtauld Institute, en Londres (láminas 19 y 20).

La Última Cena de La Gran Pasión, de Alberto Durero (1471-1528).
Jesús con el joven Juan en su regazo, y trece apóstoles en total.

Otra cosa que se apunta en *El Código Da Vinci* es que una de las pistas de la verdadera identidad del apóstol se encuentra en la M (de Magdalena) que forman los cuerpos de Jesús y el apóstol en cuestión (*véase* lámina 28). Una vez más, no es éste un rasgo único en las pinturas de la Última Cena. Incluso, es aún más pronunciado en *La Última Cena* de Felipe de Champaña (1602-74), donde las posiciones de los brazos dan lugar a otra M más pequeña dentro de la grande, una doble M (MM). Pero esto no es un código de María Magdalena (lámina 29). También aquí, en la pintura de Felipe de Champaña, a Juan se le ve lozano y joven comparado con los demás. De hecho, su semblante (al igual que en la obra de Leonardo) ejemplifica a Juan Boanerges tal como se le muestra habitualmente en los agrupamientos de apóstoles (*véase* ejemplos en las láminas 30, 31, 32, 33). Ese supuesto aspecto femenino va implícito con su imagen popular. No es femenino; es, simplemente, una interpretación renacentista de la juventud. A Juan se le suele ver apoyado sobre Jesús o, incluso, en algunos casos (donde se le muestra como un adolescente), sentado sobre el regazo de Jesús.

La pregunta que siempre surge en conexión con la teoría de la Magdalena, y que se viene haciendo desde la primera vez que se planteó esta teoría hace más de diez años, es que, si ella está en la mesa de Leonardo, entonces, ¿quién falta? Hay doce apóstoles en total, ni uno más. En 1810, el artista milanés Giuseppe Bossi (secretario de la Academia de Brera) descubrió las notas de ordenamiento de Leonardo en la iglesia de Ponte Capriasca, cerca del Lago Lugano. Leyendo de izquierda a derecha (no se ve a todos los apóstoles en el detalle de la lámina 28), la ordenación de los asientos es: Bartolomé, Santiago de Alfeo, Andrés, Pedro, Judas, Juan, Jesús, Santiago Boanerges, Tomás, Felipe, Mateo, Tadeo y Simón Zelotes.[21] En dos casos (Pedro y Judas, Santiago y Tomás), uno de cada pareja se cruza con el otro, de modo que sus cabezas invierten el orden de los asientos. Sobre esta base, el apóstol al cual sustituiría supuestamente María Magdalena sería Juan. Pero Leonardo no se habría dejado fuera a ninguno, especialmente a Juan; los evangelios son explícitos al afirmar que Jesús y «los doce» estaban en la cena.[22]

Si Leonardo hubiera querido poner trece apóstoles en esta escena en lugar de doce, podría haberlo hecho sin ningún problema, aún cuando no fuera

---

21. L. Steinberg, *Leonardo's Incessant Last Supper*, apéndice C, p. 217.
22. Mateo 26:20, Marcos 14:17, Lucas 22:14.

canónicamente correcto. Alberto Durero puso trece apóstoles en su talla en madera *La Última Cena* de su serie *La Gran Pasión*. Además, si Leonardo hubiera querido introducir a María Magdalena, podría haberlo hecho también, y no habría sido el único.[23] Después de todo, Santa Maria delle Grazie era un monasterio dominico y, como ya hemos visto, María Magdalena era la Madre Protectora y patrona de la Orden.[24] La decisión era de Leonardo. No cabe duda de que no tenía necesidad de introducirla subrepticiamente, tal como sugiere *El Código Da Vinci*. Ataviándola con el adecuado estilo conventual (como en el retrato del huevo rojo que ya vimos),[25] el fraile dominico Fra Angelico no tuvo ningún escrúpulo en incluirla en su fresco de *La Última Cena* que se encuentra en el Muséo di San Marco, en Florencia (*véase* lámina 50).

---

23 En ocasiones, la Última Cena y la unción de María a Jesús se han reunido en una única escena de compilación. *Véase* S. Haskins, *Mary Magdalen*, c. 6, p. 222.

24. Capítulo 7 - Los Archivos de la Magdalena, y Capítulo 6 - La Hija de Francia.

25. Lámina 14.

17
La Alegoría Sagrada

Un cuadro misterioso

En el mundo del arte pictórico, algunas de las obras más conocidas y populares suelen ser aquéllas de las que se sabe muy poco. *La Virgen de las Rocas* se encontraría en este grupo dado que, aunque se tiene constancia de su procedencia, su tema sigue siendo misterioso y es objeto de debate constantemente.

Una de las pinturas más reconocibles del mundo y, artísticamente, una de las más bellas, resulta familiar incluso para aquellos que nunca han estudiado arte. Se trata de una obra del artista flamenco Jan van Eyck, pintada en 1434; mide 82 x 60 cm, y es una pintura al óleo sobre un panel de roble, que se encuentra en la National Gallery de Londres. Catalogada como un «retrato doble», tiene como escenario un dormitorio extrañamente adornado, y se conoce como *El Matrimonio Arnolfini* (*véase* lámina 47).

Los personajes del cuadro son un hombre de complexión frágil, con una capa burdeos festoneada en piel y un gran sombrero negro, y una mujer joven, con un largo vestido verde con festón blanco y tocado blanco. La mujer está embarazada, y el hombre sostiene la mano de la mujer, creando un marco con forma de copa para un espejo convexo que hay en el fondo. Pero, aunque todo esto es obvio a primera vista, la obra está llena de ambigüedades cuestionables.

La National Gallery adquirió esta pintura en 1842 del Coronel Hay, que la había traído desde Bruselas, y se catalogó originalmente como *Un Caballero y su Dama*. Pero, en un catálogo posterior de la National Gallery de 1862, se afirmaba que la investigación llevada a cabo por W. H. James Weale (un especialista en arte holandés) había demostrado que «los personajes representados en este cuadro eran Giovanni Arnolfini y Jeanne de Cenami, su esposa».[1] En lo sucesivo, se denominó a este cuadro *El Matrimonio Arnolfini*, y aún se le llama así hoy en día. Lo cierto es, sin embargo, que en realidad no existe ni la más mínima pista del objeto de este cuadro, un cuadro que resulta singularmente esotérico.

La firma del «doble retrato» de Jan van Eyck, 1434 - «Johannes de eyck fuit hic»

El título de «Arnolfini» que se le atribuye no tiene nada que ver con nada que pudiera haber dicho o escrito Jan van Eyck acerca de la pintura. No hay constancia de comentario alguno suyo respecto a esta obra, y no hay duda de que el artista nunca utilizó el título por el cual ha llegado a ser conocida. Entonces, ¿quién era Giovanni Arnolfini? Parece ser que era un banquero y comerciante italiano que se trasladó a Brujas en 1420 pero, ¿por qué se les pintó a él y a su mujer de esta forma tan inusual?

Históricamente, se trata de la primera pintura de una pareja contemporánea en un interior contemporáneo. Nunca antes se había hecho nada igual, y supone un hito entre las obras de arte del Renacimiento. Cuando se pintó, en 1434, Leonardo da Vinci no había nacido aún, y el arte pictórico era, en su mayor parte, de tipo sacro o relacionado con la realeza o la alta nobleza. Pero aquí, en una obra que se conserva en un estado soberbio y que se realizó con una técnica muy avanzada para su época, nos encontramos con una escena doméstica, con dos personas de aspecto acomodado, pero en modo alguno nobles.

---

1. Maurice W. Brockwell, *The Pseudo-Arnolfini Portrait*, Chatto & Windus, Londres, 1952, p. 10.

Esta obra marcó una notable tendencia y, junto con el movimiento artístico sacro-aristocrático italiano, los artistas holandeses y flamencos no tardaron en reivindicar su propio lugar, con interiores corrientes, paisajes rurales, escenas de pueblo y naturalezas muertas. Junto con algunos artistas alemanes, constituyeron el movimiento conocido como el Renacimiento del Norte que, aunque menos ardiente y animado que el movimiento italiano, generó obras de un detalle extremadamente fino, intrincado y exquisito.

Jan van Eyck fue designado pintor de la corte de Juan, Duque de Baviera, Príncipe de Lieja, aunque también fuera acaparado por el Duque de Borgoña. Su obra más destacada, el Retablo de Gante, apareció en 1432. Este magnífico políptico de dos niveles y sumamente esotérico, en el que se incorporan personajes bíblicos, desde Adán y Eva hasta Jesús, lo pinto Jan van Eyck para la Catedral de St. Bavo.

En esta obra le ayudó su esposa Margaretta, que también era artista, especialmente en el gran panel titulado *La Adoración del Cordero*, un retrato místico al aire libre sobre El Apocalipsis. De hecho, todo el retablo, con sus veinticuatro paneles individuales, está imbuido de trascendencia intelectual, y representa «el nuevo cielo y la nueva tierra» del libro de El Apocalipsis 21:1.

Los libros de arte cuentan que Jan tenía un hermano mayor llamado Hubert, que le ayudó en parte de la pintura; pero Hubert es un mito. Su nombre no aparecía por ninguna parte en 1432, y tampoco más de un siglo después de que se instalara el retablo. Pero, en la medida en que se afianzó la leyenda de Hubert, Margaretta fue quedando marginada en favor de él.

Este cambio de personalidades tuvo comienzo cuando se condenó *La Adoración del Cordero* en la catedral, en una reunión del Capítulo de la Orden del Vellocino de Oro, el 23 de julio de 1559. Este prestigioso galardón hizo que el retablo fuera más conocido por el público pero, por algún motivo, a las autoridades de la catedral les resultó difícil admitir que pudiera haber implicada una mujer en la pintura. Hacia 1568, se inventaron un hermano del artista y, dado que los autores hacía tiempo que habían fallecido, se introdujo engañosamente a Hubert (en realidad, un hermano de Margaretta del que se cree que fue escultor) como hermano de Jan.

El clavo final se insertó en 1616, cuando se mencionó el nombre de Hubert en una estrofa escrita por entonces y que se pintó sobre un postigo del famoso Retablo de Gante.[2] Al mismo tiempo, se le atribuyó también a él una tumba falsa dentro de la catedral, ¡si bien la placa de la inscripción de la tumba parece que se perdió!

En la Exhibición de Brujas de 1867, se catalogó un cuadro firmado por Margaretta van Eyck titulado *Madonna y María Magdalena con un Donante*, y otra *Madonna* suya se catalogó en la National Gallery de Londres tras su apertura en 1824. Posteriormente, no obstante, se quitó su nombre del catálogo y, sin justificación ni explicación alguna, la *Madonna* se reasignó a un artista desconocido. En la actualidad, el ficticio Hubert perdura como supuesto colaborador de Jan, y Margaretta ha sido eficazmente borrada de los registros artísticos.

Como dijo W. H. James Weale, Giovanni Arnolfini se casó con Jeanne Cenami en Brujas pero, recientemente, se ha demostrado que la información de Weale era errónea, al menos en lo que se refiere a esta pintura en concreto. De hecho, se ha generado un importante debate, hasta el punto de que, en 1997, se llevó a cabo una investigación como parte del curso de arte de la Universidad Abierta de Gran Bretaña. Televisada por la BBC2, la conclusión de la investigación fue: «Todo lo que parece ser esta pintura, no lo es».

Los archivos del siglo xv del Estado de Borgoña fechan el matrimonio de los Arnolfini en 1447, trece años después de la fecha de la pintura, seis años después de la muerte de Jan van Eyck. Y, sin embargo, la firma de Jan en el cuadro está más allá de toda duda, y es única, dado que forma parte integral de la pintura en sí. Está escrita en latín, en el muro de detrás, por encima del espejo convexo (con la fecha de 1434), y dice: *Johannes de eyck fuit hic* - «Jan van Eyck estuvo aquí».

---

2. Ibíd. c. 2, p. 5. La inscripción dice: «Pictor Hubertus e Eyck major quo nemo repertus Incepit pondus: quod Johannes arte secundus Suscepit letus, Judoci Vyd prece fretus Vers-V seXta Ma-I: Vos CoLLoCat a Cta tVerl.» El imperfecto latín de esta críptica inscripción significa: «Huberto van Eyck, el más grande de los pintores que nunca haya vivido, comenzó esta obra [pondus], que Juan, su hermano, segundo tras él en destreza, tuvo la dicha de continuar a petición de Jodocus [Josse] Vydt. Con esta línea, el 6 de mayo, se sabe cuándo se terminó la obra, i. e., MCCCCXXXII». Estas cuatro líneas se pintaron sobre el postigo después de 1559, y en él se destaca a Hubert como un maestro más destacado que Jan, y la última línea es un cronograma, en el cual algunas de las letras dan el año de 1432, si se leen como números romanos. Las líneas son las más antiguas que se mencionan, y lo hace C. van Mander en su *Het Schilderboeck* (Haarlem, 1604). Cuando se restauraron los marcos del retablo en Berlín, en 1823, ya no eran legibles algunas de las palabras.

Los investigadores de la Universidad Abierta fueron Craig Harbison, profesor de historia del arte de la Universidad de Massachusetts, Evelyn Welch, de la Escuela de Estudios Europeos de la Universidad de Sussex, Martin Kemp, profesor de historia del arte de la Universidad de Oxford, y Jacques Piviot, profesor de historia de la Sorbona de París. Ellos comentaron el hecho de que, aunque no se puede captar ningún error en esta casi fotográfica obra maestra, hay numerosas anomalías en ella, y está cargada de simbolismo esotérico. Al concluir la investigación, que no llegó verdaderamente a ninguna conclusión, se indicó que «Esta pintura encierra un secreto».

Algo que se hizo evidente a partir del momento en que se descubrió el asunto del matrimonio Arnolfini es que, a pesar de la decisión de la National Gallery de cambiar el título de la pintura en 1862, es del todo claro que no se trata de un cuadro de Giovanni y Jeanne Arnolfini. De hecho, sabemos ahora que Weale extrajo su suposición de una nota de archivo fechada en 1516, cuando la propietaria del cuadro era Margarita de Austria, regente de Holanda. En el inventario de esta mujer, en relación con la pintura, había escritas las palabras *Hernoul le fin* (al parecer, «[?] el fin»). Se han hecho diversos intentos, infructuosos todos ellos, por determinar el significado de *Hernoul*, ¡pero lo que Weale decidió que era su «prueba» en 1862 fue que *Hernoul le fin* era fonéticamente similar a Arnolfini![3]

Entonces, si no se trata de los Arnolfini, ¿quiénes son los que aparecen en el cuadro? Se ha sugerido que quizás se trate de un cuadro de Jan y de Margaretta van Eyck, pero la mujer no se parece en nada a la del retrato que Jan hizo de su mujer poco después de la escena del dormitorio. El único parecido es el del tocado, que era bastante común en aquella época. Por otra parte, si el doble retrato es en realidad un retrato de novios, tal como se ha supuesto también, sería improbable que se tratara de Jan y de Margaretta, pues se casaron nueve años antes, en 1425.

Junto a esta obra, existe un retrato sin firmar, la mitad de largo que el otro, de un hombre de apariencia similar, retrato que fue adquirido por el Museo de Berlín en 1886. Originalmente, estuvo en Alton Towers, en Inglaterra, pero el Conde de Shrewsbury se lo vendió, a través de los subastadores de Christies, al museo alemán. El hombre del cuadro, que lleva en la cabeza algo parecido a un turbante rojo suelto, no tenía nombre antes de su llegada a Berlín. Pero,

---

3. Ibíd. c. 6, p. 64.

una vez allí (a la vista del nuevo título dado a la pareja de la National Gallery), se catalogó el retrato como *Giovanni Amolfini,* y se le atribuyó a Jan van Eyck.

Se acepta en general, debido al *Retablo de Gante,* que Jan van Eyck fue un maestro (si no el creador) de la sofisticada alegoría pictórica. Las pinturas de dormitorio representan un punto de inflexión, artísticamente hablando, en el arte del Renacimiento, cuando se introdujeron las primeras pinturas totalmente al óleo, frente a los métodos de pintura al temple con huevo o de temple y óleo. Por su papel pionero a este respecto, Jan van Eyck se nos muestra como uno de los artistas más importantes de su tiempo.

Al igual que en los paneles de Gante, en el doble retrato abundan el simbolismo y la iconografía y, como afirma el profesor Harbison en el documental de la Universidad Abierta, «Hay muchas cosas que parecen estar entretejidas en esta pintura, que casi parece el reto de toda un vida por llegar a aceptarla realmente».

Tanto el hombre como la mujer van muy bien vestidos, y es evidente que el hombre va vestido de calle, si bien se encuentran en un dormitorio. Dos pares de zapatillas de andar por casa parecidas a zuecos se pueden observar en la parte delantera y trasera de la habitación, supuestamente para indicar que el dormitorio está ocupado por los dos. Aunque hay clara luz de día, hay una vela encendida en la lámpara. Sobre la mesa, hay tres naranjas, y otra más en el alféizar de la ventana. Normalmente, las naranjas son símbolo de inocencia, aunque la mujer está embarazada. En el suelo, delante, hay un perrito boloñés y, detrás, colgada de un clavo en la pared, una sarta de cuentas de ámbar con borlas verdes. En el interior de una habitación por lo demás tranquila, el cubre de la cama y las telas que cuelgan sobre ella son de un carmesí brillante, al igual que la tapicería y el cojín del banco cercano. A través de la ventana, que está abierta, se puede ver un árbol con fruta roja madura. Los brazos de la brillante lámpara de latón están diseñados con flores de lis, cruces y coronas, y hay una silla de respaldo alto junto a la cama, con una talla en la parte superior que representa a una mujer triunfante sobre un dragón. De allí cuelga un plumero para quitar el polvo. Y, para completar la escena, el hombre levanta la mano en un gesto demostrativo, como señal de su importante estatus.[4]

---

4. En el arte primitivo, en especial en el arte sacro italiano donde hay varios personajes, la figura que se supone que dirige la acción suele tener una mano levantada.

En diversas investigaciones realizadas a lo largo del siglo XX, se ha admitido que, con todo lo que se puede ver en el cuadro, hay algo que se echa en falta, un mensaje subyacente o un sentido de algún tipo: «Aunque se ha escrito más acerca de este cuadro que de ninguna otra de las más famosas obras maestras, uno se queda con la sensación de que hay algo escondido». Sin embargo, a este respecto, es más que una posibilidad.

A medida que el arte sacro holandés y flamenco ganó importancia en la época renacentista, fue adquiriendo un toque distintivo propio, bastante diferente del ejemplo italiano que seguía. Fuera por una cuestión de diseño artístico o por simple ignorancia del pasado, se daba la tendencia a plasmar escenas bíblicas en un entorno contemporáneo.

Algunos ejemplos de esto son *El Censo en Belén*, de Pieter Bruegel el Viejo, una escena de José, María y el censo previo a la natividad en medio de un escenario de casas de ladrillo rojo e iglesias con los característicos tejados holandeses.

También está *San Lucas Dibujando a la Madonna*, de Rogier van der Weiden, un interior flamenco con trajes del siglo XV. *La Boda de María*, del Maestro de Flémalle (también con trajes del siglo XV) se representa en un interior de arquitectura gótica. *La Sagrada Familia*, de Joos van Cleve, nos muestra a José con un sombrero de granjero holandés y gafas, mientras que en otras escenas de los evangelios aparecen molinos de viento y caballeros con brillantes armaduras y cascos medievales.

Los artistas holandeses de la época solían representar las escenas bíblicas en sus propios entornos familiares, pero la mayoría de ellas son reconocibles debido al tema que tratan. Un hombre con una cruz y tres mujeres debajo es evidentemente Jesús, aún cuando aparezca también un caballero con armadura y un molino de viento.

Pero, ¿qué ocurre con aquellas escenas poco familiares, como la de *María Magdalena Leyendo* (lámina 38), de Rogier van der Weiden? El mueble, el libro y el vestido son, todos ellos, de la época en la que se pintó el cuadro. Si no se hubiera puesto el frasco del ungüento, no habría habido forma de saber a quién se había retratado en esa pintura.

Otra pista, evidentemente, podría ser el del color del vestido de la mujer, verde, y el tocado blanco, que es precisamente lo que lleva la mujer del doble retrato de Jan van Eyck en un escenario igualmente desacostumbrado. Quizás podríamos volver a mirar este cuadro para ver qué es lo que se nos había pasado por alto.

La herejía del dormitorio

La pareja del dormitorio está rodeada de símbolos de fertilidad y realeza, especialmente realeza francesa, con la *fleur-de-lis* en la lámpara. Pero las coronas de la lámpara están boca abajo, para indicar que el reinado ha terminado. El fruto rojo del árbol está maduro y la mujer está embarazada. Con una vela encendida, aún siendo de día, es evidente que se trata de un acontecimiento sagrado y, según el simbolismo pictórico, los perros son señal de fidelidad. En contraste con la aparente solemnidad de la escena, nos encontramos con la gran herejía de un lecho rojo, mientras la mujer tallada en la silla se la ve triunfante sobre un dragón, una reminiscencia de la escena de El Apocalipsis relativa a la persecución de los *Desposyni*.

Vamos a profundizar ahora en el fondo, dado que el foco central de esta obra no es tanto la pareja como el espejo que hay en la pared tras ellos, enmarcado en la V que forman sus brazos. (Desgraciadamente, nuestra reproducción es demasiado pequeña para que se pueda hacer una inspección de cerca, pero se pueden obtener fácilmente reproducciones de esta obra de mayor tamaño.)

La pintura en este espejo es extraordinariamente detallada. Al ser convexo, el espejo muestra toda la escena del cuadro pero invertida, inclusive la entrada de la habitación, delante de la pareja, por donde entran otras dos personas. Sin embargo, lo más sospechoso es el marco del espejo, pues es aquí donde nos encontramos con una conexión incongruente con el evangelio. Dentro de lo que parece ser una simple escena de interior, descubrimos ahora que hay diez pinturas completas más, en miniatura, dentro de los medallones que rodean el espejo. En ellos, se representa la historia de la Pasión de Cristo y, yendo en la dirección de las agujas del reloj, desde abajo a la izquierda, tenemos: 1) La traición de Getsemaní, 2) Jesús ante Caifás, 3) La flagelación a manos de los soldados romanos, 4) Jesús llevando la cruz hasta el Calvario, 5) La crucifixión, 6) El descendimiento, 7) El entierro y los lamentos, 8) El descenso al limbo, 9) La resurrección, y 10) El jardín del sepulcro. Este último, situado exactamente abajo en el centro, refleja la escena del exterior de la tumba, como anticipando el encuentro entre Jesús y María Magdalena del *Noli me tangere*.

Este encuentro es una imagen habitual de la Pasión que no se muestra en estos medallones. En la tradición barroca, era corriente representar a Jesús en esta escena con un sombrero de ala ancha, como se puede ver en las pinturas renacentistas de Lavinia Fontana, Giovanni Caracciolo, Rembrandt van Rijn,

Bartholomeus Spranger, y en la talla en madera de Alberto Durero, entre otros. En muchos libros de arte se dice que la pareja del doble retrato se da la mano, pero lo cierto es que no es así. La mano de la mujer está abierta, con la palma hacia arriba y vacía. El hombre simplemente sostiene la mano de la mujer y se la presenta al observador. Las manos abiertas, representadas de este modo, son símbolo de apertura: no hay amenazas, no hay secretos. El gesto demostrativo que se observa en la otra mano del hombre es una norma artística que indica una influencia de «permanencia» en la situación, un control sin palabras.

Llegado a este punto, convendría echar un vistazo a otras pinturas de Jan van Eyck, el maestro de la alegoría pictórica y la iconografía, tal como quedó demostrado en *El Retablo de Gante*. No hace falta considerar más que dos pinturas aquí: *La Crucifixión* (que se encuentra en el Museo Metropolitano de Arte de Nueva York) y *Las Tres Marías en la Tumba de Jesús* (que está en el Museo Boijmans van Beuningen de Rotterdam). María Magdalena destaca claramente en estas dos pinturas, y en ambos retratos la vemos otra vez con el vestido verde y el mismo reborde blanco. Si tenemos esto en consideración, tendremos motivos suficientes para postular que el doble retrato de Jan van Eyck que «guarda un secreto» nunca descubierto bien podría ser una alegoría de la Magdalena ingeniosamente concebida.

La *fleur-de-lis* y las coronas boca abajo de la dinastía derrocada (tal como vemos en la lámpara, con una sola vela conmemorativa) hacen referencia a los merovingios reyes de los francos. A este respecto, *Hernoul* se puede identificar con Hernoul de los Francos (580-640), que aparece en un manuscrito medieval que se encuentra en la biblioteca de Queen's College, en la Universidad de Oxford.[5]

Variaciones del nombre de Hernoul son Hernault, Arnault, Arnaud, Arnou, Arnould, Arnoud, Arnaux, Arnold y Arnulf. Hernoul fue director del tribunal supremo de los reyes Teodeberto II de Austrasia y Clotario II de Neustria (*véase* Mapa de la Francia Medieval, página 105), y se convirtió en obispo de Metz en 626. Con anterioridad a esto, fue tutor del hijo de Clotario, el príncipe Dagoberto, pero no apoyó posteriormente su reinado. De hecho, Hernoul lideró lo que habría de ser la caída final (*le fin*) de los merovingios, creando una cadena de acontecimientos conspiratorios que llevaría a la *Donación de Constantino* y a la designación papal de su descendiente, el rey

---

5. MS 305, France s. XV _, fols. 106, 106r-108v.

Pipino, padre de Carlomagno.[6] (En el Apéndice VI, página 373 se dan los detalles de la caída de los merovingios.)

La anotación del inventario de Margarita de Austria, «*Hernoul le fin*», no era por tanto el título de la pintura, ni tenía nada que ver con los personajes retratados. Era la nota de reconocimiento de Margarita del sentido alegórico de la pintura. Marcaba el fin del reinado de los Reyes Pescadores en la Galia, y la terminación del legado de la Magdalena de los reinos *desposínicos*.

Leyenda de la vidriera de la Magdalena en la iglesia de Kilmore

En términos estrictamente pictóricos, hay una similitud notable entre la pintura del dormitorio y una vidriera de la iglesia de Kilmore, Dervaig, en la escocesa Isla de Mull. En la vidriera, se ve a Jesús y a María Magdalena de la mano en una pose de cierta intimidad (*véase* lámina 48). La mujer embarazada de la pintura lleva el cinturón por encima de la cintura, mientras que la María Magdalena de la vidriera lleva el ceñidor caído por debajo del abdomen, indicando el mismo estado. La leyenda que hay en la parte baja de la vidriera se ha tomado directamente de Lucas 10:42, cuando Jesús le habla a Marta acerca de María estando en casa de Marta: «María ha elegido la parte buena, que no le será quitada».

Llegados aquí, sigue planteándose la pregunta: ¿Tenía Jan van Eyck un vínculo personal con el legado de la Magdalena? ¿Estuvo relacionado de algún modo con el movimiento de la Magdalena? La respuesta, como veremos en el próximo capítulo, es «sí, ciertamente, lo estuvo».

---

6. R. C. H. Davis, *A History of Medieval Europe*, Longmans, Londres, 1957, c. 6, pp. 120.

El tronco de Jesé

Hay pinturas que son alegóricas de una forma obvia, debido a que su título transmite este hecho. *La Alegoría Sagrada*, del pintor renacentista flamenco Jan Provost (llamada a veces *La Alegoría Cristiana*), es buen ejemplo de esto en un contexto relacionado con la Magdalena.[7] En esta esotérica pintura del siglo XV, se ve a Jesús con una espada, junto a María Magdalena, que lleva una corona de oro, mientras sostiene un estuche abierto con uvas negras, sobre las cuales se encuentra la paloma del Espíritu Santo. Ocupando el centro del retrato, está el azul Globo Universal, con la Tierra, el Sol y la Luna dispuestos sobre su superficie. El artista italiano Ventura Salimbeni utilizó un globo similar en su *Exaltación de la Eucaristía*, que está en la iglesia de San Pietro, en Montalcino, y también lo hicieron Johann Heinrich Schonfeld, en su *L'Adoration de la Sainte Trinité* (1640), y el pintor español Juan Carreño de Miranda, en *La Messe de fondation de l'ordre des Trinitaires* (1666), ambas en el Louvre. El simbolismo utilizado aquí es un ejemplo del modo en que los artistas de amplias miras que siguieron el Renacimiento trabajaban realmente en la práctica; pues, aunque muchas de estas imágenes sirvieron para adornar iglesias, estos artistas estaban en contra del dogma ortodoxo de que la tierra era el centro del universo.

El pequeño estuche que Provost puso en la mano de María Magdalena fue una verdadera ruptura con las normas convencionales. Aunque el significado griálico de las uvas es evidente a primera vista, la caja de alabastro (de la que hablan los evangelios) se sustituía normalmente por un frasco. Sea como fuere, como ya vimos, la traducción correcta debía haber sido no una caja, sino un *alabastrón;* pero, en cualquier caso, la Iglesia era inflexible en su desagrado por las mujeres santas con cajas, pues tenían una connotación que las asimilaba a la leyenda de Pandora.

En el antiguo mito griego (o, al menos, en el mito que se nos ha contado), Pandora había sido la primera mujer en la Tierra, y había llegado con una caja en la que se encerraban todos los males del mundo. Pero la abrió para mirar lo que había dentro, y los males salieron de ella para acosar a toda la humanidad; todos excepto la Esperanza, que quedó atrapada en la caja. En realidad, esta versión cristianizada de la historia es bastante ilógica, porque la

---

7. *La Alegoría Sagrada*, de Jan Provost, se reproduce a todo color en la edición de HarperCollins de 2002 de Laurence Gardner, *Bloodline of the Holy Grail*.

Esperanza no es un mal y, por tanto, no debería haber estado en la caja. La historia original era diferente: Pandora, enviada al mundo por Júpiter, no llegó con una caja llena de males, sino con un frasco lleno con todas las grandes bendiciones; bendiciones que liberó en el mundo.

El problema con esta historia era que contradecía la historia clerical de Eva quien, como mujer, se decía que había introducido el pecado en el Jardín del Edén. Pandora no sólo tomaba el lugar de Eva como primera mujer (lo cual ya era bastante herético de por sí) sino que, en contra de las exigencias eclesiásticas, era portadora de cosas buenas, ¡lo cual era imposible en una mujer! Y así, se tergiversó su historia, y su frasco de bendiciones se convirtió en una caja de males, obligando a los artistas sacros a no retratar a mujeres santas con cajas.

El artista francés Jean Cousin rompió hasta cierto punto con esta tradición en 1550, al pintar la griega *Eva Prima Pandora* (ahora en El Louvre), pero ni siquiera entonces llevaba una caja. Volviendo a la historia original, Cousin le puso un frasco (en realidad, dos), además de una calavera. Y, aunque pintó el nombre de ella en el cuadro, esta Pandora logró escapar a las críticas directas debido a que se parecía a otra Magdalena en la gruta, y pasó por ser el primer gran desnudo reclinado francés. Fue a partir del siglo XIX cuando Pandora adquirió importancia artística, a través de un movimiento artístico inglés durante la romántica época victoriana, con algunas contribuciones francesas y americanas.

Existe otra pintura con el título de *La Alegoría Sagrada*, y que, junto con *El Matrimonio Arnolfini*, es otro de los grandes enigmas del arte mundial. Sin embargo, a diferencia del doble retrato de Jan van Eyck, este cuadro es descaradamente obvio. El motivo por el cual sigue desconcertando tanto es que, para comprenderlo, uno tiene que reconocer la posición de María Magdalena en la historia. Lo pintó sobre tabla el artista veneciano Giovanni Bellini, un contemporáneo de Leonardo, en los alrededores del 1500.

En el mundo del arte cristiano, sólo hay una verdadera alegoría. Al igual que en la interpretación de Jan Provost, se trata de la relación entre Jesús y María Magdalena. Otras representaciones cristianas se pueden haber retratado alegóricamente, y los cuadros están llenos de iconografías simbólicas, pero el tema básico siempre es reconocible. Sin embargo, la alegoría relacionada con la Magdalena aparece siempre como una parábola: se hace evidente de inmediato para aquellos que tienen ojos para ver; pero si uno no está familiarizado con el tema, los retratos no dejan de resultar desconcertantes.

La historia de la Vid del linaje de la sangre real, que se convertiría en parte de la tradición griálica, tiene su origen en el Antiguo Testamento, en el libro de Isaías 11:1: «Saldrá un vástago del tronco de Jesé, y un retoño de sus raíces brotará». Jesé, padre del rey David, era el nieto de Boaz y de su esposa, Rut, la moabita. La Casa Real de Judá emergió a partir de esta rama de las raíces de Jesé, descendiendo como una vid a través de generaciones y desarrollándose, en términos bíblicos, hasta que Jesús afirmara: «Yo soy la vid verdadera» (Juan 15:1).

La *Alegoría Sagrada* de Bellini (*véase* lámina 49) transmite el tema de estos descendientes reales por medio de una sencilla pintura, al tiempo que manifiesta su continuación a través de María Magdalena. Jesé va vestido de rojo y sostiene una espada (símbolo de realeza, como en el cuadro de Provost), y las raíces del linaje se muestran, tal como lo describe Isaías, con una rama nueva que crece en su brazo («del tronco de Jesé»). En la parte izquierda de la pintura, Rut (la viuda de la tradición) contempla la escena, mientras María, la madre de Jesús, está sentada sobre un trono de piedra tallada. La lámina que figura en este libro es sólo un detalle del total de la pintura, en la cual, a la izquierda, detrás de María, se ve a Jesús de pie, con la mirada perdida en un lago; mientras que, a la derecha, al otro lado de Jesé, el marido de María, José, se apoya en una balaustrada, viendo jugar a unos niños pequeños. Sin embargo, en el centro de la acción, honrada por María y por Jesé, se halla sentada una contemplativa María Magdalena, portando la corona de su cargo mesiánico nupcial.

La cortesana arrepentida

Las galerías y los museos de arte tienen en nuestros días gran cantidad de retratos de María Magdalena. Ella es una de las figuras clásicas populares más pintadas, pero los artistas que la representaron no hicieron sus cuadros para las galerías y los museos. Claro está que hubo proyectos especulativos, pero la mayoría de las obras fueron motivadas por encargos específicos.

Los mecenas y los patrocinadores clave de la época renacentista eran nobles ricos y personajes de las casas reales, además de la Iglesia, de la cual provenían la mayoría de los encargos en Italia. Pero en todo esto hay algo paradójico. ¿Para qué iban a pedir y pagar las autoridades de la Iglesia pinturas y esculturas de una mujer cuyo legado pretendían socavar una y otra vez? Los obispos decían que María era una pecadora y una prostituta. Entonces, ¿para qué iban a querer que esta mujer adornara sus santos muros?

Recientemente, el profesor Christopher Witcombe, del Departamento de Historia del Arte del Sweet Briar College de Virginia, siguió el rastro de un encargo en concreto del siglo XVI y, posteriormente, publicó un fascinante informe sobre la conexión de la Iglesia y María Magdalena en el mundo del arte. Su artículo, titulado «The Chapel of the Courtesan»,[8] apareció en *The Art Bulletin* de junio de 2002,[9] y trataba del estudio de un artista del Alto Renacimiento, Rafael.

Alumno de Leonardo y de Miguel Ángel, Rafael llevó a cabo un volumen de obras extraordinario en su corta vida, principalmente durante sus últimos diez años, a partir de 1510. El Papa Julio II lo llamó a Roma a finales de 1508 a sugerencia del arquitecto Donato Bramante, y allí se le reverenció como al «príncipe de los pintores». Sin embargo, Rafael murió con 37 años, en 1520, momento en el cual sus mejores discípulos, Giulio Romano y Gianfrancesco Penni, heredaron conjuntamente su estudio. Poco después, recibieron el encargo de decorar una capilla consagrada a María Magdalena en la Iglesia de la Trinita dei Monti, en Roma. Se les instruyó para que pintaran un retablo al óleo de la escena *Noli me tangere*, además de cuatro frescos relativos a la Magdalena. En 1568, refiriéndose a este proyecto, Giorgio Vasari confirmó que fue «una prostituta» (*uma meretrice*) la que hizo el encargo a los artistas, y que, en el momento de escribir esto, había en la capilla un retrato en mármol tallado de «una famosísima cortesana de Roma» (*una famosissima cortigiana di Roma*).

En 1537, se llamó al artista Perino del Vaga para que pintara más imágenes de la Magdalena en la capilla, y la totalidad de la colección sobrevivió hasta el siglo XIX, cuando se redecoró el lugar. Hoy en día, parece inconcebible que las obras de arte del estudio de Rafael fueran tratadas hasta no hace mucho como simple decoración, que pudieran desecharse como si se tratara de los muebles de un salón durante un cambio de decoración. Afortunadamente, sin embargo, sobrevivieron un par de obras. El retablo del *Noli me tangere* se encuentra ahora en el Museo del Prado de Madrid, y uno de los frescos donde se representaba a María Magdalena transportada por los ángeles está ahora en la National Gallery de Londres. Antes de que se redecorara la capilla, Pierre-Jean Mariette (1694-1774), editor de la enciclopedia *L'Architecture a la Mode*, escribió que el resto de frescos de la capilla eran de la unción de

---

8. *(N. del T.):* La Capilla de la Cortesana.
9. C. Witcombe, «The Chapel of the Courtesan and the Quarrel of the Magdalen», en *The Art Bulletin*, vol. 84, n.º 2, pp. 273-92.

María de los pies de Jesús en casa de Simón, junto con Marta, María y Jesús, y una escena de María en el desierto.

Parece que, durante aquel período, las cortesanas profesionales formaban parte de la alta sociedad romana, ¡y parece también que la Iglesia las animaba activamente en la medida en que estuvieran arrepentidas al mismo tiempo! Sobre esta base, si una prostituta rica estaba dispuesta a pagar la factura de la Trinita dei Monti, los obispos se daban por satisfechos aceptando esas escenas de la vida de María Magdalena en la decoración de la capilla.

La palabra *cortigiana* (cortesana) se desarrolló dentro de la sociedad cortesana del siglo XV y, si bien identificaba a una prostituta de alto standing, era el equivalente femenino de *cortigiano*, un varón de la corte. Al parecer, estas mujeres podían llegar a ser sumamente ricas y, gracias a esto, podían pagar gran parte de las obras de arte de la Magdalena en las iglesias. Así se hace evidente el motivo de tan gran volumen de representaciones no bíblicas de la *Magdalena Penitente*. Así, tanto la Iglesia como las *cortigianas* obtenían una absolución formal, dado que Papas, obispos o cualquier otro cargo eclesiástico, obtenían automáticamente el perdón por mantener a sus queridas, en tanto en cuanto estuviesen arrepentidas.

En aquella época, los Papas eran hombres bastante más vigorosos de lo que son los ancianos Papas de los últimos años. A despecho de todas las regulaciones del celibato, los sacerdotes con hijos tenían incluso prerrogativas, debido a que tenían una razón evidente para exponer una penitencia abierta. Está incluso documentado que, ya en el siglo XI en tales circunstancias, la Corte Papal concedía el sacerdocio hereditario a sus descendientes.[10] ¡Y la prueba del arrepentimiento no era otra que otra pintura más de María Magdalena penitente!

Las queridas del Papa Alejandro VI (Rodrigo Borgia) eran conocidas por todos, en especial la famosa Vannozza dei Cattanei, que le dio cuatro hijos, entre los cuales estuvo la renombrada Lucrecia Borgia.[11] A Vannozza la sucedió, como concubina del Papa, Giulia Farnese.

Posteriormente, el Papa Julio II (Giuliano della Rovere) mantuvo a una querida llamada también Lucrecia, que le dio tres hijas, junto con otra cortesa-

---

10. Henry Charles Lea, *History of Sacerdotal Celibacy in the Christian Church*, Watts & Co, Londres, 1867, pp. 271-2.
11. Después de Lucrecia, el resto de hijos del Papa Alejandro con Vannozza dei Cattanei fueron Juan, nacido en 1474, César, nacido en 1476, y Goffredo, nacido en 1481.

na profesional llamada Masina. Estas mujeres vivían con el mayor de los lujos papales, con casas, viñas y todo tipo de riquezas, que prodigaban con ellas. A pesar de la norma del celibato que imperaba dentro de la Iglesia, era habitual un estilo de vida sexualmente extravagante, y todo esto quedaba absuelto mediante el encargo de una pintura de la Magdalena penitente.

Las cortesanas papales de Roma disfrutaban de una extraordinaria posición social, y se sabe que muchas de ellas hicieron uso de su posición para ejercer sus propias capacidades intelectuales y exhibir atributos que, de otro modo, se les habrían negado por el mero hecho de ser mujeres. Gaspara Stampa (1523-54), Veronica Franco (1546-91) y Tullia d'Aragona (1510-56), por ejemplo, hicieron contribuciones significativas, cada una por su cuenta, a la poesía de aquel período.

Para tener tal protagonismo en un entorno elitista, la cortesana tenía que emular a la sociedad aristocrática que la sustentaba. Se hacía deseable reproduciendo exactamente el comportamiento cortesano, actuando en público como una dama y transformando su hogar en un Urbino en miniatura, donde se hablaba de arte, de filosofía y de música. La cortesana se insertaba dentro de la sociedad noble de las mujeres, aunque para éstas no dejara de ser una ramera. Sin embargo, para ellas había una puerta abierta que estaba cerrada para aquellas otras mujeres cuyas actividades se veían constreñidas, pues podían convertirse en diosas para la posteridad, al preservarse sus rostros y sus cuerpos sobre un lienzo. La identificación con las ninfas y las divinidades daba lustre a la pátina de éxito socioeconómico de la cortesana, y los artistas de renombre social, como Rafael, se hacían con las mejores modelos para sus pinturas religiosas y mitológicas. Muchos de los retratos de María Magdalena del Renacimiento italiano son en realidad representaciones de estudio de las bellas y pseudo-aristocráticas cortesanas del palacio papal.

Vasari no da el nombre de la cortesana que encargó las pinturas de la capilla de la Magdalena de la iglesia de la Trinita dei Monti. Sin embargo, es probable que se tratara de Lucrezia Scanatoria, cuyo nombre aparece en los documentos aún existentes del convento y de la iglesia. Lucrezia Scanatoria murió en algún momento anterior al 14 de febrero de 1522, fecha en la que sus albaceas compraron una casa en el distrito del Ponte de Roma que, posteriormente, se conocería como *La Maddalena*. Otra *cortigiana* llamada Fiammetta (la cortesana de César Borgia) había dado fondos previamente para una capilla dedicada a María Magdalena en la Iglesia de St. Agostino, dejando instrucciones para ser enterrada allí.

La prostitución dentro de la corte papal no fue una novedad del Renacimiento. Era un legado de la cultura de la Roma Imperial, y los primitivos Padres de la Iglesia eran necesariamente ambivalentes sobre el estatus legal de las cortesanas en las leyes civiles romanas del emperador Teodosio, en el siglo V, y de Justiniano, en el siglo VI, tal como se enunciaban en el *Corpus Juris Civilis*. A María Magdalena se la definió por vez primera en su papel no bíblico de prostituta durante esta época, y ahora se hace evidente que fue una maniobra estratégica del clero para justificar sus propias acciones. María fue su cabeza de turco, y la anomalía de su ambiguo legado queda revelada. Por una parte, la Iglesia la difamó pero, al inventarse su arrepentimiento por unos pecados que no había cometido, los obispos se montaron su propia fuente inagotable de justificaciones.

18
Un priorato secreto

La conspiración de Sión

En *El Código Da Vinci*, existen referencias a una sociedad secreta de partidarios de la Magdalena llamada el Priorato de Sión. Se dice en la novela que esta sociedad sigue existiendo hoy en día, y que ha estado operativa desde la época de las Cruzadas. Una vez más, hay que recordar que *El Código Da Vinci* es una historia de ficción que incorpora algunos elementos verídicos. Pero éste no es uno de ellos, no al menos en la forma en que se presenta.

Sólo ha habido una organización llamada el Priorato de Sión (*Prieuré de Sion*). Se fundó y se registró como sociedad en Francia, el 7 de mayo de 1956, y se vino abajo en 1984, cuando dimitió su cofundador y secretario, Pierre Plantard. El presidente de la sociedad, André Bonhomme, había confirmado ya su abandono por escrito once años antes.[1]

Además de Plantard, Bonhomme y un puñado de colegas, no hubo miembros externos, y los objetivos del Prieuré no tenían nada que ver con María Magdalena. Se concibió nominalmente como una pseudoorden católica pero, tal como se detalla en los estatutos de los registros, y tal como confirmaba el boletín de noticias de la sociedad, *Circuit*, no fue más que un club en el que se discutían asuntos como el de los alojamientos de renta baja y viviendas de bajo coste.[2]

---

1. Esto se hizo mediante una carta a la subprefectura de Saint Julien-en-Genevoise.
2. En la Bibliothèque Nationale de París se conservan copias de *Circuit*, en su forma original y en su posterior formato reestructurado, con el nuevo énfasis político derechista de Pierre Plantard.

Según Bonhomme, se le denominó así por la colina de Monte Sión, en los alrededores de St. Julien-en-Genevoise, donde se registró el Prieuré.[3]

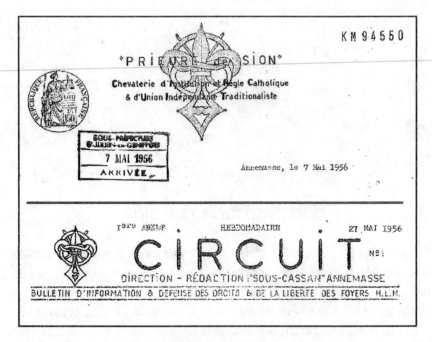

Encabezamientos del Priorato de Sión de mayo de 1956.
documento de registro y primer número de Circuit

Sin embargo, es evidente que el *modus operandi* cambió pronto, y el abandono formal de Bonhomme, el 7 de agosto de 1973, deja claro que él y los otros dos cofundadores (Jean Deleaval y Armand Defago) se habían separado de Plantard ya en 1957. La carta de Bonhomme, dirigida a la subprefectura de St. Julien-en-Genevoise, vino propiciada por un artículo aparecido en Le *Charivari,* que sacaba a la luz las sospechosas actividades de Pierre Plantard en el pasado.[4] De todo esto se dio cuenta posteriormente en un número de prensa del *Midi Libre*,[5] en Montpellier. Los artículos detallaban que Plantard había sido

---

3. Los Estatutos del Prieuré de Sion se registraron en la Subprefectura de Saint Julien-en-Genevoise. El anuncio oficial de formación, de 25 de junio de 1956, apareció en el Journal Official de la Rèpublique Française del 20 de julio de 1956, p. 6731.
4. «Les Archives du Prieuré de Sion», de Jean-Luc Chaumeil, en Le Charivari, nº 18, Oct.-Dic. 1973.
5. El periódico regional de mayor tirada en el sudoeste de Francia.

partidario del régimen de Vichy, durante la Segunda Guerra Mundial, y, en connivencia con las actividades antisemitas, había creado una engañosa orden de caballería llamada *Alpha Galates*, en 1942. Por todo ello, fue recluido en prisión y, en 1953, volvió de nuevo a la cárcel por fraude y malversación.[6]

Parece ser que Plantard había utilizado el Prieuré de Sion como vehículo para publicar una genealogía inventada de su familia, vinculándola falsamente con la Casa de St. Clair y afirmándose descendiente de la realeza merovingia de principios de la Edad Media. El investigador Jean-Luc Chaumeil dio a conocer todo esto, junto con los detalles de las actividades de extrema derecha de Plantard, en 1984,[7] a consecuencia de lo cual el Prieuré se desintegró.

Mientras tanto, Philippe de Chérisey, asociado de Plantard, anunció que ciertos pergaminos supuestamente históricos conservados por el Prieuré no eran otra cosa que falsificaciones. Y no sólo eso, pues Chérisey admitió haber falsificado él mismo los pergaminos. En realidad, su anuncio no fue otra cosa que un acto de venganza, porque Chérisey no había estado recibiendo su parte de los derechos de un libro en el que se habían publicado los detalles de estos supuestamente codificados documentos. A la luz de todo esto, nadie estaba del todo seguro de la verdad: ¿Se había inventado Chérisey los pergaminos, o estaba diciendo todo esto por despecho hacia el autor?

El libro en cuestión se titulaba *L'Or de Rennes*, producido en 1967 por Gérard de Sède. Trataba del misterioso descubrimiento que hiciera en la década de 1890 Bérenger Saunière, un sacerdote de la pequeña población de Rennes-le-Château, en el Languedoc. Como resultado de tal descubrimiento, Saunière se hizo sumamente rico, aunque nadie parecía entender cómo o por qué. A partir de 1896, empleó el equivalente de millones de euros en restaurar su iglesia, así como en financiar grandes proyectos de obras públicas en la mejora de su parroquia para la comunidad.

Este misterio local proporcionó buenos argumentos a Pierre Plantard, que afirmaba estar en posesión del secreto de Saunière y, en 1989, devolvió la vida al Prieuré de Sion con otra serie de documentos inventados. En aquel pun-

---

6. Plantard fue sentenciado a seis meses de prisión el 17 de diciembre de 1953 por el tribunal de St. Julien-en-Genevoise por romper la ley de *Abus de Confiance*.

7. Los Estatutos de Alpha Galates los expuso y los imprimió Chaumeil en Le Trésor des Templiers, una reimpresión de su obra de 1979, *Le Trésor du Triangle d'Or*, con un nuevo Apéndice relativo a Pierre Plantard.

to, confirmó también que los pergaminos originales de Rennes-le-Château eran falsos. Pero añadió que los pergaminos reales existían, si bien eran inaccesibles. Una vez más, nadie sabía si creerle o no porque, para entonces, ¡anunciaba públicamente que era el rey de Francia!

En el transcurso de las investigaciones de un escándalo financiero asociado, el juez Thierry Jean-Pierre hizo que se registrara la casa de Plantard, confiscando documentos y, posteriormente, promulgando una instrucción oficial para que se diera término de inmediato a las actividades relacionadas con el Prieuré. Desde aquel día, en 1993, la sociedad se movió en una total oscuridad, pero el misterio de Bérenger Saunière permanece. Fue de aquí de donde surgió el supuesto vínculo del Prieuré con la Magdalena, porque Saunière había sido sacerdote en la iglesia de Santa María Magdalena de Rennes-le-Château, iglesia que le fue consagrada en 1059.

En 1996, un documental de televisión de la BBC2, *The History of a Mystery*,[8] utilizó secuencias de películas de Philippe de Chérisey, junto con evidencias materiales de Jean-Luc Chaumeil y otras fuentes, para desacreditar a Pierre Plantard y poner a la luz la farsa del Prieuré de Sion. A partir de entonces, Plantard se mantuvo en segundo plano, apareciendo y escondiéndose repetidas veces, hasta su fallecimiento, el 3 de febrero de 2000, en París.

El misterio Saunière

Recientemente, han aparecido multitud de libros concernientes al misterio de los descubrimientos de Saunière, planteándose numerosas posibilidades. Algunos sugieren que fuera lo que fuera lo que descubriera Saunière, sigue enterrado dentro de la iglesia, como consecuencia de lo cual subsiste una competitiva caza del tesoro.[9] Sin embargo, y como sería de esperar, también están los que plantean lo contrario, insistiendo en que Saunière no hizo ningún descubrimiento, y que se hizo rico simplemente traficando indiscriminadamente con las misas.

---

8. *(N. del T.):* La Historia de un Misterio.
9. La historia del inexplicable auge de riquezas de Saunière se trajo a la atención del público en el libro *The Holy Blood and the Holy Grail*, de M. Baigent, R. Leigh y H. Lincoln, en 1982.

Saunière comenzó su ministerio en Rennes-le-Château en 1885, cuando la población en la aldea rondaba los 200 habitantes. Al principio, llevaba meticulosamente los libros de cuentas, anotando hasta los detalles más nimios de ingresos y gastos. Pero, a partir de 1894, sus cuentas dejaron de ser tan concisas, durante el período en que, de algún modo, amasó una gran cantidad de dinero.

Los cuadernos de la parroquia a los que se puede acceder demuestran que recibía contribuciones por las misas. Era ésta una práctica normal, mediante la cual los curas recibían alrededor de 50 céntimos por misa. Pero parece que Saunière mejoró esto en un promedio de tres veces esa cantidad. Le llevaba alrededor de dos horas y media celebrar una misa, y hacía un máximo de tres misas por día, aunque normalmente no llegaba a tanto. Así pues, no parece posible que se hiciera rico de este modo. La única manera de hacerse rico así habría sido cobrando bastante más dinero al día del que podía sacar diciendo misas, y esto durante un período de tiempo prolongado.

Parece haber pocas dudas de que Saunière cayó en esta lucrativa práctica, y existen registros de peticiones y pedidos postales que se recibían a diario y que no era posible complacer. También se sabe que, no estando demasiado contento con la gestión económica de la Diócesis de Carcasona, Saunière anunciaba sus misas en diversos periódicos. Y, claro está, estaban las habituales y benévolas donaciones que se hacían para sufragar reparaciones en la iglesia y cosas parecidas.

En la vista del juicio llevado a cabo en 1911 contra Saunière en el tribunal arzobispal de Carcasona,[10] resultó que, en vez de restringir las peticiones de misas, lo que hacía era pasárselas, junto con el dinero, a colegas de otras iglesias, que no eran tan afortunados en sus recaudaciones. En la actualidad, no se puede saber hasta qué punto es cierto o no todo esto, pero es evidente que, para conseguir fondos suficientes mediante el tráfico de misas como para cubrir los gastos de la restauración y la construcción en Rennes-le-Château, Saunière tendría que haber recibido el dinero equivalente a un millón cuatrocientas mil misas en diez años.

El debate comenzó en la vista del juicio de 1911, y continúa actualmente, cerca de un siglo después. Sin embargo, para alimentar el debate, parece ha-

---

10. Los detalles de la vista del juicio del obispo se conservan en *La Semaine Religieuse de Carcassonne*. El 3 de febrero de 1911, se decretó formalmente que no se permitiera a Saunière llevar a cabo más misas.

ber habido algún tipo de intriga subyacente. Tras acusar a Saunière de tráfico de misas, el obispo de Carcasona le suspendió de sus obligaciones, pero no le costó mucho al sacerdote conseguir que el Vaticano anulara la decisión y le restituyera a su puesto. A primera vista, Saunière no parecía ser influyente en absoluto, pero debió tener suficiente poder al más alto nivel como para desautorizar una decisión del tribunal arzobispal.

TABLEAU
DES OFFICIERS ÉLUS PAR LA R∴ L∴
DES COMMANDEURS DU TEMPLE,
A L'O∴ DE CARCASSONNE,

Pour diriger ſes Travaux depuis le 24ᵉ jour du 4ᵉ mois de l'an de G∴ L∴ 5785, juſqu'à pareil jour de l'an 5786.

N∴ DE FAMILLE.	QUAL∴ CIVILES.	QUAL∴ MAÇONIQUES.
F∴ LE DOCTEUR FRANKLIN,	Ambaſſadeur des Etats-Unis de l'Amérique,	*Vénérable d'honneur.*
F∴ DE VALETTE,	Conſeiller du Roi, Magiſtrat en la Sénéchauſſée & Siége Préſidial de Carcaſſonne,	*Vénérable.*
F∴ ASTOIN,	Avocat au Parlement,	*Premier Surveillant.*
F∴ L'ABBÉ MERIC DE RIEUX,	Prieur de Notre-Dame de Roumanou, Avocat au Parlement,	*Second Surveillant.*
F∴ NICOLAS-ALEXIS PRINCE DE GALLITZIN,	. . . .	*Ex-Vénérable d'honneur.*
F∴ SARRAN,	Receveur du Canal de Languedoc, au Port de Foucaud,	*Ex-Maître.*
F∴ CAZES,	Avocat au Parlement,	*Orateur.*
F∴ VIDAL DE Sᵀ-MARTIAL,	Avocat au Parlement,	*Secrétaire.*
F∴ GOURG,	Procureur au Sénéchal & Siége Préſidial de Carcaſſonne,	*Tréſorier.*
F∴ DAVID DE LAFAJEOLE,	Conſeiller du Roi, ſon Lieutenant-Particulier au Sénéchal & Siége Préſidial de Carcaſſonne,	*Premier Expert.*
F∴ REBOUILH,	Docteur de la Fac	
F∴ DAVID DE LAFAJEOLE		

Comendadores del Temple de Carcasona, año 1786, donde aparece el nombre de Benjamin Franklin, al principio de la lista.

En el capítulo 6, vimos que la encomienda y los talleres alquímicos de los templarios en Bézu habían sido desalojados precipitadamente como consecuencia de la persecución ordenada por Felipe IV de Francia contra la orden en 1307. Y dado que nunca se encontró el anhelado tesoro templario de Bézu, los representantes del Vaticano llevaban tiempo sospechando que los caballeros pudieran haberlo enterrado cerca de Rennes-le-Château. Esta teoría se había visto potenciada a partir de junio de 1786, cuando los documentos de los archivos de Bézu, del Rosellón y de otros preceptorios templarios fueron cotejados por la recientemente instituida Encomienda del Temple de Carcasona. Esta Orden la había constituido formalmente el doctor Benjamin Franklin, que estaba por entonces de embajador de los Estados Unidos en Francia. Franklin obtuvo este cargo tras su designación como agente secreto, diez años antes, del Comité de Correspondencia Secreta de Thomas Jefferson. A partir de 1776, Franklin reunió a un grupo de hombres que, con el tiempo, se formalizaría como la Encomienda de Carcasona.[11]

A partir de aquel momento, la jerarquía del Vaticano estuvo observando con atención los acontecimientos en el Languedoc y, cuando se supo en Roma que Saunière había hecho un interesante descubrimiento mientras llevaba a cabo sus reparaciones, los cardenales se sintieron especialmente interesados. Los primeros hallazgos de Saunière en la iglesia fueron dos documentos de registros genealógicos fechados en 1244 y 1644 respectivamente,[12] pero no estamos seguros de si llegó a encontrar algo más aparte de esto. El colegio de cardenales se hizo con los documentos, como sería de esperar, y, luego, aportó sumas sustanciales de dinero en la dirección de Saunière para estimularle en la continuación de las obras. Los cardenales tenían un emisario local, el abbé Henri Boudet, de la cercana población de Rennes-le-Bains, que controlaba de cerca a Saunière. Henri Boudet fue el responsable de pasarle a Saunière los fondos del Vaticano, en cantidades grandes y regulares durante un largo período de tiempo. Quizás los cardenales pensaran incluso en la posibilidad de encontrar el Arca de la Alianza. Aunque, ciertamente, no se había hablado de ella en Francia durante casi 600 años.

---

11. Los archivos de la Encomienda del Temple de Carcasona se conservan en la colección de la *bibliothèque* del Gran Oriente de Francia, y en *Les archives secrètes des francs maçons*, en París.

12. Ibíd. c. 1, p. 5.

La encomienda de la revolución

Prácticamente, a los cargos del Vaticano nunca les preocupó la reinstaurada Encomienda Templaria de Carcasona. No tenía nada que ver con ningún tesoro físico, era esencialmente un elemento político que, con anterioridad a su formalización, había estado vinculado con la Guerra de la Independencia en América del Norte.

Previamente a sus visitas a Francia, Benjamin Franklin había sido nombrado Hermano de una Sociedad Real científica y filosófica de Londres. Aunque entonces estaba bajo control de la Casa de Hanover, parte de la Sociedad (establecida en su origen por el rey Carlos II, en 1662) seguía operando como escuela rosacruz, con una fuerte afiliación a la Casa Real de Estuardo. Cuando Franklin llegó a Francia en 1776, el jefe de la Casa Real era Carlos Eduardo Estuardo (*Bonnie Prince Charlie*), cuyo abuelo, Jacobo VII de los escoceses (Jacobo II de Inglaterra) había sido depuesto en 1688, exiliándose al palacio de St. Germain-en-Laye, en París. El canciller rosacruz de Carlos Eduardo era el Marqués de Montferrat, entonces Conde de St. Germain. En septiembre de 1745, Carlos había sido investido, en la abadía de Hollyrood, Gran Maestre de los Templarios Jacobitas y, junto con el conde, habría fundado poco después el Capítulo Rose-Croix en Francia. Para ello, habrían utilizado el modelo de 1317 de Roberto Bruce de la Hermandad de Ancianos de la Rosy Cross, que evolucionaría posteriormente en la Sociedad Real.

Franklin estaba interesado en estos hombres por el fracaso de los jacobitas en su enfrentamiento con el rey Jorge II, pues, tras su derrota en la Batalla de Culloden, en 1746, decenas de miles de escoceses habían tenido que huir a América del Norte para escapar de las Matanzas de las Tierras Altas, en Escocia. Franklin le ofreció a Carlos Eduardo otra oportunidad frente a la Casa de Hanover de Jorge, si podía conseguir que los templarios franceses y escoceses apoyaran la Revolución Americana frente a la misma casa real.

Se hicieron los planes, con la participación de notables templarios franceses, como el Marqués de Lafayette, y el cuartel general de la conspiración se ubicó en una de las instalaciones del Conde de St. Germain, en el antiguo preceptorio templario de Bézu, en el Languedoc. En los documentos se dice que el conde era el presidente del Parlamento del Temple. El resultado final de todo esto fue que, junto con los miembros jacobitas de la Sociedad Real de Londres y los apoyos recibidos de la Académie Française, la Guerra de la Independencia norteamericana se planificó en gran medida en Bézu, y los franceses se unieron a la Revolución en 1778.

Dossieres sospechosos

Volviendo a los documentos del Prieuré, tal como los presentaban Pierre Plantard, Philippe de Chérisey y sus amigos, hay dos elementos en concreto, además de los pergaminos codificados, que han despertado un gran interés y han llevado a intensas investigaciones en los últimos años. El primero, conocido como *Les Dossiers Secrets* (Los *dossieres secretos*), hace una relación de Grandes Maestres del Prieuré desde 1188 hasta 1918. Aunque falseado de una forma bastante gráfica, tiene cierta base real, pero no en la forma en que se hace aquí, como una secuencia seriada de una única organización. En realidad, se reúnen aquí diversos grupos históricos con sus ramificaciones.

El segundo documento se titula *Le Serpent Rouge* (La Serpiente Roja). Es una obra recopilatoria, supuestamente escrita por tres autores,[13] e incluye un par de mapas medievales de Francia, una genealogía merovingia, un plano del seminario parisino de Saint Sulpice y trece poemas en prosa relacionados con el Zodiaco. Abiertamente crípticos en su estilo, los versos llevan referencias a numerosos aspectos del misterio de Saunière y a la iglesia de la Magdalena de Rennes-le-Château.[14]

Hay diversas referencias nominales en esta obra a María Magdalena, asimilándola a la Reina Isis y definiéndola como *Notre Dame des Cross*. La palabra «cross» es inusual, y hubiera sido de esperar que se utilizara la palabra francesa *croix*, cruz. Pero el verdadero enigma de *Le Serpent Rouge* se halla en el hecho de que sus tres supuestos autores se ahorcaron, cada uno por su parte, a principios de Marzo de 1967, el mismo mes en que se presentó *Le Serpent Rouge* en la Bibliothèque Nationale de Paris, con una página de inicio fechada el 17 de Enero.

De todos los documentos del Prieuré, *Le Serpent Rouge* es el más fascinante. El problema es que no nos podemos fiar del Prieuré de Sion, completamente bajo el control de Plantard en 1967. No debió resultar difícil encontrar tres suicidios similares, aunque inconexos, en las columnas de sucesos de los periódicos y añadir los nombres de los fallecidos al documento antes de presentarlo en el archivo nacional. Pero lo cierto es que la sospecha es ciertamente merecida, dado que el depósito en los archivos se hizo realmente el 20 de Marzo, dos semanas después de la muerte de los supuestos autores.

---

13. Pierre Feuugère, Louis Saint-Maxent y Gaston de Koker.
14. Esta connotación la sugirieron M. Baigent, R. Leigh y H. Lincoln en *The Holy Blood and the Holy Grail*, c. 4, p. 72.

Sea cual sea la verdad de su autoría, *Le Serpent Rouge* tuvo éxito al postular un vínculo entre María Magdalena y el Prieuré de Sion, asociando al mismo tiempo el enigmático documento a las siniestras muertes. El guión era potente y convincente, como queda reflejado en *El Código Da Vinci,* cuyo director del museo y guardián de los secretos del Prieuré, nombrado estratégicamente Jacques Saunière, es asesinado en El Louvre.

El patrimonio de San Sulpicio se remonta a tiempos merovingios, cuando Sulpicio era obispo de Bourges, entre 624 y 647. El plano y el tamaño de la iglesia, que comenzó a construirse en 1646, son en gran medida los mismos de la catedral de Notre Dame de París. Entre los detalles interesantes de su interior, están los frescos del Antiguo Testamento de la capilla de los Santos Ángeles (pintados bajo la supervisión de Eugene Delacroix). Hay un magnífico órgano fechado en 1781, y hay una línea de cobre de 4'5 mm. incrustada entre bandas de mármol en el suelo del coro que marca el meridiano cero, la Línea Rosa de París. Se ha sugerido que quizás la *Compagnie du Saint-Sacrement,* un movimiento político del siglo XVII del cual fue miembro el constructor de Saint Sulpice, Jean-Jacques Olier, fuera una fachada primitiva del Prieuré de Sion, pero no existen evidencias que sustenten siquiera la más mínima conexión. Al ser denunciada la *Compagnie* por Luis XIV, sus archivos se ocultaron, supuestamente en Saint Sulpice, generando así cierto aire de misterio de «sociedad secreta», algo que sin duda le resultó atractivo a Plantard.

El Prieuré original

Dejando a un lado la idea errónea de un Priorato de Sión moderno, la hermandad caballeresca a la que cual parece que se refiere Dan Brown en *El Código Da Vinci* la fundó Godefroi de Bouillon en 1099. Después de la Primera Cruzada, Godefroi de Bouillon fue investido Rey de Jerusalén y Defensor del Santo Sepulcro. A esta hermandad se la llamó *Ordré de Notre Dame de Sion* (Orden de Nuestra Señora de Sión) y, aunque no tenía en principio ninguna conexión con María Magdalena, sí que se asoció con ella en tiempos posteriores.

El cuartel general de la orden se encontraba inicialmente en la nueva abadía de Monte Sión, cerca de Jerusalén. Desde alrededor de 1118, estuvo afiliada a la Orden de los Caballeros del Templo de Salomón y, hacia 1152, operó en Francia bajo carta de privilegio del rey Luis VII, en Orleans. Mientras, en Jerusalén, la *Ordré de Notre Dame* original se utilizó como una rama donde acomodar las adhesiones musulmanas y judías a la cristiana Orden del Temple.

A finales de aquel siglo, en 1188, hubo un cisma tras una disputa interna, y la *Ordré de Notre Dame* se independizó de los templarios. Pero, al tomar esta opción, dejó de ser una orden reconocida bajo carta de privilegio real. Así pues, se convirtió simplemente en un Priorato (un vástago), y ya no dispuso del privilegio de un Gran Maestre soberano. Se la conoció como el *Prieuré Notre Dame de Sion*, y a sus principales testaferros se les apodó *Nautonniers* (Timoneles).

Operativamente, el Prieuré mantuvo sus vínculos con los templarios en Francia, y se convirtió en una especie de academia. Sus miembros estaban particularmente interesados en temas de filosofía natural y alquimia. Se llegaron a interesar especialmente en el oro monoatómico y la química de *Ormus* (*véase* capítulo 6, página 112).[15] Esto guardaba relación con ciertos documentos que los templarios se habían traído de Jerusalén, y fue el motivo de su ubicación original en la base de Bézu.

Por tanto, no resulta sorprendente que personajes como Nicolás Flamel, Leonardo da Vinci, Robert Boyle e Isaac Newton tuvieran implicaciones con esta fraternidad esotérica, junto con el mentor alquímico de la Sociedad Real del siglo XVII, Erenaeus Philalethes.[16] Fue él quien escribió el tratado *Secretos Revelados*, relativo a la naturaleza de la Piedra de los Filósofos y al mágico polvo blanco de oro.

Lo que está claro es que, durante la primera época de la Sociedad Real, hubo otro cambio de dirección dentro del Prieuré de Notre Dame, que llevó a otro cisma. Al parecer, esto sucedió debido a que la fraternidad original se involucró políticamente en Francia y operó coaligada con la Académie Française, que competía científicamente con la Sociedad Real de Boyle y Newton en Inglaterra. Y le tocó a Charles Radclyffe de Derwentwater, un noble Estuardo en Francia, volver a unir las cosas dentro del Prieuré. Después, llegó la Revolución Americana y la implicación de Benjamin Franklin en Carcasona, en una época en que el *Nautonnier* del Prieuré era el jacobita protagonista, Carlos, Duc de Lorraine.

---

15. Capítulo 6 - El Aliento del Universo.
16. Para más información relativa al interés en la alquimia de Isaac Newton y la Sociedad Real, véase Michael White, *Isaac Newton, the Last Sorcerer*, Fourth Estate, Londres, 1998, c. 6 y 7, pp. 104-62.

El vínculo Estuardo del Prieuré y los asuntos en América fueron de vital importancia en esta época, pero el *Nautonnier* que le siguió, Maximiliano de Lorena, no estaba interesado ni en la política ni en la ciencia, pues era mecenas de las artes, especialmente de la música y la literatura. Y así, desde entonces, hombres como Charles Nodier, Víctor Hugo, Claude Debussy y Jèan Cocteau tomaron el timón del Prieuré, llevándolo hasta una total oscuridad después de la Primera Guerra Mundial.

Mientras tanto, durante la primera parte del cisma, estando el Prieuré bajo Robert Boyle, el brazo científico de la institución pasó a manos del Gran Maestrazgo Estuardo del exiliado rey Jacobo VII de los escoceses, en el palacio de St. Germain. Al volver a tener un jefe soberano, esta rama fue investida como Orden Real (en lugar de cómo simple Priorato), y se reconstituyó como *Orden del Reino de Sión*, y los asuntos cotidianos dejaron de estar en manos de los Timoneles para pasar a manos de Regentes por designación real.

George Keith, Conde Mariscal de Escocia (1692-1778) fue el Regente hasta que le transfirió el cargo a Seignelay de Colbert Traill, obispo de Rodez (hijo pequeño de Lord Castlehill). Después, Sir Robert Strange fue el Regente, y en 1848 lo fue Lord Elphinstone. Más tarde, Bertram, 5º Conde de Ashburnham (1840-1913), se convirtió en el Regente del Gran Maestre, a quien le sucedió en 1908 Melville Henri Massue, Marqués de Ruvigny et Raineval, que hizo *La Nobleza Jacobita* y el *Registro de la Sangre Real de Bretaña*. Después de esto, y sujeta a las condiciones del Mandato Británico en nombre de la Liga de Naciones en 1919, la fundación se fusionó con la *Orden del Sangréal* en Europa[17]

Como se dice en el registro de *La Nobleza Jacobita* de 1921, la *Orden del Sangréal* (La Soberana Orden del Santo Grial) era una Orden de la Casa Real de Estuardo. En la actualidad, estas órdenes, combinadas, se encuentran dentro del protectorado de La Noble Orden de la Guardia de St. Germain, constituida por el rey Jacobo VII (II de Inglaterra) Estuardo, en 1692.

¿Qué tiene que ver toda esta historia, desde 1099, con esa sociedad privada denominada el *Prieuré de Sion*, registrada en Francia en 1956? Absolutamente nada. ¿Qué tiene que ver con una trama secreta para reestablecer la dinastía merovingia en Francia, como se suele conjeturar? De nuevo, nada.

---

17. Información útil relativa a la Orden del Reino de Sión se puede encontrar en Melville Henry Massue, Marqués de Ruvigny & Raineval, 1868-1921, *The Jacobite Peerage, Baronetage, Knightage & Grants of Honour* (1921), fac. reimpreso por Charles Skilton, Londres, 1974.

¿Qué tiene que ver con el culto a la diosa, tal como se sugiere en *El Código Da Vinci*? Nada en absoluto. ¿Y qué tiene que ver con María Magdalena? Tampoco nada... a primera vista. Pero, debido a la condena de la Inquisición a los templarios en 1307, el legado de la Magdalena quedó firmemente arraigado en la *Prieuré Notre Dame de Sion* en Francia, y así, la información que aparece en *El Código Da Vinci* es correcta en parte. Pero, en la actualidad, no existe conexión alguna, dado que esta organización dejó de existir cuando Maximiliano de Lorena la llevó a un callejón sin salida después de 1780.

Dios y la Magdalena

En tiempos relativamente recientes, ha habido dos importantes exhibiciones artísticas dedicadas a María Magdalena. La primera se celebró en el Centro de Exhibiciones de Florencia en 1986, y se tituló *La Magdalena, entre lo Sagrado y lo Profano − Una identidad velada y violada*. Poco después, en 1988, llegó *Marie Madeleine − Una tentadora del deseo*, en el Museo Petrarch, Fontaine-de-Vaucluse. En esta última exhibición se puso en la palestra el vínculo de María con la realeza francesa, en especial con la extraordinaria campaña militar de Juana de Arco en el siglo XV.

El hombre que estuvo tras esta campaña fue uno de los personajes más sorprendentes de los archivos históricos, un rey cuya historia podría rivalizar con cualquiera de las historias de los aventureros del Grial. Se trata del Conde de la Provenza, Duque de Anjou y Rey de Nápoles; también Duque de Calabria y Lorena, Conde de Bar y Guise, y Rey titular de Hungría, Sicilia, Aragón, Valencia, Mallorca, Cerdeña y Jerusalén. Era un reconocido artista, escritor, legislador, músico, arquitecto, lingüista, geópono y caballeresco campeón de Lizas. Y, además, le dio a Cristóbal Colón su primer encargo como marino.

Unas credenciales como éstas serían una buena introducción para cualquier héroe romántico, pero no fue éste un personaje extraído de las páginas de los romances míticos. Era el rey René d'Anjou (nacido en 1408), Gran Maestre de la náutica Orden del Creciente, cuya hermana, María, estaba casada con el rey Carlos VI de Francia, y cuya hija Margarita fue la esposa del rey Enrique VI de Inglaterra.

René d'Anjou introdujo la famosa Cruz de Lorena de doble barra, que se convertiría en el perdurable símbolo de la Francia Libre y que fue el emblema de la Resistencia francesa durante la Segunda Guerra Mundial. Fue el autor e ilustrador de *El Manual para la Perfecta Organización de Torneos*, junto con *Las Batallas y la Orden de Caballería y el Gobierno de los Príncipes*. Se conserva una traducción de este último libro, conocida como el *Manuscrito Rosslyn-Hay*, en la biblioteca de Lord William Sinclair, en la capilla del siglo XV de Rosslyn, cerca de Edimburgo, Escocia, y es la obra escocesa en prosa más antigua que existe. La cubierta del libro, de madera de roble forrada en piel, lleva inscrito *Jhesus-Maria-Johannes* (Jesús-María-Juan), al igual que en una inscripción masónica que hay en la abadía de Melrose, en Escocia.[18]

Junto con María Magdalena, San Juan el Divino (el autor de El Apocalipsis) fue enormemente reverenciado por René y por los defensores del Grial de los *Albi-gens*, los albigenses. Se decía que Juan era el guardián del «vino del furor de Dios», y se le suele representar en las obras de arte con un cáliz que contiene una serpiente. Esto hace referencia al Apocalipsis 14:10 y a la copa de la cólera de Dios. Se decía que Juan había bebido de esta misma copa, pero que no le afectó debido a su propia divinidad. Respecto a esto, en el manuscrito de Rosslyn se simboliza a San Juan a través de una serpiente gnóstica de la sabiduría y de un emblema griálico festoneado.

René d'Anjou se relacionó en su carrera artística con figuras notables de principios del Renacimiento, como Jan van Eyck, Fra Angelico, Filippo Lippi y Paolo Uccello. Trabajó sobre varios retablos, entre ellos, el celebre tríptico de la catedral de Aix, en el que también trabajó Nicolas Froment.[19] Entre los colegas de René estuvieron los de las grandes casas de Italia (las familias de Sforza y de Medici), y su colorida pintura de *Marie Madeleine Predicando Ante el Rey y la Reina de Marsella* se encuentra en el Musée du Vieux Marseille.

Por tanto, es el rey René el que nos proporciona el vínculo perdido en el misterio de Jan van Eyck del doble retrato de la National Gallery, con sus distintivos matices de la Magdalena. Jan y René tuvieron algo más que una relación superficial, pues fueron amigos, y tuvieron intereses y conocidos comunes, además de ser Jan van Eyck el que le enseñó a pintar a René d'Anjou.[20] El artista

---

18. Andrew Sinclair, *The Sword and the Grail*, Crown, Nueva York, 1992, c. 7, pp. 77-8.
19. Edgcumbe Staley, *King René d'Anjou and his Seven Queens*, John Long, Londres, 1912, c. 1, pp. 20-1.
20. Ibíd. introducción, pp. 19-20.

dominico Fra Angelico fue otro de los personajes de su círculo, y fue él el que puso las tres cruces rojas en su fresco del *Noli me tangere* (lámina 5), incluyendo también a María Magdalena en su pintura de *La Última Cena* (lámina 50).

María Madalena predicando ante el Rey y la Reina de Marsella,
de una pintura de René d'Anjou (1408-80)

Junto con su reina consorte, Jehanne de Laval, René organizó peregrinaciones a la Magdalena, e hizo que se le pusiera al hueso del brazo derecho de María Magdalena la cubierta de plata dorada en la cual se exhibe aún hoy en día.[21] René diseñó e hizo esta cubierta en 1473, antes de que se abriera la nueva basílica de St. Maximus la Sainte-Baume y, a la luz de esta información, podemos responder ahora a la pregunta (planteada al final del capítulo 6) de quién guardó las reliquias de la Magdalena desde la caída de los templarios franceses en 1307 hasta que se consagrara y se abriera la nueva basílica de St. Maximus la Sainte-Baume a finales del siglo XV.

---

21. Ibíd. c. 9, p. 334.

En 1307, el Timonel del Prieuré Notre Dame de Sion era Edouard de Bar, siendo su tío Jean, Conde de Bar, su segundo. La hermana de Edouard, Jeanne de Bar, ostentaría posteriormente el cargo hasta 1351.[22] Un par de generaciones después (tras un período de implicación de los Sinclair por medio de vínculos matrimoniales), el timón caería en manos del cardenal Louis de Bar, cuyo segundo parece que fue el químico francés Nicolas Flamel. Luego, a partir de 1428, René d'Anjou y Bar tomó el timón del *Nautonnier*. En este cargo, le sucedería en 1480 su hija Yolanda, cuyos sucesores serían Sandro Filipepi (Botticelli) y Leonardo da Vinci. Botticelli había sido discípulo de Filippo Lippi, amigo de René, y había trabajado también con el artista y orfebre Andrea del Verrocchio, que fue el tutor de Leonardo. El mecenazgo común en todos ellos estuvo en la florentina Casa de Medici.

A lo largo de todo este período, la casa de Anjou y Bar de René fue vital en las actividades del Prieuré, y dado que René tuvo acceso a las reliquias de la Magdalena en 1473, parece ser que su custodia, desde 1307 hasta la apertura de la basílica de St. Maximus, fue confiada por los templarios al Prieuré Notre Dame de Sion. De hecho, *Notre Dame de Sion* (Nuestra Señora de Sión) pasa por ser la misma María Magdalena, es decir, la misma *La Nostra Signora* que pintara Leonardo en su *Madonna de las Rocas,* mientras su amigo Botticelli era el *Nautonnier* del Prieuré. Fue Botticelli el que puso granadas maduras y abiertas en la mano de Jesús para indicar la fertilidad de su linaje, y también fue él el que pintó la obra maestra de la valva de vieira, una alegoría de María la de Clopás, que se conocería posteriormente como *El Nacimiento de Venus*.

Durante su época en el Prieuré, René d'Anjou se sumergió completamente en el legado de María Magdalena y *Les Saintes Maries de la Mer.* Él diseñó y construyó la iglesia colegiata con forma de barco para los restos de Santa Marta en Tarascon,[23] mientras que en Reculée, cerca de Angers, fundó el santuario ermita de *La Madeleine de St. Baumette.*[24] Pero René no sólo reverenció y pintó a María Magdalena, pues también fue el principal benefactor de su tradición en la Provenza, y le dio su nombre a una de sus hijas. Él organizó la popular festividad de Betania en Marsella, Tarascon y Aix, y fue el presidente de las celebraciones festivas de *Les Saintes Maries.*

---

22. M. Baigent, R. Leigh and H. Lincoln, *The Holy Blood and the Holy Grail,* c. 6, p. 101, y apéndice pp. 375-6.
23. *Véase* capítulo 7 - Marta.
24. E. Staley, King *René d'Anjou and his Seven Queens,* c. 9, pp. 334.

Entre las colegas más cercanas a René estuvo la intrépida Doncella de Orleans, Jehanne d'Arc (Juana de Arco). Nacida en 1412, Juana de Arco era hija de un granjero de Domrémy, en el ducado de Bar. Al año siguiente, Enrique V se convertiría en rey de Inglaterra (sus propios nobles lo pintan como un hombre frío, un belicista sin corazón, aún cuando la propaganda histórica le haya cubierto con el manto de un héroe patriota). En la época de su subida al trono, la guerra de los Plantagenet contra Francia se había apaciguado, pero Enrique decidió reavivar las reivindicaciones de su antepasado Eduardo III sobre Francia. Y esto, basándose en que la madre de Eduardo, todo un siglo atrás, era la hija del rey Felipe IV, el hombre que había perseguido a los templarios en 1307.

Enrique V, con 2.000 soldados y 6.000 arqueros, invadió Normandía y Ruán, derrotando a los franceses en Agincourt en 1415. Posteriormente, fue proclamado Regente de Francia en el Tratado de Troyes y, con la ayuda de la desleal reina francesa Isabau, Enrique se casó con Catalina de Valois, la hija del rey francés. Luego, intentó derrocar al hermano de ésta, el Delfín, que estaba casado con la hermana de René d'Anjou, María. Pero Enrique V murió dos años después, al igual que Carlos IV de Francia.

En Inglaterra, el heredero al trono era el hijo de Enrique, a la sazón un bebé, y sus tíos, los Duques de Bedford y Gloucester, se convirtieron en Señores de Francia. Los franceses estaban preocupados ante sus perspectivas de futuro pero, en 1429, apareció Juana de Arco en la fortaleza de Vaucouleurs, cerca de Domrémy, anunciando que los santos le habían encargado asediar a los ingleses en Orleans.

Con diecisiete años, Juana partió hacia la Corte Real del Château du Milieu, en Chinon, junto con el cuñado del Delfín, René d'Anjou. Una vez en Chinon, junto al Loira, proclamó su misión divina de salvar a Francia de los invasores. Al principio, la Corte se resistió a las ambiciones militares de Juana, pero ella logró el apoyo de Yolanda d'Aragon, que era la suegra del Delfín y madre de René d'Anjou. A Juana se le confió el mando de más de 7.000 hombres, incluida la prestigiosa Guardia Real Escocesa de los *Gendarmes Ecossais* y los más destacados capitanes de la época. Con René d'Anjou a su lado, las tropas de Juana rompieron el bloqueo en Orléans y vencieron a la guarnición inglesa. Pocas semanas después, el valle del Loira estaba de nuevo en manos de los franceses.

El 17 de julio de 1429, Carlos, el Delfín, fue coronado en la catedral de Reims por el arzobispo Regnault de Chartres. Junto a él, en tan prometedora ocasión, estaba la valiente pastora de Lorena con su famoso estandarte. Descrito con detalle en su posterior juicio, y pintada por el escocés Hamish Power, llevaba los nombres *«Jhesus Maria»*, los mismos que aparecían en la sagrada piedra *Jesús María* de la capilla de Glastonbury.

Menos de un año después de su éxito, la Doncella de Orleans fue capturada durante el asedio de París, y el Duque de Bedford organizó un juicio, ante Pierre Cauchon, obispo de Beauvais, que la condenó a prisión de por vida a pan y agua. Y, cuando se negó a dejarse violar por sus captores, el obispo la calificó de bruja ingrata y, sin más juicios, la quemaron viva en la Plaza del Mercado Viejo de Ruán, el 30 de mayo de 1431.

Cuando se embarcó en su campaña de Orleans, Juana eligió a su comandante en jefe diciendo, «Dadme al duque René de Bar».[25] A él le había dicho, «No hay nadie más aquí en quien sepa que puedo poner toda mi confianza... Cruzaremos Francia juntos», y durante los meses que siguieron la pareja fue prácticamente inseparable.

Aunque recordado hoy por su magníficamente ilustrado manuscrito del Caballero del Amor, *Le Livre du Cueur d'Amours Espris*,[26] la reputación de René d'Anjou se consumió en la misma hoguera que vio el fin de su querida Juana. El poderoso clero francés había desacreditado a la heroína y, a consecuencia de ello, René se convirtió en víctima de una despiadada Inquisición literaria. La Iglesia le veía como el epítome de todo lo que detestaba en cuanto a la tradición griálica y, a pesar de toda su fama y su importancia, a René se le borró en mayor o menor medida de los archivos académicos de tal modo que rara vez se habla de él en las aulas hoy en día. La gran ironía de todo esto es que, no hace mucho, en 1920, la Iglesia revisó el caso de Juana de Arco y, a la luz de unas hipócritas consideraciones, no sólo la perdonaron, sino que, además, ¡la canonizaron!

Al igual que María Magdalena antes que él, el rey René d'Anjou murió en Aix-en-Provence el 10 de julio de 1480. La reina Jehanne le puso la joya de la soberanía alrededor del cuello en su ataúd pues, aunque había tenido hijas, no había ningún heredero varón legítimo en el linaje de Anjou de Bar. Su hija mayor, Yolanda, asumió sus títulos durante algún tiempo, pero se los cedió al rey Luis XI de Francia cuando éste se los reclamó.

---

25. Ibíd. c. 5, p. 143.

26. Escrito en 1457, la historia habla del caballero andante Cueur quien, en compañía de su escudero Desire, se embarca en un peligroso viaje de cortejo para liberar a Dulce Gracia (la Dame Doulce-Mercy), que está cautiva en la Fortaleza de Resistencia por los tres enemigos del Amor, que son Negación, Vergüenza y Miedo.

Entre los legados personales de René a su esposa, Jehanne, había collares de diamantes y rubíes, escriños de plata y grandes cuencos de oro incrustado de piedras preciosas. Pero, por encima de todo, lo más valioso era una sencilla copa, una copa de vino de cristal de roca en la que René había grabado:

> Quien bien bebe,
> a Dios verá.
> Quien apura de un solo trago,
> Verá a Dios y a la Magdalena.[27]

La conclusión de la inscripción de René es que los aspectos inconexos del aprendizaje son suficientes para presentar una imagen de Jesús, tal como hace la doctrina convencional. Pero, cuando los datos escriturísticos se abarcan como un todo, María Magdalena aparece también en el cuadro.

Para René, con independencia de alabastrones y nardos, María Magdalena, la patrona de la Provenza, era, por sí misma, el Santo Bálsamo de la cual recibió su nombre *La Sainte-Baume*. Su bálsamo físico se manifestó en el legado dinástico de los *Desposyni*, pero su bálsamo espiritual fue la verdadera naturaleza del *Sangréal*, la inagotable Luz del recipiente sagrado. René sostenía que el camino hacia esa iluminación era, ciertamente, la Demanda del Santo Grial, y que el secreto de su consecución constituye el legado eterno de María Magdalena.

---

27. «Qui bien beurra, Dieu voira. Qui beurra tout d'une baleine, voira Dieu et la Madeleine». *Véase* E. Staley, *King René d'Anjou and his Seven Queens*, c. l, pp. 29.

La Herencia del Santo Grial

Antepasados y descendientes de Jesús, desde el rey David hasta el rey Arturo

DAVID
Rey de Judá, 1008 a.C., e Israel, 1001 a.C.

Betsabé
viuda de Urías, e hitita

Maaká
hija del rey Talmay de Guesur

Solomón (Jedidiah) ~ **Rey de Israel y Judá 968-925 a.C**
≈ *Naamá (Nin-mah)*

Reoboam (Roboam)
Rey de Judá 928-911 BC

Urïel de Guibeá

Tamar I

Absalón
(Abishalom)

Tamar II

*Mikaia
(Melka)*

Natán

Mattatá

Menná

Eliquim

José

Judá

Semeí
(Simeón)

Leví

Mattat

Jorim

Abijah (Abiá) ~ **Rey de Judá 911-908 BC**
≈ *Maaká (Malkit)* ~ hija de Absalón de Jerusalén

Asá (Asar) ~ **Rey de Judá 908-868 a.C.**
≈ *Azubá (Azobha)* ~ hija de Silijí (Sala)

Jehoshaphat (Josafat) ~ **Rey de Judá 868-851 n.C.**
≈ *Malkiya* ~ hija de Abiud

Jehoram (Joram) ~ **Rey de Judá 851-843 a.C.**
≈ *Atália* ~ hija del rey Ajab de Israel y de la reina Jezabel
Reina de Judah 843-839 a.C. ~ sucediendo a su hijo Ahaziah

Ocozías ~ **Rey de Judá 843 a.C.**
≈ *Sibia (Subha)* ~ hija de Habralías de Berseba

Joás ~ **Rey de Judá 839-799 a.C.**
≈ *Yehoaddán (Joadan)* de Jerusalén

Amasías ~ **Rey de Judá 799-785 a.C.**
≈ *Yekoliá (Ikhalya)* de Jerusalén

Uzziah (Ozías) ~ **Rey de Judá 785-742 a.C.**
≈ *Yerusá (Irusha)* ~ hija de Sadoq el Sumo Sacerdote

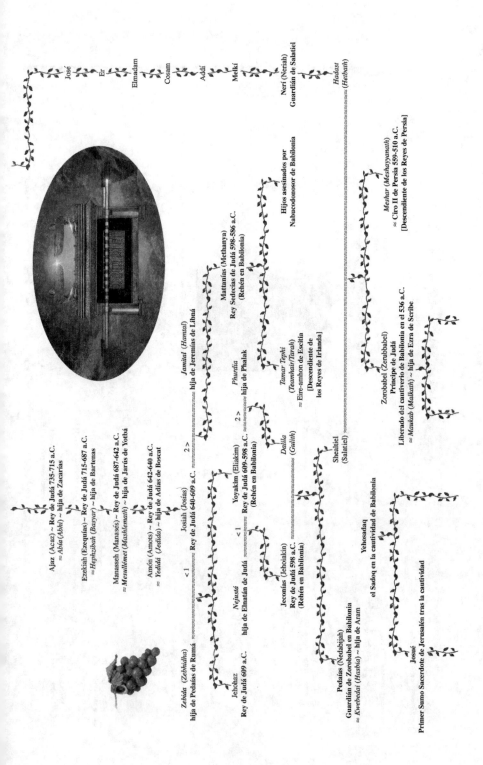

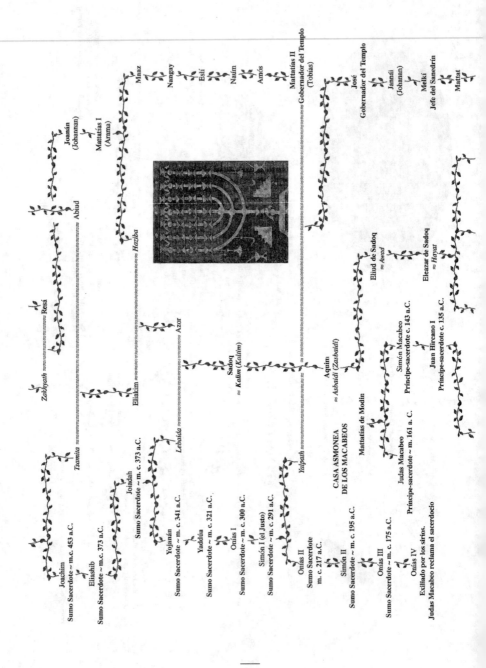

Joachim
Sumo Sacerdote ~ m.c. 453 a.C.

Eliashib
Sumo Sacerdote ~ m.c. 373 a.C.

Joiadah
Sumo Sacerdote ~ m. c. 373 a.C.

Yojanán
Sumo Sacerdote ~ m. c. 341 a.C.

Yaddúa
Sumo Sacerdote ~ m. c. 321 a.C.

Onías I
Sumo Sacerdote ~ m. c. 300 a.C.

Simón I (el Justo)
Sumo Sacerdote ~ m. c. 291 a.C.

Onías II
Sumo Sacerdote
m. c. 217 a.C.

Simón II
Sumo Sacerdote ~ m. c. 195 a.C.

Onías III
Sumo Sacerdote ~ m. c. 175 a.C.

Onías IV
Exiliado por los sirios.
Judas Macabeo reclama el sacerdocio

CASA ASMONEA
DE LOS MACABEOS

Mattatías de Modín

Judas Macabeo
Príncipe-sacerdote ~ m. 161 a. C.

Simón Macabeo
Príncipe-sacerdote c. 143 a.C.

Juan Hircano I
Príncipe-sacerdote c. 135 a.C.

Lebaida

Yalpath

Tsamita

Zabbyath

Resá

Eliakim

Azor

Sadoq
≈ *Kalim (Kalim)*

Aquim
≈ *Asbaidi (Zasbaidi)*

Elind de Sadoq
≈ *Awad*

Eleazar de Sadoq
≈ *Hayat*

Abiud

Haziba

Joanán
(Johannan)

Mattatías I
(Arama)

Maaz

Nangay

Esli

Naúm

Amós

Mattatías II
Gobernador del Templo
(Tobías)

José
Gobernador del Templo

Jannai
(Johanan)

Melki
Jefe del Sanedrín

Mattat

340

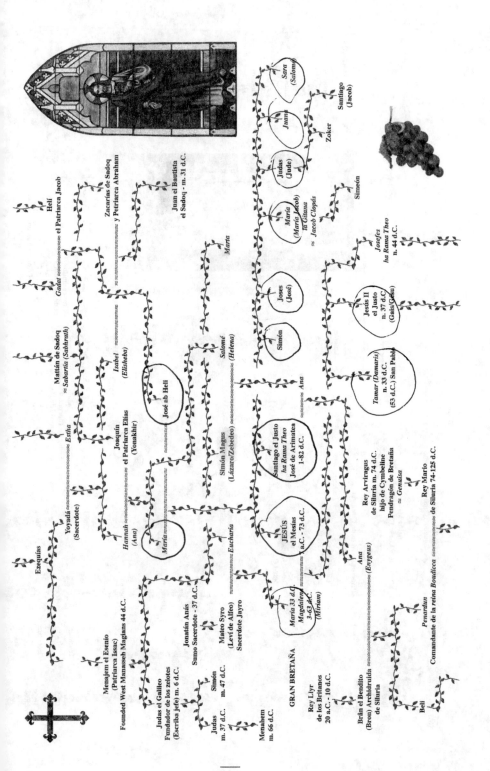

Ezequías

Yoyadá ≈≈≈ Estla
(Sacerdote)

Heli ≈≈≈ el Patriarca Jacob
Gadat

Mattán de Sadoq
≈ Sabaría (Sabhrath)

Zacarías de Sadoq
y Patriarca Abraham

Menajem el Esenio
(Patriarca Issac)
Founded West Manasseh Magians 44 d.C.

Joaquín
el Patriarca Elías
(Yonakhir)

Isabel
(Elisheba)

Juan el Bautista
el Sadoq - m. 31 d.C.

Judas el Galileo
Fundador de los zelotes
(Escriba jefe) m. 6 d.C.

Jonatán Anás
Sumo Sacerdote - 37 d.C.

Hannah
(Ana)

José ab Heli

María

Simón Magus
(Lázaro/Zebedeo)

María
(María Jacob)
la Gitana
≈ Jacob Clopis

Judas
(Jude)

Juana

Sara
(Salomé)

Judas
m. 37 d.C.

Simón
m. 47 d.C.

Mateo Syro
(Leví de Alfeo)
Sacerdote Jayro

Eucharia

Salomé
(Helena)

Santiago el Justo
ha Rama Theo
José de Arimatea
1-82 d.C.

Ana

Simón

Joses
(José)

Zoker

Santiago
(Jacob)

Simeón

Menahem
m. 66 d.C.

María 33 d.C.
Magdalena
3-63 d.C.
(Miriam)

JESÚS
el Mesías
a.C. - 73 d.C.

Jesús II
el Justo
n. 37 d.C.
(Gais/Gesu)

Josefes
ha Rama Theo
n. 44 d.C.

GRAN BRETAÑA

Rey Llyr
de los Britanos
20 a.C. - 10 d.C.

Ana
(Erygeus)

Rey Arvíragus
de Siluria m. 74 d.C.
hijo de Cymbeline
Pendragón de Bretaña
≈ Genuisa

Tamar (Demaris)
n. 33 d.C.
(53 d.C.) San Pablo

Rey Mario
de Siluria 74-125 d.C.

Brân el Bendito
(Bron) Archidruida
de Siluria

Penardun

Beli

Comandante de la reina Boudicca

341

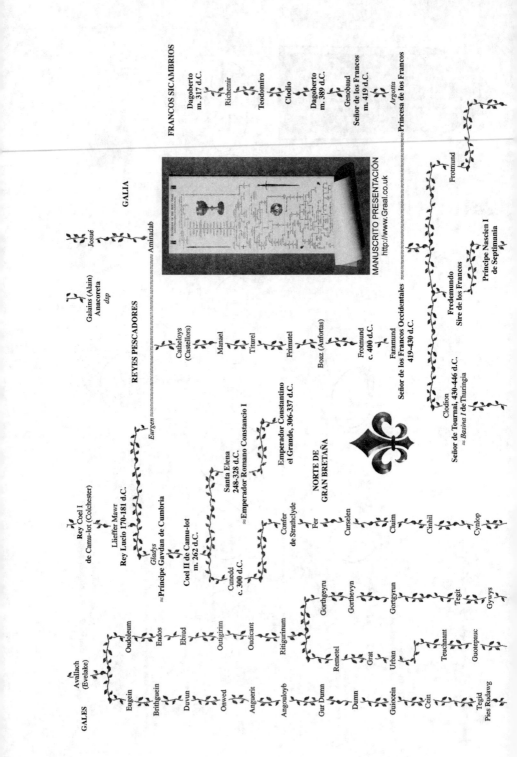

MANUSCRITO PRESENTACIÓN
http://www.Graal.co.uk

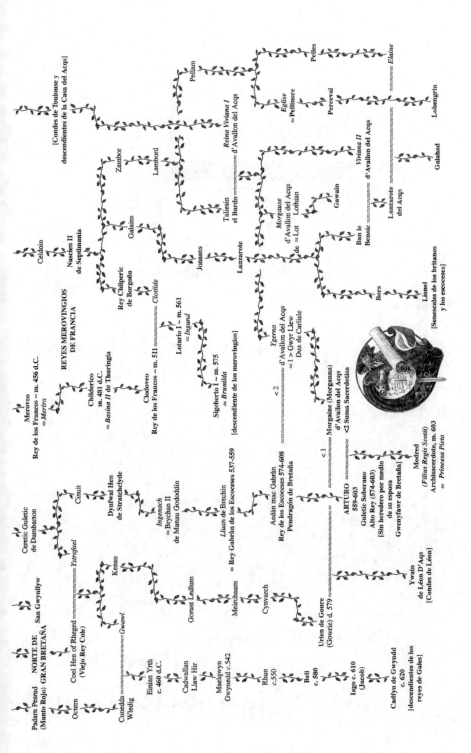

APÉNDICES

I

Hijo de Dios – hijo del hombre

¿Cómo reconciliar la figura mortal de Jesús (el hijo de María y de José) con la imagen que de él da la Iglesia Cristiana como hijo de Dios? De la concepción de María y el nacimiento de Jesús sólo se habla en los Evangelios de Mateo y Lucas. Marcos y Juan ignoran estos acontecimientos.

Aunque sin hablar de la Natividad como tal, Juan 7:42 dice de la ascendencia de Jesús: «¿No dice la Escritura que el Cristo vendrá de la descendencia de David y de Belén, el pueblo de donde era David?». Además, en la epístola de San Pablo a los Romanos 1:3-4 se habla de «Jesucristo nuestro Señor, nacido del linaje de David según la carne, declarado Hijo de Dios». También, en Marcos 10:47 y en Mateo 22:42, se aclama a Jesús como «hijo de David». En Hechos 2:30, Pedro, refiriéndose al rey David, llama a Jesús «fruto de su ijada, según la carne».

Estos versículos, junto con las listas genealógicas masculinas de Mateo y de Lucas, dejan bastante claro que Jesús era descendiente directo del rey David. Pero, por encima de todo esto, San Pablo decía que Jesús fue «declarado» hijo de Dios; mientras que en la secuencia de la Anunciación de Lucas 1:35, se dice igualmente que Jesús sería «llamado» hijo de Dios.

Pero el hecho de la ascendencia paterna davídica de Jesús queda aún más claro en Hebreos 7:14, que habla de su nombramiento como sumo sacerdote de la Orden de Melquisedec. Desde los tiempos de Moisés y de Aarón, sólo la tribu de Leví tenía el privilegio del sacerdocio israelita. La tribu de Judá, a la que pertenecían David y su dinastía hasta José y Jesús, tenía el privilegio de la realeza, pero no el del sacerdocio.

En su epístola a los Hebreos, San Pablo aclara la cuestión del nuevo estatus sacerdotal de Jesús diciendo: «Y es bien manifiesto que nuestro Señor procedía de Judá, y a esa tribu para nada se refirió Moisés al hablar del sacerdocio» (Hebreos 7:14). Justo antes, en Hebreos 7:12, se indica que, para acomodar esta divergencia en las costumbres, hubo «necesidad de cambiar también la ley». Nada se dice aquí de que Jesús pudiera hacer lo que quisiera por el hecho de ser el hijo de Dios; sólo se dice que había que enmendar la ley debido a que había nacido en el linaje davídico de Judá.

El *Salmo de la Coronación*, que se refiere al trono davídico, guarda relación con esto: «Voy a anunciar el decreto de Yahveh: Él me ha dicho: "Tú eres mi hijo; yo te he engendrado hoy"» (Salmo 2:7). Este salmo apunta al bautismo de Jesús a manos de Juan en el Jordán. Tanto Mateo 3:17, como Marcos 1:11 y Lucas 3:22, afirman que se oyó una voz del cielo que decía: «Éste es [o Tú eres] mi Hijo amado». Cuando alguien confrontaba a Jesús ante el hecho de si era o no el hijo de Dios, Jesús evitaba normalmente el tema. En Mateo 26:63-64, cuando el Sumo Sacerdote le pregunta si es en verdad el hijo de Dios, Jesús responde: «Tú lo has dicho», dando a entender que es el sacerdote el que lo dice, no él. En Lucas 22:70, Jesús responde de forma casi idéntica: «Dijeron todos: "Entonces, ¿tú eres el Hijo de Dios?" Él les dijo: "Vosotros decís que yo soy"». En otras ocasiones, Jesús respondía a tal efecto que él era el «hijo del hombre» (como en Mateo 26:63-64).

Aparte de la referencia del salmo davídico, la idea de Jesús como hijo de Dios emana de lo que dicen los demás de él en el texto. Por ejemplo, Juan 20:31 afirma: «Estas han sido escritas para que creáis que Jesús es el Cristo, el Hijo de Dios». Igualmente, en Hechos 9:20, se dice de Pablo que había predicado que Cristo era el hijo de Dios. Hay cuarenta y cinco versículos en el Nuevo Testamento en los que se dice que Jesús fue «constituido», «se predicó de él como», «se creía que era», «se le llamaba» el hijo de Dios. Por otra parte, hay noventa menciones en las que se dice que es el «hijo del hombre», la mayoría de las cuales son referencias hechas por el mismo Jesús.

Las referencias bíblicas griegas al «hijo del hombre» son: *huios ho anthropos*. Los equivalentes lingüísticos son: en arameo, *bar nasha*, y en hebreo, *ben adam*. En ambos casos, esta frase significa simplemente «un hombre, un ser humano».[1]

---

1. William Barclay, *The Mind of Jesus*, SCM Press, Londres, 1971, c. 14, pp. 148-9.

Lucas 3:38 aclara que Adán fue el primero del linaje de los llamados hijos de Dios. Pero lo más importante para el cuadro general es que la Biblia habla de determinadas personas como merecedoras de ser los «hijos de Dios», comenzando en el Nuevo Testamento con las propias palabras de Jesús, en Mateo 5:9: «Bienaventurados los que trabajan por la paz, porque ellos serán llamados hijos de Dios». Una vez más, al igual que en el caso de Jesús, la palabra operativa es «llamados».

Por todo lo visto, el término «hijo de Dios», como algo aplicable a Jesús, era una descripción figurativa y simbólica, mientras que su linaje físico como descendiente del rey David se da en numerosas ocasiones como realidad humana de su posición. Lo más importante aquí es que la consideración de la descendencia de Dios es algo que se atribuye al linaje real de David, no sólo a Jesús como individuo. Esta premisa se establece en 2 Samuel 7:13-14, donde se dice que Dios anuncia respecto al rey David: «El constituirá una casa para mi Nombre y yo consolidaré el trono de su realeza para siempre. Yo seré para él padre y él será para mí hijo».

II

El juicio y la crucifixión

En los *Anales del Imperio Romano,* compilados por el senador Cornelio Tácito en el siglo I, se dice que el hombre llamado Cristo, el fundador de los «notoriamente depravados cristianos», fue crucificado bajo el reinado del emperador Tiberio por el gobernador de Judea, Poncio Pilato.[1] El acontecimiento está, así pues, registrado oficialmente. Sin embargo, no se dan detalles del juicio; ni tampoco detalla el proceso Flavio Josefo en sus *Antigüedades Judaicas* ni en su *La Guerra de los Judíos.* El Nuevo Testamento es la única fuente conocida de información a este respecto.

Tal como se cuenta en los evangelios, el juicio de Jesús no fue un juicio en modo alguno, y el argumento está lleno de ambigüedades. Mateo 26:57-59 afirma: «Los que prendieron a Jesús le llevaron ante el Sumo Sacerdote Caifás, donde se habían reunido los escribas y los ancianos... Los sumos sacerdotes y el Sanedrín entero andaban buscando un falso testimonio contra Jesús».

Aun en el caso de que todos estos sacerdotes, escribas y ancianos se hubieran reunido a altas horas de la noche ante la noticia del momento, lo que sigue sin estar claro es que lo hicieran en contra de la ley que decía que el Consejo Judío no podía reunirse por la noche. Lucas 22:66 indica que, aunque llevaron a Jesús primero ante Caifás, el Sanedrín no se reunió hasta que fue

---

1. Tacitus, *The Annals of Imperial Rome* (trad. Michael Grant), Penguin, Londres, 1996, c. 14, p. 365.

de día. Pero esta reunión seguiría siendo ilegal, por cuanto el Consejo del Sanedrín no tenía permitido reunirse durante la Pascua.[2]

Los evangelios afirman que Pedro siguió a Jesús hasta la casa del sumo sacerdote, José Caifás, donde negó por tres veces a su maestro, tal como Jesús había predicho. Todos los relatos coinciden en afirmar que Caifás transfirió a Jesús al gobernador romano, Poncio Pilato, cuya presencia facilitó un interrogatorio inmediato. Esto se confirma en Juan 18:28-31, pero sólo para que aparezca otra anomalía más:

> De la casa de Caifás llevan a Jesús al pretorio. Era de madrugada. Ellos no entraron en el pretorio para no contaminarse y poder así comer la Pascua. Salió entonces Pilato fuera donde ellos y dijo: «¿Qué acusación traéis contra este hombre?». Ellos le respondieron: «Si éste no fuera un malhechor, no te lo habríamos entregado». Pilato replicó: «Tomadle vosotros y juzgadle según vuestra Ley». Los judíos replicaron: «Nosotros no podemos dar muerte a nadie».

Sin embargo, lo cierto es que el Sanedrín tenía plenos poderes para condenar a criminales y aplicar la sentencia de muerte si fuera necesario. Los evangelios afirman también que Pilato ofreció indultar a Jesús porque «era costumbre que el gobernador liberara a un prisionero en la fiesta de la Pascua». Y, de nuevo, esto no es cierto; nunca existió tal costumbre.

Aunque los apóstoles zelotes, Simón-Lázaro y Judas Sicariote (Iscariote), protagonizan los eventos que llevan al arresto de Jesús, parece que no se menciona ya a Tadeo (el tercero de los líderes de la revuelta contra Pilato)[3] después de la Última Cena, si bien sí que aparece en la historia del juicio. Tadeo era ayudante de la sucesión de Alfeo e hijo devocional del Padre de la Comunidad. En hebreo, la expresión «hijo del padre» incorporaría los elementos *bar* (hijo) y *abba* (padre), de modo que Tadeo podría ser descrito como *Bar-abba*, y resulta que hay un hombre llamado Barrabás que está íntimamente relacionado con la posibilidad de indulto de Jesús a cargo de Poncio Pilato.

---

2. Michael Baigent, Richard Leigh y Henry Lincoln, *The Holy Blood and the Holy Grail*, Jonathan Cape, Londres, 1982, c. 12, p. 309.
3. *Véase* capítulo 7 - La supresión de las evidencias.

De Barrabás se dice en Mateo 27:16 que era «un preso notable»; en Marcos 15:7, que era uno que «estaba encarcelado con aquellos sediciosos que en el motín habían cometido un asesinato»; y en Juan 18:40, que era «un salteador». La descripción de Juan es demasiado vaga, pues los ladrones normales no eran sentenciados a ser crucificados. Sin embargo, la traducción castellana no refleja verdaderamente la implicación original griega, pues *léstés* no significa tanto «salteador» como «proscrito». Las palabras de Marcos apuntan de un modo más específico al carácter insurgente del delito de Barrabás.

Lo que parece que sucedió fue que, cuando los tres prisioneros, Simón, Tadeo y Jesús, fueron llevados ante Pilato, los casos de Simón y de Tadeo eran del todo claros; se les conocía como líderes zelotes, y estaban condenados desde la sublevación. Por otra parte, a Pilato le resultaba sumamente difícil demostrar nada contra Jesús. De hecho, Jesús estaba bajo la custodia de Pilato porque el contingente judío se lo había pasado a él para que lo sentenciara junto a los otros. Pilato le pidió a la jerarquía judía que le ofrecieran al menos algún pretexto: «¿Qué acusación traéis contra este hombre?». Pero no le dieron una respuesta satisfactoria. Entonces, Pilato sugirió que se lo llevaran los ancianos, «juzgadle según vuestra Ley», les dijo; ante lo cual, se dice que los ancianos dieron una excusa falsa: «Nosotros no podemos dar muerte a nadie».

Entonces, Pilato se dirigió al mismo Jesús. «¿Eres tú el rey de los judíos?», preguntó. A lo cual respondió Jesús, «¿Dices eso por tu cuenta, o es que otros te lo han dicho de mí?». Confundido por la respuesta, Pilato continuó, «Tu pueblo y los sumos sacerdotes te han entregado a mí. ¿Qué has hecho?». El interrogatorio prosiguió hasta que, al final, Pilato «volvió a salir donde los judíos y les dijo: "Yo no encuentro ningún delito en él"» (Juan 18:38).

En este punto entra en escena Herodes Antipas de Galilea (Lucas 23:7-12). A Herodes no le caían bien los sacerdotes, y le convenía a sus propósitos que Jesús fuera liberado, con el fin de provocar a su sobrino, el rey Herodes Agripa. Antipas por tanto hizo un trato con Pilato para asegurarse la liberación de Jesús. Así, el pacto entre el traidor de Jesús, Judas Sicariote, y los sacerdotes quedaba superado por un nuevo acuerdo entre el tetrarca herodiano y el gobernador romano. A partir de este momento, Judas perdió cualquier posibilidad de perdón por sus actividades como zelote, por lo que sus días estaban contados. Según el nuevo acuerdo, Pilato diría a los ancianos judíos:

Me habéis traído a este hombre como alborotador del pueblo, pero yo le he interrogado delante de vosotros y no he hallado en este hombre ninguno de los delitos de que le acusáis. Ni tampoco Herodes, porque nos lo ha remitido. Nada ha hecho, pues, que merezca la muerte. Así que le castigaré y le soltaré (Lucas 23:14-16).

Si los miembros del Sanedrín hubieran esperado hasta después de la Pascua, habrían llevado a cabo su propio juicio contra Jesús de forma legal. Pero, siguiendo una estrategia, le pasaron la responsabilidad a Pilato, porque sabían que no tenían cómo sustanciar su acusación. Ciertamente, no tuvieron en cuenta el sentido de la justicia de Pilato, ni tampoco la intervención de Herodes Antipas. Pero, durante el transcurso de los acontecimientos, Pilato no supo mantener sus propios objetivos. Intentó reconciliar su decisión de liberar a Jesús con la idea de que se podría ver como una dispensación de la Pascua pero, con ello, abrió una puerta a la determinación de los judíos: «¿Jesús o Barrabás?». Ante esto, «Toda la muchedumbre se puso a gritar a una: "¡Fuera ése, suéltanos a Barrabás!"» (Lucas 23:18).

Pilato insistió en su decisión de favorecer a Jesús, pero los judíos le gritaron «¡Crucifícale!». Pilato preguntó de nuevo, «Pero ¿qué mal ha hecho éste? No encuentro en él ningún delito que merezca la muerte». Pero las probabilidades de salirse con la suya eran escasas y, cediendo a la presión, Pilato liberó a Barrabás (Tadeo). Los soldados romanos le pusieron a Jesús una corona de espinas y lo cubrieron con una túnica de color púrpura. Entonces, Pilato lo llevó ante los sacerdotes, diciéndoles, «Mirad, os lo traigo fuera para que sepáis que no encuentro ningún delito en él» (Juan 19:4).

En aquel punto, las cosas iban bien para los ancianos de Jerusalén, y sus planes estaban a punto de tener éxito. El viejo Tadeo quizás hubiera sido liberado, pero tanto Simón Zelotes como Jesús estaban bajo custodia, junto con Judas Sicariote.

* * *

Se erigieron las tres cruces en el Lugar de la Calavera (Gólgota) y pusieron a Jesús entre los dos líderes guerrilleros, Simón Zelotes y Judas Sicariote. Pero, en el camino al lugar de la crucifixión, ocurrió algo trascendental cuando un personaje misterioso llamado Simón de Cirene se ofreció para llevar la cruz de Jesús (Mateo 27:32). Se han planteado muchas teorías acerca de quién pudo ser el cireneo, pero su verdadera identidad no importa demasiado. Lo que importa es que estaba allí. Hay una interesante referencia a él en un primitivo tratado copto llamado *El Segundo Tratado del Gran Set*, descubierto entre los libros de Nag Hammadi, donde se menciona que Simón de Cirene sustituyó a una de las tres víctimas. Al parecer, la sustitución tuvo éxito, pues el tratado sostiene que Jesús no murió en la cruz como se supone. De hecho, se cita al propio Jesús después del evento diciendo, «En cuanto a mi muerte, que para ellos fue real, lo fue por causa de su propia incomprensión y ceguera».[4]

En el *Qorân* musulmán (capítulo 4, titulado «Las mujeres»), se especifica que Jesús no murió en la cruz, afirmando: «Sin embargo, no le mataron ni le crucificaron, sino que le representó uno de su semejanza... Pero, ciertamente, no le mataron». Por otra parte, el historiador del siglo II, Basílides de Alejandría, escribió que la crucifixión se urdió poniendo a Simón de Cirene como sustituto.

Sin embargo, parece que Simón de Cirene sustituyó en realidad a Simón Zelotes, no a Jesús. La ejecución de dos hombres tan destacados como Jesús y Simón no podía permitirse sin hacer algo al respecto, por lo que parece que se llevó a cabo algún tipo de estrategia para burlar a las autoridades judías. Es posible que los hombres de Pilato formaran parte del subterfugio, que dependía de la utilización de un veneno comatoso para engañar a quienes presenciaban la ejecución.

Si había alguien que pudiera dirigir una operación así, ese alguien debió de ser Simón Zelotes, jefe de los Magos Samaritanos y reconocido como el mayor mago de su tiempo. Tanto en los *Hechos de Pedro* como en las *Constituciones Apostólicas* de la Iglesia se da cuenta de cómo, años después, Simón levitó sobre el Foro Romano.[5] Sin embargo, en el Gólgota, las cosas fueron muy diferentes. Simón estaba vigilado, e iba camino de la cruz.

En primer lugar, era necesario sacar a Simón del apuro, de modo que se organizó una sustitución en la persona del cireneo, que habría estado confabulado con el liberado Tadeo (Barrabás). El engaño se puso en marcha camino del Gólgota cuando, tomando la carga de Jesús, Simón de Cirene se incor-

---

4. J. M. Robinson and the Coptic Gnostic Project, *The Second Treatise of the Great Seth*, en *The Nag Hammadi Library*, Institute for Antiquity and Christianity, E. J. Brill, Leiden, 1977, Codex VII, 2, p. 329.
5. St. Clement of Alexandria, Clementine Homilies and Apostolical Constitutions (trad. William Whiston), Ante-Nicene Library, T & T Clark, Edimburgo, 1870, t. VI:9.

poró a la procesión. El cambio debió de producirse en el mismo lugar de la crucifixión, encubiertos por los preparativos generales de la ejecución. En medio del bullicio que debió suponer la erección de las cruces, el de Cirene aparentaría desaparecer para, en realidad, tomar el lugar de Simón.[6] En los evangelios, la secuencia de acontecimientos que vino después queda cuidadosamente velada, dando muy pocos detalles sobre los hombres crucificados junto a Jesús, salvo identificarlos como «ladrones». Y, de este modo, quedaba montado el escenario: Simón Zelotes estaba en libertad, y podía manejar a partir de ese momento el proceso.

* * *

Aunque, normalmente, se representa la crucifixión como un acontecimiento relativamente público, los evangelios afirman (por ejemplo, Lucas 23:49) que los espectadores estaban obligados a presenciar la ejecución «desde la distancia». La tradición occidental ha fantaseado con el lugar hablando de él como de una «colina verde lejana», un tema sobre el cual muchos artistas han desarrollado sus visiones. Sin embargo, ninguno de los evangelios menciona colina alguna. Según Juan 19:41, el lugar era un «jardín» en el cual había un sepulcro privado del cual era propietario José de Arimatea (Mateo 27:59-60). Teniendo más en cuenta las evidencias de los evangelios que las de la tradición popular, es evidente que la crucifixión no fue un espectáculo sobre la cima de una colina, con las cruces contra el cielo y un reparto épico de espectadores. Por el contrario, fue un acontecimiento a pequeña escala en un lugar controlado, un jardín exclusivo que era, de un modo u otro, el «lugar de la calavera» (Juan 19:17).

---

6. La tradición gnóstica sostiene que Simón de Cirene fue crucificado «en el lugar de Jesús». Esto no significa que fuera crucificado en vez de Jesús, sino en lo que debía haber sido la ubicación de Jesús. Si se comprende que Jesús representaba el legado real davídico, siendo Simón el representante del linaje sacerdotal y Judas, por tanto, el representante del linaje de los profetas, la ubicación de las tres cruces debía observar el rango formal. Según este esquema, la posición del Rey debía estar al oeste (a la izquierda); la posición del Sacerdote debía ocupar el centro; y la posición del Profeta debía estar al este (a la derecha). Por tanto, parece ser que el de Cirene fue puesto al oeste, «en el lugar de Jesús» y, estando Simón fuera de la escena, Jesús debió ser situado en el centro. Esto hace aún más evidente que los soldados romanos debían estar al tanto también del subterfugio.

Los evangelios no dicen mucho más al respecto, pero en Hebreos 13:11-13 se nos ofrecen algunas pistas muy importantes sobre la ubicación:

> Los cuerpos de los animales, cuya sangre lleva el Sumo Sacerdote al santuario para la expiación del pecado, son quemados fuera del campamento. Por eso, también Jesús, para santificar al pueblo con su sangre, padeció fuera de la puerta. Así pues, salgamos donde él, fuera del campamento, cargando con su oprobio.

De aquí deducimos que Jesús padeció «fuera de la puerta» y «fuera del campamento». Por otra parte, esto guarda relación con el lugar donde se incineraban los cuerpos de los animales sacrificados. Esta referencia es particularmente importante, pues los lugares donde se incineraban los restos de los animales se consideraban impuros. Según el Deuteronomio 23:10-14, «fuera del campamento» identificaba zonas reservadas a modo de pozos negros, estercoleros y letrinas públicas, que eran impuras tanto en lo físico como en lo ritual. Del mismo modo, «fuera de la puerta» identificaba otros lugares públicos, entre los que estaban los cementerios.[7] Además, los Manuscritos del Mar Muerto dejan claro que los cementerios se identificaban con el signo de una calavera debido a que el hecho de caminar sobre los muertos constituía un acto de profanación. De ahí que, como es evidente, el «lugar de la calavera» (Gólgota/Calvario) debía ser un cementerio ajardinado que contenía un sepulcro vacío del cual era propietario José de Arimatea.

En el Apocalipsis 11:8 se nos da una ulterior pista, pues aquí se afirma que Jesús fue crucificado en «la Gran Ciudad, que simbólicamente se llama Sodoma o Egipto». Este detalle identifica positivamente la ubicación del cementerio como Qumrân, a la que los Terapeutas identificaban como Egipto,[8] y que se relaciona geográficamente con el centro de Sodoma del Antiguo Testamento.

Como se explica en la sección titulada «La Alteza Divina», en el capítulo 12, José de Arimatea (el patriarcal José *ha Rama Theo*) fue el propio hermano de Jesús, Santiago. Por tanto, no sería sorprendente que se enterrara a Jesús en un sepulcro que pertenecía a su propia familia real.

---

7. Barbara Thiering, *Jesus the Man*, Transworld, Londres, 1992, c. 24, p. 113.
8. Ibíd. apéndice II, p. 312.

Desde la época en la que se descubrieron los Manuscritos del Mar Muerto en Qumrân, en 1947, se estuvo cavando y excavando hasta bien entrada la década de 1950. Durante este período, se hicieron importantes hallazgos en varias cuevas. Los arqueólogos descubrieron que, en una cueva en particular, había dos cámaras con dos entradas bastante separadas. El acceso a la cámara principal se realizaba a través de un agujero en el techo, mientras que a la otra se accedía por un lateral.[9] Desde la entrada del techo, se hicieron escalones que descendían hasta la cavidad y, para sellar la entrada de la lluvia, había que rodar una gran piedra en la abertura. Según el *Manuscrito de Cobre*, este sepulcro se utilizó para depositar el tesoro, y como tal recibió el nombre de Cueva del Hombre Rico. Éste era el sepulcro del príncipe coronado davídico, y estaba justo enfrente de otra cueva denominada el Seno de Abraham.

* * *

La profecía de que el Salvador entraría en Jerusalén a lomos de un asno no era la única predicción concerniente al Mesías en el libro de Zacarías, en el Antiguo Testamento. Hubo otras dos profecías (Zacarías 12:10 y 13:6) que afirmaban que sería traspasado y que todo Jerusalén lamentaría su muerte, y que tendría heridas en las manos como consecuencia de sus amigos. Jesús sabía que siendo crucificado cumpliría con todos estos requisitos mesiánicos. Como dice Juan 19:36, «Y todo esto se hizo para que se cumpliera la Escritura».

La crucifixión era tanto un castigo como una ejecución: la muerte mediante una terrible experiencia de tortura que se prolongaba durante varios días. Primero, se extendían los brazos de la víctima y se ataban con correas a un madero, que luego se izaba hasta posarlo horizontalmente sobre un poste clavado en el suelo. A veces, las manos se inmovilizaban también con clavos, pero los clavos por sí solos no podían cumplir con el cometido. Suspendido con todo su peso de los brazos, los pulmones de la víctima se comprimían, muriendo rápidamente por asfixia. Pero, para prolongar la agonía, se aliviaba la presión en el pecho fijando los pies del crucificado al poste vertical. Sustentado de esta manera, el ajusticiado podía vivir durante muchos días, posiblemente una semana, o más. Después de un tiempo, y con el fin de vaciar las cruces para nuevas ejecuciones, los verdugos les rompían las piernas para incrementar el peso y acelerar la muerte.

---

9. Ibíd. c. 26, p. 122.

Aquel viernes, el equivalente del 20 de marzo del año 33 d.C., no había ningún motivo para pensar que los tres hombres crucificados tuvieran que morir aquel mismo día. No obstante, a Jesús se le dio vinagre y, después de tomarlo, «entregó el espíritu» (Juan 19:30). Poco después, un centurión atravesó el costado de Jesús con una lanza, y el hecho de que sangrara (se dice que salió sangre y agua) se tuvo por un indicio de que estaba muerto (Juan 19:34). En realidad, la sangre estaría indicando que estaba vivo, no muerto; no fluye sangre de una herida punzante infligida a un cadáver. En aquel momento, Judas y Simón de Cirene todavía estaban vivos, de modo que les rompieron las piernas.

Los evangelios no dicen quién le dio el vinagre a Jesús en la cruz, pero Juan 19:29 especifica que la vasija estaba allí, preparada y a la espera. Poco antes, en la misma secuencia, se dice que la poción estaba compuesta de «vinagre mezclado con hiel» (Mateo 27:34), es decir, vino agrio mezclado con veneno de serpiente. Según las proporciones, una mezcla así podía inducir la inconsciencia o podía causar la muerte. En este caso, el veneno no se le administró a Jesús con una copa, sino con una esponja, y con una aplicación dosificada desde una caña. La persona que se lo administró fue sin duda alguna Simón Zelotes, que se suponía debía estar crucificado.

Mientras tanto, José de Arimatea estaba negociando con Pilato el descendimiento del cuerpo de Jesús antes del Sabbath para ponerlo en su sepulcro, de acuerdo con la norma del Deuteronomio 21:22-23, confirmada en el *Manuscrito del Templo* de Qumrân: «Si un hombre, reo de delito capital, ha sido ejecutado y le has colgado de un árbol, no dejarás que su cadáver pase la noche en el árbol; lo enterrarás el mismo día».

Por tanto, Pilato sancionó el cambio de procedimiento, del colgamiento (tal como se manifiesta en la crucifixión romana) a la costumbre judía de enterrar con vida, y luego volvió a Jerusalén, dejando a José con el control. (Quizás sea significativo que en Hechos 5:30, 10:39 y 13:29, las referencias a la tortura de Jesús lo describan como «colgado de un árbol».)

Estando Jesús en un estado aparente de coma y habiéndole roto las piernas a Judas y al de Cirene, las tres víctimas fueron bajadas de las cruces, habiendo estado en ellas menos de medio día. En el relato no se dice que los hombres estuvieran muertos; simplemente, se dice que bajaron sus «cuerpos»; es decir, cuerpos con vida, no cadáveres.

* * *

Al día siguiente era Sabbath, del cual los evangelios tienen poco que contar. Sólo Mateo 27:62-66 menciona algo de aquel sábado, pero habla simplemente de una conversación entre Pilato y los ancianos de los judíos en Jerusalén, tras la cual Pilato envió a dos guardias para vigilar la tumba de Jesús. Aparte de eso, los cuatro evangelios prosiguen su relato a partir del domingo por la mañana. Sin embargo, si hubo un día importante en el curso de los acontecimientos, ese día fue el sábado: del día del Sabbath se nos cuenta muy poco. Este día, día de descanso y culto, fue la clave de todo lo que sucedió, un día sagrado en el cual estaba terminantemente prohibido trabajar.

Al parecer, Simón de Cirene y Judas Sicariote fueron puestos en la segunda cámara de la tumba, mientras el cuerpo de Jesús ocupaba la cámara principal. En el interior de la doble cámara, Simón Zelotes había tomado ya su puesto, con lámparas y con todo lo necesario para la operación. (Curiosamente, había una lámpara entre los objetos que se encontraron dentro de este sepulcro durante las excavaciones de la década de 1950.)

Luego, según Juan 19:39, llegó Nicodemo trayendo «una mezcla de mirra y áloe de unas cien libras».[10] El extracto de mirra era un sedante que se solía utilizar en la práctica médica de la época. El jugo de áloe, como explican las modernas farmacopeas, es un fuerte purgante de efecto inmediato, exactamente lo que habría necesitado Simón para que Jesús sacara de su cuerpo el veneno.

Es significativo que el día después de la crucifixión fuera Sabbath. De hecho, el tiempo era sumamente importante, pues la operación íntegra de «levantar a Jesús de entre los muertos» (liberarle de la excomunión, la «muerte por decreto») dependía de la hora exacta en la cual se consideraba que daba comienzo el Sabbath.

En aquellos tiempos, no existía concepto alguno de duración fija en horas y minutos. El registro y la medida del tiempo era una de las funciones oficiales de los levitas, que medían el curso de las horas mediante la proyección de sombras en el suelo en determinadas áreas de medida. También se venían utilizando relojes de sol desde el año 6 a.C. Sin embargo, ni las marcas en el suelo ni

---

10. La traducción de «libra» en este caso hace referencia a la litra griega (una variante de la libra romana), una medida de peso equivalente a una nonagésima parte de un talantaios (talento). En términos actuales, esto es aproximadamente el equivalente a 330 gramos. Por tanto, 100 «libras» del Nuevo Testamento equivalen más o menos a 33 kilos, una cantidad considerable para que Nicodemo la llevara solo.

los relojes de sol eran de utilidad cuando no había sombras. De ahí que se estipularan doce «horas diurnas» (día) y, de igual modo, doce «horas nocturnas» (oscuridad). Estas últimas las medían los levitas mediante sesiones de oración (al igual que las horas canónicas de la Iglesia Católica en la actualidad. De hecho, la devoción del *Angelus,* que se celebra por la mañana, al mediodía y a la puesta de sol, se deriva de las prácticas de los antiguos ángeles levitas). Sin embargo, el problema radicaba en que, a medida que los días y las noches se alargaban o se acortaban, era necesario hacer ajustes allí donde las horas se solapaban.

Aquel viernes de la crucifixión en particular, fue necesario hacer un ajuste de tres horas completas y, debido a ello, hay una notable discrepancia entre los relatos de Marcos y de Juan acerca de la cronología de los acontecimientos de aquel día. Marcos 15:24 afirma que Jesús fue crucificado en la tercera hora, mientras que Juan 19:14-16 sostiene que Jesús fue entregado para ser crucificado sobre la hora sexta. Esta anomalía se explica por el hecho de que el Evangelio de Marcos se basa en la medida del tiempo según el cálculo helenista (solar), mientras que el Evangelio de Juan utiliza el cálculo hebreo (lunar). El resultado del cambio temporal fue que, como dice Marcos 15:33: «Llegada la hora sexta, hubo oscuridad sobre toda la tierra hasta la hora nona». Estas tres horas de oscuridad eran sólo simbólicas; tuvieron lugar en una fracción de segundo (al igual que ocurre con los cambios de hora hoy en día, cuando cruzamos entre diferentes zonas horarias, o cuando adelantamos o retrasamos los relojes con los cambios de hora). Así, en esta ocasión, el final de la hora quinta vino seguido de inmediato por la hora novena (nona).

La clave de la resurrección se halla en esas tres horas perdidas (las horas diurnas que se convirtieron en horas nocturnas), pues el recién definido inicio del Sabbath comenzaba tres horas antes de la antigua hora duodécima; es decir, en la antigua hora nona, que se llamaba ahora hora duodécima.

En cambio, el mago samaritano Simón Zelotes hizo su trabajo en un marco temporal astronómico y no tuvo que aplicar el cambio horario de tres horas hasta la original hora duodécima. Esto quiere decir que, sin romper ninguna de las normas sobre el trabajo en el día del Sabbath, Simón tuvo tres horas en las cuales pudo hacer lo que tenía que hacer, aún cuando los demás hubieran comenzado ya su sagrado período de descanso. Fue tiempo suficiente para administrarle a Jesús los medicamentos y para atender los huesos fracturados del cireneo. A Judas Sicariote se le trató sin misericordia alguna, y fue arrojado desde un despeñadero, donde murió (como se cuenta indirectamente en Hechos 1:16-18). La referencia anterior de Mateo 27:5, que dice que Judas «se colgó», indica precisamente el hecho de que, en aquel momento, Judas no había hecho otra cosa que fraguar su propia caída.

III
Jesús y la India

Los relatos publicados en referencia a la posible estancia de Jesús en la India comenzaron en el siglo XIX, con el experto ruso Nicolai Notovic. Se dice que obtuvo esta información de un manuscrito descubierto en la lamasería tibetana de Hemis. Pero Notovich no leyó en realidad el manuscrito, ni siquiera lo tuvo en la mano. La historia se la leyó un lama en 1887, mientras un intérprete tomaba notas en ruso. El lama le explicó que la biografía de Hemis del profeta Isa (que es como llamaban a Jesús) se había traducido de un manuscrito original en idioma pali antiguo que se conservaba en Lhasa.

Al parecer, había alrededor de 84.000 de tales manuscritos biográficos en Lhasa, que era una lamasería de enseñanza, y una de las costumbres ancestrales de los lamas consistía en que cada discípulo copiara una de las biografías con el fin de llevársela de vuelta a su propio monasterio. Así fue como llegó a Hemis la copia del documento de Isa. El problema era que muchos de los manuscritos de Lhasa estaban escritos en idiomas antiguos, idiomas que los discípulos que visitaban Lhasa no podían leer, y era bien sabido que la mayoría de los escritos que llevaban con ellos de vuelta no eran traducciones precisas de los originales. Y dado que Notovich no pudo ver el manuscrito original pali en Lhasa, la traducción de Hemis no aporta datos sobre su posible procedencia. Se sabe que Tomás, el apóstol, predicó en Siria, Persia y la India, y que finalmente murió alanceado en Mylapore, cerca de Madrás. De modo que había una conexión cristiana primitiva que podía dar peso a la posibilidad de que Jesús siguiera sus pasos.

El relato de Notovich salió a la luz cuando el profesor Fida Hassnain, antiguo Director de Archivos, Arqueología, Investigación y Museos de Cachemira, encontró el diario de unos misioneros, Marx y Francke, en la cercana lamasería de Leh. En este diario, se hablaba de Hemis y se contaba la historia de Isa según Notovic. El libro del profesor Hassnain sobre este tema se tituló *A Search for the Historical Jesus – from Apocryphal, Buddhist, Islamic & Sanscrit Sources,* Gateway Books, Bath, 1994.[1]

La historia de Marx y Francke es interesante de por sí. Eran unos misioneros cristianos que visitaron Cachemira en 1894 para estudiar las vidas de los profetas de aquella región. Pero su misión tuvo lugar en una época en la que gran parte de la India (con independencia de los estados principescos) estaba bajo el control de la Gran Bretaña victoriana, en lo más álgido del imperio británico. Hicieron todo tipo de esfuerzos para cristianizar a los hindúes y los musulmanes nativos, mientras la política imperial intentaba socavar estas religiones convenciendo a la gente de que la India tenía una historia cristiana. La reina Victoria (de la casa alemana de Hanover) puso en marcha estos planes a través de sus colegas misioneros en Alemania.

Posteriormente, Marx y Francke descubrieron el relato de Notovich sobre el profeta Isa, un budista tibetano que estuvo en Cachemira más o menos en la época de Jesús. Marx y Francke contaron que Notovich oyó hablar de Isa a un lama en Moulbeck, y que esto motivó su posterior visita al monasterio de Hemis, donde el lama le leyó la historia de Isa a partir de la copia traducida de un discípulo.

Marx y Francke supusieron que los nombres de Isa y de Jesús se parecían lo suficiente y, dado que Notovich también los había asociado de acuerdo con la historia de Hemis, enviaron la noticia a occidente de que Isa y Jesús eran una y la misma persona. Pero el Dalai Lama se opuso vehementemente a esta idea, y la reina Victoria no quiso enemistarse con él, de modo que la conexión con Isa se desechó. Siendo prácticos, un profeta budista menor no era de utilidad alguna para la estrategia imperial. Lo que de verdad necesitaban era una tumba (no sólo un nombre) a la cual colgarle la etiqueta cristiana.

Lo extraño de todo aquello era que esta estrategia se salía bastante de la doctrina cristiana convencional de la crucifixión y la ascensión. Pero, a escala

---

1. *(N. del T.):* Una Investigación sobre el Jesús Histórico - a partir de fuentes apócrifas, budistas, islámicas y sánscritas.

mundial, la reina Victoria era bastante más poderosa que el Papa en aquella época, y nadie le discutió nada.

Más tarde, en Srinagar, Marx y Francke encontraron una tumba consagrada al profeta Yuza Asaf. Una vez más, se consideró que este nombre se parecía al de Jesús y, dado que Yuza era musulmán y no budista, el Dalai Lama no tuvo nada que decir al respecto. En Turquía y en Persia hay leyendas sobre un santo llamado Yuza Asaf, cuyos milagros y enseñanzas no eran muy diferentes a los de Jesús, pero lo que los misioneros no tuvieron en cuenta era que no había musulmanes en el siglo I. No obstante, los cachemires locales no estaban muy versados en historia, de modo que se anunció que Jesús y Yuza Asaf eran sinónimos. Bajo el control de las autoridades imperiales británicas, se difundió que la tumba de Srinagar era la tumba de Jesús, y empezaron a llegar peregrinos.

Después de aquello, otro equipo victoriano descubrió un lugar montañoso en Cachemira llamado *Muqam-i-Musa*, y se dio por el lugar de entierro de Moisés. Luego, en 1898, se hizo exactamente lo mismo con la ciudad de Murree, en la frontera de Cachemira, donde había otro profeta musulmán enterrado en Pindi Point. El nombre de la ciudad, Murree, se parecía lo suficiente a María como para que el gobierno colonial británico secuestrara también este lugar, anunciando que la madre de Jesús estaba allí enterrada.

Tras la independencia de la India, en 1947, y el establecimiento del estado musulmán de Pakistán, la región fronteriza de Cachemira se convirtió en zona de conflictos entre hindúes y musulmanes.

En la actualidad, hay quien cree que la cripta musulmana de Yuza Asaf podría contener otro cuerpo, enterrado por debajo del de Yuza, del siglo VI, en el edificio de Roza Bal, en Srinagar (*rauza bal* = tumba de un profeta). Desde el descubrimiento del diario de Marx y Francke, el profesor Hassnain ha seguido sus investigaciones y está escribiendo actualmente un libro actualizado sobre este tema.[2] Recientemente, la investigadora norteamericana Suzanne Olsson ha estado investigando también distintos lugares del norte de la India y Pakistán, y pretende publicar sus descubrimientos en un futuro cercano.

---

2. Las investigaciones de las que se puede disponer en la actualidad se pueden encontrar en: Professor Hida Hassnain, *A Search for the Historical Jesus – from Apocryphal, Buddhist, Islamic & Sanscrit Sources*, Gateway Books, Bath, 1994.

IV
Santa Elena

En 1662, el Papa Gregorio XV instituyó la *Congregatio Propaganda Fide*. Este Colegio para la Propagación de la Fe de los cardenales se fundó para reforzar el dogma de la Iglesia a través de sus maestros e historiadores autorizados, allí donde hubiera desacuerdo con los hechos tradicionales y documentados. Antes de esa fecha, la información concerniente al lugar de nacimiento de la emperatriz Elena se obtuvo siempre de archivos británicos.

En lo que se refiere a Gran Bretaña, fue ya en 1776 cuando el historiador británico Edward Gibbon fomentó la ficción romana de 1662 del nacimiento de Elena, al publicar su *Historia del Declive y la Caída del Imperio Romano*. A esto le siguió una justificación en 1779, tras las críticas a las que los expertos académicos sometieron los engañosos relatos sobre la historia del cristianismo primitivo. Pero Gibbon se había convertido al catolicismo en 1753, y estaba obligado a pintar a Elena de acuerdo con las doctrinas oficiales.

Según Gibbon, Elena nació en una familia de posaderos de un pueblo de Naissus, en los Balcanes. Más tarde, Gibbon se vio obligado a confesar que esto era una conjetura pero, a pesar de todo, sus primeras afirmaciones las siguieron ciegamente los autores posteriores de historias y enciclopedias.

Los historiadores de Gran Bretaña anteriores a Gibbon decían que la princesa Elaine (la Helena romana) nació y creció en Colchester, y adquirió renombre por sus aptitudes para la administración política. Su marido, Constancio, fue proclamado emperador en York (Caer Evroc). En el año 290 d.C., Constancio amplió la arquidiócesis de York a petición de Elena y posteriormente sería enterrado en

York. En reconocimiento a la peregrinación de Elena a Tierra Santa en 326 d.C., se construiría la iglesia de Elena de la Cruz en Colchester, tomando la ciudad su cruz como escudo de armas, con tres coronas de plata en sus brazos.

A partir de la época de la Reforma, y especialmente tras la creación del Colegio para la Propagación de la Fe, Roma emprendió un programa estructurado de desinformación acerca de muchos aspectos de la historia de la Iglesia, aumentando su labor en intensidad con el transcurso del tiempo. Sin embargo, la revisada visión de Roma acerca de Elena es sumamente vaga, con distintos relatos que se contradicen entre sí. Muchos eclesiásticos han propuesto la teoría balcánica, tal como la repitió Gibbon; otros proponen Nicomedia como lugar de nacimiento de Elena, y otros más la dan por nacida en Roma.

Aparte de los datos británicos, la información de Roma previa a 1662 apoyaba también la teoría británica de Elena, al igual que otros registros históricos en Europa. Entre éstos, se encuentra la *Epístola,* del autor alemán del siglo XVI-Melanchthon, que escribió: «Elena fue sin duda alguna una princesa británica». Los archivos de los jesuitas (incluso el libro jesuita *Pilgrim Walks in Rome*)[1] afirman, al dar cuenta del nacimiento del propio Constantino en Gran Bretaña: «Es una de las grandes glorias de la Inglaterra católica el contar con Santa Elena y con Constantino entre sus hijos, siendo Santa Elena la única hija del rey Coilo».

El documento romano que más se cita para apoyar el mensaje antibritánico es un manuscrito de Amiano Marcelino datado a finales del siglo IV (tras la muerte de Elena), del cual se eliminó la información original relativa a Elena (c. 248-328 d.C.). No obstante, se le incluyó una engañosa nota marginal en el siglo XVII dando los detalles autorizados por la Iglesia en aquel momento, sobre los cuales los seguidores de Gibbon y otros basaron sus opiniones posteriores.

Con todo esto, la Iglesia y sus sumisos expertos no han hecho otra cosa que ignorar a uno de los suyos, el cardenal Baronio, el bibliotecario del Vaticano que compiló en 1601 los *Annales Ecclesiastici.* En esta obra, afirmaba explícitamente: «Debe estar loco quien, a pesar de la antigüedad universal, se niegue a creer que Constantino y su madre eran britanos, nacidos en Bretaña».

---

1.   *(N. del T.):* Caminos de Peregrinación en Roma.

V

Las Tres Mesas del Grial

La tradición cuenta que «Tres Mesas portaron el Grial; eran redonda, cuadrada y rectangular. Todas tenían el mismo perímetro, y el número de las Tres era Dos-Uno». Las Tres Mesas se han asociado a la del rey Arturo, la del Castillo del Grial y la de la Última Cena. Sin embargo, la especificación del 2-1 es inherente a la proporción tabular de la *Sección Áurea,* y tiene poco que ver con una mesa en su sentido de utilidad.

La *Sección Áurea* es una progresión geométrica que empleaba el matemático griego Euclides en el siglo I a.C. Sin embargo, en la práctica, esta progresión se remonta más allá de Euclides hasta la época de Platón. La *Sección Áurea* se ha utilizado como criterio arquitectónico de proporciones, y se sigue utilizando hoy en día en las obras de arte, el enmarcado y el diseño. Por explicarlo de un modo sencillo, es una proporción de 5:8, pero la relación matemática exacta es de 0'618:1.[1]

La *Sección Áurea* se basa en la división del espacio mediante derivadas de rectángulos raíz y no necesita ninguna forma de medida. Los rectángulos raíz se pueden crear a partir de un cuadrado con sólo un compás. Un cuadrado es, simplemente, un rectángulo $\sqrt{1}$. Un rectángulo $\sqrt{2}$ se crea a partir de un cuadrado ajustando el compás a la longitud de la diagonal, y extendiendo la línea de la base hasta encontrarse con el arco. Un rectángulo $\sqrt{3}$ se crea a par-

---

1. Este tema lo cubre en su totalidad Nigel Pennick en su libro, *Sacred Geometry*, Turnstone, Wellingborough, 1980, c. 2, pp. 25-8.

tir de la diagonal del segundo, y así sucesivamente. Un rectángulo √5 (cuadrado doble) tiene la proporción del Grial, de 2:1.

Aunque no se midan con números, estos rectángulos no son irracionales, porque se pueden medir en términos de cuadrados generados a partir de ellos mismos. El cálculo en términos de área en lugar de longitud constituyó la base de la geometría antigua. El *Teorema de Pitágoras* sólo es comprensible en función de la medida del cuadrado. Por ejemplo, el área de un cuadrado √1 es exactamente un quinto del área de un cuadrado sobre el lado largo de su rectángulo √5 extendido. De ahí, la relación entre el extremo y el lado del rectángulo √5 se puede utilizar como una expresión del área.

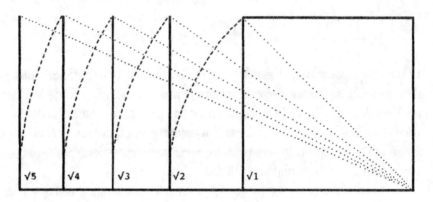

Rectángulos de la Sección Áurea

Los rectángulos con relaciones estrictamente numéricas, como 3:2, 5:4, etc., se pueden definir como *Estáticos,* pero los rectángulos raíz son *Dinámicos,* pues establecen una armonía particular gracias a su proporción relativa. Los atributos *Estáticos* y *Dinámicos* son inherentes al cuadrado (1 = 1:1 = √1:1) y al cuadrado doble extendido (2 = 2:1 = √4:1).

La diagonal del cuadrado doble (que es en sí √5) se ha utilizado mucho en la construcción de templos y de recintos sagrados, y guarda una relación directa con la proporción de la *Sección Áurea* de (√5 +1) ÷ 2 = 1'618.

La *Sección Áurea* se da cuando la relación entre la cantidad mayor y la menor es igual a la relación entre la suma de los dos y la mayor. La *Número Áureo* 1'618 se representa matemáticamente por la letra griega φ (*phi*). Numéricamente, tiene unas propiedades matemáticas excepcionales: 1'618 ÷ 0'618 = (1 + 1'618) = (1'618 x 1'618) = 2'618. Así, φ^2 = 2'618.

En cualquier progresión creciente donde φ es la relación entre los términos sucesivos, cada término es igual a la suma de los dos precedentes. Esta singularidad permite el cálculo simple de una serie.

A partir de dos términos sucesivos, todos los demás se pueden definir mediante el uso del compás. Esta secuencia aditiva la racionalizó primero en términos aritméticos Leonardo de Pisa (mejor conocido como Fibonacci, *véase* página 272). Se la conoce generalmente como *Sucesión de Fibonacci*, en donde cada cifra es la suma de las dos anteriores; por ejemplo, 1, 1, 2, 3, 5, 8, 13, 21, 34, 55, 89, etc. Esta sucesión no sólo es significativa en términos prácticos, sino que también se la reconoce desde hace tiempo como principio fundamental en la estructura de los organismos de plantas y animales.

Como consecuencia del cálculo *Áureo*, se consigue la cifra irracional de *pi*: 2'618 [φ²] x (12/10) = 3'1416 = *pi* [π]. Éste es el factor constante que facilita el cálculo de la circunferencia a partir de un diámetro conocido. De ahí que la *Tabla Redonda del Grial* se calcule a partir de su cuadrado y su rectángulo homólogos con el mismo perímetro: la mitad del lado del cuadrado x √1'618 = al radio. Por tanto, (radio x 2) x π = el perímetro.[2]

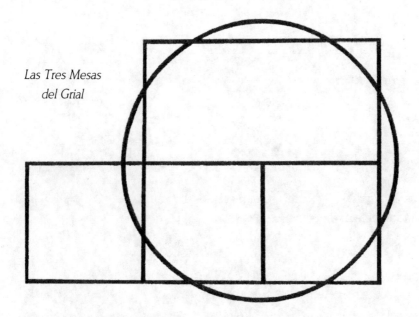

Las Tres Mesas del Grial

2. Diversos aspectos del cálculo tabular se encuentran en Louis Charpentier, *The Mysteries of Chartres Cathedral*, Research into Lost Knowledge Organization, and Thorsons, Wellingborough, 1972, c. 12, pp. 83-90; c. 13, pp. 91-111; y c. 15, pp. 118-27.

La simbólica *Tabla Redonda del Grial* tuvo su origen en el *Círculo*, la antigua representación de la totalidad. La famosa figura del *Hombre Vitruviano* es la de un círculo que rodea al hombre, como símbolo de la estrella de cinco puntas. A partir de esto, con un cuadrado y un compás, es posible derivar el resto de las figuras geométricas, cada una de ellas en relación precisa a las demás. Desde la más remota antigüedad, las cabañas circulares, los círculos de hadas y los templos megalíticos fueron *Tablas Redondas* de unidad cósmica.

Alegóricamente, la Tabla Redonda es la mesa de la *Intuición;* la Tabla Cuadrada es la del *Intelecto,* y la Tabla Rectangular es la del *Misticismo.*

VI

La caída de los merovingios

Con anterioridad a la destitución en el siglo VIII de la Casa de Meroveo en Francia, las provincias clave del reino merovingio (Austrasia, Neustria, Aquitania y Borgoña) se pusieron bajo la supervisión de mayordomos designados, aliados estrechos de los obispos católicos. Los mayordomos del Palacio de Austrasia eran la familia de Hernoul (Arnulfo) de Metz (*véase* capítulo 17), de quien descendió la dinastía carolingia de Carlomagno.

Hacia 655, la Iglesia de Roma estuvo en posición para desmantelar la sucesión merovingia y, en aquel momento, los mayordomos del Palacio de Austrasia (algo parecido a los modernos primeros ministros) estaban bajo el firme control del Papa. El mayordomo en aquel momento era Grimoald, cuñado de Ansegis, el hijo de Hernoul, Señor de Brabante. El entonces rey merovingio de Austrasia era Sigeberto II, hijo de Dagoberto I.

Cuando murió el rey Sigeberto, su hijo Dagoberto tenía sólo cinco años de edad, y el mayordomo Grimoald dio el primer paso en los planes de los obispos para usurpar el reino a la casa entonces reinante. Para comenzar, secuestraron a Dagoberto y lo enviaron a Irlanda, donde vivió exiliado entre los gaels escoceses. Luego, no esperando ver de nuevo al joven heredero, Grimoald le dijo a la reina Immachilde que su hijo había muerto.

El príncipe Dagoberto se educó en el monasterio de Slane, cerca de Dublín, y se casó con la princesa gaélica Matilde a la edad de quince años. Posteriormente, iría a York bajo el patrocinio de San Wilfredo, pero murió Matilde y Dagoberto volvió a Francia, donde reapareció para gran sorpresa de su madre. Mientras tanto, Grimoald había puesto a su propio hijo en el trono de Austrasia, pero Wilfredo de York y otros difundieron la noticia de la traición del mayordomo y la Casa de Grimoald quedó desacreditada.

Dagoberto se casó en segundas nupcias con Gizelle de Razès (sobrina del rey visigodo) y fue reinstaurado en 674, tras una ausencia de casi 20 años, frustrándose así la intriga de Roma, aunque no por mucho tiempo. Dos días antes de la Navidad del 679, Dagoberto estaba cazando cerca de Stenay, en las Ardenas, cuando le tendieron una emboscada y le dieron muerte, atravesándolo con una lanza y clavándolo en un árbol, a manos de un esbirro de su poderoso mayordomo, Pipino el Gordo de Herstal (el nieto de Hernoul).

El Vaticano se apresuró a dar su visto bueno al asesinato, e inmediatamente le traspasó la administración merovingia en Austrasia al ambicioso Pipino. A su debido tiempo, le sucedió su hijo ilegítimo, Carlos Martel, que dio apoyo al empeño de Roma consiguiendo el control de otros territorios merovingios. Cuando Martel murió en 741, el único merovingio con autoridad era Childerico III, sobrino de Dagoberto. Mientras tanto, el hijo de Martel, Pipino el Breve, era el mayordomo de Neustria. Hasta aquel momento (salvo por el asunto Grimoald), la monarquía merovingia había sido estrictamente dinástica, considerándose su sucesión hereditaria un derecho automático y sagrado, una cuestión en la cual la Iglesia no tenía nada que decir. Pero esta tradición estaba destinada a perderse cuando Roma aprovechó la oportunidad para «crear» reyes mediante una falsa autoridad papal, hecha posible gracias a la *Donación de Constantino* (*véase* capítulo 5, página 90).

En 751, el mayordomo Pipino el Breve, aliado con el Papa Zacarías, obtuvo la aprobación papal para su propia coronación como Rey de los Francos en el lugar de Childerico. El largamente esperado ideal de la Iglesia se había hecho realidad y, desde entonces, los reyes fueron respaldados y coronados sólo mediante prerrogativa romana. Y así, con la bendición del Papa, Pipino se convirtió en Rey de los Francos, mientras Childerico era depuesto. Los obispos lo humillaron públicamente, y el cabello (que lo llevaba largo, manteniendo la tradición nazarena del Antiguo Testamento)[1] se lo dejaron brutalmente corto. Se le encarceló en un monasterio, donde murió cuatro años después, y así comenzó una nueva dinastía de reyes franceses, los carolingios, llamados así por el padre de Pipino, Carlos (Carolus) Martel.

---

1. Los nazarenos eran ascetas (como, por ejemplo, Sansón) sujetos a votos estrictos a través de períodos predeterminados, tal como se establecía en la ley de los nazarenos, que se da en el libro de los Números 6:2-21.

Bibliografía

ADAMNAN, St., *A Life of Saint Columba* (trad. Wentworth Huyshe), George Routledge, Londres, 1908.

ADDISON, Charles G., *The History of the Knights Templars*, Adventures Unlimited, Kempton, IL, 1997.

ALBANY, HRH Prince Michael of, *The Forgotten Monarchy of Scotland*, Chrysalis/Vega, Londres, 2002.

ALLEGRO, John, *The Dead Sea Scrolls*, Penguin, Londres, 1964.

ALTER, Robert, *Genesis*, W. W. Norton, Nueva York, NY, 1996.

ALVIELLA, Count Goblet, *Migration of Symbols* (1892 facsimile), Aquarian Press, Wellingborough, 1979.

ANDERSON, Alan Orr, *Early Sources of Scottish History*, (ed. Marjorie Anderson), Paul Watkins, Londres, 1990.

ANDERSON, Flavia, *The Ancient Secret*, Research into Lost Knowledge Organization, and Thorsons, Wellingborough, 1953.

ANDERSON, Joseph, *Scotland in Early Christian Times*, David Douglas, Edimburgo, 1881.

ANDRESSOHN, John C., *The Ancestry and Life of Godfrey of Bouillon*, University of Indiana Press, Bloomington, IN, 1947.

Anglo-Saxon Chronicle, The (trad. Michael Swanton), J. M. Dent, Londres, 1997.

ARADI, Zsolt, *Shrines of Our Lady*, Farrar, Strauss & Young, Nueva York, NY, 1954.

ASHE, Geoffrey, *Avalonian Quest*, Methuen, Londres, 1982.

ATALAY, Bülent, *Math and the Mona Lisa*, Smithsonian Books, Washington, DC, 2004.

BAIGENT, M., R. Leigh y H. Lincoln, *El enigma sagrado*, Martínez Roca, Madrid, 1987.

— *El Legado Mesiánico*, Martínez Roca, Madrid, 1987.

BAIGENT, Michael, y Richard Leigh, *El escándalo de los rollos del mar Muerto*, Martínez Roca, Madrid, 1992.

BARBER, M., *The Trial of the Templars,* Cambridge University Press, Cambridge, 1978.

BARBER, Richard, *The Knight and Chivalry,* Longman, Londres, 1970.

BARCILON, Pinin Brambilla, and Pietro C. Marani, *Leonardo, The Last Supper* – English language edition (trad. Harlow Tighe), University of Chicago Press, Chicago, IL, 2001.

BARCLAY, William, *The Mind of Jesus,* SCM Press, Londres, 1971.

BARING-GOULD, S. and J. Fisher, *The Lives of the British Saints,* Cymmrodorion Society, Londres, 1907-1913.

BARNSTONE, Willis (ed.), *The Other Bible,* HarperSanFrancisco, San Francisco, 1984.

BARTRUM, Peter C., *Early Welsh Genealogical Tracts,* University of Wales Press, Cardiff, 1966.

BAUCKHAM, Richard, *Jude and the Relatives of Jesus in the Early Church,* T & T Clark, Edimburgo, 1988.

BAYLEY, Harold, *A New Light on the Renaissance,* John Dent, Londres, 1909.

—— *The Lost Language of Symbolism,* Williams & Norgate, Londres, 1912.

BECKER, Udo, *Enciclopedia de los Símbolos,* Robinbook, Barcelona, 1996.

BEDE OF JARROW, The Venerable, *The Ecclesiastical History of the English Nation* (trad. J. A. Giles), Dent/Everyman, Londres, 1970.

BEGG, Ean C. M., *Las Vírgenes Negras,* Martínez Roca, Madrid, 1987.

BERNARD DE CLAIRVAUX, *Patrologia Latina* (ed. J. P. Migne), París, 1854.

——*Sermones sobre el Cantar de los Cantares* (trad. José Luis Santos Gómez), Alpuerto, Madrid, 2000.

BIBLE, *The Authorized King James Version with Apocrypha,* Oxford University Press, Oxford, 1998.

Biblia de Jerusalén, Desclée de Brouwer, Bilbao, 1998.

BLAIR, Peter Hunter, *The Origins of Northumbria,* Northumberland Press, Gateshead, 1948.

BOGDANOW, Fanni, *The Romance of the Grail,* Manchester University Press, Manchester, 1966.

BOUSSEL, Patrice, *Leonardo da Vinci,* Nouvelles Éditions Françaises, París, 1986.

BOWEN, E. G., *The Settlements of the Celtic Saints in Wales,* University of Wales Press, Cardiff, 1956.

BRAMLY, Serge, *Leonardo the Artist and Man,* Penguin, Londres, 1994.

BRANDON, S. G. F., *The Fall of Jerusalem and the Christian Church,* SPCK, Londres, 1951.

—— *Jesus and the Zealots,* Charles Scribner's Sons, Nueva York, NY, 1967.

BRANNER, Robert, *Chartres Cathedral,* W. W. Norton, Londres, 1996.

BROCKWELL, Maurice W., *The Pseudo-Arnolfini Portrait,* Chatto & Windus, Londres, 1952.

BROOKE, G., *Temple Scroll Studies,* Sheffield Academic Press, Sheffield, 1989.

BROWN, Dan, *El Código Da Vinci,* Umbriel Editores, Barcelona, 2003.

BUCHER, François, *Architector: The Lodge Books and Sketchbooks of Medieval Architects,* Abaris Books, Nueva York, NY, 1979.

BULL, Norman J., *The Rise of the Church,* Heinemann, Londres, 1967.

BULTMANN, Rudolf, *Primitive Christianity in its Contemporary Setting* (trad. R. H. Fuller), Fontana/Collins, Glasgow, 1960.

BURCHARDT, Titus, *Chartres and the Birth of a Cathedral,* Golgonooza Press, Ipswich, 1995.

BURNS, Jane E. (ed.), *The Vulgate Cycle,* Ohio State University Press, 1985.

BUTTERWORTH, G. W. (trad.), *Clement of Alexandria*, Heinemann, Londres, 1968.

CAPELLANUS, Andreas, *The Art of Courtly Love* (trad. J. J. Parry), Columbia University Press, Nueva York, NY, 1941.

CARPENTER, Clive, *The Guinness Book of Kings, Rulers and Statesmen*, Guinness Superlatives, Enfield, 1978.

CASTRIES, Duc de, *The Lives of the Kings and Queens of France* (trad. Anne Dobell for Académie Française), Weidenfeld & Nicolson, Londres, 1979.

Catholic Encyclopedia, Robert Appleton, Nueva York, NY, 1910.

CHADWICK, Hector Munro, *Early Scotland: The Picts, Scots and Welsh of Southern Scotland*, Cambridge University Press, Cambridge, 1949.

— *Studies in Early British History*, Cambridge University Press, Cambridge, 1954.

CHADWICK, Nora K., *The Age of Saints in the Celtic Church*, Oxford University Press, 1961.

— *Early Brittany*, University of Wales Press, Cardiff, 1969.

CHALLINE, Charles, *Recherches sur Chartres*, Société Archéologique d'Eure & Loir, Chartres, reprinted 1994.

CHARLES, R. H. (trad.), *The Book of Enoch*, (revised from Dillmann's edition of the Ethiopic text, 1893), Oxford University Press, Oxford, 1906 and 1912.

CHARLSWORTH, M. P., *The Lost Province*, University of Wales Press, Cardiff, 1949.

CHARPENTIER, Louis, *The Mysteries of Chartres Cathedral*, Research Into Lost Knowledge Organization and Thorsons, Wellingborough, 1992.

CHEVALIER, Jean, and Gheerbrant, *Diccionario de Símbolos*, Herder, Barcelona, 2000.

CHRÉTIEN DE TROYES, *El Cuento del Grial*, (trad. Carlos Alvar), Alianza Ed., Madrid, 2003.

CHURCH, Rev. Leslie F. (ed.), *Matthew Henry's Commentary on the Whole Bible*, Marshall Pickering, Londres, 1960.

CIRLOT, Victoria (ed. lit.), *Perlesvaus o el Alto Libro del Graal*, Siruela, Madrid, 2000.

CLÉBERT, Jean-Paul, *The Gypsies*, Vista Books, Londres, 1963.

CLEMENT OF ALEXANDRIA, St., *Clementine Homilies and Apostolical Constitutions* (trad. William Whiston), Ante-Nicene Library, T & T Clark, Edimburgo, 1870.

COGHLAN, Ronan, *The Illustrated Encyclopaedia of Arthurian Legends*, Element Books, Shaftesbury, 1993.

COHN-SHERBOK, Lavinia and Dan, *A Short Reader in Judaism*, Oneworld, Oxford, 1997.

COLEMAN, Christopher B., *The Treatise of Lorenzo Valla on the Donation of Constantine*, University of Toronto Press, Toronto, 1993.

CRUDEN, Alexander, *Complete Concordance to the Old and New Testament and the Apocrypha*, Frederick Warne, Londres, 1891.

CUNICH, Peter, with David Hoyle, Eamon Duffy and Ronald Hyam, *A History of Magdalene College Cambridge 1428-1988*, Magdalene College Publications, Cambridge, 1994.

DANIELOU, Jean, *The Dead Sea Scrolls and Primitive Christianity* (trad. Salvator Attansio), New American Library, Nueva York, NY, 1962.

DAVIDSON, Marshall B., *The Concise History of France*, American Heritage, Nueva York, NY, 1971.

DAVIS, R. C. H., *A History of Medieval Europe*, Longmans, Londres, 1957.

DEANESLY, Margaret, *A History of Early Medieval Europe 476-911*, Methuen, Londres, 1956.

DILL, Sir Samuel, *Roman Society in Gaul in the Merovingian Age*, Macmillan, Londres, 1926.

DILLON, Myles, and Nora K. Chadwick, *The Celtic Realms*, Weidenfeld & Nicolson, Londres, 1967.

DOBBS, Betty J. T., *The Foundations of Newton's Alchemy*, Cambridge University Press, Cambridge, 1975.

DORESSE, Jean, *The Secret Books of the Egyptian Gnostics* (trad. Philip Mairet), Hollis & Carter, Londres, 1960.

DUPONT-SOMMER, André, *The Jewish Sect of Qumrân and the Essenes*, Vallentine Mitchell, Londres, 1954.

— *The Essene Writings from Qumrân* (trad. Geza Vermes), Basil Blackwell, Oxford, 1961.

EHLER, Sidney Z., and John B. Morral (eds.), *Church and State through the Centuries*, Burns & Oates, Londres, 1954.

EISENMAN, Robert H., *Maccabees, Zadokites, Christians and Qumrân*, E. J. Brill, Leiden, 1983.

— *The Dead Sea Scrolls and the First Christians*, Element Books, Shaftesbury, 1996.

EISLER, Riane, *El Cáliz y la Espada*, Martínez de Murguia, Madrid, 1996.

ENGNELL, Ivan, *Studies in Divine Kingship in the Ancient Near East*, Basil Blackwell, Oxford, 1967.

EPIPHANIUS, *Panarion* (trad. F. Wilkins), E. J. Brill, Leiden, 1989-93.

— *Ancoratus* (trad. Karl Hol), Walter de Gruyter, Berlín, 2002-4.

EUSEBIUS OF CAESAREA, *Historia Eclesiástica* (trad. Argimiro Velasco Delgado), Biblioteca de Autores Cristianos, Madrid, 2002.

— *The History of the Church from Christ to Constantine*, Penguin, Londres, 1989.

EVANS, Sebastian (trad.), *The High History of the Holy Grail*, Everyman, Londres, 1912.

FARMER, David (ed.), *Oxford Dictionary of Saints*, Oxford University Press, Oxford, 1997.

FIDELER, David (ed.), *Alexandria: The Journal for the Western Cosmological Traditions*, Phanes Press, 1995.

FILLIETTE, Edith, *Saint Mary Magdalene, Her Life and Times*, Society of St. Mary Magdalene, Newton Lower Falls, MA, 1983.

FINIGAN, J., *Handbook of Biblical Chronology*, Princeton University Press, Princeton, NJ, 1964.

FLEETWOOD, Rev. John, *The Life of Our Lord and Saviour Jesus Christ*, William MacKenzie, Glasgow, 1900.

FRANKFORT, Henri, *Reyes y Dioses*, (trad. Belén Garrigues), Alianza Ed., Madrid, 1998.

FRAPPIER, Jean, *Chrétien de Troyes and his Work* (trad. Raymond Cormier), Ohio State University Press, 1982.

FREESE, J. H. (trad.), *The Octavius of Marcus Minucius Felix*, Macmillan, Nueva York, NY, 1919.

FURNIVAL, Frederick J. (ed.), *The History of the Holy Grail* − from *Roman l'Estoire dou Saint Graal*, by Sires Robert de Boron (trad. Henry Lonelich Skynner), Early English Text Society/N. Turner, Londres, 1861.

GARDNER, Laurence, *La Herencia del Santo Grial* , Mondadori, Barcelona, 2001.

— *Realm of the Ring Lords*, Thorsons-Element/HarperCollins, Londres, 2003.

—— *Lost Secrets of the Sacred Ark*, Thorsons-Element/HarperCollins, Londres, 2004.

GIBSON, Michael, *The Symbolists*, Harry N. Abrams, Nueva York, NY, 1988.

GIBSON, Shimon, and Jacobsen, David M., *Below the Temple Mount in Jerusalem*, Tempus Reparatum, Oxford, 1996.

GILDAS, *De Excidio et Conquestu Britanniae* (trad. Michael Winterbottom), Phillimore, Chichester, 1978.

GILSON, Etienne, *The Mystical Theology of Saint Bernard* (trad. A. H. C. Downes), Sheed & Ward, Londres, 1940.

GIMPEL, Jean, *The Medieval Machine: The Industrial Revolution of the Middle Ages*, Pimlico, Londres, 1976.

GODDING, Robert S. J., *Grégoire le Grand et la Madeleine in Memoriam soctorum venerates – Miscellanea in onore di Mgr. Victor Saxer*, El Vaticano, Roma 1992.

GOUGAUD, Dom. Louis, *Christianity in Celtic Lands* (trad. Maud Joynt), Four Courts Press, Dublin, 1932.

GRANT, M., *Herod The Great*, Weinfeld & Nicolson, Londres, 1971.

—— *The Jews in the Roman World*, Weinfeld & Nicolson, Londres, 1973.

GRAVES, Robert, *La Diosa Blanca*, (trad. Luis Echávarri) Alianza Ed., Madrid, 1998.

GREGORY OF TOURS, *A History of the Franks* (trad. Lewis Thorpe), Penguin, Londres, 1964.

GUSTAFSON, Fred, *The Black Madonna*, Sigo Press, Boston, MA, 1991.

HALSBERGHE, G. S., *The Cult of Sol Invictus*, E. J. Brill, Leiden, 1972.

HASKINS, Susan, *María Magdalena, Mito y Metáfora*, (trad. Nicole d'Amonville), Herder, Barcelona, 1996.

HASSNAIN, Professor Fida, *La Otra Historia de Jesús*, (trad. J. A. Bravo) Robinbook, Barcelona, 1995.

HASTINGS, James (ed.), *Dictionary of the Bible*, T & T Clark, Edinburgh, 1909.

HENDERSON, Ernest F. (trad.), *Select Historical Documents of the Middle Ages*, G. Bell, Londres, 1925.

HERODOTO, *Historias*, (trad. Jaime Berenguer), Consejo Superior de Investigaciones Científicas, Madrid, 1990.

HEWINS, Professor S., *The Royal Saints of Britain*, Chiswick Press, Londres, 1929.

HEWISON, James King, *The Isle of Bute in the Olden Time*, William Blackwood, Edimburgo, 1895.

HIGHAM, N. J., *The Kingdom of Northumbria, AD 350-1100*, Alan Sutton, Stroud, 1993.

HOCART, A. M., *Kingship*, Oxford University Press, Oxford, 1927.

HODGKIN, R. H., *A History of the Anglo-Saxons*, Oxford University Press, Oxford, 1952.

HULME, Edward F., *Symbolism in Christian Art*, Swann Sonnenschein, Londres, 1891.

HUNTER, Michael, *Science and Society in Restoration England*, Cambridge University Press, Cambridge, 1981.

HUTCHINSON *Encyclopedia, The*, Hutchinson, Londres, 1997.

IZNARD, Guy, *Les Pirates de la Peinture*, Flammarion, París, 1955.

JACAPO DI VORAGINE *Legenda Aurea (Golden Legend)*, (trad. William Caxton, 1483; ed., George V. O'Neill), Cambridge University Press, Cambridge, 1972.

JACKSON, Samuel Macauley (ed.), *The Schaff-Herzog Encyclopedia of Religious Knowledge*, Baker Book House, Grand Rapids, MI, 1953.

JAMES, B. S., *Saint Bernard of Clairvaux*, Harper, Nueva York, NY, 1957.

JAMES, John, *The Master Masons of Chartres*, West Grinstead Publishing, Leura, NSW, 1990.

JAMES, Montague R. (ed.), *The Apocryphal New Testament*, Clarendon Press, Oxford, 1924.

JAMESON, Anna, *Legends of the Madonna*, Houghton Mifflin, Boston, 1895.

JENNINGS, Hargrave, *The Rosicrucians: Their Rites and Mysteries*, Routledge, Londres, 1887.

JOHN OF GLASTONBURY, *Cronica sive Antiquitates Glastoniensis Ecclesie* (c. 1400), Boydell & Brewer, Woodbridge, 1985.

JOINVILLE, Sire Jean de, *Chronicles of the Crusades* (trad. Margaret Shaw), Penguin, Londres, 1976.

JONAS, Hans, *La Religión Gnóstica*, Siruela, Madrid, 2003.

JONES, A. H. M., *The Herods of Judaea*, Clarendon Press, Oxford, 1938.

JOSEFO, Flavio, *Antigüedades de los Judíos y Guerras de los Judíos*, Clie, Terrassa, Barcelona, 2003.

JOWETT, George F., *The Drama of the Lost Disciples*, Covenant Books, Londres, 1961.

JULLIAN, Philippe, *The Symbolists*, Phaidon Press, Londres, 1973.

KEATING, Geoffrey, *The History of Ireland*, (trad. David Comyn and Rev. P. S. Dinneen), 1640; reprinted by Irish Texts Society, Londres, 1902-14.

KEMP, Martin, *Leonardo on Painting*, Yale University Press, New Haven, CT, 2001.

KENNEY, James F., *The Sources for the Early History of Ireland*, Four Courts Press, Dublín, 1966.

KING, Karen L. (ed.), *Images of the Femenine in Gnosticism*, Fortress Press, Philadelphia, PA, 1988.

KINGSLAND, William, *The Gnosis or Ancient Wisdom in the Christian Scriptures*, Allen & Unwin, Londres, 1937.

KNIGHT, Christopher, Y Robert LOMAS, *La Clave Masónica*, (trad. Albert Solé), Martínez Roca, Madrid, 2004.

KRAMER, Heinrich, Y James SPRENGER, *Malleus Maleficarum*, (trad. Manuel Giménez Saurina), Círculo Latino, San Andrés de la Barca, Barcelona, 2005.

KRAMER, Samuel Noel, *El Matrimonio Sagrado*, Ausa, Sabadell, 2001.

LACORDAIRE, Père, *St. Mary Magdalene*, Thomas Richardson, Derby, 1880.

LEA, Henry Charles, *History of Sacerdotal Celibacy in the Christian Church*, Watts & Co., Londres, 1867.

LEVINE, Sue A., *The Northern Foreportal Column Figures of Chartres Cathedral*, Verlag Peter Lang, Frankfurt, 1984.

LEWIS, H. Spencer, *The Mystical Life of Jesus*, Ancient and Mystical Order Rosae Crucis, San José, CA, 1982.

LEWIS, Rev. Lionel Smithett, *Joseph of Arimathea at Glastonbury*, A. R. Mobray, Londres, 1927.

LIVIO, Tito (c. 59 BC – AD 17), *Ab Urbe Condita*, Gredos, Madrid.

LOOMIS, Roger Sherman, *The Grail: From Celtic Myth to Christian Symbolism*, University of Wales Press, Cardiff, 1963.

LUCIE-SMITH, Edward, *El Arte Simbolista* , (trad. Vicente Villacampa) Destino, Barcelona, 1991.

LUTTERWORTH DICTIONARY OF THE BIBLE (ed. Watson E. Mills), Lutterworth Press, Cambridge, 1994.

MACMILLAN ENCYCLOPEDIA, The, Macmillan, Londres, 1996.

MACNEILL, Eoin, *Celtic Ireland* (Martin Lester, Dublin, 1921), Academy Press, Dublín, 1981.

MALORY, Sir Thomas, *La Muerte de Arturo,* Siruela, Madrid, 1985.

MALVERN, Marjorie, *Venus in Sackcloth,* Southern Illinois University Press, Carbondale, IL, 1975.

MARTIN, Malachi, *The Decline and Fall of the Roman Church,* Secker & Warburg, Londres, 1982.

MATARASSO, P. M. (trad.), *The Quest of the Holy Grail* – de la *Queste del Saint Graal,* Penguin, Londres, 1976.

MATTHAEI PARISIENSIS, *Chronica Majora,* Longman, Londres, 1874 – reimpreso por Matthew Paris, *The Chronicles of Matthew Paris,* Palgrave Macmillan, Londres, 1984.

MEAD, G. R. S. (trad.), *Pistis Sophia: a Gnostic Miscellany* (1921), reimpreso por Kessinger, Kila, MT, 1992.

MICHELL, John, *The City of Revelation,* Garnstone, Londres, 1971.

— *Dimensions of Paradise,* Thames & Hudson, Londres, 1988.

MILIK, J. T., *Ten Years of Discovery in the Wilderness of Judaea* (trad. J. Strugnell), SCM Press, Londres, 1959.

NATHAN BAILEY'S *Universal Etymological Dictionary,* T. Cox at the Lamb, Royal Exchange, Londres, 1721.

NENNIUS, *Historia Brittonium* (trad. John Morris), Phillimore, Chichester, 1980.

NEWSOME, David, *The Convert Cardinals,* John Murray, Londres, 1993.

OLDENBOURG, Zoé, *La Hoguera de Montségur* (trad. Antoni Dalmau), Círculo de Lectores, Barcelona, 2002.

OSMAN, Ahmed, *La Casa del Mesías,* (trad. Soledad Silió), Planeta, Barcelona, 1993.

Oxford Annotated Bible (eds. Herbert G. May and Bruce M. Metzger), Oxford University Press, Oxford, 1962.

Oxford Compact English Dictionary (Oxford Word Library: OWL Micrographic), Oxford University Press, Oxford, 1971.

Oxford Concise English Dictionary (ed. Della Thompson), Oxford University Press, Oxford, 1995.

PAGELS, Elaine, *Los Evangelios Gnósticos,* (trad. Jordi Beltrán), Grijalbo, Barcelona, 1996.

PENNICK, Nigel, *Sacred Geometry,* Turnstone, Wellingborough, 1980.

PEROWNE, Stewart, *The Life and Times of Herod the Great,* Hodder & Stoughton, Londres, 1956.

— *The Later Herods,* Hodder & Stoughton, Londres, 1958.

PETRIE, W. M. Flinders, *Researches in Sinai,* John Murray, Londres, 1906.

PICKNETT, Lynn, and Clive Prince, *Turin Shroud: In Whose Image?* Bloomsbury, Londres, 1994.

PIERCE, Don, *How to Decorate Mats*, Cameron, San Raphael, CA, 1985.

PINCUS-WITTEN, R., *Occult Symbolism in France*, Garland, Londres, 1976.

PIÑERO, Antonio (ed. Lit.), *Textos Gnósticos, Biblioteca de Nag Hammadi*, Trotta, Madrid, 2004.

POPE, Marvin H., *Song of Songs*, Garden City/Doubleday, Nueva York, NY, 1977.

PORTER, J. R., *The Illustrated Guide to the Bible*, Duncan Baird, Londres, 1995.

—— *Jesus Christ*, Duncan Baird, Londres, 1999.

QUALLS-CORBETT, Nancy, *La Prostituta Sagrada*, (trad. Laia Obregón), Obelisco, Barcelona, 1997.

RECHT, Rolland, *Les Bâtisseurs des Cathédrales Gothiques*, Éditions les Musées de la Ville de Strasbourg, Estrasburgo, 1989.

REES, Alwyn y Brinley, *Celtic Heritage*, Thames & Hudson, Londres, 1961.

REES, Rev. W. J. Rice, *Lives of the Cambro-British Saints*, Welsh MSS Society/Longman, Londres, 1853.

REICHERT, B. (ed.), *Acta capitulorum generalium ordinis praedicatorum*, El Vaticano, Roma, 1898.

RUHEMANN, Helmut, *The Cleaning of Paintings*, Hacker Art Books, Nueva York, NY, 1982.

RICCI, Carla, *Mary Magdalene and Many Others*, Fortress Press, Minneapolis, MN, 1994.

RICHEY, Margaret Fitzgerald, *Studies of Wolfram Von Eschenbach*, Oliver & Boyd, Londres, 1957.

RITMEYER, Leen y Kathleen, *Secrets of Jerusalem's Temple Mount*, Biblical Archaeological Society, Washington, DC, 1998.

RUNCIMAN, Steven, *Historia de las Cruzadas*, (trad. Germán Beliberg), Alianza Ed., Madrid, 1973.

RUVIGNY & RAINEVAL, Melville Henry Massue, Marquis de, 1868-1921, *The Jacobite Peerage, Baronetage, Knightage & Grants of Honour* (1921), facsimile reprint Charles Skilton, Londres, 1974.

SACKVILLE-WEST, V., *Juana de Arco*, (trad. Amalia Martín), Siruela, Madrid, 1989.

SCHONFIELD, Professor Hugh J., *El Nuevo Testamento Original*, (trad. J. López), Martínez Roca, Madrid, 1990.

—— *El Complot de Pascua*, (trad. Joseph Apfelbaume), Martínez Roca, Madrid, 1987.

SCOTT, John, *The Early History of Glastonbury*, Boydell Press, Londres, 1981.

Septuagint with Apocrypha, The (trad. Sir Lancelot C. L. Brenton), Samuel Bagster, Londres, 1851.

SEWARD, Desmond, *Los Monjes de la Guerra*, (trad. Sergio Bulat), Edhasa, Barcelona, 2004.

SHAW, R. Cunliffe, *Post-Roman Carlisle and the Kingdoms of the North-West*, Guardian Press, Preston, 1964.

SINCLAIR, Andrew, *La Espada y el Grial*, (trad. Alejandro Pareja), Edaf, Madrid, 1994.

SKEELS, Dell, *The Romance of Perceval*, University of Washington Press, 1966.

SKENE, William Forbes, *Chronicles of the Picts and Scots*, H. M. General Register, Edimburgo, 1867.

—— *Celtic Scotland*, David Douglas, Edimburgo, 1886-90.

SMALLWOOD, E. M., *The Jews Under Roman Rule*, E. J. Brill, Leiden, 1976.

SMITH, Dr. William, *Smith's Bible Dictionary*, (1868 revised), Hendrickson, Peabody, MA, 1998.

SMITH, Morton, *The Secret Gospel*, Victor Gollancz, Londres, 1974.

SPENCE, Keith, *Brittany and the Bretons*, Victor Gollancz, Londres, 1978.

SPONG, John Shelby, *Jesús, Hijo de Mujer*, (trad. José Pomares), Martínez Roca, Madrid, 1993.

STALEY, Edgcumbe, *King René d'Anjou and his Seven Queens*, John Long, Londres, 1912.

STARBIRD, Margaret, *María Magdalena, ¿Esposa de Jesús?*, (trad. Claudio Gancho), Martínez Roca, Madrid, 1994.

— *La Diosa en los Evangelios*, Obelisco, Barcelona, 2000.

STEIN, Walter Johannes, *The Ninth Century*, Temple Lodge, Londres, 1991.

STEINBERG, Leo, *Leonardo's Incessant Last Supper*, Zone Books, Nueva York, NY, 2001.

STOKES, Whitley (ed.), *Félire Óengusso Céli Dé (The Martyrology of Oengus the Culdee)*, Dublin Institute for Advanced Studies, Dublín, 1984.

STOYANOV, Yuri, *The Hidden Tradition in Europe*, Arkana/Penguin, Londres, 1994.

STRONG, James (ed.), *The Exhaustive Concordance of the Bible*, Abingdon Press, Nueva York, NY, 1890.

SUMPTION, Jonathan, *The Albigensian Crusade*, Faber & Faber, Londres, 1978.

TACITUS, *Historias* (trad. José Luis Moralejo), Akal, Tres Cantos, Madrid, 1989.

— *Anales del Imperio Romano* (trad. Carlos Coloma), Axel Springer, Madrid, 1986.

TAYLOR, Gladys, *Our Neglected Heritage*, Covenant Books, Londres, 1974.

TAYLOR, John W., *The Coming of the Saints*, Covenant Books, Londres, 1969.

THIERING, Barbara, *Jesus the Man*, Transworld, Londres, 1992.

— *Jesus of the Apocalypse*, Transworld/Doubleday, Londres, 1996.

THOMPSON, J. M., *The French Revolution*, Basil Blackwell, Oxford, 1964.

THORPE, Lewis (trad.), *The Life of Charlemagne*, Penguin, Londres, 1979.

TOLSTOY, Count Nikolai, *The Quest for Merlin*, Hamish Hamilton, Londres, 1985.

TORJESEN, Karen Jo, *Cuando las Mujeres Eran Sacerdotes*, (trad. Jesús Valiente), El Almendro de Córdoba, Córdoba, 1997.

UNTERMAN, Alan, *Dictionary of Jewish Lore and Legend*, Thames & Hudson, Londres, 1997.

VASARI, Giorgio, *Las Vidas de los Más Excelentes Arquitectos, Pintores y Escultores Italianos*, Tecnos, Madrid, 1998.

VERMES, Geza, *Los Manuscritos del Mar Muerto*, El Aleph, Barcelona, 1987.

— *The Complete Dead Sea Scrolls in English*, Penguin, Londres, 1998.

VON ESCHENBACH, Wolfram, *Parzival* (ed. Antonio Regales Serna), Siruela Madrid, 2005.

WADE-EVANS, Arthur W., *Welsh Christian Origins*, Alden Press, Oxford, 1934.

WAITE, Arthur Edward, *The Hidden Church of the Holy Grail*, Rebman, Londres, 1909.

WALKER, Barbara G., *The Woman's Encyclopedia of Myths and Secrets*, HarperSanFrancisco, San Francisco, CA, 1983.

WALLACE-HADRILL, J. M., *The Long Haired Kings*, Methuen, Londres, 1962.

WARREN, F. E., *The Liturgy of the Celtic Church*, Oxford University Press, Oxford, 1881.

WATSON, W. J., *The History of the Celtic Place Names of Scotland*, William Blackwood, Edimburgo, 1926.

WHITE, Michael, *Isaac Newton*, (trad. Almudena Bautista), SM, Boadilla del Monte, 1991.

WIJNGAARDS, John, *No Women in Holy Orders?* Canterbury Press, Norwich, 2002.

WILKEN, Robert L., *The Christians as the Romans Saw Them*, Yale University Press, New Haven, CT, 1984.

WILLIAM OF MALMESBURY, *The Antiquities of Glastonbury*, Talbot/JMF Books, Llanerch, 1980.

WILLIAMS, *Taliesin, with Iolo Morganwg*, Thomas Price, Owen Jones, and the Society for the Publication of Ancient Welsh Manuscripts. Abergavenny, *Iolo Manuscripts*, W. Rees, Llandovery and Longman & Co., Londres, 1848.

WILSON, A. N., *Jesus*, Sinclair Stevenson, Londres, 1992.

WILSON, R. McL., *The Gospel of Philip: Translated from the Coptic Text*, A. R. Mowbray, Londres, 1962.

WILSON, Colin, and John Grant, *The Directory of Possibilities*, Webb & Bower, Exeter, 1981.

WINDEATT, Barry (ed.), *The Book of Margery Kempe*, Longman, Londres, 1999.

WOJCIK, Jan W., *Robert Boyle and the Limits of Reason*, Cambridge University Press, Cambridge, 1997.

WOLTERS, Al, *The Copper Scroll*, Sheffield Academic Press, Sheffield, 1996.

YADIN, Yigael, *The Temple Scroll*, Weideneld & Nicolson, Londres, 1985.

YATES, Frances A., *El Iluminismo Rosacruz*, (trad. Roberto Gómez Ciriza), Fondo de Cultura Económica, Madrid, 1999.

ZUCKERMAN, Arthur J., *A Jewish Princedom in Feudal France*, Columbia University Press, Nueva York, NY, 1972.

Créditos de las imágenes

Debo dar las gracias a todos los que figuran más abajo por su cortesía en las siguientes ilustraciones fotográficas e imágenes con derechos de autor:

1, 7, 13, 15, 18, 20, 24, 26, 27, 28, 29, 30, 31, 32, 33, 34, 35, 36, 41, 46, 47, 49, 50, Bridgeman Art Library, Londres. 21, 12, Art Magick <www.artmagick.com/>. Entropic Fine Art <www.entropic-art.com/> Peter Robson Studio. 9, 11, Galleria degli Uffizi, Florencia. 48, Colin Palmer <www.buyimage.co.uk> 01279 757917. 14, Convento Ortodoxo Ruso de Santa María Magdalena, Jerusalén. 51, John G. Johnson Collection, Museo de Arte de Filadelfia. 10, Gotische Basilika St. Maria Magdalena, Tiefenbronn. 2, 8, 52, 53, Colecciones privadas. 5, 16, 17, 25, 37, 38, 39, 40, 44, 45, Brendon Arts Archive. 3, 4, 22, 23, 42, 43, Lorna Doone Studio, Deering Guild Series. 6, Congregation des Soeurs de Saint-Thomas de Villeneuve.

Aunque se han hecho todos los esfuerzos para asegurarse los permisos, si ha habido algún error o algún descuido, pedimos perdón y aseguramos el adecuado reconocimiento en cualquier edición futura de este libro.

Índice analítico

Láminas a color

Mapas e ilustraciones

Índice general

EL PRIORATO DE SIÓN
Luis Miguel Martínez Otero

Mientras se forjaba su leyenda, el Priorato era el núcleo duro y la pulpa de una nuez con una cáscara prestigiosa: la Ordo Milites Templi (O.M.T. – Orden de los Caballeros Templarios). Se ponían detrás de la historia y de la política del medievo, como sus auténticos inductores. No se apearon del fraude hasta finales del pasado siglo, cuando, ante sus mismos cofrades, ya era imposible sostenerlo. Pero la leyenda andaba ya sus propios pasos.

Según sus Estatutos, el Priorato de Sión tiene como objetivos restituir la antigua Caballería, la ayuda mutua entre sus miembros, y disponer un «priorato» que sirva a los suyos de centro de estudios, meditación, reposo y oración.

El presente trabajo pone a la luz su verdadera naturaleza. Al margen de su aparición obligatoria y pública (los citados Estatutos), confiesa también otra realidad "secreta": la herencia templaria, archivos secretos, el dominio de la gnosis (una iglesia de Juan superior a la de Pedro), o la reivindicación —para su Gran Maestre, Pierre Plantard— de una sangre y de un linaje dinástico definitivo.

El autor esclarece la condición del Priorato. El Priorato queda en su lugar. Y no es poca la tarea de desembarazarlo de los despropósitos que otros, más iluminados, recientemente han escrito sobre él.

LOS ILLUMINATI
Luis Miguel Martínez Otero

Fundada en Baviera el 1º de mayo de 1776 por Adam Weishaupt, alumno aventajado de los Jesuitas, la Orden de los Illuminati nació con un objetivo claro: acabar con la Monarquía y la Iglesia para lo cual se establecieron alianzas con la Masonería. Pero los Illuminati fueron flor de un día: la Orden fue prohibida en 1784 y Weishaupt se exilió. Su ambición internacionalista, comunista y anarquista ha dejado una estela que aún perdura.

En 1785, disuelta la Orden en Europa, se funda en Nueva York una logia que se reclama heredera de los Illuminati. Sus influencias en el mundo político y económico serán enormes y quedarán inmortalizadas en los símbolos que aparecen en el billete del dólar. Trabajando en el secreto y en la sombra, están infiltrados en el mundo de la publicidad, la prensa, la banca y los gobiernos, cumpliendo a marchas forzadas su misión globalizadora de establecer un Nuevo Orden Mundial.

LA DIOSA EN LOS EVANGELIOS
Margaret Starbird

«...Y la compañera del Salvador es María
Magdalena. Cristo la amaba más que a todos sus
discípulos y solía besarla en la boca...».
Evangelio según Felipe (siglo II)

«María, hermana, nosotros sabemos que el Salvador
te apreciaba más que a las demás mujeres...».
Evangelio de María Magdalena (siglo II)

La conocida investigadora Margaret Starbird nos ofrece en este apasionante libro nuevas revelaciones sobre uno de los secretos mejor guardados de la Iglesia católica: el matrimonio sagrado. Mediante una investigación profunda, la autora realiza un análisis detallado de los aspectos femeninos de Dios, silenciados por la jerarquía eclesiástica a pesar de que aparecen en los evangelios apócrifos y gnósticos, que proponen interpretaciones y rituales diferentes de los oficializados en el año 325.

Jesús no murió en la cruz y María Magdalena fue su esposa y la continuadora de su obra evangelizadora, como se desprende de un apasionante evangelio apócrifo, el *Evangelio de María Magdalena*.